21世纪高职高专系列教材·物流管理专业

物流法律法规知识

（第3版）

主　编　王　峰　郭晓莉
副主编　杨素梅　张康潜　张　樊

北京理工大学出版社
BEIJING INSTITUTE OF TECHNOLOGY PRESS

内 容 简 介

本书从三个层面分析和介绍物流法律法规体系：一是调整物流主体的法律规范，二是调整物流活动环节的法律规范，三是调整物流争议的程序规范。全书共分十一章，内容包括法律基础知识、物流法律法规概述、物流主体法律制度、运输法律法规、仓储法律法规、装卸搬运法律法规、包装法律法规、流通加工与配送法律法规、物流信息管理法律法规、报关与检验检疫法律法规、物流中的保险法律法规。为了帮助学习者更好地理解和掌握本书内容，本书在每章后附了案例分析和练习题，建议授课时数为54课时。

本书内容全面，条理清晰，结构合理，融系统性、理论性、科学性为一体。全书力图做到理论上的系统性、知识上的清晰性、操作上的指导性相统一，为读者提供完整的物流法律法规理论框架体系。本书可作为物流或相关专业的教材，同时也可供物流从业人员、企业经营管理人员阅读、参考。

版权专有　侵权必究

图书在版编目（CIP）数据

物流法律法规知识／王峰，郭晓莉主编．—3版．—北京：北京理工大学出版社，2015.1（2022.7重印）
ISBN 978-7-5682-0113-1

Ⅰ.①物… Ⅱ.①王…②郭… Ⅲ.①物流－物资管理－法规－中国－高等学校－教材 Ⅳ.①D922.29

中国版本图书馆 CIP 数据核字（2015）第 005278 号

出版发行　／　北京理工大学出版社有限责任公司
社　　址　／　北京市海淀区中关村南大街5号
邮　　编　／　100081
电　　话　／　（010）68914775（总编室）
　　　　　　　（010）82562903（教材售后服务热线）
　　　　　　　（010）68944723（其他图书服务热线）
网　　址　／　http://www.bitpress.com.cn
经　　销　／　全国各地新华书店
印　　刷　／　三河市天利华印刷装订有限公司
开　　本　／　787毫米×1092毫米　1/16
印　　张　／　18　　　　　　　　　　　　　　　　　责任编辑／张慧峰
字　　数　／　418千字　　　　　　　　　　　　　　文案编辑／张慧峰
版　　次　／　2015年1月第3版　2022年7月第7次印刷　责任校对／孟祥敬
定　　价　／　49.80元　　　　　　　　　　　　　　责任印制／李志强

图书出现印装质量问题，请拨打售后服务热线，本社负责调换

丛书编写委员会

主 任 委 员 陈　岩

副主任委员 黄　浩　赵继新

委　　　员（以汉语拼音为序）

鲍　钰　曹霁霞　陈　立　陈秀凤　陈云天　黄　静
黄均勇　黄立君　简柳明　姜　波　蒋　云　李承霖
李春燕　李恒兴　李　倩　李　旸　刘小玲　刘振兴
陆炳坚　罗卫国　罗维燕　罗　毅　罗振林　马　赛
牛国崎　秦　蓁　石小平　孙浩静　屠琳桓　万义国
王　峰　王海元　王清娟　王艳艳　王治洪　吴毅洲
严石林　杨承新　杨国荣　杨　敏　杨素梅　应来喜
游金梅　袁青燕　张　樊　张　敏　张　宁　张香莎
张　艳　张援越　周敢飞　周景浦

再版说明

为使物流管理专业职业技术教育和物流企业职业培训符合现代物流发展的需要，满足一线物流人才实际技能培养和岗位培养的渴求，北京理工大学出版社于2006年组织全国高等职业院校的专家、学者，以及物流相关行业、企业的部门主管和业务总监，按照"理论适度够用，着重实际技能"的理念编写了"21世纪高职高专规划教材·物流管理专业"系列教材。

该系列教材面世3年多以来，受到了广大师生和业界读者的欢迎。与此同时，中国物流业不断地发展前进，中国的职业教育也在不断地进步和成熟。随着《物流业调整和振兴规划》以及《国家中长期教育改革和发展规划纲要》的相继出台，我们深感有必要对第1版教材从结构到内容进行调整和修订。为此，我们广泛收集了众多使用院校和读者对本套教材的意见和建议，并深入调查和了解了物流企业对物流管理专业高素质技能型人才的需要，以使本套教材更能适应物流行业经济发展对人才的需要，适应物流企业发展对人才的需要，同时，更适合高等职业教育的培养目标和教学特点，更方便教学使用。

此次再版的教材，本着"理念先进、内容实用、教师好教、学生爱学"的理念，以"先进、适用"为目标，在形式和内容上进行了改进。如：

（1）对部分教材进行了项目化、任务驱动的编写尝试，使教材更适应高等职业教育的教学要求；

（2）进一步简化教材的理论知识，减少理论分析与讲述，加强实用技能的训练，突出实用性和操作性；

（3）更新了知识和案例，使教材能反映当今物流业新技术、新方法和新工具的应用；

（4）加强图表的应用，来增加教学过程中的直观性和易用性；

（5）协同企业及实践专家，共同打造应用性更强、实践性更好的应用型教材；

（6）打造丰富的立体教学资源平台，协助教师组织教学过程。

本套教材既可作为高等职业教育院校物流类专业课程的教材，也可以作为各类、各层次学历教育和短期培训的选用教材，还适合广大物流业界人员作为学习参考用书。

鉴于物流行业的飞速发展，加之编者的水平有限，同时，教学改革在日新月异的发展，本系列教材中仍难免有不足之处，恳请广大读者提出宝贵意见，以期保持这套教材的先进性和实用性，使其能够适应不断发展的物流管理专业高等职业教育。

编委会

前言 PREFACE

作为现代服务业的重要组成部分,物流业已经成为我国第三产业发展的重点,是支撑国民经济发展的基础性、战略性产业。物流业的良性发展必然要求有良好的法律环境为依托和保障。随着近年来法制建设的进步,我国的物流法律法规建设越来越成熟,内容也越来越丰富。这一方面给物流业的发展提供了有力的支持,另一方面,也对物流从业人员提出了更高的要求,那就是在实际工作中要更多、更好地掌握和运用法律知识。

本书围绕物流活动的构成要素,在分析物流法律法规的基本特征和法律关系构成的基础上,主要从三个层面进行分析和介绍:一是调整物流主体的法律规范,即物流主体法律制度;二是调整物流活动环节的法律规范,具体体现在运输、仓储、装卸和搬运、包装、流通加工和配送、信息管理、报关与报检以及和物流活动相关的保险法律法规;三是调整物流争议的程序规范,该部分内容分别体现在物流各环节相应的法律法规中。

参加本书编写工作的是:王峰(广州航海学院,第1章、第2章、第5章)、张樊(湖北文理学院,第3章、第9章)、杨素梅(广州航海学院,第7章、第8章)、郭晓莉(广州航海学院,第4章、第6章)、张康潜(江西交通职业技术学院,第10章、第11章)。本书由王峰、郭晓莉任主编,杨素梅、张康潜、张樊任副主编,王峰统编定稿。

作为在物流法律法规教学领域的一项探索,本书力求结合应用型高等教育物流管理专业的知识要求及技能要求,力取尽可能多的目前能够用到的物流法律法规,力争成为物流管理专业的同学及物流从业人员认可和欢迎的学习资料。

在编写过程中,编者参考了大量的文献资料,引用了一些专家学者的研究成果,采纳了一些媒体提供的案例资料,在此向文献资料的作者、编者表示真诚的谢意!同时,限于我们的理论水平和实践经验,书中难免存在疏漏和不足之处,敬请广大读者批评指正。

编　者

目录 CONTENTS

第1章 法律基础知识 …………………………………………………… (1)
  1.1 民事法律行为 ………………………………………………… (2)
  1.2 合同法律行为 ………………………………………………… (6)

第2章 物流法律法规概述 ……………………………………………… (22)
  2.1 物流与物流法律制度 ………………………………………… (22)
  2.2 物流法律法规的现状 ………………………………………… (30)

第3章 物流主体法律制度 ……………………………………………… (42)
  3.1 物流法主体概述 ……………………………………………… (42)
  3.2 物流企业的设立 ……………………………………………… (45)
  3.3 物流企业的变更 ……………………………………………… (50)
  3.4 物流企业的解散与清算 ……………………………………… (51)

第4章 运输法律法规 …………………………………………………… (56)
  4.1 物流运输中的法律关系概论 ………………………………… (57)
  4.2 陆上货物运输中的法律关系 ………………………………… (61)
  4.3 水路货物运输中的法律关系 ………………………………… (70)
  4.4 航空货物运输中的法律关系 ………………………………… (80)
  4.5 几种特殊运输中的法律关系 ………………………………… (84)

第5章 仓储法律法规 …………………………………………………… (102)
  5.1 仓储中的法律关系 …………………………………………… (103)
  5.2 仓储合同 ……………………………………………………… (104)
  5.3 保管合同和仓单 ……………………………………………… (110)
  5.4 保税货物仓储 ………………………………………………… (114)

第6章 装卸搬运法律法规 ……………………………………………… (125)
  6.1 装卸搬运法律关系概述 ……………………………………… (126)
  6.2 港口装卸搬运中的法律法规 ………………………………… (127)
  6.3 铁路装卸搬运中的法律法规 ………………………………… (133)

6.4 公路装卸搬运中的法律法规 ………………………………………………（139）

第 7 章 包装法律法规 ………………………………………………………（144）
 7.1 物流包装中的法律关系 ……………………………………………（144）
 7.2 普通货物包装法律法规 ……………………………………………（150）
 7.3 危险品包装法律法规 ………………………………………………（154）

第 8 章 流通加工与配送法律法规 …………………………………………（173）
 8.1 流通加工与配送中的法律关系 ……………………………………（174）
 8.2 流通加工法律法规 …………………………………………………（177）
 8.3 配送法律法规 ………………………………………………………（185）

第 9 章 物流信息管理法律法规 ……………………………………………（200）
 9.1 物流信息管理中的法律关系 ………………………………………（201）
 9.2 物流信息管理法律法规 ……………………………………………（204）

第 10 章 报关与检验检疫法律法规 ………………………………………（212）
 10.1 我国口岸管理制度 …………………………………………………（213）
 10.2 报关法律法规 ………………………………………………………（223）
 10.3 检验检疫法律法规 …………………………………………………（234）

第 11 章 物流中的保险法律法规 …………………………………………（251）
 11.1 保险法律基本知识 …………………………………………………（252）
 11.2 海上货物运输保险法律法规 ………………………………………（255）
 11.3 陆上货物运输保险法律法规 ………………………………………（265）
 11.4 航空货物运输保险法律法规 ………………………………………（268）

参考文献 ………………………………………………………………………（277）

第1章

法律基础知识

> **知识目标**
>
> 重点掌握民事法律行为的概念,合同的概念和特征,合同的归责原则,无效民事行为和可撤销民事行为的区别。掌握民事法律行为的特点,无效合同的概念,合同违约的免责,可撤销合同的概念。了解民事法律行为生效的要件,可撤销民事行为,合同的特点及订立。
>
> **技能目标**
>
> 具备基本的契约意识,熟悉签订合同的基本步骤。

■【导入案例】

2013年3月初,甲公司与乙粮油公司签订了购销100吨大豆的合同,单价每吨3 900元,总价款39万元,交货期为当年11月30日,交货地点为广州黄埔港码头。合同签订后,甲公司于2013年4月预付货款39万元。乙粮油公司为了向甲公司供货,于3月底与某粮库签订大豆购销合同,约定由该粮库提供乙粮油公司100吨大豆,单价每吨3 000元,总价款30万元。11月28日在广州黄埔交货,并于4月底预付了部分货款,约定该粮库必须依质按期交货。

2013年10月,该粮库向乙粮油公司提出,由于国家调整农产品价格,每吨须涨价200元方能供货。乙公司即询问甲公司是否同意涨价,甲公司不同意。乙粮油公司即电复该粮库不同意涨价,并于10月15日派人赴该粮库商谈。乙粮油公司考虑其与该粮库的业务关系,同意涨价100元,但粮库坚持200元。甲公司在收货无望的情况下,诉诸法院,要求乙粮油公司以及粮库履约,否则赔偿一切经济损失。

问题:

1. 甲公司、乙粮油公司、粮库之间签署的合同是什么合同?是否有效?
2. 甲公司要求粮库作为第三人履约有法律根据吗?
3. 如逾期不履约违约金由谁支付?如何支付?

提示:此案例三方签订的是购销合同,意思真实,内容合法,为有效合同;尽管甲公司与粮库无直接经济往来,但两次法律诉及的标的物是同一对象,该标的物的交付将直接引起三方法律关系之变更,而甲公司、乙粮油公司之间案件的结果与粮库有利害关系,故粮库应作为本案第三人履约;如不履约,三方合同终止,乙粮油公司应退还甲公司全部货款,并支付违约金与赔偿金,粮库退还乙粮油公司的预付货款并支付违约金与赔偿金。

1.1　民事法律行为

1.1.1　民事法律行为的概念和特征

1. 民事法律行为的概念

民事法律行为简称法律行为,是指民事主体基于意思表示,设立、变更或者终止民事权利义务的合法行为。法律按意思表示赋予法律效果,意思表示成为行为规范。

2. 民事法律行为的特征

在以商品经济关系为主要调整对象的民法上,法律行为最一般的抽象和概括了商品流转领域内的各种交换行为的基本特征,即,一切财产交换行为都必须建立在尊重当事人意志的基础之上,从而确定了各种民事活动的一般行为准则;同时,法律行为以当事人的意思表示直接获得法律上的效力为特征,即民事权利义务的产生及其具体内容,完全取决于行为人的自愿选择。基于此,我们可以把民事法律行为的特征概括如下:

1) 民事法律行为以当事人的意思表示为要素

意思表示指民事主体将其想要发生民事后果的内心意志以一定方式表现于外部的行为。完整的民事法律行为最重要的基本因素一是行为人,二是标的即一定的内容,三是意思表示,而意思表示是最重要的基本因素。

民事法律行为是一种能够充分体现民事主体自愿追求某种民事后果的主观意志的行为,而法律正是通过赋予民事主体的愿望以法律效力即产生民事权利义务的方法,使民事主体的愿望能够得以实现。

2) 民事法律行为以发生一定的民事后果为要素

民事后果即民事权利义务的产生、变更或者消灭。民事法律行为是行为人以引起预期的民事后果为目的而自愿实施的行为。

3) 民事法律行为是合法行为

任何法律效果都是由法律赋予的。行为人的意思表示本身,是不可能自然而然地产生法律效力的。意思表示是否能够引起其指向的某种法律效果的发生,取决于意思表示的内容是否符合法律的规定。

3. 民事法律行为的成立与生效要件

1) 民事法律行为的成立要件

民事法律行为的成立要件也叫民事法律行为的构成要素或构成要件,是指依照法律的规定成立民事法律行为所必不可少的事实要素。通常分为一般成立要件和特殊成立要件。

(1) 一般成立要件。一般成立要件是指一切法律行为依法成立所必不可少的共同要件。

(2) 特别成立要件。民事法律行为的特别成立要件是指成立某一具体民事法律行为除需具备一般成立要件外,依法还需具备的其他特殊事实要素,它是法律对于各种民事法律行为规定的特殊构成条件。如要物行为和要式行为。对于要物行为,如"实践行为"、"践成行为"，要以交付标的物为特别成立要件；从世界各国的民法典来看，以要物为要件的法律行为主要表现为要物合同行为，如借贷、运输、保管合同等。我国的《合同法》也有同样的规定。

2）民事法律行为的生效要件

民事法律行为的生效是指民事法律行为所具有的法律效力开始发生具体作用，即当事人已经享有实际意义上的民事权利和承担实际意义上的民事义务。

民事法律行为的生效要件是指为使已经成立的民事法律行为能够按照意思表示的内容而发生法律效果应当具备的法律条件。由于民事法律行为的生效要件就其形式而言主要是关于意思表示品质的要求，因而在传统民法理论上又称为"意思表示的有效要件"。

民事法律行为的生效要件也分为一般生效要件和特别生效要件。

（1）一般生效要件。根据我国《民法通则》第五十五条的规定，民事法律行为应当具备下列条件：行为人具有相应的民事行为能力；意思表示真实；不违反法律或者社会公共利益。

（2）特别生效要件。在绝大多数情况下，民事法律行为只要具备一般生效要件，就能引起民事权利义务设立、变更、终止的法律效力。但是在某些特殊情况下，民事法律行为虽已成立并具备一般有效要件，但其效力仍不能发生，而必须待某种特定条件具备时才能生效。如附延缓条件的民事法律行为只有等到条件成立时才能生效。

特别生效要件只是针对某些特殊的民事法律行为而言。因产生的原因不同，这些原因可分为约定生效要件和法定生效要件。绝大部分民事法律行为的特别生效要件都是当事人约定的，只有遗嘱的特别生效要件——遗嘱人死亡，才是法定的。

4. 无效民事行为

1）无效民事行为的概念

根据我国《民法通则》第五十八条第一款的规定，无效民事行为是指已经成立，但缺乏法律行为的有效条件的，行为人设立、变更和终止民事法律关系的意思表示不能发生法律效力的民事行为。民法理论又称其为"绝对无效的民事行为"。

2）无效民事行为的种类

民事法律规定的民事法律行为有效条件是认定无效民事行为的法律依据，相应的构成四类无效民事行为，包括因主体不合格而无效的民事行为、因意思表示不真实而无效的民事行为、因内容违法而无效的民事行为和因形式违法而无效的民事行为。具体来讲，根据《民法通则》第五十八条和《合同法》第五十二条的规定，无效民事行为表现为以下情形：

（1）无民事行为能力人实施的民事行为。

（2）限制民事行为能力人依法不能独立实施的民事行为。

（3）因欺诈而为的民事行为。因欺诈而为的民事行为是指因一方当事人故意告知对方虚假情况，或者故意隐瞒真实情况，诱使对方当事人作出错误意思表示的情况下而为的民事行为。

认定该民事行为中的欺诈，应当具备以下条件：

① 欺诈方有欺诈的故意；

② 欺诈方实施了欺诈行为，包括故意告知对方虚假情况（作为）或者故意隐瞒真实情况（不作为）；

③ 被欺诈方对于欺诈行为是不知的；
④ 欺诈行为与被欺诈方实施的民事行为之间存在因果关系。
（4）因胁迫而为的民事行为。

因胁迫而为的民事行为是指由于一方当事人以给公民及其亲友的生命健康、荣誉、财产等造成损害，或者以给法人的荣誉、名誉、财产等造成损害为要挟，迫使对方作出违背真实意志的意思表示所为的民事行为。

认定该民事行为中的胁迫，应当具备以下条件：
① 胁迫方有胁迫的故意；
② 胁迫方实施了胁迫行为，即正在发生或者在将来可能发生并且足以使被胁迫方产生恐惧，害怕胁迫的发生；
③ 被胁迫方实施的民事行为与胁迫行为之间存在因果关系，就是说该被胁迫方因受胁迫而被迫作出违背真实意志的意思表示并实施相应的民事行为。

应当注意的是，《合同法》第五十二条和第五十四条第二款亦规定，一方以胁迫手段订立的合同，在损害国家利益时，必然是确定无效的合同；而在未损害国家利益的情况下，则可经被胁迫方请求，由人民法院或者仲裁机关予以变更或者撤销。

（5）因乘人之危使对方违背真实意思而为的民事行为。认定该民事行为中的乘人之危，应当具有以下条件：
① 一方当事人处于危难境地，如本人或其亲属突患危重病症；
② 另一方当事人以牟取不正当利益为目的，利用对方的危难情况，提出苛刻的条件，严重损害对方的利益；
③ 乘人之危一方主观上是故意的；
④ 危难一方所为的民事行为与乘人之危行为之间存在因果关系。

需要注意的是，按照《民法通则》第五十八条第一款第三项的规定，因乘人之危使对方违背真实意思而为的民事行为是确定无效的民事行为，但是，根据《合同法》第五十四条第二款的规定，一方乘人之危使对方在违背真实意思情况下订立的合同，也可以经受损害方的请求，由人民法院或者仲裁机构依法予以变更或者撤销。

（6）因恶意串通损害他人利益而为的民事行为。

认定该民事行为的条件包括：
① 当事人之间的恶意串通的共同故意，故不同于欺诈、胁迫和乘人之危而为的民事行为；
② 当事人恶意串通的内容是损害国家、集体或第三人的利益；
③ 该民事行为的实施造成了损害国家、集体或者第三人利益的结果。

3）民事行为无效分为两种
（1）部分无效。
（2）全部无效。

民事行为部分无效，不影响其他部分的效力，其他部分仍然有效。

5. 可撤销的民事行为
1）可撤销的民事行为的概念和特点

可撤销的民事行为是指根据法律规定享有变更权、撤销权的当事人，可依其自主意思申请人民法院或仲裁机构行使民事行为变更或使之效力消灭的民事行为。可撤销的民事行为属于相对无效的民事行为。可撤销的民事行为具有以下特点：

（1）在撤销前，其效力已发生，而且未撤销，其效力不消灭；

（2）可撤销的民事行为的效力消灭，以撤销行为为条件；

（3）可撤销的民事行为的撤销，应由撤销权人为之，非撤销权人不得主张其效力消灭；

（4）可撤销的民事行为的撤销权人，对权利的行使拥有选择的自由，撤销权人可以撤销其行为，也可以通过承认的表示使撤销归于消灭。

（5）可撤销的民事行为一经撤销，其效力溯及于行为的开始，即被撤销的民事行为从行为开始时无效。

2）可撤销的民事行为的种类

根据《民法通则》第五十九条规定，可撤销的民事行为主要有两种：

（1）行为人对行为内容有重大误解的民事行为。重大误解与欺诈的民事行为是不同的：重大误解是行为人自己主观认识上的错误；而欺诈是故意的。

（2）显失公平的民事行为。显失公平的民事行为有两种情况：一是在紧迫情况下实施了对自己有重大不利的民事行为；二是缺乏经验的情况下实施了对自己有重大不利的民事行为。

3）可撤销的民事行为与无效的民事行为的主要区别

（1）条件不同。无效的民事行为不附带任何条件，不待当事人主张或有关机关宣告而当然无效；可撤销的民事行为只有在当事人或利害关系人向人民法院或仲裁机关申请并经有关机关宣告才无效。

（2）时间不同。无效的民事行为从行为开始时起就不发生法律效力；可撤销的民事行为在被撤销前是有法律约束力的，一旦被撤销后，撤销行为具有溯及力。

（3）主张无效的人不同。无效的民事行为的当事人、利害关系人都可以主张无效，人民法院、仲裁机关也可以主张无效；可撤销的民事行为只有享有撤销请求权的当事人才可以主张无效，其他人不享有撤销请求权。

4）可撤销民事行为的效力

（1）可撤销民事行为的效力。可变更、可撤销民事行为的效力不同于无效民事行为，它自成立之时产生法律效力，对当事人具有法律约束力。但是，在当事人依法行使变更权、撤销权的情况下，该民事行为基于人民法院或者仲裁机关的裁判相应的变更其内容而继续有效，或者被撤销而丧失法律效力。被撤销的民事行为与无效民事行为一样，从行为开始时起无效。但是，被撤销的合同，不影响其中独立存在的有关解决争议方法的条款的效力。

（2）撤销权的概念。撤销权是指民事行为的当事人依法享有的请求人民法院或者仲裁机关对于可变更、可撤销的民事行为予以变更或者撤销的权利。

（3）撤销权的行使。如果可撤销的民事行为仅损害当事人的利益时，当事人有可能请求撤销民事行为，也可能自愿接受行为结果而不行使撤销权。因此，为了督促当事人及时行使撤销权，避免可撤销民事行为的法律效力长期处于或然状态，法律对于撤销权的行使规定了1年的期限，即可撤销的民事行为自行为成立时起超过1年当事人才请求撤销的，人民法院或者仲裁机关不予以保护。在一年期限内，当事人请求变更的，人民法院或者仲裁机关应当予以变更。当事人请求撤销的，人民法院或者仲裁机关应当予以撤销。但是，当事人请求变更的，人民法院或者仲裁机构不得撤销。

（4）撤销权的消灭。撤销权可因法律规定的事由而消灭。根据《民法通则》和《合同法》的规定，消灭撤销权的事由包括：① 因除斥期间届满而消灭。当事人依法行使撤销权的期限为一年，这是一种除斥期间。② 因当事人放弃而消灭。

根据《合同法》第五十五条第二项的规定，具有撤销权的当事人自知道撤销事由后明确表示或者以自己的行为放弃撤销权的，该权利即行消灭。

6. 民事行为被确认无效或者被撤销的后果

民事行为被确认无效或者被撤销后，均自行为开始起无效，并且根据《民法通则》第六十一条和《合同法》第五十八条和第五十九条的规定，民事行为被确认无效或者被撤销后，还会产生下列法律后果：

1）财产返还

由于民事行为无效，当事人从民事行为中取得的财产就失去了合法根据，所以，当事人应将其从该民事行为中取得的财产返还给对方，财产返还分为单方返还和双方返还，前者是有过错的一方将其从无效民事行为中所得财产返还给对方，而对方所得财产则不予以返还，依法另行处理。后者则是双方各自将其从无效民事行为中所得财产分别返还给对方。

2）赔偿损失

无效民事行为给当事人造成损失的，还相应的产生损失赔偿的后果。该后果的承担是与当事人的过错相联系的，应依据当事人的过错确认其赔偿责任。尤其应当注意《合同法》第四十二条所规定的缔约过错责任，即指一方或双方当事人在缔结合同过程中，基于其主观过错而违反法定的缔约义务，致使所欲订立的合同未能成立或者无效，并给对方当事人造成损失所应依法承担的法律责任。不过，追究缔约当事人的缔约过错责任，依《合同法》规定应具备以下条件：

（1）缔约当事人有违反法定缔约义务的行为。具体表现为：① 假借订立合同，恶意进行磋商；② 故意隐瞒与订立合同有关的重要事实或者提供虚假情况；③ 其他违反诚实信用原则的行为。此外，当事人泄露或不正当使用在订立合同过程中知悉的商业秘密也属于违反缔约义务的行为。

（2）给对方当事人造成了损失。

（3）违反缔约义务的当事人主观上存在过错。这是当事人承担缔约过错责任的主观条件，依据《合同法》及有关法律的规定，包括故意和过失。

3）追缴财产

在法律规定情况下，执法机关要将当事人因无效民事行为所取得的财产（已经取得和约定取得的财产）予以追缴，收归国家、集体所有或返还给第三人。

1.2　合同法律行为

1.2.1　合同概述

1. 合同的概念和特征

合同也称为契约。合同是反映交易的法律形式。我国民法理论在合同定义上，认为合同是一种合意或协议。我国《民法通则》第八十五条规定，"合同是当事人之间设立、变更、终止民事法律关系的协议。依法成立的合同，受法律保护。"《合同法》第二条规定，合同是平等主体的自然人、法人、其他组织之间设立、变更、终止民事权利义务的意思表示一致的协议。综上所述，合同是指平等主体的自然人、法人和其他组织之间设立、变更、终止民事权利和义务关系的协议。

合同具有以下法律特征：

1）合同是平等主体的自然人、法人和其他组织所实施的一种民事法律行为

民事法律行为作为一种民事法律事实，它是民事主体实施的能够引起民事权利和民事义务的产生、变更或终止的合法行为，它在性质上不同于事实行为。所谓事实行为，是指不以意思表示为要件，并不能产生当事人预期的法律效果的行为。如侵权行为、拾得遗失物、加工等。事实行为并不是法律行为，因此与合同是不同的。合同作为民事法律行为，在本质上属于合法行为。只有在合同当事人所作出的意思表示是合法的、符合法律要求的情况下，合同才具有法律约束力，并应受到国家法律的保护。而如果当事人作出了违法的意思表示，即使达成协议，也不能产生合同的效力。

2）合同以设立、变更或终止民事权利义务关系为目的和宗旨

一方面，尽管合同主要是债权债务关系的协议，但也不完全限于债权债务关系，而要涉及整个民事关系。另一方面，合同不仅导致民事法律关系的产生，而且可以成为民事法律关系变更和终止的原因。所谓产生民事权利义务关系，是指当事人订立合同旨在形成某种法律关系（如买卖关系、租赁关系），从而具体地享受民事权利、承担民事义务。所谓变更民事权利义务关系，是指当事人通过订立合同使原有的合同关系在内容上发生变化。变更合同关系通常是在继续保持原合同关系效力的前提下变更合同内容。如果因为变更使原合同关系消灭并产生一个新的合同关系，则不属于变更的范畴。所谓终止民事权利义务关系，是指当事人通过订立合同，旨在消灭原合同关系。无论当事人订立合同旨在达到何种目的，只要当事人达成的协议依法成立并生效，就会对当事人产生法律效力，当事人也必须依照合同的规定享有权利和履行义务。

3）合同是当事人协商一致的产物或意思表示一致的协议

由于合同是合意的结果，因此它必须包括以下要素：

（1）合同的成立必须要有两个以上的当事人。

（2）各方当事人须互相作出意思表示。就是说，当事人各自从追求自身的利益出发而作出意思表示，双方的意思表示是交互的才能成立合同。

（3）各个意思表示是一致的。也就是说当事人达成了一致的协议。协议一词，在民法中有时作为合同的同义语，也可以指当事人之间形成的合意。由于合同是两个或两个以上的意思表示一致的产物，因此当事人只有在平等、自愿基础上进行协商，才能使其意思表示达成一致，如果不存在平等自愿，也就没有真正的合意。由于合同在本质上是一种协议，因此合同与能够证明协议存在的合同书是不同的。在实践中，许多人将合同等同于合同书，认为只有存在着合同书才有合同关系的存在，这种理解是不妥当的。合同书和其他有关合同的证据一样，都只是用来证明合同关系的存在及内容的证据，但其本身不能等同于合同关系，也不能认为只有合同书才有合同关系。

2. 合同的分类

1）双务合同和单务合同

根据当事人是否互相负有给付义务，可以把合同分为双务合同和单务合同。

双务合同，是指当事人双方互负给付义务的合同，即双方当事人互享债权，互负债务，一方的权利正好是对方的义务，彼此形成对价关系。

单务合同，是指合同双方当事人中仅有一方负担义务，而另一方只享有权利的合同。

（1）二者在是否适用同时履行抗辩权上有区别。双务合同中，一方当事人只有在自己已经履行或者提出履行以后，才能要求对方当事人向自己履行义务；在对方未履行或未提出履行以前，也可以拒绝对方的履行请求。双方当事人均享有同时履行抗辩权。

在单务合同中，因为只有一方负担义务或者另一方虽然负有义务但其所负的义务并不是主要义务，不存在双方权利义务的相互对应和牵连问题，不负有履行义务的一方向负有义务的一方提出履行请求时，对方无权要求同时履行。单务合同不适用同时履行抗辩权原则。

（2）因为一方的过错而导致合同不履行的后果不同。在双务合同中，如果因为一方的过错而使合同不履行，另一方已经履行合同的，可以要求违约方履行合同或承担其他违约责任；另一方要求解除合同的，则对其已经履行的部分有权要求违约方返还。但在单务合同中，一般不存在上述情况。

（3）风险负担不同。单务合同的风险一律由债务人负担。

2）有偿合同与无偿合同

以当事人取得利益是否支付对价为依据，分为有偿合同与无偿合同。

有偿合同，是指当事人一方给予对方某种利益，对方要得到该利益必须为此支付相应代价的合同。

无偿合同，是指一方给付对方某种利益，对方取得该利益时并不支付相应代价的合同。公认的无偿合同有：赠与合同、借用合同、保证合同等。

（1）对义务的要求程度不同。无偿合同中，利益的出让人的义务较低。如无偿保管合同的保管人仅在故意重大过失导致对方损害时方承担责任。而在有偿合同中，义务规定更重。

（2）对主体的要求不同。有偿合同的主体原则上应具备完全民事行为能力，限制民事行为能力人非经其法定代理人的同意，不能设立较为重大的有偿合同；但纯获利益的无偿合同，限制行为能力人和无行为能力人即使未取得法定代表人的同意也可以订立。例外：返还原物的合同仍须经其法定代表人同意方可订立。

3）有名合同与无名合同

以法律是否设有规范和明文规定了一定的名称为依据分为有名合同与无名合同。

有名合同，又称典型合同，是指由法律赋予其特定名称及具体规则的合同。

无名合同，又称非典型合同，是指法律上尚未确定一定的名称与规则的合同。

4）一时的合同和继续合同

以时间在合同履行中的地位不同把合同分为一时的合同和继续合同。

一时的合同是指一次给付便实现的合同。继续性合同是指非一次给付可完成的合同。

1.2.2 合同的订立

1. 要约

1）要约的概念和构成要件

所谓要约，是指一方当事人以缔结合同为目的，向对方当事人所作的意思表示。所有的合同成立必须经过要约和承诺程序，理论上探讨的交叉要约，一般不导致合同的成立。因为在交叉要约中只有要约，没有承诺。

要约是订立合同的必经阶段，否则合同不能成立；要约邀请是当事人订立合同的预备阶段，不是订立合同的必经阶段。

要约的主要构成要件是：

（1）要约必须是特定人向相对人发出的意思表示。一项要约，可以由任何一方当事人提出，不管他是自然人还是法人。但是，发出要约的人必须是特定的，即人们能够确定发出要约的是谁。只有这样，受要约人才能对之承诺。

（2）要约必须以缔结合同为目的。要约必须表明受要约人承诺，要约人即受该意思表示约束，即要约必须具有缔结合同的目的。当事人发出要约，是为了与对方订立合同，要约人要在其意思表示中将这一意愿表示出来。凡不以订立合同为目的的意思表示，不构成要约。根据要约人以何种方式发出要约，一般可以把要约分为两种，一种是口头形式，即要约人以直接对话或者电话等方式向对方提出要约，这种形式主要用于即时清结的合同；另一种是书面形式，即要约人采用交换信函、电报、电传和传真等文字形式向对方提出要约。

（3）要约的内容必须具体确定，足以成立合同。因为订约当事人双方就合同主要条款协商一致，合同才能成立，因此，要约既然是订立合同的提议，就须包括能够足以决定合同主要条款的内容。

2) 要约邀请

（1）要约邀请的概念。所谓要约邀请又称为要约引诱，是指希望他人向自己发出要约的意思表示。要约邀请只是希望他人对自己发出的要约作出意思表示。这样的意思表示并不受约邀请的意思表示约束。常见的要约邀请包括寄送的价目表、拍卖公告、招标公告、招股说明书、商业广告等。

（2）要约和要约邀请的区别。后者只是采用要约的形式，不具备要约内容所应具备的完整、明确、无保留的条件，只是一种附保留的建议，而前者的内容明确、完整、无保留，具有肯定的订约意图；前者的相对人是确定的，后者的相对人是不确定的；后者的目的是邀请他人向自己发出要约，在他人向自己提出要约后还需自己表示接受才可以订立合同，这样在订立合同中能争取主动，而前者是经受要约人同意合同就成立，不需再经确认。

2) 要约的法律效力

要约对要约人的约束力：又称为要约的形式约束力，是指要约一经生效，要约人即受到要约的约束，不得随意撤销或对受要约随意加以限制、变更和扩张。保护受要约人的利益，维护正常的交易安全。

要约对受要约人的约束力：又称为要约的实质约束力，在民法中也称为承诺适格，即受要约人在要约生效时即取得依其承诺而成立合同的法律地位。具体表现在：要约生效以后，只有受要约人才享有对要约作出承诺的权利。当然，该项权利由于受要约人的特定性而具有人身性质，它不能转让。

（2）承诺权是受要约人享有的权利，不负有必须承诺的义务。

（3）一旦受要约人作出承诺的意思表示，合同即告成立。

4) 要约的撤回与撤销

要约的撤回是指要约人在发出要约以后，未生效前，宣告取消要约，使其不发生法律效力。要约可以撤回。撤回要约的通知应当在要约到达受要约人之前或者与要约同时到达受要约人。

要约的撤销是指要约人在要约已经到达受要约人并生效以后，将该项要约取消，从而使要约的效力归于消灭。

撤销与撤回都旨在使要约作废，或取消要约，并且都只能在承诺作出之前实施。但是，撤回要约发生在要约生效之前，而撤销要约则发生在要约已经生效但受要约人尚未作出承诺的期限内。

由于撤销要约时要约已经生效，因此对要约的撤销必须有严格的限定，如果因为撤销要约而给受要约人造成损害，要约人应负赔偿责任。而对要约的撤回并没有这些限制。

下列要约不得撤销：要约人确定了承诺期限或者以其他形式明示要约不可撤销；受要约人有理由认为要约是不可撤销的，并已经为履行合同作了准备工作。

2. 承诺

1）承诺的概念和要件

所谓承诺，是指受要约人同意要约的意思表示。在承诺中，承诺既可以通知的方式作出，也可以行为的方式作出。有效的承诺，应当在要约确定的期限内到达要约人。

有效承诺的构成要件：

（1）必须是受要约人作出的。只有受要约人才有权作出承诺。第三人没有资格向要约人作承诺。

（2）必须在要约确定的承诺期限内到达。承诺作为对有效要约的同意，应当在要约的有效期内作出，否则，一旦要约失效，要约对要约人失去约束力，受要约人作出的承诺便失去意义，不能产生合同成立的后果，只是构成一项新的要约。有限期限有两种形式，一是要约规定的期限，二是要约没有规定具体承诺期限，则可以理解为是合理期限。

（3）不得对要约的内容作出实质性变更。承诺的内容必须与要约的内容相一致。承诺从形式上看是对要约人所发出的要约的答复和同意，这就意味着受要约人愿意接受要约人在要约中提出的各项条件和内容，如果受要约人在对要约人的答复中提出了新的内容或者对要约中的内容作了实质性的修改变更，则该答复就是一种新的要约。所谓实质性变更，是指合同重要条款的变更，包括合同的标的、质量、数量、价款或报酬、履行期限、履行地点和方式、违约责任和解决争议的方法等。

2）承诺期限

要约以信件或者电报作出的，承诺期限自信件载明的日期或者电报交发之日开始计算。信件未载明日期的，自投寄该信件的邮戳日期开始计算。要约以电话、传真等快速通讯方式作出的，承诺期限自要约到达受要约人时开始计算。

如果双方当事人在合同中只约定了承诺期限，期限为一个星期或一个月、一年，而没有约定承诺期限的起算点问题，那么可根据不同的方式确定承诺期限的起算点问题。

（1）以信件或电报方式作出承诺的，承诺期限为信件载明的日期或者电报交发之日开始计算。

（2）以信件方式作出的，信件中未载明的以寄出的邮戳日期作为起算点。

（3）以电话、传真等快速方式作出的，承诺期限自要约到达受要约人时开始计算期限。

3）承诺生效的时间

以通知方式作出的，以通知到达要约人时生效。以行为作出的，以行为作出时生效。无论是要约、承诺还是合同的解除、抵消，意思表示的生效原则上都是在到达时生效。

在民事法律中，意思表示如果有相对人的时候，原则上是到达相对人时生效。承诺生效产生的法律后果：承诺生效的时候，合同正式成立。对于承诺只能撤回，不能撤销。因为当承诺生效的时候，合同已经成立了。

承诺生效之前，会有承诺撤回问题。承诺的撤回与要约的撤回相同，只要在时间点遵循这样的标准，即撤回承诺的通知与承诺同时或者承诺到达之前到达到要约人的时候，这个承诺都是可以撤回的承诺。

3. 合同成立的时间和地点

《合同法》第三十二条、第三十三条规定，特殊情况下合同成立，自双方当事人签字或者盖章时合同成立。合同法第二十五条已经规定，承诺生效时合同成立。如果采用信件、数据电文等形式订立合同的，可以在合同成立之前要求签订确认书。签订确认书时合同成立。

合同成立的地点，就是承诺生效的地点。如果采取合同书订立合同的，在双方当事人签字或者盖章的地点作为合同成立的地点。

对于形式要件的探讨，《合同法》第三十六条规定，法律、行政法规规定或者当事人约定采用书面形式订立合同，当事人未采用书面形式但一方已经履行主要义务，对方接受的，该合同成立。第三十七条规定，采用合同书形式订立合同，在签字或者盖章之前，当事人一方已经履行主要义务，对方接受的，该合同成立。

4. 缔约过失责任

指在合同订立过程中，一方因违背其依据诚实信用原则所应尽的义务，而致另一方的信赖利益损失，则应承担民事责任。

1）缔约过失责任的主要类型

（1）假借订立合同，恶意进行磋商。

（2）故意隐瞒与订立合同有关的重要事实或提供虚假情况。

2）缔约过失责任的构成要件

（1）缔约过失责任发生在合同订立阶段。

（2）一方当事人违反了依据诚实信用原则所应尽的义务。

（3）造成了另一方信赖利益的损失。

（4）合同义务与损失之间有因果关系。

（5）一方当事人违反依据诚实信用原则所产生的义务有过错。

1.2.3 合同的效力

1. 合同的效力

合同的效力是指法律赋予依法成立的合同约束当事人乃至第三人的强制力。其特点在于：

（1）是法律赋予的，国家强制力保障。

（2）是当事人意志与国家意志的统一。

（3）是法律评价当事人意志的表现。形式：① 肯定评价；② 完全否定的评价，无效，承担法定的权利义务；③ 相对否定的评价，撤销或效力待定。

2. 合同生效和合同成立的区别

合同生效是指已经成立的合同开始发生以国家强制保障的法律约束，即合同发生法律效力。

合同成立是生效的前提，合同不成立就无所谓生效问题。当事人订立合同就是要使其生效，实现合同利益和权利，不生效就是一纸空文。

一般的合同成立时即生效，但有时合同成立未必生效，如需要批准或登记的合同等。

1）二者的构成条件不同

合同成立的条件包括：订约主体存在双方或多方当事人，当事人就合同的主要条款达成合意。至于当事人意思表示是否真实，则在所不问。

而合同生效的条件主要有：行为人具有相应的民事行为能力；意思表示真实；不违反法律或者社会公共利益；标的确定可能。

成立要件着眼于表意行为的构成事实；生效要件着眼于当事人的意思表示的效力。

2）二者的法律意义不同

合同成立与否基本上取决于当事人双方的意志，体现的是合同自由原则，意义在于表明当事人双方已就特定的权利义务关系取得共识。

而合同能否生效则要取决于是否符合国家法律的要求，体现的是合同守法原则，意义在于表明当事人的意志已与国家意志和社会利益实现了统一，合同内容有了法律的强制保障。

成立着眼于民事行为因符合法律的构成要素，被视为一种客观存在；生效着眼于民事行为符合法定的有效条件，取得法律认可的效力。

3）二者作用的阶段不同

合同成立标志着当事人双方经过协商一致达成协议，合同内容所反映的当事人双方的权利义务关系已经明确。

而合同生效表明合同已获得国家法律的确认和保障，当事人应全面履行合同，以实现缔约目的。

合同的成立标志着合同订立阶段的结束，合同的生效则表明合同履行阶段即将开始。

4）效力不同

成立即生效的当事人受效果意思的约束，负约定义务，违约责任；成立后不能生效或被撤销或成立后未生效之前，负法定义务，缔约过失责任。

3. 无效合同

1）无效合同的概念

指合同虽然已经成立，但因其在内容和形式上违反了法律、行政法规的强制性规定和社会公共利益，因此应确认为无效。

2）无效合同的特征

（1）无效合同的违法性。无效合同种类很多，但都具有违法性。所谓违法性，是指违反了法律和行政法规的强制性规定以及社会公共利益。

（2）无效合同具有不得履行性。所谓无效合同的不得履行性，是指当事人在订立无效合同以后，不得依据合同继续履行，也不承担不履行合同的违约责任。即使当事人在订立合同时不知该合同的内容违法（如不知合同标的物为法律禁止流转的标的物），当事人也不得履行无效合同。

（3）对无效合同的国家干预。由于无效合同具有违法性，因此对此类合同应实行国家干预，这种干预主要体现在，法院和仲裁机构不待当事人请求合同无效，便可以主动审查合同是否具有无效的因素，如发现合同属于无效合同，便应主动地确认合同无效。正是从这个意义上说，无效合同是当然无效的。对无效合同的国家干预还体现在，有关国家行政机关可以对一些无效合同予以查处，追究有关无效合同当事人的行政责任。

3）无效合同的范围

根据《合同法》第五十二条规定，无效合同的范围主要包括以下几种：

（1）一方以欺诈、胁迫的手段订立的合同，损害国家利益。如前所述，以欺诈、胁迫的手段订立的合同，可分两种，一种为可撤销合同，而当其损害国家利益时，则为无效合同。损害国家利益，主要是指损害国家经济利益，例如，欺诈国有银行和其他金融机构而使国有财产造成损失。如果损害了社会公共利益，则应适用《合同法》第五十二条第四款的规定。

（2）恶意串通，损害国家、集体或第三者利益。恶意串通的合同是指双方当事人非法串通在一起，共同订立某种合同，造成国家、集体或第三者利益的损害。由此可见，行为人的行为具有明显的不法性，据此可以将其作为违法合同对待。这种合同的特点主要包括：

第一，当事人出于恶意。恶意是相对于善意而言的，即明知或应知某种行为将造成对国家、集体或第三者的损害，而故意为之。双方当事人或一方当事人不知或不应知道其行为的损害后果，不构成恶意。当事人出于恶意，表明其主观上具有违法的意图。

第二，当事人之间互相串通。互相串通，首先是指当事人都具有共同的目的，即都希望通过实施某种行为而损害国家、集体或第三者的利益。共同的目的可以表现为当事人事先达成一致的协议，也可以是一方作出意思表示，而对方或其他当事人明知实施该行为所达到的目的非法，而用默示的方式表示接受。其次，当事人互相配合或者共同实施了该非法行为。在恶意串通行为中当事人所表达的意思是真实的，但这种意思表示是非法的，因此是无效的。

（3）以合法形式掩盖非法目的。以合法形式掩盖非法目的是指当事人实施的行为在形式上是合法的，但在内容上和目的上是非法的，这种行为又称为隐匿行为。在实施这种行为中，当事人故意表示出来的形式或故意实施的行为并不是其要达到的目的，也不是其真实意思，而只是希望通过这种形式和行为掩盖和达到其非法目的。比如，通过合法的买卖行为达到隐匿财产、逃避债务的目的；但是外表行为只是达到非法目的的手段。由于被掩盖的目的是非法的，且将造成对国家、集体或第三者的损害，因此这种行为是无效的。

掩盖非法目的的行为与规避法律的行为并不完全等同。掩盖非法目的的行为是以一种行为掩盖另一种当事人所希望实施的行为；而规避法律行为只是通过实施某种规避行为，达到违法的目的，而并没有实施掩盖的行为。

（4）损害社会公共利益。社会公共利益体现了全体社会成员的最高利益，违反社会公共利益或公序良俗的合同无效，这是各国立法普遍确认的原则。我国民法确立了社会公共利益的概念，根据我国《合同法》第五十二条第四款，损害社会公共利益的合同无效，因此凡订立合同危害国家公共安全和秩序（如走私军火、买卖枪支和毒品等），损害公共道德，危害公共健康和环境（如购买"洋垃圾"等）以及其他损害公共利益的行为，无论当事人是否主张无效，法律和仲裁机构都应主动宣告合同无效。

（5）违反法律、行政法规的强行性规定。这种合同属于最典型的无效合同。此处所说的法律是指由全国人大及其常委会制订的法律，行政法规是指由国务院制订的法规，违反这些全国性的法律和法规的行为是当然无效的。无效合同都具有违法性，而违反法律、行政法规的强行性规定的行为，在违法性方面较之于其他无效合同更为明显。值得注意的是，我国合同法仅规定违反全国性的法律和国务院规定的行政法规强行性规定的合同无效，而并没有提及违反行政规章、地方性法规及地方性规章的合同是否无效的问题。这并不是说，违反这些规定的合同都是有效的，而只是意味着违反这些规定的合同并非当然无效的合同，是否应当宣告这些合同无效应当考虑各种因素，例如，所违反的规定是否符合全国性的法律和法规、是否符合宪法和法律的基本精神等。

4. 可撤销合同

1）可撤销合同的概念

可撤销合同是指当事人在订立合同时，因意思表示不真实，法律允许撤销权人通过行使撤销权而使已经生效的合同归于无效。

有下列情形之一的，撤销权消灭：

（1）具有撤销权的当事人自知道或者应当知道撤销事由之日起一年内没有行使撤销权。

（2）具有撤销权的当事人知道撤销事由后明确表示或者以自己的行为放弃撤销权。

2）可撤销合同的特征

（1）可撤销的合同主要是意思表示不真实的合同，不违反法律和公序良俗。

（2）必须要由撤销权人主动行使撤销权，法院、仲裁机构不主动干预。

（3）可撤销合同在未被撤销以前仍然是有效的，不当然无效。

（4）可撤销合同，撤销权人可以请求予以撤销，也可以不要求撤销，而仅要求变更合同的内容。

3）可撤销的合同的类型

（1）因重大误解订立的合同。重大误解是指行为人因对行为的性质、对方当事人、标的物的品种、质量、规格和数量等的错误认识，使行为的后果与自己的意思相悖，并造成较大损失的行为。重大误解订立的合同构成要件为：

① 必须对合同主要内容发生了重大误解。如果仅仅对合同的非主要条款发生误解，并且不影响合同的目的及双方当事人的权利义务则不构成重大误解。

② 行为人因为误解作出了意思表示。即行为人的误解与其意思表示之间具有因果关系。

③ 误解是由行为人自己的过错造成的，主观上并非故意。

（2）因显失公平订立的合同。显失公平，是指一方在紧迫或缺乏经验的情况下而订立的如果履行对其有重大不利的合同。显失公平订立的合同构成要件为：

① 合同的履行对一方当事人有重大不利或明显不公平，主要表现在一方要承担更多的义务而享受极少的权利，或者在经济利益上要遭受重大损失；而另一方则以较少的代价获得较大的利益，承担极少的义务而获得更多的权利。

② 一方获得的利益超过了法律所允许的限度。

③ 受损失的一方是在轻率、缺乏经验或紧迫的情况下实施的民事行为。

(3) 因欺诈订立的合同。欺诈，是指一方当事人故意告知对方虚假情况，或者故意隐瞒真实情况，诱使对方作出错误意思表示的行为。欺诈订立的合同构成要件为：

① 必须有欺诈的故意，即行为人明知自己告知对方的情况是虚假的，且会使对方陷入错误意思表示，而希望或者放任这种结果发生的心理态度。

② 必须实施了欺诈的行为，即行为人将其欺诈故意表示于外部的行为。

③ 受欺诈人因欺诈而陷入错误，并基于错误而为意思表示。

(4) 因胁迫订立的合同。胁迫，是指因他人的威胁和强迫而陷入恐惧作出的不真实意思表示的行为。胁迫订立的合同构成要件为：

① 须胁迫人有胁迫的行为。

② 胁迫人须有胁迫的故意。

③ 胁迫的本质在于对表意人的自由意思加以干涉。

④ 须相对人受胁迫而陷入恐惧状态。

⑤ 须相对人受胁迫而为意思表示，即表意人陷入恐惧或无法反抗的境地，与意思表示之间有因果关系。

(5) 因乘人之危订立的合同。乘人之危，是指行为人利用对方当事人的急迫需要或危难处境，迫使其作出违背本意而接受于其非常不利的条件的意思表示。乘人之危订立的合同构成要件为：

① 须有表意人在客观上正处于急迫需要或紧急危难的境地。

② 须有行为人乘人之危的故意，即相对人明知表意人正处于急迫需要或紧急危难的境地，却故意加以利用，使表意人因此而被迫作出对行为人有利的意思表示。

③ 须有相对人实施了足以使表意人为意思表示的行为。

④ 须相对人的行为与表意人的意思表示之间有因果关系。

⑤ 表意人因其意思表示而蒙受重大不利。

1.2.4 违约责任

1. 违约责任的概念

违约责任，是指当事人不履行合同义务或者履行合同义务不符合约定时，依法产生的法律责任。违约责任既是违约行为的法律后果，同时也是合同效力的表现。现在合同法上，违约责任仅指违约方向守约方承担的财产责任，与行政责任和刑事责任完全分离，属于民事责任的一种，因此它具有民事责任的一般法律特征。

2. 违约责任的特征

(1) 违约责任，是指当事人不履行合同义务或者履行合同义务不符合约定时，依法产生的法律后果。

这一特征包含了两层含义：违约责任的成立以有效合同的存在为前提；违约责任的成立是当事人违反合同约定义务的结果。

(2) 违约责任具有相对性。即违约责任只能在特定的当事人之间发生，合同关系以外的第三人，不负违约责任。

(3) 违约责任的可约定性。根据合同自愿原则，合同当事人可以在合同中约定违约责任的方式、违约金的数额等，但这并不否定违约责任的强制性，因为这种约定必须在法律许可的范围内。

3. 违约责任的构成要件

违约责任的构成要件是指违约责任的成立所必须具备的要件。

违约责任的构成要件分一般构成要件与特殊构成要件。一般的构成要件是所有的违约责任都必须具备的要件，而特殊构成要件则是具体的违约责任形式所必须具有的要件。传统认为，违约责任的构成要件包括违约行为、损害事实、违约行为与损害事实之间的因果关系、行为人主观上的过错等四个方面。

4. 常见的违约行为

（1）当事人由于自身的主观原因不按照合同约定的义务履行，即虽有履行义务的能力和条件，但却以种种理由拖延履行或拒绝履行。常见的现象有有货不交、拖欠货款、转移财产、赖账不还等。

（2）当事人由于一些可以克服的客观条件的影响，没有如期实际履行合同，而是拖延履行或干脆不履行。如货源紧张造成迟延交货、资金周转不足造成逾期交货、"三角债"、连环合同形成的相互债务拖欠等。

（3）当事人履行的合同义务不符合合同的要求，履行标的不当。常见的有产品的品质出现问题，包括质量与要求不符、标准不符、产品有瑕疵等；交付的工程项目验收不合格、保管物损坏，代理权不明确出现滥用代理权等。

5. 违约责任原则

我国合同法以严格责任作为一般的归责原则，以过错责任作为特殊的归责原则。

1）过错责任原则

过错责任原则，也称为过失责任原则，是指以过错作为归责的最终要件，同时也以过错作为确定当事人责任范围的重要依据。过错责任原则是我国民事责任的一般归责原则。根据这一原则，除法律另有规定外，行为只有在主观上有过错的情况下，才承担民事责任，没有过错则不承担责任。

过错的含义，一是指无正当理由而不履行或者不适当履行合同义务。我国《合同法》第一百零七条规定："当事人一方不履行合同义务或者履行合同义务不符合约定的，应承担继续履行，采取补救措施或者赔偿损失等违约责任。"二是指主观的过错。主观过错形式主要有两种：故意和过失。所谓故意是指当事人预见到自己的行为会造成违反合同的后果，仍然希望和放任的结果的发生，过失是和故意相对的过错形式，一般认为过失是指合同人因不细心、不在意、不关心或类似原因造成合同的不能履行和不适当履行且在当时不特定情况下并未采取必要步骤措施以避免上述后果发生。

2）严格责任原则

我国《合同法》也确定了严格责任原则。《合同法》第一百零七条规定："当事人一方不履行合同义务或者履行合同义务不符合约定的，应当承担继续履行，采取补救措施或赔偿损失等违约的责任。"这里所确定的即为严格责任原则。

所谓严格责任，又称无过错责任，是指违约发生以后，确定违约当事人的责任，应主要考虑违约的结果是否因违约方的行为造成，而不考虑违约方的故意或过失。《合同法》中把归责原则确定严格责任的意义在于：

（1）严格责任的确立并非自《合同法》开始，在《民法通则》第一百一十一条规定：

"当事人一方不履行合同义务或者履行合同义务不符合约定条件的，另一方有权要求履行或者采取补救措施，并有权要求赔偿损失。"原《涉外合同法》《技术合同法》中也有关于严格责任的规定。

（2）严格责任具有方便裁判和增强合同责任感的优点。

（3）严格责任原则符合违约责任的本质。因为违约责任在本质上是以合同义务转化而来的，是当事人之间的约定。在一方不履行合同时追究其违约责任，是在执行当事人的意愿和约定，因而应该实行严格责任原则。

（4）确立严格责任，有助于更好地同国际经贸交往的规则接轨。如《联合国国际货物销售合同公约》、《国际商事合同通则》都确立了严格责任原则。

6. 免责事由

所谓免责事由，是指免除违反合同义务的债务人承担违约责任的原因和理由。具体包括法定的免责事由和约定的免责事由。具体内容如下：

1）不可抗力

根据我国《合同法》，不可抗力是指不能预见、不能避免并不能克服的客观情况。具体地说，不可抗力独立于人的意志和行为之外，影响到合同的正常履行。构成不可抗力的事件繁多，一般而言，包括灾害和事件两种。

对于因不可抗力导致的合同不能履行，应当根据不可抗力的影响程度，部分或全部免除有关当事人的责任。但在法律另有规定时，即使发生不可抗力也不能免除责任，主要有：其一，迟延履行后的责任。一方迟延履行债务之后，应对在逾期履行期间发生的不可抗力所致的损害负责。我国《合同法》第一百一十七条对此有所规定。其二，客运合同中承运人对旅客伤亡的责任。我国《合同法》第三百零二条对承运人采取了特殊的严格责任原则。我国《民用航空法》及《铁路法》亦有相关规定。

此外，对于不可抗力免责，还有一些必要条件，即发生不可抗力导致履行不能之时，债务人须及时通知债权人，还须将经有关机关证实的文书作为有效证明提交债权人。

2）债权人过错

债权人的过错致使债务人不履行合同，债务人不负违约责任，我国法律对此有明文规定的有《合同法》货运合同部分及保管合同部分等。

3）其他法定免责事由

主要有两类：第一，对于标的物的自然损耗，债务人可免责。这一情形多发生在运输合同中。《合同法》第三百一十一条规定，承运人在运输过程中货物出现了问题，如果承运人能够证明运输过程中货物的毁损、灭失是不可抗力、货物本身的自然性质或合理损耗造成的，不承担损害赔偿责任。第二，未违约一方未采取适当措施，导致损失扩大的，债务人对扩大的损失部分免责，这个免责事由主要适用于运输合同、保管合同、保险合同等情况，我国《合同法》第一百一十九条对此有所规定。

4）免责条款

免责条款，又称约定免责事由，是当事人以协议排除或限制其未来责任的合同条款。具体而言：其一，免责条款是合同的组成部分，是一种合同条款，具有约定性；其二，免责条款的提出必须是明示的，不允许以默示方式作出，也不允许法官推定免责条款的存在；其三，免责条款旨在排除或限制未来的民事责任，具有免责功能。

我国《合同法》从反面对免责条款作了规定。《合同法》第五十三条规定了两种无效免责条款：第一，造成对方人身伤害的；第二，因故意或者重大过失造成对方财产损失的。此外，格式合同或格式条款的提供方免除其责任的，该免责条款无效。

7. 违约责任的承担方式

当事人承担违约责任的形式有以下几种：

1）继续实际履行

继续实际履行，是指违约当事人不论是否已经承担赔偿损失或者违约金的责任，都必须根据对方的要求，并在自己能够履行的条件下，对原合同未履行部分继续按照要求履行。

（1）价款或者报酬的实际履行。《合同法》第一百零九条规定："当事人一方未支付价款或者报酬的，对方可以要求其支付价款或者报酬。"

（2）非金钱债务的实际履行。《合同法》第一百一十条规定："当事人一方不履行非金钱债务或者履行非金钱债务不符合约定的，对方可以要求履行，但有下列情形之一的除外：第一，法律上或者事实上不能履行的；第二，债务的标的不适于强制履行或者履行费用过高的；第三，债权人在合理期限内未要求履行的。"根据此条的规定，对于非金钱债务的实际履行，法律规定了限制性条件，对于具有这些情形的当事人不得请求实际履行。

2）采取补救措施

采取补救措施是指当事人违反合同的事实发生后，为防止损失发生或者扩大，而由违反合同行为人依法律规定或者约定采取的修理、更换、重新制作、退货、减少价款或者报酬、补充数量、特资处置等措施，以给权利人弥补或者挽回损失的责任形式。

3）赔偿损失

赔偿损失是指当事人一方因违反合同造成对方损失时，应以其相应价值的财产予以补偿的法律责任。

4）违约金

违约金是指当事人约定，违约方向守约方支付的一定数额的金钱或财物。违约金的种类主要有：法定违约金、约定违约金。法定违约金是指法律法规章节规定固定比率或数额的违约金，主要适用于《产品购销合同》等；约定违约金是指由当事人在合同中约定的违约金。

8. 合同争议解决

1）协商解决

协商是指合同纠纷发生后，由合同当事人就合同争议问题进行磋商，双方都作出一定的让步，在彼此都认为可以接受的基础上达成和解协议的方式。

2）和解与调解

和解是指当事人自行协商解决因合同发生的争议。调解是指在第三人的主持下协调双方当事人的利益，使双方当事人在自愿的原则下解决争议的方式。和解、调解可以在诉讼外进行，也可以在诉讼中某个阶段进行。当事人不愿和解、调解或者和解、调解不成功的，可以根据达成的仲裁协议申请仲裁。但和解与调解并非当事人申请仲裁或提起诉讼的必经程序。

3）仲裁

仲裁是指合同当事人根据仲裁协议将合同争议提交给仲裁机构并由仲裁机构作出裁决的方式。仲裁机构是依照法律规定成立的专门裁决合同争议的机构。仲裁机构作出的裁决具有法律约束力。仲裁机构不是司法机关，其裁决程序简便，处理争议较快。当事人发生合同纠纷，可以根据事先或者事后达成的仲裁协议向仲裁机构申请仲裁。涉外合同的当事人不仅可以约定向中国仲裁机构申请仲裁，也可以约定向国外的仲裁机构申请仲裁。合同纠纷的仲裁由双方当事人自主约定提交。但是仲裁裁决一经作出，法律即以国家强制力来保证其实施。合同纠纷经济仲裁作出裁决后，即发生法律效力，双方当事人都必须执行，如果一方当事人不执行裁决，对方当事人则有权请求法院予以强制执行。

仲裁是各国商贸活动中通行的惯例。根据我国《仲裁法》规定，通过仲裁解决的争议事项，一般仅限于在经济、贸易、海事、运输和劳动中产生的纠纷。如果是因人身关系和与人身关系相联系的财产关系而产生的纠纷，则不能通过仲裁解决。而且依法应当由行政机关处理的行政争议，也不能通过仲裁解决。

4）诉讼

诉讼，是指人民法院在当事人和其他诉讼参与人的参加下，以审理、裁判、执行等方式解决民事纠纷的活动，以及由此产生的各种诉讼关系的总和。

合同在履行过程中发生纠纷后，当事人不愿意选择前文所述解决方式，尤其是双方当事人未约定仲裁协议的，则只能以诉讼作为解决争议的最终方式。

诉讼不同于仲裁的主要特点在于，诉讼不必以当事人的相互意见为依据，只要不存在有效的仲裁协议，任何一方都可以向有管辖权的法院起诉。人民法院审理民事案件，依据法律规定实行和议、回避、公开审判和两审终审制度，仲裁和诉讼只能选一种。

本章小结

民事法律行为简称民事行为，是指民事主体基于意思表示，设立、变更或者终止民事权利义务的合法行为。主要特征包括民事法律行为以当事人的意思表示为要素；民事法律行为以发生一定的民事后果为要素；民事法律行为是合法行为。民事行为的成立与生效都包括一般要件和特殊要件两方面。

无效民事行为一般包括因主体不合格而无效的民事行为、因意思表示不真实而无效的民事行为、因内容违法而无效的民事行为和因形式违法而无效的民事行为四类。可撤销的民事行为主要有两种：行为人对行为内容有重大误解的民事行为；显失公平的民事行为。可撤销的民事行为与无效的民事行为的主要区别表现在时间、条件和主张主体上。

合同是平等主体的自然人、法人、其他组织之间设立、变更、终止民事权利义务的意思表示一致的协议。合同的法律特征有三项：合同是平等主体的自然人、法人和其他组织所实施的一种民事法律行为；合同以设立、变更或终止民事权利义务关系为目的和宗旨；合同是当事人协商一致的产物或意思表示一致的协议。根据不同的标准，合同可分为双务合同和单务合同、有偿合同与无偿合同、有名合同与无名合同、一时的合同和继续合同等。合同订立必须经过要约和承诺程序，须分清要约和要约邀请的区别。无效合同有四种：一方以欺诈、胁迫的手段订立的合同；恶意串通，损害国家、集体或第三者利益的合同；以合法形式掩盖非法目的的合同；损害社会公共利益的合同。可撤销合同是指当事人在订立合同时，因意思表示不真实，法律允许撤销权人通过行使撤销权而使已经生效的合同归于无效。可撤销合同有五种：因重大误解订立的合同；因显失公平订立的合同；因欺诈订立的合同；因胁迫订立的合同；因乘人之危订立的合同。合同的违约责任原则以严格责任作为一般的归责原则，以过错责任作为特殊的归责原则。合同的免责事由主要包括不可抗力、债权人过错及其他法定免责事由。

本章涉及的主要法律法规：
1. 《中华人民共和国民法通则》；
2. 《中华人民共和国合同法》；
3. 《中华人民共和国物权法》；
4. 《中华人民共和国民用航空法》；
5. 《中华人民共和国铁路法》；
6. 《中华人民共和国民事诉讼法》；
7. 《中华人民共和国仲裁法》；
8. 《联合国国际货物销售合同公约》；
9. 《国际商事合同通则》。

练习题

一、名词解释题

民事法律行为　合同　无效民事行为　可撤销的民事行为　要约　不可抗力

二、填空题

1. 完整的民事法律行为最重要的基本因素：一是_____，二是_____，三是_____，而_____是最重要的基本因素。
2. 民事行为无效分为两种：_____，_____。
3. 重大误解与欺诈的民事行为是不同的：_____是行为人自己主观认识上的错误；而_____是故意的。
4. 民事行为被确认无效或者被撤销的法律后果是_____、_____和_____。
5. 所谓事实行为，是指不以_____为要件，并不能产生当事人预期的_____的行为。
6. 传统认为，违约责任的构成要件包括_____、_____、_____、_____等四个方面。

三、问答题

1. 民事法律行为的特征有哪些？
2. 合同争议处理的方式有哪些？
3. 简述要约和要约邀请的区别。
4. 如何理解违约责任的严格责任原则？
5. 试比较无效合同和可撤销合同范围的不同。

四、案例分析

2013年8月，刘某与张某两人合伙经营了一家货运部，同年12月，刘某与张某达成协议解除了合伙，刘某给付了张某人民币6万元，货运部让刘某一个人独自经营。解除合伙后，刘某将店铺经营得非常红火。张某眼红，遂经常到刘某店铺闹事。2014年2月，张某与刘某再次签订一合同，约定刘某给付张某人民币5 000元，张某不得到刘某店铺干扰其正常经营。合同签订后，刘某反悔，不同意给付张某5 000元。两人就该合同的法律效力发生纠纷。

问题：该案如何处理？

第 2 章
物流法律法规概述

> **知识目标**
>
> 重点掌握物流法律制度的概念,物流法律关系的构成要素,物流法律制度的渊源,物流法律法规的框架体系。掌握物流法律法规的地位和作用,物流法律法规的立法现状。了解物流的概念、特点和分类,物流法律法规的特点,物流法律关系的产生、变更和终止。
>
> **技能目标**
>
> 熟悉物流法律体系的构成,能够区分物流法律关系中的各种要素。

■【导入案例】

A 公司委托搞个体运输的张某运送一批货物。A 公司组织人员装完货并捆绑好篷布,同时派职员随车押运。行车途中,由于篷布松动,部分货物丢失,其价值远超过运费。为此,托运货物的 A 公司要求承接运输业务的张某赔偿。

问题:丢失货物应该由谁承担责任?

提示:张某是否要承担货物损失的赔偿责任,关键是看他与 A 公司所形成的是哪种法律关系。

如果是运输合同关系,那么,承运人就应当对货物丢失承担赔偿责任。因为按相关法律规定,承运人对运输过程中货物的毁损、灭失承担损害赔偿责任,除非承运人证明货物的毁损、灭失是因不可抗力、货物本身的自然性质或者合理损耗,以及托运人、收货人的过错造成的。如果张某与托运公司之间属于雇佣关系。按规定,托运人办理货物运输应当向承运人准确说明收货人的名称或者姓名,或者凭指示的收货人,以及货物的名称、性质、重量、数量、收货地点等有关货物运输的必要情况。承运人仅承担运输劳务服务。

本案中,双方没有就运输货物的数量等内容签订运单,也没有办理货物的交接手续,并且由 A 公司派人随车押运货物,并非运输合同,而只是约定由老张提供劳务。

2.1 物流与物流法律制度

物流业对从业人员的职业技能要求是全方位的,一方面,要熟练掌握相应的专业技术及服务技能，能在物流活动的各个方面发挥作用，确保物流活动的有效进行；另一方面，还需要明确相关的行为规范，也就是要学习物流法律法规，这样才能确保物流服务和物流企业的合法运作。

2.1.1 物流概述

1. 物流的概念

物流活动有几千年的历史，可以追溯到有组织的贸易的最早形式，但是，物流一词作为一个概念出现，进而形成一门学科却是在20世纪初期。物流概念起源于二次世界大战时期美军的"logistics"一词，意即"后勤"，属军事范畴，原意是指将战时物资生产、采购、运输、配送等活动作为一个整体进行统一布置，以求战略物资补给的费用更低、速度更快、服务更好。随后，这一概念被运用于经济领域，出现了business logistics的概念，指将供应、保管、运输、配送等物流过程进行全面系统的安排，目的是将原材料或产品以最低的费用送到指定地点，并且满足服务标准的要求。后来人们又逐渐认识到不仅包括工厂至消费者的物流，还应包括原材料至工厂的供应物流，即"physical distribution"和"physical supply"。

随着物流科学的发展，欧美国家普遍把"logistics"作为国际上物流的标准用语。根据2002年美国物流管理协会（The Council of Logistics Management，简称CLM）对物流的最新定义，"物流是供应链的组成部分，是以满足客户的要求为目的，对从产地到消费地之间的货物配送、回收、储存及服务、有关信息进行有效率的计划、执行和控制"。而供应链管理是指对传统商业功能系统的、战略性的协调，是对一特定企业内的商业功能和不同企业之间的供应链关系的一种协调技术，目的是提高企业经营和作为整体的供应链的长期绩效。

我国在2001年制定的国家标准《物流术语》中将物流定义为：物品从供应地向接收地的实体流动过程，根据实际需要，将运输、储存、装卸、搬运、包装、流通加工、配送、信息处理等基本功能实施有机结合来实现用户要求的过程。

2. 物流的特点

1) 物流的构成要素

一般认为，物流的构成要素或基本环节主要包括运输、储存（保管）、装卸（搬运）、包装、流通加工、配送、信息管理等，也有人称之为物流的"七要素"，物流就是这些要素的集成系统。为了实现物流的高效、合理、低成本的发展目标，必须对物流构成要素进行系统设计和管理。而物流活动的经济属性即体现在空间、时间、形式等方面的效用，也必须通过以上环节才能实现。

2) 物流的效用

空间效用：物流包括空间位置的移动、时间位置的移动以及形状性质的变动。通过运输、搬运、装卸等活动克服供需之间的空间距离，创造的是物品的空间效用。主要体现在：一是从集中生产场所流入分散需求场所创造价值；二是从分散生产场所流入集中需求场所创造价值；三是从甲地生产场所流入乙地需求场所创造价值。

时间效用：通过储存、保管克服供需之间的时间距离，创造的是物品的时间效用。主要体现在：一是缩短时间创造价值，缩短物流时间，可获得多方面的好处，如减少物流损失，降低物流消耗，增加物的周转，节约资金等；二是弥补时间差创造价值，经济社会中，需要和供给普遍地存在着时间差，这种时间差必然要求有相应的物流活动来填补；三是延长时间差创造价值，有时某些具体物流中也存在人为地能动地延长物流时间来创造价值的。受资源利用的自发调配机制影响和经济社会的逐利观念的作用，人们有时会有意识地延长物流时间、增加时间差来创造价值。

形式效用：通过加工以及包装等改变物品的形状性质，创造的是物品的形式效用。现代物流的一个重要特点，是根据自己的优势从事一定的补充性的加工活动，这种加工活动不是创造商品主要实体，形成商品主要功能和使用价值，而是带有完善、补充、增加性质的加工活动，这种活动必然会形成劳动对象的附加价值。

3. 物流的分类

物流的种类很多，可按不同的标准进行分类。

按企业生产经营阶段不同，可将物流分为供应物流、生产物流、销售物流、退货物流、回收物流和废弃物流。

按物流活动的空间范围不同，可将物流划分为地方物流、区域物流、国内物流和国际物流。

按物流系统性质不同，可将物流划分为宏观物流和微观物流。

4. 现代物流

现代物流是随着新经济和电子商务的发展演化而来的，指的是为满足顾客的需求，对来源点到使用点的货物、服务及相关信息的有效率、有效益的流动及储存进行计划、执行、控制的供应链管理过程。一般认为，现代物流泛指原材料、产成品从起点至终点及相关信息有效流动的全过程。它将运输、储存（保管）、装卸（搬运）、包装、流通加工、配送、信息管理等方面有机结合，形成完整的供应链，为用户提供多功能一体化的综合性服务。

由此可见，现代物流具有将运输、储存、装卸、搬运、包装、流通加工、配送、信息处理等基本功能进行有机结合的能力并呈现出物流反应快速化、物流功能集成化、物流作业规范化、物流目标系统化、物流服务系列化、物流手段现代化、物流组织网络化、物流信息电子化、物流经营社会化趋势。要实现现代物流的目标，必须依靠现代物流服务体系的支撑以及现代物流产业的发展。在国际上，现代物流产业被认为是国民经济发展的动脉和基础产业，其发展程度已经成为衡量一国现代化程度和综合国力的重要标志，并被誉为经济发展的"加速器"。

2.1.2 物流法律制度的概念、特征和法律渊源

1. 物流法律制度的概念

1）法律的概念

法律是由国家制定、认可、解释并依靠国家强制力保证实施的，以法律权利和法律义务为内容的规范体系。狭义上的法律指全国人大及其常委会制定的法律。广义的法律是指法律这一体系的总称，包括宪法、法律、行政法规、部门规章等。人们大多数趋向于广义的法律定义。

2）物流法律制度的概念

物流法律制度是指调整在物流活动中产生的以及与物流活动相关的社会关系的法律规范的总和。物流活动涉及采购、运输、仓储、生产、流通加工、配送、销售等环节，从法律层面调整物流活动，是物流发展的必然要求和必然结果。但到目前为止，我国对物流法律制度的系统研究还很少，根源在于物流业本身的诸多制约因素，如目前尚缺乏一个统一的物流技

术和物流服务标准。这种状况为相应的法律建设带来的直接影响就是，物流法律法规建设落后。目前，所有与物流直接相关的法律规范，即物流法律规范，散见于各个部门法之中，尚未形成像"物流法"这样一个意味着所有物流法律规范有机结合而形成的一个独立的法律部门，而只能是一个基本的行业法律规范集合。但应该注意的是，物流法律制度是一个具有相对独立性的法律规范集合体，由所有与物流直接相关的法律法规有机组成。

与物流相关的法律法规框架主要有以下内容：

(1) 法律。狭义上讲，仅指全国人大及其常委会制定的规范性文件。在与法规等一起谈时，法律是指狭义上的法律。

(2) 法规。在法律体系中，主要指行政法规、地方性法规、民族自治法规及经济特区法规等。法规即指国务院、地方人大及其常委会、民族自治机关和经济特区人大制定的规范性文件。

(3) 规章。行政性法律规范文件，之所以是规章，是从其制定机关进行划分的。规章主要指国务院组成部门及直属机构，省、自治区、直辖市人民政府及省、自治区政府所在地的市和经国务院批准的较大的市和人民政府，在它们的职权范围内，为执行法律、法规，需要制定的事项或为属于本行政区域的具体行政管理事项而制定的规范性文件。

(4) 国际公约。由国际组织制定，各国签字加入成为缔约国。对我国有约束力的是我国已正式加入的公约，我国未加入的公约对我国企业或组织在国际上的活动也具有一定影响。

(5) 国际惯例。指经过长期的国际实践形成的习惯性规范，成文的国际惯例由某些国际组织或商业团队制定，各方可加以自由引用，自愿受其约束，属于非强制性规范。

(6) 国际标准和国家标准。前者是由国际组织制定，本身没有强制力，但国际公约常将一些国际标准作为公约附件，从而使其对缔约国构成约束。后者是由国家质量技术监督管理部门组织制定、批准和发布，包括强制标准和推荐标准两种。其中有些强制标准属于国家的技术法规，其他标准本身并不具有强制性，但因标准的某些条文由法律赋予强制力而具有技术法规的性质。

2. 物流法律制度的特征

1) 广泛性

物流法律法规的广泛性是指物流活动的各个领域均存在有关的法律、法规或公约。物流的基本功能有运输、储存、装卸、搬运、包装、流通加工、配送、信息处理等几个方面。物流活动的过程、参与者、内容涉及的行业以及表现形式多种多样，如物流活动主体就会涉及不同行业、不同部门，有采购商、批发商、承运人、仓储配送的经营商、包装加工的承揽商、信息服务商等。他们的活动既受社会经济活动的一般准则制约，又要受到行业法规和惯例的制约，这些决定了物流法律制度的广泛性；另一方面，国家为促进物流业的发展及规范物流市场秩序，颁布了涉及多项物流功能相互之间关系的综合性的政策、法律、法规。

2) 技术性

物流法律法规的技术性是指整个物流活动过程都需要运用现代管理技术和现代信息技术，所以物流活动自始至终都体现较高的技术含量。由于物流活动是由采购、运输、仓储、装卸、搬运、包装和加工、销售等多个技术性较强的物流环节组成，而物流法律制度作为调整物流活动、规范物流市场的法律规范，必然涉及从事物流活动的专业用语、技术标准、设备标准以及操作规程等,因而具有较强的技术性特点。

3) 多样性

物流法规法律的多样性是指物流法规在形式上表现为各种法律、法规和公约。法律法规有许多表现形式,有最高国家权力机关制定的宪法、法律,有地方国家权力机关制定的地方法规,有国务院发布的行政法规,也有各级政府和各主管部门规定的规章、办法,还有有关的技术标准、技术法规和行业惯例。这些不同的法律法规的表现形式使物流法律制度的层次、效力有高有低。此外,当物流活动在世界范围内进行时,既涉及多个其他国家的国内法,还要受到国际公约的制约,并应遵守相应的国际惯例。

同时,各种物流法律法规具有较为复杂的相互关系。通常,全国人民代表大会及其常务委员会制定的法律具有较高的效力和强制性,部门规章起到补充和帮助法律实施的作用,当与国家法律有冲突时,相关的规定将是无效的,而应以法律为准。各类标准和技术法规则根据其是否具有强制性而在使用中有不同效力。正因为如此,物流的法律、法规、公约在适用时可能会产生不一致的情况。有的在形式和内容上都相互独立;有的在形式上相互独立,内容上却互有交叉。

4) 综合性

物流法律法规的综合性是指各种和物流相关的法律、法规之间存在着相互协调、相互配合的关系。现代物流是综合物流,是将多种功能组合起来的一项经济活动,涵盖了从采购原材料到半成品、产品的生产,直至最后产品通过流通环节到达消费者手上的全过程;同时,还包括物品的回收和废弃物的处理过程,涉及采购、运输、仓储、装卸、搬运、包装、流通加工、配送、信息处理等诸多环节。物流法律法规应当对所有这些环节中产生的关系进行调整,因此反映综合物流的物流法律法规自然也具有综合性的特点。

3. 物流法律制度的渊源

所谓法律制度的渊源,就是指法律制度的表现形式,对物流法律制度而言,指不同国家机关依法制定或认可的具有不同法律效力的有关物流活动的规范性文件。

1) 国内法渊源

(1) 宪法。我国的宪法是由全国人民代表大会制定的国家根本大法,具有最高的法律效力。宪法关于经济制度和经济管理的规定,是对物流关系进行法律调整的基本依据。

(2) 法律。法律是指由全国人民代表大会及其常务委员会按照立法程序制定和颁布的规范性文件。在有关物流法律制度的各种表现形式中,法律具有最重要的地位,如《民法通则》、《公司法》、《合同法》、《海商法》、《铁路法》、《航空法》等。

(3) 行政法规。行政法规是指由最高国家行政机关即国务院根据宪法和法律制定的一种规范性文件,其法律地位和法律效力仅次于宪法和法律。目前我国执行的有关物流方面的行政法规包括直接规范物流活动或者与物流有关的活动的法规,涉及物流活动的各个环节、各种主体,如《国际海运条例》、《进出口关税条例》、《铁路运输安全保护条例》等。

(4) 部门规章。部门规章是指有国务院所属各部、各委员会根据法律和国务院的行政法规、决定、命令,在本部门的权限内制定的法律文件。值得关注的是,在物流法律法规中存在大量由铁道部、交通部、信息产业部和商务部等部委颁布的条例、办法、规定和通知,几乎涉及物流活动的每个环节,这些规章在实践中也会大量应用。如《货物进出口管理条例》、《危险化学品安全管理条例》、《港口货物作业规则》、《国内水路货物运输规则》、《国际集装箱多式联运管理规则》等。

(5) 地方法规和政府规章。享有地方性法规制定权的地方人民代表大会和享有规章制定权的地方人民政府，在法律规定的权限内制定的调整物流关系的地方性法规和政府规章，也是物流法律制度的渊源，如《××市道路客货运输站场管理办法》。但应注意，地方法规和政府规章仅在制定机关所辖区域内有效。

2.1.3 物流法律关系

物流法律关系即物流法律规范所调整的具有权利义务内容的具体社会关系。物流法律关系包括主体、客体和内容三个要素。

1. 物流法律关系的主体

物流法律关系的主体，即物流法律关系中权利和义务的承担者。它分为权利主体和义务主体。其中，在物流法律关系中享有权利的一方为权利主体，在物流法律关系中负有义务的一方为义务主体。物流法律关系的主体包括：

1) 自然人

自然人是指按照自然规律出生的人。自然人包括本国公民、外国人和无国籍人。自然人具有民事主体资格，可以作为物流法律关系的主体。但自然人作为物流法律关系的主体必须注意以下两点：① 由于物流是商业活动，并且法律对一些物流行业的主体有特殊规定，因此，一般而言，自然人成为物流服务的提供者将受到很大的限制；② 现代物流涉及的领域较为广泛，自然人在一些情况下可以通过接受物流服务，而成为物流法律关系的主体。

2) 法人

根据我国《民法通则》第三十六条的规定，法人是指具有民事权利能力和民事行为能力，依法享有民事权利和承担民事义务的组织。

我国《民法通则》依法人的性质不同，将法人分为企业法人、机关法人、事业单位法人与社会团体法人。

3) 其他组织

其他组织是指合法成立、有一定的组织机构和财产，但不具备法人资格，不能独立承担民事责任的组织。其他组织作为民事主体，在我国《合同法》中已得到明确的认可，从而为其成为物流法律关系的主体奠定了基本的条件。在我国，其他组织包括：① 依法登记领取营业执照的个体工商户、个人独资企业、合伙组织；② 依法登记领取营业执照的合伙型联营企业；③ 依法登记领取我国营业执照的中外合作经营企业、外资企业；④ 经民政部门批准登记领取社会团体登记证的社会团体；⑤ 依法设立并领取营业执照的法人分支机构；⑥ 经核准登记领取营业执照的乡镇、街道、村办企业。其他组织必须符合相应的法律规定，取得一定的经营资质，才能从事物流业务。

2. 物流法律关系的客体

物流法律关系的客体，即物流法律关系的主体享有的权利和承担的义务所共同指向的对象。物流法律关系的多样性，决定了成为物流法律关系的客体的广泛性。物流法律关系的客体通常为物、行为和智力成果。如运输公司的运送行为，工商行政管理部门对设立物流企业的审核、批准行为等。

3. 物流法律关系的内容

物流法律关系的内容，是指物流法律关系主体在物流活动中享有的权利和承担的义务。权利是指权利主体能够凭借法律的强制力或合同的约束力，在法定限度内自主为或不为一定行为以及要求义务主体为或不为一定行为，以实现其实际利益的可能性；义务是指义务主体依照法律规定或应权利主体的要求必须为或不为一定行为，以协助或不妨碍权利主体实现其利益的必要性。

4. 物流法律关系的发生、变更和终止

1）物流法律关系的发生

物流法律关系的发生，又称物流法律关系的设立，是指因某种物流法律事实的存在而在物流主体之间形成了权利和义务关系。

物流法律关系的发生原因，首先取决于某种物流法律事实的存在，如自然人的出生、法人之间订立买卖合同、某种侵权行为导致损害后果出现等。物流法律事实，是指由民法所规定的，引起物流法律关系发生、变更和消灭的现象。物流法律事实分为事件和行为两大类。事件是指发生的某种客观情况，是与当事人意志无关的，能够引起法律关系形成、变更或消灭的事实，行为则是指物流法律主体实施的能够引起法律关系后果活动。

物流法律关系的发生，还有赖于法律的规定和合同约定的存在，如法律规定的承运人赔偿限额、租赁合同中确定的当事人双方的权利和义务内容等。

2）物流法律关系的变更

物流法律关系的变更，又称物流法律关系的相对消灭，是指因某种物流法律事实的出现而使物流主体之间已经发生的物流法律关系的某一要素发生改变。物流法律关系的变更原因，是法律所规定的或者合同中约定的某种物流法律事实的出现。如发生了法律规定的可以变更的物流行为，当事人协议约定改变履行合同的标的。

物流法律关系变更的结果，是使业已存在的物流法律关系的主体、客体和内容发生了某种变化。如经过出租人的同意，承租人将承租的房屋加以维修，因而相应减少了承租人交付的租金。

3）物流法律关系的终止

物流法律关系的终止，又称物流法律关系的绝对消灭，是指因某种物流法律事实的出现而导致业已存在的物流法律关系归于消灭。

物流法律关系终止的原因，是出现了某种物流法律事实，如委托合同关系中委托人取消了委托或者受托人辞去了委托，专利权保护期限届满等。

物流法律关系终止的法律后果，是指原本存在的某种物流法律关系不复存在。如代理人死亡、丧失民事行为能力，作为被代理人或者代理人的法人终止，委托代理终止；委托人或者受托人死亡、丧失民事行为能力或者破产的，委托合同终止。

2.1.4　物流法律法规的地位与作用

1. 物流法律法规的地位

物流法律法规的地位是指其在整个法律体系中的位置，以及物流法律法规与其他法的关系问题。在市场经济条件下，客观存在着两类不同性质的社会经济关系，反映在上层建筑方面,成为不同性质的法律规范的调整对象。就经济领域的法律调整而言,凭借国家权力对市场经济关系进行干预的为公法,如宏观调控;国家不直接介入,由平等主体的公民、法人和其他组织自行决定相互权利义务关系的为私法。综合地看,公法关系属于国家管理的事务,其主体至少有一方为代表公权力的国家机关或依法具有管理公共事务职能的组织(企业、事业单位和社会团体);私法关系属于公民、法人或其他组织的事务,其主体各方法律地位平等。近代法律的发展总的趋势是国家的经济管理职能和公共事务职能扩大,表现为公法的扩张,传统私法的公法化。就物流相关合同关系而言,国家职能涉及合同的各个方面,主要通过物流合同建立起来的物流法律关系绝不是由双方当事人自由意志决定的。

2. 物流法律法规的作用

对物流企业和物流从业人员来说,物流法律法规的基本作用是促进、保障物流活动的正常进行及维护有关当事人的合法利益;对政府管理来说,通过物流法律法规,可以规范各种物流行为,建立起健康发展的现代物流业。从以上角度,我们可以把物流法律法规的作用理解为以下几个方面。

1) 保护物流活动当事人的合法利益

物流法规首先是保护物流活动当事人的合法利益,这是法律的基本目的。一个良好的物流法规环境是从事物流经营活动和提供物流服务的重要基础,尤其是完善的物流合同法律制度,对保护当事人的合法利益最为重要。相对统一的物流法可以实现通过公正的司法途径解决物流活动中的争议,充分保证受害人获得法律救济,保护当事人的合法权益。

2) 规范各种物流行为

从总体上看,物流本身有着广泛的内容,这使得物流活动中所涉及的法律面非常广泛。有关的法律、法规、公约在内容上也具有复杂性和多样性特点。由于物流有企业自主物流、第三方物流之分,物流活动的具体内容必然存在一定的差异。此外,物流按活动的范围又可分为国际物流和国内物流,它们适用于不同的法律体系,而且随着经济的全球化、一体化的进程,这两种物流在很多情况下又互相交叉和重叠。虽然大多数的物流行为是可以分拆为若干个单行法律来调整和管理的,但涉及综合性的物流行为就缺少法律依据。比如,一个物流活动中供应商、供货商及需求商的三方关系如何处理?供货商通过物流企业向第三方供货,不能简单归结为一种运输关系或者代理关系,在运输的过程中也不会是单纯的铁路、公路或者其他方式。这些,都需要有相应的法律指导和规范。

一般来说,物流法规对各种物流行为的规范有两种机制,一是通过从事物流活动的企业和个人自觉遵守国家强制性规定,二是通过自愿达成的合同约束有关当事人。物流法律法规对各种物流行为的规范具体体现在:

(1) 物品的流通受到法律的制约。物品本身的流通要受到国家法律法规的约束。有的物品可以自由流通,有的物品法律限制其流通,还有的物品被法律禁止流通;有的物品可以在国内流通却不能在国外流通,有的物品的流通要根据政府间的协议满足一定的条件才能流通,等等。因此,物品的运输、仓储、装卸、加工等物流活动均应该在法律许可的可流通的物品范围内进行。如果是受限制的物品,应该根据有关法规进行,因为它们不具有通常物品的自由流通性。

(2) 运输工具的运行要遵守相应的规则。运输作为物流的重要环节,受到法律法规的制约。运输工具在水上、陆地、空中各种通道中运行要遵守一定的规则。以水运为例,运输经营人的行为要受到水上运输法规、港口航道安全管理和海事监督方面的规定的制约。在国际水域航行要遵守海洋法公约、国际防污染公约、海上人命救助公约等规定。陆上运输、航空运输也具有针对运输工具的相应的法规。而运输工具作为货物的载体，其正常运行对保证货物顺利运达至关重要。

（3）承运人与托运人各自行为要有规范。在运输活动中，为规范承运人和托运人的行为，一方面，各国有运输法规进行制约，国际上也有针对不同运输方式的公约可以适用；另一方面，承托双方要根据各自意愿进行磋商，签订运输合同。这样，运输合同双方的行为便在法律规定和合同约定的范围内得到规范，双方利益也在相当程度上达到了平衡。

（4）货物、运输工具进出国境受到口岸法规的制约。国际物流需经过口岸进出国境。货物、运输工具进出境的监管一方面体现着国家的主权，另一方面又是国际物流的基本环节，是规范国际物流的重要制度之一，也是维护国际贸易正常秩序的需要。当然，货物、运输工具进出境的监管也会影响物流的实现并影响物流的速度和效率。从发展物流角度，在实现规范的同时，应该尽可能提高效率。

（5）物流活动的其他环节同样受到法规的制约。物流活动的其他环节包括储存、装卸、搬运、包装、流通加工、配送、信息处理等。由于这些活动主要在国内进行，因此更多地受到国内法规的制约，但这也不是绝对的。比如，包装活动的要求就需要根据贸易和运输的具体情况适用不同的规定，尤其应该符合进口国或地区有关的法律要求。此外，信息处理中也既要适用国内法规又要符合国际通用准则。

3. 促进物流业的健康发展

物流的发展需要协调性、统一性和标准化，尽管这需要通过各方面的努力和协助，但政府的作用是至关重要的。政府要在政策、规划、立法及财政等方面给予支持，制定有利于物流发展的技术政策及标准，加强和完善物流相关的立法工作，促进物流市场体系的形成，为物流业创造有序竞争的环境，促进物流业的健康发展。

至今，国内尚未有一部关于物流行业的综合性法律或法规，有关的技术标准、服务标准也尚未建立。国家应逐步完善物流发展的宏观政策和法规，以规范物流市场行为，统一市场标准，为物流发展提供保障，为各类企业创造一个公平、透明的市场竞争环境。

近年来，随着物流产业的发展和法制建设的进步，国家开始着手清理和物流相关的原有法规，废止了一些不适应新形势的部门规章和政府法令，修改了一些法律条文，并为适应形势发展而制定了新的法律法规，各种标准也在修订更新。我们有理由相信，法制建设的进程必将伴随着物流业的健康发展同步协调运转，前者的制度服务和保障功能也将会更好地得到体现。

2.2 物流法律法规的现状

2.2.1 我国物流立法现状

我国现行调整物流的法律法规涉及采购、运输、仓储、包装、配送、搬运、流通加工和信息等各个方面，有法律、法规、部门规章等不同层次。从内容看，主要包括以下三个方面：

1. 调整物流主体的法律规范

调整物流主体的法律规范主要有《公司法》、《中外合资经营企业法》、《中外合作经营企业法》、《外商独资企业法》、《个人独资企业法》、《合伙企业法》、《国际海运条例》、《港口法》、《民用航空法》和《邮政法》等。

2. 调整物流活动环节的法律规范

其中广泛适用于物流活动各环节的法律最主要的有《民法通则》、《合同法》。

适用于物流活动某一环节的法律规范有：

1）与厂商供货和销售相关的物流法规

一般而言，货物销售并不是物流活动的构成要素，但是，货物的买卖对交付、包装、检验乃至加工、运输、搬运都有着不可分割的联系，因此，可以说，货物销售是物流产生的主要前提和基础，物流活动离不开销售。针对物流中这一部分活动的法规主要是物流与供应链相结合形成的与物资的供应和销售相关的法律法规的集合，其中主要涉及与国际贸易相关的国内法律、法规与国际公约、惯例，同时涉及与内贸物资的流通相关的货物买卖双方的行为规范。由于货物的买卖必须遵守政府对贸易货物所设的限制条件，这些规范还涉及买卖双方的责任、义务，比如货物交接的方式、时间、地点、风险分担，以及如何保证货物的质量，这样才能保证货物受到良好的保护，保证流通过程中不发生丢失、损坏等。法律层面的规定，主要有《对外贸易法》、《合同法》、《产品质量法》、《进出口商品检验法》等。法规层面的文件有《货物进出口管理条例》、《出口货物原产地规则》、《出口许可证管理规定》、《货物进口许可证管理办法》、《出口商品配额管理办法》、《货物自动进口许可管理办法》、《货物进口指定经营管理办法》、《机电产品进口管理办法》、《机电产品进口配额管理实施细则》、《特定机电产品进口管理实施细则》、《机电产品自动进口许可管理实施细则》、《纺织品被动配额管理办法》等。国际公约有《联合国国际货物销售合同公约》，国际惯例有《国际贸易术语解释通则》、《跟单信用证统一惯例》等。

2）与包装、仓储、配送相关的物流法规

这部分适用的法律、法规、公约缺乏独立性，即虽有许多相关的法律、法规、公约，但它们具有非针对性的特点。主要以贸易、运输方面的法规、公约所涉及的相应要求为基础。包装方面是按现有的相关标准的要求进行作业和检验。仓储方面我国《合同法》有专门的分则，此外也有国家标准，还有国务院及有关主管部门制定的规范性文件，主要是：中国包装国家标准中第十二部分，GB 9174—1988 中一般货物运输包装通用技术条件的规定，GB 12463—1990 中危险货物运输包装通用技术条件的规定，GB 190—1990 危险货物包装标志，《危险化学品安全管理条例》。流通加工则主要以《合同法》中承揽合同分则的规定为准。

总结以上几个方面，概括起来，涉及包装、仓储、流通加工的法律、法规、标准、公约主要有《合同法》、《海商法》、《铁路法》、《航空法》、《水路危险货物运输规则》、《危险化学品安全管理条例》、《一般货物运输包装通用技术条件》、《危险货物运输包装通用技术条件》、《危险货物包装标志》、《包装储运图示标志》、《运输包装件基本试验》、《联合国国际货物销售合同公约》、《国际贸易术语解释通则》、《国际海运危险货物规则》等。

3）与装卸、搬运相关的物流法规

装卸是指货物上下运输工具的操作；搬运是指同一场所内进行的移动货物的作业。两者都是在仓储、运输和其他物流活动开展的前后进行的作业活动。因此，装卸、搬运也较少有独立的针对性的法律、法规，多数是与运输、仓储等适用的法律、法规相关。如《海商法》、《铁路法》、《航空法》、《邮政法》、《合同法》、《铁路货物运输管理规则》、《汽车货物运输规则》、《国内水路货物运输规则》等。

较有针对性的法规、标准或公约有《港口货物作业规则》、《铁路装卸作业安全技术管理规则》、《铁路装卸作业标准》、《汽车危险货物运输、装卸作业规程》、《国际贸易运输港站经营人赔偿责任公约》、《集装箱汽车运输规则》、《国内水路集装箱货物运输规则》、《港口货物作业规则》等。

4）与运输相关的物流法规

运输是传统物流最重要的组成部分，有关运输的法律、法规比较健全，体系也很庞大。这里主要将运输法规中涉及货物运输和交接方面的内容列入物流法规框架。

（1）公路运输方面。主要有《中华人民共和国公路法》、《中华人民共和国公路管理条例》、《货物运输规则》、《汽车危险货物运输规则》等。

（2）航空运输方面。主要有《中华人民共和国航空法》、《民用航空货物国内运输规则》、《民用航空货物国际运输规则》等。

（3）铁路运输方面。主要有《中华人民共和国铁路法》、《铁路合同管理办法》、《货物运输管理规则》。

（4）水路运输方面。主要有《海商法》、《国际海运条例》及其《实施细则》、《水运危险货物运输规则》、《国内水路货物运输规则》、《国际货运代理业管理规定》及其《实施细则》、《国内水路集装箱货物运输规则》等。

（5）多式联运方面。主要有《国际集装箱多式联运管理规则》。

相关的国际公约有《海牙规则》、《维斯比规则》、《汉堡规则》、《铁路货物运输国际公约》、《国际公路货物运输合同公约》、《华沙公约》、《海牙议定书》等。

和其他环节相比较，物流的法律框架中运输部分的法律、法规和公约，体系最为完整，线条也最为清晰，而且规定比较详细。

5）与报关和检验检疫相关的物流法规

这部分法规和公约同样内容庞杂。由于此部分管理涉及国家重大利益，因此是物流法律框架中重要的部分。相关的法律有《海关法》、《环境卫生检疫法》、《食品卫生法》、《进出境动植物检疫法》、《进出口商品检验法》。法规主要有《海关法行政处罚实施细则》、《进出口关税条例》、《海关稽查条例》、《保税区海关监管办法》、《海关关于转关运输货物监管办法》、《海关对暂时进口货物监管办法》、《关于大型高新技术企业适用便捷通关措施的审批规定》、《国境卫生检疫法实施细则》、《进出境动植物检疫法实施条例》、《进口许可制度民用商品入境验证管理办法》、《进出境集装箱检验检疫管理办法》、《商品检验法实施条例》、《出口食品卫生管理办法》等。

有关的国际公约有《国际卫生条例》、《商品名称及编码协调制度的国际公约》、《关于货物暂准进口的 ATA 单证册海关公约》、《伊斯坦布尔公约》、《关于货物实行国际转运或过境运输的海关公约》、《国际公路车辆运输规则》、《1972 年集装箱关务公约》、《关于简化和协调海关业务制度的国际公约》及其《附约》、《关于设立海关合作理事会的公约》等。

3. 调整物流争议的程序规范

有关调整物流争议的程序规范主要有《民事诉讼法》、《仲裁法》、《海事诉讼特别程序法》及最高人民法院的一些相关司法解释。此外，部分国际公约和国际惯例、国际标准也可以作为争议解决的程序规范。

2.2.2 物流法律法规的完善

1. 我国现行物流立法存在的问题

1）缺乏权威性和统一性

我国执行的有关物流方面的法律法规从内容和行业管理上分散于海陆空运输、消费者保护、企业管理、合同管理以及各部委分别制定的有关规程和管理办法，是在不同时期、由不同部门针对不同问题制定的，大多以"办法"、"条例"、"通知"等形式存在，在具体运用中缺乏普遍适用性，多数只适合作为物流主体进行物流活动的参照性依据，带有地方、部门分割色彩，不利于从宏观上引导物流业的发展，也缺乏对物流主体行为的必要制约。这其中包含着立法体制问题，涉及有关国家机关立法权的分配。因为没有一个主管部门，导致了物流法规之间的冲突，而这些法律冲突在实施过程中就不可避免地产生一些问题。

2）缺乏系统性和专门性

目前，我国实施的物流方面的法规，或与物流有关的法规，在形式上散见于各类民事、行政法律法规以及各部门制定的有关规则和管理办法上，形成多头而分散的局面，缺乏物流行业系统专门的法律规定。况且这些立法涉及众多部门，如交通、铁道、航空、内贸、外贸、工商等，而这些部门又存在协调不够，在制定相关法规时基本上是各自为政，进而导致各法规缺乏系统性，甚至出现相互冲突的现象，阻碍着我国物流业的发展。

3）缺乏及时性和全面性

当前物流业存在和发展所依托的经济体制、管理体制、市场环境等都已经发生根本性的变化，物流业作为一个新兴的产业，其含义和实际内容也与以前大为不同。先前制定的法律法规有相当部分并没有因此而作出修订。我国已经加入WTO，物流作为一个主要的服务业逐渐变得国际化。在这种情形下，原有的物流法律法规存在的问题就更多了，这将阻碍物流业的快速发展。

与此同时，内容上的缺失和空白也是一个日益突出的问题。现代物流业经过充分的发展，其含义与业务已经远远超出了运输仓储这一狭小范围。对现代物流带来的新业务、新问题，原有的物流法律规范均没有对其进行规范。譬如，物流标准化问题，我国目前只是颁布了《国家物流术语标准化规定》，对于物流计量标准、技术标准、数据传输标准、物流设施和装备标准、物流作业和服务标准等都还没有制定法定标准。再如，对于物流市场的准入法律制度、物流企业的资质问题等也没有制定相关的法律法规。这一问题的存在，将直接导致物流业在许多领域无法可依，甚至可能出现一定的混乱局面，不利于物流业的健康发展。

2. 物流法律法规体系的完善

现代物流已经成为社会经济的重要的部分，在服务业中具有举足轻重的地位。据统计，在美国，其物流服务的收入在服务业中占到50%以上，在新加坡是30%，我国近几年增长也很迅速，创造了数以百万计的就业机会。物流已经把单一的运输变为综合性的物资流通。与此同时，现代物流业的持续发展必然以良好的法律制度环境为依托和动力。市场经济是法制经济，离开相对完善的法律制度，任何行业或产业都不可能得到健康、持续的发展。物流业亦是如此。特别是在物流业进行结构性的升级换代的过程中，政府的物流发展政策与一国所制定的物流法律制度环境尤为重要。只有健全物流法律制度，同时配合市场机制的正常发挥，现代物流业才能得以健康、持续地发展。

在物流业相对发达的国家，政府普遍对物流产业发展的政策指引、合理规划和法规建设给予高度重视。1990年，日本颁布了《物流法》，《物流法》的颁布对日本物流业的发展起到了极大的推动和保障作用。美国、德国、英国、荷兰、比利时等国家也非常重视物流法律制度的建设，都通过适时制定符合各自国情的物流产业政策和法律制度，对物流产业进行合理规划、积极引导、严格规范，从而使物流业得以健康、快速地发展。

现代物流业的健康、持续发展离不开良好的市场法制环境，需要政府通过制定和实施完善的法律制度加以有效干预。建立相对完善的物流法律制度是我国物流业发展得以提升的重要条件。近几年来我国物流业进入了一个高速发展的时期，但是我国物流业发展瓶颈问题也日益凸显。导致这一问题的重要原因之一就是缺乏合理、统一的发展规划，缺乏明确的政策指导，缺乏完善的物流法律制度。要适应国际竞争的需要，我国亟待完成物流产业的结构调整与升级，建立起能参与国际竞争的大型物流企业，提高物流企业的物流管理水平和物流服务水平，否则将会遭遇严重的打击。要完成这一任务，必须要制定合理、统一的物流发展政策，建立完善的物流法律制度。针对世贸组织倡导的贸易自由化原则、公平竞争原则，以及针对现代物流业的发展趋势和特点，我们应对原有的法律法规及时进行清理、修改，并制定新的物流法律规范，从而建立和完善物流法律制度，促进解决物流业发展的瓶颈问题，实现我国物流业发展的飞跃或提升。

从法制建设本身来说，研究如何完善物流法律法规体系，也有利于从整体上掌握物流法规的内容及内在联系，更好地体现通过立法来实现保护和促进产业发展，保障物流活动当事人合法权益的目的。

构建相对独立的法律体系是现代物流业的一个发展趋势，但构建现代物流业的法律体系并不是脱离传统的法律思想另起炉灶，而是应当继承传统法律的合理内核，并与传统法律保持密切关系。基于以上考虑，在对现代物流业的法律体系的构建中，首先应当考虑原有法律对现代物流行为的适用。对于原有法律不能适应现代物流业发展的，应从以下途径着手改造：

1) 理顺物流法律法规体系构建的逻辑脉络

物流法律法规体系涵盖与物流相关的各种法律法规文件，并非像民法、商法、经济法那样相对独立。涉及物流的法律规范既可能包括民法中的部分原则与内容，如调整平行主体之间财产权利、契约关系的合同法、物权法，也可能涉及商法与经济法中的法律规范，如对各种外部交易行为进行普遍规范的票据法、保险法。因此，物流法律法规体系应界定为由不同层次、不同类别的与物流直接或间接相关的法律法规文件组成的有机联系的统一，又相互影响。鉴于我国诸多物流问题都已在市场经济基本法律体系中作出了必要规范，重复立法很可能造成立法资源浪费和法规重复交叉，所以构建我国物流法律法规体系并不是要从基本法律体系中圈出独立的"物流法"分支，而是要为持续性的立法和司法解释提供一个框架体系，理顺不同单行法间的层次结构与逻辑脉络，确立现代市场经济下物流运行应共同遵循的基本原则，从而避免跨部门的物流法律法规体系内部出现重复和矛盾，避免物流产业内部自律以及地方、中央物流管理过程中产生分歧和冲突。基于此，我国物流法律法规体系的构建目标应定位于：如何通过汇编修订现有法律和适当补充立法，疏通各单行法律规范之间的承接与递进关系，形成一个层次分明、结构严谨的物流法律法规框架，促进物流行为规范化和物流运作效率化。

2) 建立适应市场经济体制的物流法律法规体系

在对现有物流法律法规的调整中，要在认真清理、修订由于时空差异造成适用范围有误、规制内容过时而影响物流产业发展的相关法律法规的基础上，建立健全适应社会主义市场经济体制和现代物流产业发展的物流法律法规体系，以保证我国物流业在不断完善的法律环境中健康发展。我国物流立法主要应从四个方面展开：一是物流主体法，指确立物流主体资格、明确物流主体权利义务和物流产业进入与退出机制的法律规范；二是物流行为法，指调整物流主体从事物流活动的行为的法律规范，是各种物流交易行为惯例法律化的产物；三是宏观调控法，指调整国家与物流主体之间以及物流主体之间市场关系的法律规范；四是社会保障法，指调整国家、物流主体与劳动者、消费者之间关系的法律规范。通过完善物流法律法规体系，为物流活动确立行为准则。

在对现行物流法律法规进行改造时，必须明确，完善的物流法律法规应包括哪些法律、法规，这些法律、法规之间的逻辑联系如何等。随着物流行业的迅速发展，物流法律制度已构成一个具有相对独立性的法律规范集合体，它有其相对独立的调整对象或内容。其中最基本或最直接的调整对象是在物流企业之间以及物流企业与其服务对象之间因物流活动和物流服务而引起的各种民事关系，具体包括物流活动关系、物流服务关系；其另一重要调整对象为国家在规划、管理以及调控物流产业或物流经济过程中发生的各种经济关系，具体包括物流组织关系、物流经济管理关系。

物流法律作为综合物流服务的法律规范，既要涵盖采购、运输、仓储、配送、包装、搬运、销售等物流活动和物流市场管理的基本法律规范，又要体现系统、综合的物流法律体系的特性。由于现代物流活动涉及的领域和环节众多，这一体系下的物流法律规范的内容也就非常广泛，但不外乎和物流活动的各项功能及要素相对应，同时考虑公法和私法的协调同步建设。

本书在内容安排上，基本按照以上思路，首先在第2章探讨了物流及物流法律的基本问题。其中包括物流法律的概念、特点、法律渊源、本质、地位和作用、物流法律关系等。其后的九章内容是根据不同的物流功能安排，涉及更多的具体法律法规，既包括更多由私法所调整的相关合同行为，也包括更多由公法所调整的行业经营秩序、标准化建设等方面。这些也可以理解为对物流具体行为的规范。

当然，在物流法律法规体系中，关于法律纠纷和争议的解决也是必不可少的内容，但在本书中没有专列，而是体现在各相关章节中。

本章小结

物流是指将物品从供应地向接收地的实体流动过程，是根据实际需要，将运输、储存、装卸、搬运、包装、流通加工、配送、信息处理等基本功能实施有机结合来实现用户要求的过程。相应的物流法律法规也围绕这些方面展开，相关的法律法规框架主要有宪法、法律、行政法规、部门规章、地方法规和政府规章等内容。

物流法规在保护当事人的合法权益、规范物流行为、促进物流业健康发展等方面具有重要的作用。从内容看，主要包括以下三个方面：一是调整物流主体的法律规范；二是调整物流活动环节的法律规范；三是调整物流争议的程序规范。目前我国物流法律法规存在的突出问题是缺乏权威性、统一性、系统性、专门性、及时性、全面性。

现代物流业的持续发展必然以良好的法律制度环境为依托和动力，所以，应该从制定新的法律规范，清理、修改或扩张解释已有的物流法律规范，加强地方物流立法等方面逐步完善适应市场经济体制的物流法律法规体系。

本章涉及的主要法律法规：
1. 《中华人民共和国民法通则》；
2. 《中华人民共和国合同法》；
3. 《中华人民共和国公司法》；
4. 《中华人民共和国邮政法》；
5. 《中华人民共和国海商法》；
7. 《中华人民共和国民用航空法》；
8. 《中华人民共和国铁路法》；
9. 《中华人民共和国公路法》；
10. 《中华人民共和国海港管理暂行条例》；
11. 《中华人民共和国公路管理条例》；
12. 《中华人民共和国国际海运条例》；
13. 《中华人民共和国航道管理条例》。

附录1：国家标准物流术语

一、基本概念术语

1. 物流（Logistics）

物品从供应地向接收地的实体流动过程。根据实际需要，将运输、储存、装卸、包装、流通加工、配送、信息处理等基本功能实施有机结合。

2. 物流活动（Logistics Activity）

物流诸功能的实施与管理过程。

3. 物流作业（Logistics Technology）

为实现物流功能所进行的具体操作活动。

4. 物流技术（Logistics Technology）

物流活动中所采用的自然科学与社会科学方面的理论、设备、装置与工艺的总称。

5. 物流成本（Logistics Cost）

物流活动中所消耗的物化劳动和活劳动的货币表现。

6. 物流管理（Logistics Management）

为了以最低的物流成本达到用户所满意的服务水平，对物流活动进行计划、组织、协调与控制。

7. 物流中心（Logistics Center）

从事物流活动的场所或组织，应基本符合下列要求：
a）主要面向社会服务；
b）物流功能健全；
c）完善的信息网络；
d）辐射范围大；
e）少品种、大批量；
f）存储、吞吐能力强；
g）物流业务统一经营、管理。

8. 物流网络（Logistics Network）
物流过程中相互联系的组织与设施的集合。

9. 物流信息（Logistics Information）
反映物流各种活动内容的知识、资料、图像、数据、方法、文件的总称。

10. 物流企业（Logistics Enterprise）
从事物流活动的经济组织。

11. 供应物流（Supply Logistics）
为生产企业提供原材料、零部件或其他物品时，物品在提供者与需求者之间的实体流动。

12. 生产物流（Production Logistics）
生产过程中，原材料、在制品、半成品、产成品等在企业内部的实体流动。

13. 销售物流（Distribution Logistics）
生产企业、流通企业出售商品时，物品在供方与需方之间的实体流动。

14. 企业物流（Intemal Logistics）
企业内部物品的实体流动。

15. 社会物流（Extemal Logistics）
企业外部的物流活动的总称。

16. 第三方物流（Third – part Logistics）
由供方与需方以外的物流企业提供物流服务的业务模式。

17. 虚拟物流（Virtual Logistics）
以计算机网络技术进行物流动作与管理，实现企业间物流资源共享和优化配置的物流方式。

18. 供应链（Supply Chain）
实现企业间物流资源共事和优化生产及流通过程中，涉及的将产品或服务提供给最终用户活动的上游与下游企业所形成的网链结构。

二、物流作业术语

1. 运输（Transportation）
用设备和工具，将物品从一地点向另一地点运送的物流活动。其中包括集货、分配、搬运、中转、装入、卸下、分散等一系列操作。

2. 储存（Storing）
保护、管理、贮藏物品。

3. 保管（Storage）

对物品进行保存及对其数量、质量进行管理控制的活动。

4. 库存（Inventory）

处于储存状态的物品。广义的库存还包括处于制造加工状态和运输状态的物品。

5. 搬运（Handling/Carring）

在同一场所内，对物品进行的以水平移动为主的物流作业。

6. 装卸（Loading and Unloading）

物品在指定地点以人力或机械装入运输设备或卸下。

7. 包装（Package/Packaging）

为了在流通过程中保护产品、方便储运、促进销售，按一定技术方法而采用的容器、材料及辅助物等的总体名称。也指为了达到上述目的而在采用容器、材料和辅助物的过程中施加一定技术方法等的操作活动。

8. 配送（Distribution）

在经济合理区域范围内，根据用户要求，对物品进行拣选分割、组配等作业，并按时送达指定地点的物流活动。

9. 配送中心（Distribution Center）

从事配送业务的物流场所或组织，应基本符合下列要求：

a）主要为特定的用户服务；
b）配送功能健全；
c）完善的信息网络；
d）辐射范围小；
e）多品种、小批量；
f）以配送为主，储存为辅。

10. 分拣（Sorting）

加工，包装以及将物品按品种、出入库先后顺序进行分门别类堆放的作业。

11. 拣选（Order Picking）

按订单或出库单的要求，从储存场所选出物品，并放置在指定地点的作业。

12. 流通加工（Distribution Processing）

物品在从生产地到使用地的过程中，根据需要进行的施加包装、分割、计量、刷标志、拴标签、组装等简单作业的总称。

三、物流技术装备与设施术语

1. 仓库（Warehouse）

保管、储存物品的建筑物和场所的总称。

2. 自动化仓库（Automatic Warehouse）

由电子计算机进行管理和控制的，不需要人工搬运作业就可实现收发作业的仓库。

3. 立体仓库（Stereoscopic Warehouse）

采用高层货架配以货箱或托盘储存货物，用栈道堆垛起重机及其他机械进行作业的仓库。

四、物流管理术语

1. 电子订货系统（Electronic Order System，EOS）

不同组织间利用通信网络和终端设备以在线联结方式进行订货作业与订货信息交换的体系。

2. 准时制（Just in Time，JIT）

在精确测定生产各工艺环节作业效率的前提下，按订单准确地计划，以清除一切无效作业与浪费为目标的一种管理模式。

3. 零库存技术（Zero-inventory Technology）

在生产与流通领域按照JIT组织物资供应，使整个过程库存最小化的技术的总称。

4. 物料需求计划（Material Requirements Planning，MRP）

一种工业制造企业内的物资计划管理模式。根据产品结构各层次物品的从属和数量关系，以每个物品为计划对象，以完工日期为时间基准倒排计划，按提前期长短区别各个物品下达计划时间的先后顺序。

5. 制造资源计划（Manufacturing Resource Planning，MRPⅡ）

从整体最优的角度出发，运用科学的方法，对企业的各种制造资源和企业生产经营各环节实行合理有效的计划、组织、控制和协调，达到既能连续均衡生产，又能最大限度地降低各种物品的库存量，进而提高企业经济效益的管理方法。

6. 配送需求计划（Distribution Requirements Planning，DRP）

一种既能保证有效地满足市场需要，又可以使得物流资源配置费用最少的计划方法，是MRP原理与方法在物品配送中的运用。

7. 配送资源计划（Distribution Resource Planning，DRPⅡ）

一种企业内物品配送计划的系统管理模式，是在DRP的基础上提高各环节的物流能力，以达到系统优化运行的目的。

8. 企业资源计划（Enterprise Resource Planning，ERP）

在MRPⅡ的基础上，通过前馈的物流和反馈的信息流、资金流，把客户需求和企业内部的生产经营活动以及供应商的资源整合在一起，体现完全按用户需求进行经营管理的一种全新的管理方法。

9. 供应链管理（Supply Chain Management，SCM）

利用计算机网络技术全面规划供应链中的商流、物流、信息流、资金流等，并对其进行计划、组织、协调与控制。

10. 快速反应（Quick Response，QR）

物流企业面对多品种、小批量的买方市场，不是储备"产品"，而是准备各种"要素"，在用户提出要求时，能以最快速度抽取"要素"，及时"组装"，提供所需服务或产品。

案例分析

货运代理合同纠纷案

原告河北中外运久凌储运公司，被告河北神农农业高新技术有限公司。原告河北中外运久凌储运公司诉称：2003年11月14日被告与原告签订《协议书》，约定原告为被告出运货物办理出运手续。协议签订后，被告委托原告办理出运 1×40' 集装箱胡萝卜，由新港至韩国釜山。货物运抵目的港后，因货物自身的原因，不能进口，经被告要求回运新港。回运提单上注明收货人为被告。回运货物到港后，虽经原告多次书面和口头敦促，被告拒绝办理提货，后经检验货物已腐烂变质，经法院裁定销毁。货物滞港及销毁产生费用 30 000 元人民币，被告拒付，导致原告被案外人延安（天津）国际贸易有限公司起诉，并经天津海事法院（2004）津海法商初字第 385 号民事判决书，判令原告给付案外人延安（天津）国际贸易有限公司货物制冷费、堆存费、滞箱费和销毁货物的费用等 32 420 元人民币，同时判令原告承担诉讼费用 1 307 元。上述赔款原告已向案外人延安（天津）国际贸易有限公司支付。为此，原告河北中外运久凌储运公司请求判令被告支付原告损失 32 420 元人民币；诉讼费用损失 1 307 元人民币；并由被告承担本案诉讼费。

被告河北神农农业高新技术有限公司在庭审中答辩称：原告没有将正本提单交给被告，致使被告无法凭正本提单提货。本案的后果是由于原告擅自将代理事项转委托造成的，造成的损失应由原告自行承担。货物回运至目的港后原告没有履行及时通知的义务，致使货物长期滞港并产生涉案费用。

问题：
1. 原告是否存在擅自转委托行为，转委托行为与原告的损失之间是否存在因果关系？
2. 被告未及时提货原因是什么？
3. 本案应如何处理？

快递案例纠纷

董小姐业余时间开了个网店，先后向上海、杭州等 8 位客户快递手机保护套，每套 90 元。她与一家快递公司口头协商以 5 元一只的费用快递。可接下来，先后有 3 位客户寄来照片，说保护套有损坏，要求赔偿。以诚信为重的董小姐只好再次发货。事后她找到快递公司要求赔偿时，快递公司回答："我就收到你 40 元费用，又没签快递合同，最多退你 3 件货的快递费用 15 元。"

问题：此案如何处理？

练习题

一、名词解释题
物流　物流法律制度　国际惯例　物流法律关系

二、填空题
1. 一般认为，物流的构成要素或基本环节主要包括_____、_____、装卸（搬运）、包装、_____、_____、_____等。

2. 物流法律制度的国内法渊源主要有_____、_____、_____、_____、_____。

3. 我国《民法通则》依法人的性质不同，将法人分为_____、_____、_____与_____。

4. 物流法律关系的设立，是指因某种物流_____的存在而在物流主体之间形成了_____关系。

5. 广泛适用于物流活动各环节的法律最主要的是：_____、_____。

三、问答题

1. 简述物流的构成要素。
2. 简述物流法律制度的概念和特征。
3. 简述物流法律制度的渊源。
4. 物流法律法规由哪些内容组成？
5. 试述物流法律关系的要素。

第 3 章

物流主体法律制度

> **知识目标**
>
> 重点掌握物流法律关系主体的范围；一般物流企业的设立条件；物流企业解散的原因；物流企业变更的情形。掌握特殊物流企业的设立条件，公司类型和合伙企业类型的物流企业解散的程序。了解外商投资物流企业和保税区物流企业设立条件。
>
> **技能目标**
>
> 了解企业注册登记的一般程序，处理物流企业变更、解散或清算的具体事务。

■【导入案例】

甲物流综合服务公司下设六大部门，包括包装部、运输部、装卸部等。2013年6月，该公司运输部在进行运输服务时与某货站取得业务联系。该货站许诺从2013年7月起其所有运输业务都委托给该运输部做。双方签订简单协议。运输部为确保协议有效，特别使用了其随带的部门印章，货站也表示同意。但2013年9月，甲公司运输部发现其承接的该货站的运输业务只是其很小的一部分，同时还有另两家货运公司在承做，于是问及该货站，货站表示否认，进而否认双方协议的效力，于是起了纠纷。

问题：运输部与该货站签订的合同是否有效？为什么？

提示：签订的合同无效。因为，甲物流综合服务公司作为一家物流企业，符合法人的条件，其下设的部门只是其组织机构的一个组成部分，不具有法人资格，不具有独立承担责任的能力，所以以某部门的名义签订的合同由于主体不合格而无效。

3.1 物流法主体概述

本书在2.1.3节中已讲述了物流法律关系主体的概念。这里讲述物流法律关系的主体范围。

物流法律关系包括平等的民商事物流法律关系，也包括行政管理的物流法律关系。在不同性质的物流法律关系中，参与的主体是不同的。

1. 民商事物流法律关系

自然人的概念见本书 2.1.3 节。

自然人的民事权利能力，是指自然人依法享有民事权利、承担民事义务的资格。换言之，自然人的民事权利能力就是法律赋予自然人一种法律上的人格。只有具备这种人格，自然人才能作为主体参与民事活动，并取得民事权利、承担民事义务。根据我国《民法通则》第九条的规定，自然人的民事权利能力开始于出生终止于死亡。

自然人的民事行为能力，是指自然人能够以自己的行为独立地取得民事权利、承担民事义务的资格。我国《民法通则》根据自然人的年龄与精神状态正常与否，将自然人的民事行为能力分为三种情形，即完全民事行为能力、限制民事行为能力、无民事行为能力。

完全民事行为能力，是指自然人能以自己独立的行为取得民事权利、承担民事义务的资格。根据我国《民法通则》第十一条的规定，完全民事行为能力人有两种：① 一般完全民事行为能力人，年满 18 周岁且无精神性疾病的自然人即属一般完全民事行为能力人；② 视为完全民事行为能力人，年满 16 周岁不满 18 周岁并能以自己的劳动收入作为主要生活来源的自然人，即被视为完全民事行为能力人。

限制民事行为能力又称不完全民事行为能力，是指自然人只具有一定范围内从事民事活动的资格。根据我国《民法通则》第十一条第一款和第十三条第二款之规定，限制民事行为能力人也有两种：① 10 周岁以上不满 18 周岁的未成年人；② 不能完全辨认自己行为的精神病人。限制民事行为能力人可以进行与他的年龄、智力、精神状况相适应的民事活动，其他民事活动则由他的法定代理人代理或征得其法定代理人的同意。

无民事行为能力，是指自然人不具有以自己的行为进行民事活动，取得民事权利，承担民事义务的资格。根据我国《民法通则》第十二条第二款和第十三条第一款之规定，无民事行为能力人也有两种：① 10 周岁以下的未成年人；② 不能辨认自己行为的精神病人。无民事行为能力人的民事活动由其法定代理人代理进行，但其纯获利益的行为可认定为有效。

有人认为，自然人的民事行为能力存在差异，有完全民事行为能力、限制民事行为能力、无民事行为能力之分，完全民事行为能力的自然人成为物流法律关系主体并无异议，对于后面两种民事行为能力人能否成为物流法律关系主体值得商榷。法律行为的有效取决于自然人的行为能力，因此限制民事行为能力人能否成为物流法律关系主体应视其对行为性质的认知水平而定，无民事行为能力人不能成为物流法律关系主体。

2）法人

法人的概念见本书 2.1.3 节。

根据我国法律规定，法人应具备以下四个条件：① 法人是依法成立的一种社会组织。法人首先表现为一种人的组织体，这是法人与自然人最大的区别。但并非任何社会组织都能取得法人资格，只有那些依法成立获得法律认可的组织才能取得法人资格。② 法人拥有独立的财产或经费。拥有独立的财产或经费，是法人作为一个独立民事主体的前提和条件，也是法人独立享有民事权利和承担民事义务的基础。③ 法人具有自己的名称、组织机构和活动场所。法人的名称是其拥有独立于其成员的人格的标志，也是将其特定化以区别于其他法人的标志。法人的名称还是其商誉的载体，因此，法人的名称权是财产性的权利，可以转让、出卖。法人的名称应包括其所在地、责任形式、经营范围等内容，以便于交易相对人联系和识别。法人组织机构的健全是法人开展正常活动的必要条件，具有完备的组织机构才可成为法人。如在股份有限公司中,应设股东大会、董事会、监事会三个机关。法人的住所是法人的主要办事机构所在地。④ 法人独立承担民事责任。法人仅以自身的财产对外承担债务或其他民事责任。

我国《民法通则》依法人的性质不同,将法人分为企业法人、机关法人、事业单位法人与社会团体法人。

企业法人是以从事生产、流通、科技等活动为内容,以获取盈利和增加积累、创造社会财富为目的的营利性社会经济组织。在一国的经济生活中,企业法人有着特殊重要的地位。在我国《民法通则》里,企业法人依所有制不同,又可分为国有企业法人、集体企业法人和私营企业法人;依是否有外资参与,又可分为中资企业法人、中外合资经营企业法人、中外合作经营企业法人和外资企业法人。依我国《公司法》的规定,企业法人分为有限责任公司和股份有限公司。

机关法人是指依法行使国家权力,并因行使职权的需要而享有相应的权利能力和行为能力的国家机关。

事业单位法人是指为了社会公益事业目的,由国家机关或者其他组织利用国有资产主办的,从事文化、教育、卫生、体育、新闻等公益事业的单位。事业单位法人不以营利为目的,一般不进行生产经营活动。但随着我国政治、经济体制改革的深入,也有一些事业单位法人采用企业化的管理方式(如出版社、医院等),其营利性显而易见。

社会团体法人是指由自然人或法人自愿组成,为实现会员共同意愿,按照其章程开展活动的非营利性法人。如中国法学会、残疾人联合会、中国物流与采购联合会等。

法人是物流法律关系主体的主要部分。随着国际物流、区域物流及国内物流活动的广泛开展,法人在物流法律关系中占有越来越重要的地位。其中,企业法人是物流法律关系的最主要参与者,如综合性的物流企业、运输企业、货代企业、进出口企业等。但我国法律对一些物流行业的准入规定了限制条件,不是具备了法人资格就可以从事任何物流活动。如《中华人民共和国国际海运条例》对成为无船承运人的资格作了规定,即使具有法人资格,但如果不具有无船承运人资格,也不能从事无船承运人业务。

3) 其他组织

其他组织是指即合法成立、有一定的组织机构和财产,但不具备法人资格,不能独立承担民事责任的组织。其他组织作为民事主体,在我国《合同法》中已得到明确的认可,从而为其成为物流法律关系的主体奠定了基本的条件。在我国,其他组织包括:① 依法登记领取营业执照的个体工商户、个人独资企业、合伙组织。② 依法登记领取营业执照的合伙型联营企业。③ 依法登记领取我国营业执照的中外合作经营企业、外资企业。④ 经民政部门批准登记领取社会团体登记证的社会团体。⑤ 依法设立并领取营业执照的法人分支机构。⑥ 经核准登记领取营业执照的乡镇、街道、村办企业。其他组织必须符合相应的法律规定,取得一定的经营资质,才能从事物流业务。

2. 行政管理物流法律关系主体

行政管理物流法律关系是指物流企业在设立、经营活动过程中与国家行政管理机关形成的法律关系。这里的主体就包括两个方面:行政管理机关和行政相对人。行政相对人的范围就是前面所述的民商事物流法律关系主体,包括自然人、法人和其他组织。参与到物流行政管理法律关系中来的行政管理机关类别也非常多,包括工商行政管理部门、国家税务部门、交通部门、商品检验检疫部门、海关等等。

3.2 物流企业的设立

3.2.1 一般物流主体的设立

依据我国法律，不同性质的物流主体设立的条件是不同。作为物流主体的法人和其他组织的设立首先必须具备一般法人、其他组织设立的条件。

1. 有限责任公司类型的物流企业设立条件
（1）股东符合法定人数，要求股东人数在五十人以下；
（2）股东出资达到法定资本最低限额，最低限额为人民币三万元；
（3）股东共同制定公司章程；
（4）有公司名称，建立符合有限责任公司要求的组织机构；
（5）有公司住所。

2. 股份有限公司类型的物流企业设立条件
（1）发起人符合法定人数，应当有二人以上二百人以下为发起人，其中须有半数以上的发起人在中国境内有住所；
（2）发起人认购和募集的股本达到法定资本最低限额，股份有限公司注册资本的最低限额为人民币五百万元；
（3）股份发行、筹办事项符合法律规定；
（4）发起人制订公司章程，采用募集方式设立的经创立大会通过；
（5）有公司名称，建立符合股份有限公司要求的组织机构；
（6）有公司住所。

3. 合伙企业类型的物流企业设立条件
（1）有两个以上合伙人，并且都是依法承担无限责任者；
（2）有书面合伙协议；
（3）有各合伙人实际缴付的出资；
（4）有合伙企业的名称；
（5）有经营场所和从事合伙经营的必要条件。

4. 个人独资企业类型的物流企业设立条件
（1）投资人为一个自然人；
（2）有合法的企业名称；
（3）有投资人申报的出资；
（4）有固定的生产经营场所和必要的生产经营条件；
（5）有必要的从业人员。

3.2.2 特殊物流主体的设立

特殊物流主体是指在一些特殊行业，设立物流主体不仅需要具备一般物流主体的设立条件，还需要经过相应的行业主管部门批准，甚至是国务院批准。

1. 水路运输服务企业

1) 定义

水路运输企业是指从事水路营业性运输,具有法人资格的专业水运企业,即从事代办运输手续,代办旅客、货物中转,代办组织货源,具有法人资格的企业,但为多种运输方式服务的联运服务企业除外。下面两种企业也视同为水路运输服务企业:各水路运输企业的各种营业机构,除为本企业服务外,兼为其他水运业服的;水路运输企业以外的其他企业和单位兼营代办运输手续,代办旅客、货物中转,代办组织货源的。

2) 审批

(1) 要求设立水路运输企业或以运输船舶经营沿海、内河省(自治区、直辖市,下同)际运输的应申报交通部批准。其中经营长江、珠江、黑龙江水系干线运输的(专营国际旅客旅游运输的除外),申报交通部派驻水系的航务(运)管理局批准。

(2) 要求设立水路运输企业或以运输船舶经营省内地(市)间运输的,应申报省交通厅(局)或其授权的航运管理部门批准;经营地(市)内运输的,应申报所在地的地(市)交通局或其授权的航运管理部门批准。

(3) 个体(联户)船舶经营省际、省内地(市)间运输的,应申报所在地的省交通厅(局)或其授权的航运管理部门批准;经营地(市)内运输的,应申报所在地的地(市)交通局或其授权的航运管理部门批准。

(4) "三资企业"要求经营我国沿海、江河、湖泊及其他通航水域内的旅客和货物运输的,应申报交通部批准。

(5) 各部门、各单位要求设立水路运输服务企业,应申报当地县以上交通主管部门或其授权的航运管理部门批准。

3) 设立条件

设立水路运输企业,必须具备下列条件:

(1) 具有与经营范围相适应的运输船舶,并持有船检部门签发的有效船舶证书,其驾驶、轮机人员应持有航政部门签发的有效职务证书;

(2) 在要求经营范围内有较稳定的客源和货源;

(3) 经营客运航线的,应申报沿线停靠港(站、点),安排落实船舶靠泊、旅客上下所必需的安全服务设施,并取得县以上航运管理部门的书面证明;

(4) 有经营管理的组织机构、场所和负责人,并订有业务章程;

(5) 拥有与运输业务相适应的自有流动资金。

水路运输企业以外的单位和个人从事营业性运输,必须具备上述(1)~(5)项条件,并有确定负责人。个体(联户)船舶还必须具备船舶保险证明。

2. 航空运输服务企业

中国民用航空总局(以下简称民航总局)对航空运输业务实施行业管理,核发经营许可证。中国民用航空地区管理局(以下简称民航地区管理局)根据民航总局的授权,对所辖地区的航空运输业务实施管理和监督。

主要依据的法律法规有《民用航空法》《定期国际航空运输管理规定》《公共航空运输企业经营许可规定》等。

民航总局于 2005 年颁布实施《国内投资民用航空业规定(试行)》,允许非国有资本投资民航业，明确规定国有投资主体与非国有投资主体可以单独或者联合投资民用航空业。同年，民航总局颁布实施《公共航空运输企业经营许可规定》。根据该规定，设立公共航空运输企业应当具备下列条件：

（1）有不少于3架购买或者租赁并且符合相关要求的民用航空器；

（2）负责企业全面经营管理的主要负责人应当具备公共航空运输企业管理能力，主管飞行、航空器维修和其他专业技术工作的负责人应当符合民用航空规章的相关要求，企业法定代表人为中国籍公民；

（3）具有符合民用航空规章要求的专业技术人员；

（4）注册资本不少于国务院规定的注册资本的最低限额；

（5）具有运营所需要的基地机场和其他固定经营场所及设备。

设立公共航空运输企业，第一步，须按照其设立条件由所在地民航地区管理局对申请人的筹建申请进行初步审查，并由民航地区管理局报民航总局办理企业的筹建认可手续；第二步，申请人在规定期限内完成筹建工作后，向所在地民航地区管理局申请经营许可的初步审查，并由所在地民航地区管理局报民航总局办理公共航空运输企业经营许可手续。

经民航总局认可的筹建公共航空运输企业的有效期限为2年。

申请人申请公共航空运输企业经营许可，应当提交下列文件、资料：公共航空运输企业经营许可申请书；企业名称预先核准通知书复印件；企业章程；具有法定资格的验资机构出具的验资证明；企业住所证明复印件；企业标志及其批准文件；购买或者租赁民用航空器的证明文件；客票、货运单格式样本及批准文件；与拟使用的基地机场签订的机坪租赁协议和机场场道保障协议；法定代表人、负责企业全面经营管理的主要负责人的任职文件、履历表、身份证复印件；投保地面第三人责任险的证明文件；企业董事、监事的姓名、住所及委派、选举或者聘任的证明；民航总局规定的其他文件、资料。

民航总局应自受理申请之日起20个工作日内作出是否准予经营许可的决定。对准予经营许可的，应当自作出决定之日起10个工作日内，向申请人颁发公共航空运输企业经营许可证。

3. 零担货物运输企业

零担货运经营活动是指零担货物的受理、仓储、运输、中转、装卸、交付等过程。中华人民共和国交通部负责全国零担货运管理，各级地方交通主管部门负责本辖区零担货运管理，具体管理工作由各级道路运政管理机关（以下简称运管机关）负责。

零担线路运输业户首先要具备《道路货物运输业户开业技术经济条件》中规定的设施、资金、人员、组织等条件之外，还须具备下列条件：使用封闭式专用货车或封闭式专用设备，车身喷涂"零担货运"标志，车辆技术状况达到二级以上；经营省内零担货运需有5辆（25个吨位）以上零担货运车辆，跨省经营需有10辆（50个吨位）以上零担货运车辆，国际零担货运按国际双边运输协定办理；业主、驾驶员、业务人员须持有运管机关核发的《上岗证》，驾驶员应有安全行驶2年以上或安全行驶5万公里以上的驾驶经历。

4. 国际航运物流企业

在中国境内设立企业经营国际船舶运输业务，代理、管理业务或者中国企业法人申请经营国际船舶运输、代理、管理业务，申请人应当向交通部提出申请，报送相关材料，并应同时将申请材料抄报企业所在地的省、自治区、直辖市人民政府交通主管部门。

经营国际海运货物仓储业务,应当具备下列条件:有固定的营业场所;有与经营范围相适应的仓库设施;高级业务管理人员中至少2人具有3年以上从事相关业务的经历;法律、法规规定的其他条件。

经营国际海运集装箱站及堆场业务,应当具备下列条件:有固定的营业场所;有与经营范围相适应的车辆、装卸机械、堆场、集装箱检查设备、设施;高级业务管理人员中至少2人具有3年以上从事相关业务的经历;法律、法规规定的其他条件。

5. 快递服务企业

快递业务是近些年迅速发展起来的物流服务,根据《邮政法》《快递市场管理办法》《快递业务经营许可办法》等相关规定,经营快递业务,应当依法取得快递业务经营许可;未经许可,任何单位和个人不得经营快递业务。

申请快递业务经营许可,应当具备下列条件:

(1) 符合企业法人条件;

(2) 在省、自治区、直辖市范围内经营的,注册资本不低于人民币五十万元,跨省、自治区、直辖市经营的,注册资本不低于人民币一百万元,经营国际快递业务的,注册资本不低于人民币二百万元;

(3) 有与申请经营的地域范围相适应的服务能力;

(4) 有严格的服务质量管理制度和完备的业务操作规范;

(5) 有健全的安全保障制度和措施;

(6) 法律、行政法规规定的其他条件。

邮政企业以外的经营快递业务的企业(以下称快递企业)设立分支机构或者合并、分立的,应当向邮政管理部门备案。

快递企业不得经营由邮政企业专营的信件寄递业务,不得寄递国家机关公文。

需要特别说明的是,目前我国法律不允许外商投资经营信件的国内快递业务。

申请快递业务经营许可,在省、自治区、直辖市范围内经营的,向所在地的省、自治区、直辖市邮政管理机构提出申请,跨省、自治区、直辖市经营或者经营国际快递业务的,应当向国务院邮政管理部门提出申请;申请时应当提交申请书和有关申请材料。

受理申请的邮政管理部门应当自受理申请之日起四十五日内进行审查,作出批准或者不予批准的决定。予以批准的,颁发快递业务经营许可证;不予批准的,书面通知申请人并说明理由。

邮政管理部门审查快递业务经营许可的申请,应当考虑国家安全等因素,并征求有关部门的意见。

申请人凭快递业务经营许可证向工商行政管理部门依法办理登记后,方可经营快递业务。

3.2.3 外商投资的物流主体设立

我国法律对外资进入物流相关行业大都有一些限制性规定,在外资进入铁路业方面,合资建设项目实行建设项目法人责任制。合资公司作为项目法人,对项目的策划、资金筹措、建设实施、生产经营、债务偿还和资产保值增值全过程负责。允许外商采用中外合资开工投资经营道路旅客运输,采用中外合资、中外合作开工投资经营道路货物运输、道路货物搬运装卸、道路货物仓储和其他与道路运输相关的辅助性服务及车辆维修；采用独资形式投资经营道路货物运输、道路货物搬运装卸、道路货物仓储和其他与道路运输相关的辅助性服务及车辆维修。经国务院交通主管部门批准，外商可以投资设立中外合资经营企业或者中外合作经营企业，经营国际船舶运输、国际船舶代理、国际船舶管理、国际海运货物装卸、国际海运货物仓储、国际海运集装箱站和堆场业务；并可以投资设立外资企业经营国际海运货物仓储业务。

申请设立外商投资物流企业的投资者必须具备如下条件：拟设立从事国际流通物流业务的外商投资物流企业的投资者应至少有一方具有经营国际贸易或国际货物运输或国际货物运输代理的良好业绩和运营经验，符合上述条件的投资者应为中方投资者或外方投资者中的第一大股东；拟设立从事第三方物流业务外商投资物流企业的投资者应至少有一方具有经营交通运输或物流的良好业绩和运营经验，符合上述条件的投资者应为中方投资者或外方投资者中的第一大股东。

设立的外商投资物流企业必须符合如下要求：注册资本不得低于500万美元；从事国际流通物流业务的外商投资物流企业中境外投资者股份比例不得超过50%；有固定的营业场所；有从事所经营业务所必需的营业设施。

3.2.4 保税区物流主体的设立

在企业设立方面，禁止在保税区内设立污染环境、危害国家安全或者损害社会公共利益的项目。在运营过程中，企业应当健全统计、财务、会计制度，并建立货物的专门账簿，依法定期向管委会、海关等有关部门报送有关报表。企业在建设、生产、运营中应当符合环境保护的规定，并依法向管委会办理有关手续。

投资者在保税区设立外商投资物流企业，应当向管委会提出申请。管委会应当在收到齐全、合法的申请文件（以下简称申请文件）之日起二十日内，会同有关部门作出是否批准的决定，在作出批准决定之日起三日内，由管委会的工商行政管理部门发给营业执照。投资者在保税区设立其他物流企业，应当向管委会的工商行政管理部门提出申请。管委会的工商行政管理部门应当会同有关部门，在收到申请文件之日起十五日内作出是否核准登记的决定。对核准登记的，发给营业执照。管委会的工商行政管理部门对审核权限以外的申请，应当报管委会审批。管委会对审批权限以外的申请，应当在收到申请文件之日起十日内转报市主管部门审批。企业应当在领取营业执照后三十日内办理海关、税务、外汇管理、商品检验等登记手续。投资者应当按期出资，并履行验资手续。

保税区企业可以自由从事保税区与境外之间的贸易，免配额，免许可证，国家另有规定的除外。保税区物流企业可以取得自由从事保税区内贸易的权利。保税区物流企业依照国家有关规定，可以从事保税区与非保税区、保税区与国内其他保税区之间的贸易。保税区企业经国家对外经贸主管部门批准的，可以代理非保税区企业的进出口贸易。国内外企业（包括保税区企业）可以在保税区内举办国际商品展示活动。保税区企业可以设立商品交易市场，自由参加保税区内进出口商品展销会，从事商品展示、批发等业务；可以自由参加非保税区的进出口商品展销会、博览会。鼓励国内外企业在保税区内储存货物，货物储存期限不受限制。企业可以在保税区内对货物进行分级、包装、挑选、分装、刷贴标志等商业性加工。

货物、物品从境外直接运入保税区，或者从保税区直接运往境外，应当向保税区海关备案。影响安全、卫生、环境保护的货物，应当接受法定检验。货物、物品从保税区运往非保税区视同进口，由非保税区运入保税区视同出口，并办理进出口手续。从非保税区运入供保税区内使用的机器、设备、零部件、原材料、运输工具、建筑材料及办公用品等，由保税区海关登记放行。从境外运入保税区的下列货物、物品，除国家另有规定外，免征关税和进口环节税：进口货物；转口货物；保税区内储存货物；保税区内企业生产所需原材料、零部件、包装物件；保税区内建设项目所需机器、设备和基建物资；保税区内企业、机构自用的机器、设备和合理数量的办公用品、燃料、维修零配件。从保税区运往境外的货物，免征关税，国家另有规定的除外。经保税区出口的货物，依照国家有关出口退税的规定予以退税。

3.3 物流企业的变更

3.3.1 物流企业的变更

物流企业的变更是指已经设立的物流企业在其存续期间，由于企业自身或者其他情况的变化，使得物流企业需要对其组织机构或其他登记事项进行改变。由于物流企业的类型多样，这里主要介绍公司类型。

3.3.2 物流企业变更的情形

主要包括合并与分立两种情形。物流公司合并或者分立，应当由物流公司的股东会作出决议。股份有限公司合并或者分立，必须经国务院授权的部门或者省级人民政府批准。

1. 合并

物流公司合并可以采取吸收合并和新设合并两种形式。一个公司吸收其他公司为吸收合并，被吸收的公司解散。两个以上公司合并设立一个新的公司为新设合并，合并各方解散。

物流公司合并，应当由合并各方签订合并协议，并编制资产负债表及财产清单。公司应当自作出合并决议之日起十日内通知债权人，并于三十日内在报纸上至少公告三次。债权人自接到通知书之日起三十日内，未接到通知书的自第一次公告之日起九十日内，有权要求公司清偿债务或者提供相应的担保。不清偿债务或者不提供相应的担保的，公司不得合并。

物流公司合并时，合并各方的债权、债务，应当由合并后存续的公司或者新设的公司承继。

2. 分立

物流公司分立，是指一个物流公司通过签订协议，不通过清算程序，分为两个或两个以上公司的法律行为。公司分立主要有派生分立和新设分立两种形式。派生分立是指一个公司分离成两个以上公司，本公司继续存在并设立一个以上新的公司；新设分立是指一个公司分解为两个以上公司，本公司解散并设立两个以上新的公司。

物流公司分立需要经股东会特别决议通过，订立分立协议。公司分立时，应当编制资产负债表及财产清单。公司应当自作出分立决议之日起十日内通知债权人,并于三十日内在报纸上至少公告三次。债权人自接到通知书之日起三十日内,未接到通知书的自第一次公告之日起九十日内,有权要求公司清偿债务或者提供相应的担保。不清偿债务或者不提供相应的担保的,公司不得分立。公司分立前的债务按所达成的协议由分立后的公司承担。

3. 注册资本的变更

物流公司需要减少注册资本时,必须编制资产负债表及财产清单。公司应当自作出减少注册资本决议之日起十日内通知债权人,并于三十日内在报纸上至少公告三次。债权人自接到通知书之日起三十日内,未接到通知书的自第一次公告之日起九十日内,有权要求公司清偿债务或者提供相应的担保。公司减少资本后的注册资本不得低于法定的最低限额。

有限责任公司增加注册资本时,股东认缴新增资本的出资,按照公司法设立有限责任公司缴纳出资的有关规定执行。股份有限公司为增加注册资本发行新股时,股东认购新股应当按照公司法设立股份有限公司缴纳股款的有关规定执行。

3.4 物流企业的解散与清算

3.4.1 物流企业解散的原因

依据《公司法》等法律的规定,物流企业的解散主要包括下列原因:
(1) 物流企业章程规定的营业期限届满或者章程规定的其他解散事由出现;
(2) 股东会或者股东大会决议解散;
(3) 因物流企业合并或者分立需要解散;
(4) 依法被吊销营业执照、责令关闭或者被撤销;
(5) 人民法院依法予以解散。物流公司经营管理发生严重困难,继续存续会使股东利益受到重大损失,通过其他途径不能解决的,持有公司全部股东表决权百分之十以上的股东,可以请求人民法院解散公司。

3.4.2 物流企业清算的程序

1. 对以公司形式设立的物流企业的清算程序

物流公司解散,应当在解散事由出现之日起十五日内成立清算组,开始清算。有限责任公司的清算组由股东组成,股份有限公司的清算组由董事或者股东大会确定的人员组成。逾期不成立清算组进行清算的,债权人可以申请人民法院指定有关人员组成清算组进行清算。人民法院应当受理该申请,并及时组织清算组进行清算。

清算组在清算期间行使下列职权:清理公司财产,分别编制资产负债表和财产清单;通知、公告债权人;处理与清算有关的公司未了结的业务;清缴所欠税款以及清算过程中产生的税款;清理债权、债务;处理公司清偿债务后的剩余财产;代表公司参与民事诉讼活动。

清算组应当自成立之日起十日内通知债权人,并于六十日内在报纸上公告。债权人应当自接到通知书之日起三十日内,未接到通知书的自公告之日起四十五日内,向清算组申报其债权。债权人申报债权,应当说明债权的有关事项,并提供证明材料。清算组应当对债权进行登记。在申报债权期间,清算组不得对债权人进行清偿。

清算组在清理公司财产、编制资产负债表和财产清单后,应当制订清算方案,并报股东会、股东大会或者人民法院确认。公司财产在分别支付清算费用、职工的工资、社会保险费用和法定补偿金,缴纳所欠税款,清偿公司债务后的剩余财产,有限责任公司按照股东的出资比例分配,股份有限公司按照股东持有的股份比例分配。清算期间,公司存续,但不得开展与清算无关的经营活动。公司财产在未依照前款规定清偿前,不得分配给股东。

清算组在清理公司财产、编制资产负债表和财产清单后,发现公司财产不足清偿债务的,应当依法向人民法院申请宣告破产。公司经人民法院裁定宣告破产后,清算组应当将清算事务移交给人民法院。

公司清算结束后,清算组应当制作清算报告,报股东会、股东大会或者人民法院确认,并报送公司登记机关,申请注销公司登记,公告公司终止。

2. 对以合伙形式设立的物流企业的清算程序

物流合伙企业解散,清算人由全体合伙人担任;未能由全体合伙人担任清算人的,经全体合伙人过半数同意,可以自合伙企业解散后十五日内指定一名或者数名合伙人,或者委托第三人,担任清算人。十五日内未确定清算人的,合伙人或者其他利害关系人可以申请人民法院指定清算人。

清算人在清算期间执行下列事务:清理合伙企业财产,分别编制资产负债表和财产清单;处理与清算有关的合伙企业未了结的事务;清缴所欠税款;清理债权、债务;处理合伙企业清偿债务后的剩余财产;代表合伙企业参与民事诉讼活动。

合伙企业财产在支付清算费用后,按下列顺序清偿:合伙企业所欠招用的职工工资和劳动保险费用;合伙企业所欠税款;合伙企业的债务;返还合伙人的出资。合伙企业财产按上述顺序清偿后仍有剩余的,按合伙协议约定的比例进行分配。

合伙企业解散后,原合伙人对合伙企业存续期间的债务仍应承担连带责任,但债权人在五年内未向债务人提出偿债请求的,该责任消灭。

清算结束,应当编制清算报告,经全体合伙人签名、盖章后,在十五日内向企业登记机关报送清算报告,办理合伙企业注销登记。

本章小结

物流法律关系的主体是物流法律关系中权利和义务的承担者。民商事物流法律关系主体包括自然人、法人和其他组织,行政管理物流法律关系的行政主体是各个有权参与物流行政管理的国家行政机关,行政相对人是自然人、法人和其他组织等。

物流企业因一般物流主体、特殊物流主体、外商物流主体以及保税区物流企业等性质不同,设立条件也不同。一般物流主体按照公司法、合伙企业法、个人独资企业法的规定来设立;特殊物流主体包括水路运输服务企业、航空快递服务企业、零担货物运输企业和海运物流企业等,不仅要具备一般物流主体设立的条件,还必须按照相关的行业法规所规定的条件来设立。

物流企业的变更包括物流企业的合并、分立、注册资本的变更等。物流企业的清算发生的原因包括企业章程规定的营业期限届满或者章程规定的其他解散事由出现;股东会或者股东大会决议解散;因物流企业合并或者分立需要解散;依法被吊销营业执照、责令关闭或者被撤销;人民法院依法予以解散等等。清算程序因为物流企业的类型不同而有所区别。

附录:相关法律文书示例

公司设立登记申请书样本

名　　称				
名称预先核准通知书文号			联系电话	
住　　所			邮政编码	
法定代表人姓名			职　务	
注册资本	(万元)		公司类型	
实收资本	(万元)		设立方式	
经营范围	许可经营项目: 一般经营项目:			
营业期限	长期/_____年		申请副本数量	个
本公司依照《公司法》、《公司登记管理条例》设立,提交材料真实有效。谨此对真实性承担责任。 　　　　　　　　　　　　　　　　　　　法定代表人签字: 　　　　　　　　　　　　　　　　　　　　　　　年　月　日				

本章涉及的主要法律法规:

1. 《中华人民共和国民法通则》;
2. 《中华人民共和国公司法》;
3. 《中华人民共和国行政许可法》;
4. 《中华人民共和国中外合资经营企业法》;
5. 《中华人民共和国中外合作企业法》;
6. 《中华人民共和国外商独资企业法》;
7. 《中华人民共和国邮政法》;
8. 《中华人民共和国民用航空法》;
9. 《快递市场管理办法》;
10. 《快递业务经营许可办法》;
11. 《公共航空运输企业经营许可规定》。

案例分析

李某与赵某于 2002 年 6 月 1 日签订了一份李某为乙方赵某为甲方的《协议书》,约定双方在广州天河体育西路合伙经营一家物流企业。《协议书》约定:本企业由甲乙双方合伙经营,甲乙双方各自投资人民币 50 万元,作为物流企业的租赁费用及购买设备款项,股权分配为甲乙双方各占 50%;甲乙双方均对本企业经营管理、经济盈亏负有责任;甲乙双方合作不论期限,只要合同有续签,双方任何一方均无权终止;物流企业的财产为甲乙双方共同拥有,任何一方不得侵占;企业管理方面委托甲方全权负责,但乙方有权对甲方的管理进行监督,共同管理好企业。该协议书签订后,双方即投资经营,但是经营至 2003 年 3 月,由于李某怠于参加合伙企业的共同管理,赵某又经营不善,造成物流企业的亏损。2003 年 3 月 27 日,赵某自行将用于经营企业的房屋退还给该房屋的业主即房屋出租人,关闭了企业。李某则认为企业应有盈余,便找赵某要求分配合伙企业财产以及盈余,赵某以企业实际亏损为由,拒绝李某的要求。于是李某向法院提出民事诉讼,要求分割合伙企业财产、分配合伙企业盈余。

人民法院认为,原告李某与被告赵某于 2002 年 6 月 1 日签订的《协议书》没有违反法律、法规的禁止性规定,是双方当事人真实意思的表示,是有效合同,本院予以确认。由于被告赵某已把讼争企业的办公场所交还给房主,该讼争企业也已正式关闭,所以原被告双方的合伙企业已经解散。根据合伙企业进行清算前合伙人不得请求分割合伙企业的财产的规定,原告李某的诉讼请求因合伙人对其合伙经营的企业未进行清算,所以不予支持。判决驳回原告的诉讼请求。

问题:
1. 在合伙企业解散以后,合伙人怎样处理合伙企业解散后的事务?怎样分割合伙企业的财产以及分配或者承担合伙企业的盈余或者亏损?
2. 该如何进行合伙企业清算?

练习题

一、名词解释题
物流主体 法人 水路运输企业 物流企业的变更

二、填空题
1. 在物流法律关系中享有权利的一方为_____,在物流法律关系中负有义务的一方为_____。
2. 物流股份有限公司发起人应当有_____以上_____以下为发起人。
3. 物流企业变更的情形包括_____、_____和_____。
4. 物流公司解散,应当在解散事由出现之日起_____日内成立清算组,开始清算。
5. _____对快递业务核发经营许可证。快递企业不得经营由邮政企业专营的_____。

三、简答题

1. 简述物流主体的范围。
2. 简述物流有限责任公司设立的条件。
3. 简述水路运输企业设立的条件和程序。
4. 试述物流企业解散的原因。
5. 试述物流公司清算的程序。

第 4 章

运输法律法规

知识目标

了解陆上、水上、航空以及多式联运中法律关系的类型及其内容;陆上、水上、航空以及多式联运国际公约的基本情况;重点掌握陆上货物运输合同和海上货物运输合同以及特殊运输关系中各方当事人的权利、义务与责任。

技能目标

起草简单的货运合同;利用合同防范货运风险;处理常见的运输纠纷

【导入案例】

2012 年 7 月,原告秦皇岛金海粮油工业有限公司与被告秦皇岛市裕东行船务有限公司签订运输协议,委托第一被告由巴西运输一套精炼棕榈油设备至秦皇岛港,包干运费 29 500 美元。货物运至上海港后,第一被告安排第二被告临海市涌泉航运公司所属"涌泉 2 号"轮进行转船运输。同年 9 月 6 日,"涌泉 2 号"轮在驶往秦皇岛途中因货舱进水,船体倾斜,被救助于山东石岛港。经秦皇岛出入境检验检疫局检验,货物残损金额 22 270 美元。经青岛双诚船舶技术咨询有限公司对船舶进行检验,"涌泉 2 号"轮船体开裂进水是由于船舶结构缺陷或船舶材质问题所致。法院调查过程中发现如下情况:

(1) "涌泉 2 号"于 2012 年 12 月 20 日进行了年检,取得适航证书。

(2) 船舶技术公司的验船师提供的照片显示,该船锈蚀严重,船底板有一条长度约 400 mm 的纵向裂口,用木塞塞住。另该船标明抗风能力为 8 级,但在遭遇 6 级风浪时,船体就会损坏,导致进水。

问题:

1. 本案的责任方是谁?违反了何种义务?

2. 该案承担的损失范围大致有哪些?

提示: 本案是一起典型的海上货物运输合同纠纷。依我国《海商法》的规定,船舶在开航前和开航当时,承运人应当谨慎处理使船舶处于适航状态,使货舱适于并能安全收受、载运和保管货物。临海市涌泉航运公司作为上海港至秦皇岛港的区段承运人,没有提供适航的船舶,对由此给原告造成的损失应承担赔偿责任。秦皇岛市东裕行船务有限公司作为全程承运人，应对全程运输负责，与临海市涌泉航运公司承担连带赔偿责任。

依据我国《海商法》和《合同法》的有关规定。两被告连带赔偿原告货物损失、残损检验费，货物在石岛港产生的堆存费、装卸费，专家来秦皇岛检查设备的费用，原告重新订购被损坏设备的运输费用及其保险费等。

4.1 物流运输中的法律关系概论

4.1.1 物流中的运输及其地位

1. 物流运输的概念及其特点

根据《国家标准物流术语》的解释，运输是指用设备和工具，将物品从一地点向另一地点运送的物流活动。其中包括集货、分配、搬运、中转、装入、卸下、分散等一系列操作。物流运输具有以下两个基本特征：

1）物流运输是利用一定的交通设备和装货设备对货物进行的空间移动

现代社会的物资交换之所以能够跨越时空距离，有赖于便利、快捷的运输服务和安全、科学的仓储服务。仓储服务旨在消除生产和消费之间的时间间隔，而运输服务旨在消除供求地和需求地之间的空间间隔。随着现代运输工具的发明和普及，对货物进行的空间转移已经突破了外部自然条件和货物难传送性等方面的局限，形成了以船舶、火车、汽车运输为主体，配以飞机、管道运输等多层次、多渠道的运输体系，从而保障了世界各地的贸易能够自由往来，生产过程能够继续下去。

2）物流运输是对货物进行的有组织、成批量、大范围的空间移动

运输通常包括对人和物的载运及输送，但物流运输仅针对"物"的载运和输送，而且它强调将货物按照一定类别，一定距离，一定数量合理配置运力，以实现低成本、高质量的运输。当现代物流运输融入了管理技能之后，它就不再是一项简单的载运服务，它区别于在同一区域内对物进行的搬运服务或者短距离、零散的货物配送服务。当然，三者在物流过程中又有密切联系，因为运输往往与搬运、配送等行为衔接在一起，才能够圆满地完成改变货物空间状态的全部任务。

2. 物流运输的常见类型

物流运输根据不同的标准可以划分为不同的种类。

1）按运输方式的不同，可以分为公路运输、铁路运输、水路运输、航空运输和管道运输等。

（1）公路运输。这是主要使用汽车在公路上进行货物运输的一种方式。公路运输主要承担近距离、小批量的货运和水运、铁路运输难以到达地区的长途、大批量货运及铁路、水运优势难以发挥的短途运输。公路运输主要优点是灵活性强，投资较低，可以采取"门到门"运输形式，而不需转运或反复装卸搬运。

（2）铁路运输。这是使用铁路列车运送货物的一种运输方式。铁路运输主要承担长距离、大数量的货运，在没有水运条件地区，几乎所有大批量货物都是依靠铁路，是在干线运输中起主力运输作用的运输形式。铁路运输优点是速度快，运输不大受自然条件限制，载运量大，运输成本较低。主要缺点是灵活性差，只能在固定线路上实现运输，需要以其他运输

手段配合和衔接。

（3）水路运输。这是使用船舶或其他航运工具运送货物的一种运输方式。水路运输是一种古老的运输方式，水运的主要优点在于进行低成本、大批量、远距离的运输。水运的缺点主要是运输速度慢，受港口、水位、季节、气候影响较大，因而一年中中断运输的时间较长。水路运输按活动水域不同又分为沿海运输、远洋运输和内河运输三种类型。

（4）航空运输。这是使用飞机或其他航空器进行运输的一种形式。航空运输的主要优点是速度快，运输损伤率低，货物包装要求不高且不受地形的限制，其缺点是运输成本高，可达性差，易受天气条件影响。鲜活易腐，季节性很强，价值贵重或者紧急需要的物资适合采用航空运输方式。

（5）管道运输。这是利用管道输送气体、液体和粉状固体的一种运输方式。其主要优点是运量大、运输成本低，且由于采用密封设备，在运输过程中可避免散失、丢失等损失，不存在其他运输设备本身在运输过程中消耗动力所形成的无效运输问题。但管道是静止不动的，灵活性差是其最大的缺陷。

2）按运输是否需要中转，可以分为直达运输和联合运输，后者又有单式联运和多式联运两种类型。

（1）直达运输。所谓直达运输是指物品由发运地到接收地，中途不需要换装和在储存场所停滞的一种运输方式。直达运输是追求运输合理化的重要形式，由于减少中转过程，从而提高运输速度，省却装卸费用，降低中转货损。此外，在生产资料、生活资料运输中，通过直达，建立稳定的产销关系和运输系统，也有利于提高运输的计划水平和运输效率。

（2）联合运输。所谓联合运输是指一次委托，由两家以上的运输企业或用两种以上运输方式共同将某一批物品运送到目的地的运输方式。单式联运是指由两个以上的承运人以同一种运输方式将货物运送到目的地的一种运输方式。多式联运是指采用两种或两种以上的运输手段，多环节、多区段地将货物运送到目的地的一种综合性运输方式。联合运输尤其是多式联运具有手续简单且责任统一，既节约时间又降低成本且运输效率较高等优点，在国际货运市场上深受青睐。

3）按运输对象不同，可以分为普通货物的运输、危险品运输和鲜货运输等。不同的货物有不同的包装要求，运输标准，承运人与托运人之间的权利义务和责任也不相同。

有关运输的种类划分，还有很多标准，本书基于篇幅限制以及与相关内容联系的紧密程度节选了其中一些常见的类型作了简要介绍。

3. 运输在物流中的地位

1）运输是物流服务业得以形成的基础

运输是一项古老的行业，丝绸之路上的驼队，驿站古道上的马车，江河湖海上的船舶在不同国家的不同历史时期发挥了沟通各地商业和文化往来的桥梁作用。可以说运输工具和运输方式的更替足以成为见证人类文明发展的一块块里程碑。相比较而言，作为现代物流另一核心的仓储业，却无法与运输的久远和辉煌相提并论。因此即使在现代综合物流兴盛的今天，仍有不少人会将物流等同于运输。这种观念虽然是片面的，但它也在一定程度上反映了运输与现代物流业的渊源。

2）运输是物流服务业质量和效益得以提高的关键

现代物流的形成在很大程度上依赖于运输业的合理化发展。所谓运输的合理化旨在强调运输距离、运输环节、运输时间、运输工具和运输费用在整个物流过程中的有效配置。首先缩短运输时间可以提升物流的整体效率。运输时间的缩短有利于运输工具的加速周转，有利于货主资金的周转，有利于运输线路通过能力的提高。其次降低运输费用可以大大节约物流成本。一般综合分析计算社会物流费用，运输费占到了近50%的比例，有些产品运费甚至高于产品的生产费，因此运输费用的降低，无论对货主企业来讲还是对物流经营企业来讲都是至关重要的。而运输时间的缩短和运输费用的降低又需要选择安全经济的运输路线，减少不必要的运输环节和提高运输工具的使用率作为保障，故而运输的合理化实际上是体现物流服务的一项综合指标，其重要性是毋庸置疑的。

3) 运输是物流服务业走向国际化的重要窗口和平台

当今社会，运输业日益成为一种国际化的服务行业。其一，运输有巨大的国际市场。以中国为例，与物流相关的领域，包括海运理货服务、集装箱堆场服务、内水货运服务、船务代理服务、货运代理服务等在加入WTO时都已明确列出了开放的时间表，而货运服务方面实际上已经全面开放，可以预见国内外物流企业为争夺市场将展开激烈的竞争。其二，运输有众多的国际规则。有关运输的国际惯例、国际公约和国际标准在整个物流体系中相对完善，这不仅促进了运输管理的有序化和统一化，而且对国际化物流企业的形成也将起到规范和引导作用。

4.1.2　物流运输中法律关系的类型及其构成

运输中的法律关系主要是与提供运输服务行为密切相关的各类主体之间发生的权利义务关系。在物流活动中，能够向他人提供运输服务的主体通常有两类：一类是拥有运输工具的专业运输企业或个人，他们与托运人直接签订运输合同；另一类是不拥有运输工具，但与客户签订了涵盖运输环节在内的一切物流服务合同的其他企业，如综合物流公司、货运代理公司和无船承运人。两类主体提供运输服务的不同在于第二类主体还必须通过与具备运输资质的人签订运输合同或者向其租用运输工具才能完成相应的运输任务。由此看出，发生在运输当事人之间的法律关系主要是运输合同关系，但又不局限于运输合同关系，还可能有租赁关系等。这些法律关系从其性质而言，均是一种民事法律关系，受到我国民事法律法规的调整，但已经有相应国际惯例或者我国已加入了相应的国际条约时，则首先要遵守这些国际规则的规定。

1. 货物运输合同

1) 概念及特点

货物运输合同是指承运人将托运人交付运输的货物运送到指定地点，托运人为此支付运费的协议。货物运输合同具有以下几个突出特点：

（1）多为诺成性合同。根据合同的成立是否以交付标的物为其要件可以将合同分为诺成性合同和践成性合同。诺成性合同是指经双方协商一致即可成立的合同，又称不要物合同；而践成性合同是指合同的成立除双方协商一致以外，还必须交付标的物才能成立的合同，又称要物合同。货物运输合同如无特殊约定，应属于诺成性合同。

（2）一般写有格式条款。格式合同或是具有格式条款的合同指一方当事人为了重复使用而预先拟定好内容，并在订立合同时未与对方协商的合同或合同条款。运输合同中的承运人为了简化手续，提高交易效率，常常以统一的货运单或者提单记载主要运输条款，经客户填写并经双方签字作为运输合同的一部分或作为对运输合同确认的证据。

（3）合同效力常常涉及第三人。运输合同的收货人，可能是托运人本人，也可能是托运人以外的第三人。前者享有运输合同的中规定的权利并承担相应的义务，后者并非合同的主体，但运输合同对其也产生一定效力，比如领取货物的权利。但收货人就货物迟延或者损坏而向承运人进行的索赔则不是基于运输合同产生的，而是一种侵权关系。

2）货物运输合同的构成

（1）货物运输合同的主体。合同主体是签订合同的当事人。货物运输合同的一方当事人是具有运输资质的承运人，另一方当事人是托运人，即要求他人将货物以约定的方式运往一定目的地的人，除普通的个人或者企业之外，托运人还可能是物流公司、国际货运代理公司，无船承运人。但是这几类主体的身份比较特殊，如果他们在物流服务中以自己的名义向客户签发了提单或其他运输凭证时，他们对客户而言就成为名义上的承运人，然后他们再与具有运输资质的人签订运输合同，他们对该承运人而言又成为托运人。

（2）货物运输合同的标的。合同的标的是指合同中权利义务指向的对象，合同标的可以是物、行为或智力成果。当合同标的是行为时，则要注意区分合同标的和与标的相关的具体物。比如货物运输合同中的标的是承运人的运输行为本身，而不是被运送的货物。

（3）货物运输合同的内容。合同的内容是指合同主体之间的权利义务关系，合同条款中大部分都是有关内容的规定。具体而言，一份运输合同的基本内容大致包括以下几个方面：

① 当事人条款。主要是关于托运人、承运人以及收货人姓名、地址和联系方式的说明。

② 货物的名称，规格、性质、数量、重量的情况说明。

③ 包装要求。系当事人对货物的包装标准或要求做出的约定。

④ 货物的起运点和目的地。

⑤ 货物的运输期间。如果需要货物在一定期限内送达目的地，则要在条款中注明。

⑥ 运输中各方的权利和义务。此项内容以规定承运人的责任及其范围为核心，由承运人的权利义务、托运人的权利义务和收货人的权利义务三大部分组成。

⑦ 违约责任及合同争议的解决办法。如果当事人就违约责任有特殊约定的，按约定处理。无特别约定，则按照国内的合同法的相关规定处理。如果适用国际条约时，根据条约中的规定承担相应责任。

⑧ 其他条款。根据当事人的特殊要求，可以在合同中给予专门约定。

2. 运输工具的租赁合同

1）概念及种类

运输工具的租赁合同是指运输工具的所有权人或者使用权人将其运输工具或者运输工具上一定的空间位置交由承租人使用，收益，承租人支付租金的一种协议。

常见的运输工具租赁合同有汽车租赁合同和船舶租赁合同，后者又可分为航次租赁合同、定期租赁合同和光船租赁合同。

2）运输工具租赁合同的构成

（1）运输工具租赁合同的主体。当物流企业、国际货运代理公司、无船承运人向客户承诺提供包括运输在内的一系列物流服务时，通常被称为第三方物流。如果他们通过租赁运输工具来完成运输任务，即成为租赁合同中的承租人。租赁合同中的出租人是运输工具的所有者和经营者。

（2）运输工具租赁合同的标的。与运输合同的标的为运输行为不同，租赁合同的标的为租赁物本身。在运输工具的租赁中，即为各类被租赁的运输工具，如汽车、船舶或者船舶中的部分舱位。

（3）运输工具租赁合同的内容。不同运输工具的租赁有其具体的条款内容，但是一般而言，该类合同应包括以下一些基本条款：

① 租赁运输工具的基本情况。名称准确详细，写明其相应的证件号码。
② 租赁工具的用途。承租人必须按照约定的用途使用租赁的运输工具，否则就是违约，出租人还可以要求解除合同。
③ 承、租双方的权利义务。主要包括是否由出租人配备运输工具的操作人员和其他工作人员；是否允许转租；租赁物的维修费用的承担。
④ 租赁物的保险条款。主要是对运输工具发生交通事故时保险金缴纳和索赔方面的规定。
⑤ 责任及其范围。包括违约责任及不可抗力造成损害时的责任承担等问题。
⑥ 合同纠纷的解决机制。

4.2 陆上货物运输中的法律关系

4.2.1 陆上货物运输法律法规概述

陆上运输主要有公路运输和铁路运输两种形式。下面分别介绍一下与两者有关的法律法规体系。

1. 公路运输

目前，公路运输主要涉及汽车租赁和汽车货物运输两大法律问题，相关的法律法规有《汽车货物运输规则》、《道路危险货物运输管理规定》、《汽车危险货物运输规则》、《汽车租赁业管理暂行规定》。上述这些规则均由交通部制定，在法律的效力层级上，属于行政规章，系特别法；而《合同法》中有关运输和租赁合同的相关规定作为一般法，公路、铁路等陆上运输行为和租赁行为当然要受到《合同法》的调整。

另外，由联合国欧洲经济委员会负责起草，并于1956年5月19日在日内瓦通过并生效的《国际公路货物运输合同公约》（简称CLM）旨在规范国际公路货物运输合同，特别是统一有关公路运输所使用的单证和承运人的责任条件。根据公约的规定，该公约是否适用于公路运输行为，要取决于合同中是否有一方为缔约国。我国至今未加入该公约。

2. 铁路运输

在国内，1991年开始实施的《铁路法》第二章是铁路货物运输方面的主要法律。国务院颁发的《铁路运输安全保护条例》和铁道部发布的《货物运单和货票填制办法》等也是调整铁路运输的法规。在国际上，有关铁路运输方面的公约主要有两个：一个是由奥地利、法国、德国等西欧国家于1961年在瑞典首都伯尔尼签订的《关于铁路货物运输的国际公约》（简称《国际货约》）；另一个是由苏联、波兰、罗马尼亚等八个国家于1951年在华沙签订的《国际铁路货物联运协定》(简称《国际货协》)。我国于 1954 年 1 月加入了《国际货协》,因此受到该公约的约束,但我国至今未加入《国际货约》。公约的内容在后面会有详细介绍。

4.2.2 汽车租赁合同

1. 汽车租赁合同的订立

物流服务企业使用他人的汽车进行运输时,往往要与汽车租赁公司签订汽车租用合同。订立汽车租赁合同需要注意以下问题:

1)合同主体

具有汽车租赁资格的主体必须具有地市级以上道路运政管理部门核发的《道路运输经营许可证》和《道路运输证》。作为承租人一方必须提供有效的驾驶证件和其他相关的身份证明。

2)合同形式

尽量采用书面合同形式,以避免不必要的纠纷。

3)合同条款

汽车租赁合同大致涉及:租赁经营人名称,承租人名称,租赁汽车车型、颜色和车辆号牌,行驶证号码,道路运输证号码,租赁期限,计费办法,付费方式以及租赁双方的权利、义务和违约责任等条款内容。

2. 汽车租赁合同双方的主要义务和责任

1)出租方的主要义务

(1)按时交付符合用途的标的物。① 汽车为租赁人所有或者租赁人有合法使用权,已办理了合法的经营手续,相关证件齐全,这些证件包括道路运输证、汽车行驶证;② 汽车的技术状态良好,即汽车交付时不存在影响使用的故障,客观上不能发现的潜在故障不构成出租人的违约;③ 汽车已缴纳各项规费。

(2)按照国家标准进行收费。汽车租赁的收费项目和收费标准由国家有关部门统一规定,租赁经营人必须按省级价格主管部门规定的租赁收费标准收费。

(3)维修汽车的义务。在合同没有对维修义务做出特别约定的情况下,出租人对租赁期间的汽车负有维修义务。出租人未按照承租人的要求在合理期限内维修的,承租人可以自行维修,费用由出租人负担或者以租金折抵。(《合同法》220、221 条)

(4)返还押金或者保证金的义务。承租人租赁汽车向出租人缴纳保证金或者由他人提供担保的,汽车在租赁期限结束后完好返还出租人时,保证金或者押金应当返还承租人,否则构成对承租人财产的侵权行为。

2)承租人的主要义务

(1)按照约定用途使用租赁汽车。如何使用汽车原则上由双方自行约定,约定不明或者没有约定的,应按照租赁物的性质正确使用。否则,出租人可以解除合同并要求承租人承担相应的赔偿责任。(《合同法》第 216、217、219 条)

(2)按时交纳租金。按照合同约定的方式和时间交纳租金是承租人的主要义务。(《合同法》226 条)

(3)妥善保管租赁车辆。由于承租人的过失对租赁物造成损失的,承租人要承担相应

的赔偿责任。(《合同法》222 条)

（4）不得随意转租租赁汽车。未经出租人同意，承租人不得将租赁汽车转租他人。否则，出租人可以解除合同。第三人对租赁物造成损失的，由承租人承担赔偿责任。(《合同法》224 条)

4.2.3 汽车货物运输合同

1. 汽车货物运输合同的订立

1）合同主体

根据《汽车货物运输规则》（以下简称《汽运规则》）第三条的规定，汽车运输合同可以由从事汽车运输的经营者和发货的企业或个人直接签订，也可以由货运代办人与托运人和承运人分别签订货物运输合同。

2）合同形式

《汽运规则》第二十四条规定，汽车运输合同可采用口头、书面或者其他形式。书面形式的运输合同分为定期运输合同、一次性运输合同和道路货物运单三种类型。类型不同，其合同的书面形式是否可以直接为运单也有所不同。比如定期运输合同和一次性运输合同中，既可能有单独的运输合同，也有运单，在这种情况下，运单只能作为证明运输合同成立的凭证，区分两者的意义在于当运单记载的内容与合同不一致时，如无相反证明，可视为对运输合同的实质性变更。但在每车次或短途每日多次货物运输中，运单就是运输合同。有关运单与运输合同的关系，本书认为，只要双方没有另外签订运输合同，运单就可以视为运输合同，而不必要按运输的特点（比如是定期运输还是短途运输等）来区别对待其性质。运输合同是不要式合同，双方采取哪种方式来确定彼此的权利义务关系，交由当事人选择。

3）合同条款

不同类型的合同，其条款的内容也不尽相同。定期运输合同较为复杂，仅有运单不足以明确完整地表述当事人之间的权利义务关系，所以在运单之外，还需要签订书面合同，合同中至少要具备以下条款：

（1）托运人、收货人和承运人的名称（姓名）、地址（住所）、电话、邮政编码；

（2）货物的种类、名称、性质；

（3）货物重量、数量或月、季、年度货物批量；

（4）起运地、到达地；

（5）运输质量；

（6）合同期限；

（7）装卸责任；

（8）货物价值，是否保价、保险；

（9）运输费用的结算方式；

（10）违约责任；

（11）解决争议的方法。

一次性货物运输中，当事人可以另行签订运输合同，但双方的权利义务基本记载于运单之上。一次性运输的运单内容与定期运输合同的不同之处主要在于：

① 没有货物月、季、年度运输批量的记载；

② 起运地、运输地条款改为装货地点、卸货地点、运距;
③ 合同期限条款变为承运日期和运到日期;
④ 增加了有关货物包装方式的说明。

未单独签订运输合同的,根据《货运规则》第二十九条的规定,托运人应按以下要求填写运单:
① 准确表明托运人和收货人的名称(姓名)、地址、电话、邮政编码;
② 准确表明货物的名称、性质、件数、重量、体积以及包装方式;
③ 准确表明运单中的其他有关事项;
④ 一张运单托运的货物,必须是同一托运人、收货人;
⑤ 危险货物与普通货物以及性质相互抵触的货物不能用一张运单;
⑥ 托运人要求自行装卸的货物,经承运人确认后,在运单内注明;
⑦ 应使用钢笔或圆珠笔填写,字迹清楚,内容准确,需要更改时,必须在更改处签字盖章。

单独签订定期运输合同和一次性运输合同的,运单托运人的签字处还应写明合同的序列号。

2. 汽车货物运输合同中双方的主要义务与责任

1) 托运人的义务

(1) 运单内容与实物相符。托运货物的名称、性质、件数、质量、体积、包装方式应当与运单记载的内容相符。

(2) 办理有关审批文件并交于承运人。货物需要具备准运证、审批或检验手续的,由托运人办理完成后交由承运人,随货同行。

(3) 不得在托运物中夹带其他货物。在托运货物中,不得夹带危险货物、鲜活货物、易腐货物、易污染货物、货币、有价证券以及政府禁止或限制运输的货物。

(4) 使用正确的包装方式和运输标志。货物的包装由双方约定。没有约定或约定不明确的,可以补充协议;不能达成协议的,按照通用的方式包装。没有通用方式的,应在足以保证运输、搬运、装卸作业安全和货物完好的原则下进行包装。依法应当执行特殊包装标准的,按照规定执行。

(5) 特种货物应明确告知运输条件。对于冷藏保温的货物,托运人应提供货物的冷藏温度和在一定时间内保持温度的要求;鲜活货物,托运人应提供最长运输期限及途中管理、照料事宜的说明书;托运危险货物,按交通部《汽车危险货物运输规则》办理;采用集装箱运输的货物,按交通部《集装箱汽车运输规则》办理;对于大型、特型笨重物件,应提供货物性质、重量、外廓尺寸及运输要求的说明书;

(6) 特殊物品随车押运。运输生物、植物、尖端精密产品、稀有珍贵物品、文物、军械弹药、有价证券、重要票证和货币等,必须派人押运。在运单上注明押运人的姓名及必要情况。押运人员须遵守运输和安全规定,并在运输过程中负责货物的照料、保管和交接。

2) 托运人的责任

(1) 托运人不如实填写运单,错报、误填名称或装卸地点,造成承运人错送、装货落空以及由此引起其他损失的,应负赔偿责任。

(2) 托运人未按合同约定的时间和要求,备好货物和提供装卸条件,以及货物运达后无人收货或拒绝收货,而造成承运人车辆放空、延滞及其他损失的,托运人应负赔偿责任。

(3) 因托运人的下列过错,造成承运人、站场经营人、搬运装卸经营人的车辆、机具、设备等损坏、污染或人身伤亡以及因此而引起第三方损失的,由托运人负责赔偿:

① 在托运的货物中有故意夹带危险货物和其他易腐蚀、易污染货物以及禁、限运货物等行为;

② 错报、匿报货物的重量、规格、性质;

③ 货物包装不符合标准,包装、容器不良,而从外部无法发现;

④ 错用包装、储运图示标志。

3) 承运人的义务

(1) 承运人应根据受理货物的情况和性质,合理安排运输车辆。货物装卸重量以车辆额定的吨位为限。轻泡货物以折算重量装卸。不得超过车辆的额定吨位和长、宽、高的装载规定。

(2) 承运人在受理整批或零担货物时,应根据运单记载货物名称、数量、包装方式等,在核对无误后,方可办理交接手续。如果发现与运单填写不符或可能危及运输安全的情况,不得办理交接手续。

(3) 承运人受理凭证运输或需有关审批、检验证明文件的货物后,应在有关文件上注明已托运货物的数量、运输日期、加盖承运章,并随货同行,以备查验。

(4) 承运人应与托运人约定运输路线。起运前运输路线发生变化必须通知托运人,并按最后确定的路线运输。承运人未按约定路线运输增加的运输费用,托运人或收货人可以拒绝支付增加部分的运输费用。

(5) 货物运输中,在与承运人非隶属关系的货运站场进行货物仓储、装卸作业,承运人应与站场经营人签订作业合同。

(6) 运输期限由承托双方共同约定后在运单上注明。承运人应在约定的时间内将货物运达。零担货物按批准的班期时限运达,快件货物按规定的期限运达。

(7) 整批货物运抵前,承运人应当及时通知收货人做好接货准备;零担货物运达目的地后,应在 24 小时内向收货人发出到货通知或按托运人的批示及时将货物交给收货人。

(8) 车辆装载有毒、易污染的货物卸载后,承运人应对车辆进行清洗和消毒。但因货物自身的性质,应托运人要求,需对车辆进行特殊清洗和消毒的,由托运人负责。

4) 承运人的责任及免责事由

(1) 承运人未按约定的期限将货物运达,应负违约责任;因承运人责任将货物错送或错交,应将货物无偿运到指定的地点,交给指定的收货人。

(2) 承运人未遵守承托双方商定的运输条件或特约事项,由此造成托运人的损失,应负赔偿责任。

(3) 货物在承运责任期间和站、场存放期间发生毁损或灭失,承运人、站场经营人应负赔偿责任。在责任承担上,视委托人而有所不同。如果是由托运人直接委托站场经营人装卸货物造成货物损坏的,由站场经营人负责赔偿;由承运人委托站场经营人组织装卸的,承运人应先向托运人赔偿,再向站场经营人追偿。

(4) 免责事由

① 不可抗力;

② 货物本身的自然性质变化或者合理损耗；
③ 包装内在缺陷，造成货物受损；
④ 包装体外表面完好而内装货物毁损或灭失；
⑤ 托运人违反国家有关法令，致使货物被有关部门查扣、弃置或作其他处理；
⑥ 押运人员责任造成的货物毁损或灭失；
⑦ 托运人或收货人过错造成的货物毁损或灭失。

3. 运输合同的变更、解除以及责任承担

1) 合同当事人引起的合同变更或解除的情形

（1）在承运人未将货物交付收货人之前，托运人要求承运人中止运输、返还货物、变更到达地或者将货物交付其他收货人的。

（2）由于合同当事人一方的原因，在合同约定的期限内确实无法履行运输合同的。

（3）合同当事人违约，使合同的履行成为不可能或不必要的。

（4）合同双方协商变更或解除合同的。

由当事人的原因引起的合同变更或者解除，有过错的一方应当承担赔偿责任。但发生交通肇事造成货物损坏或灭失而引起的合同变更或解除，承运人应先行向托运人赔偿，再由其向肇事的责任方追偿。如果是承运人提出协商解除合同的，承运人应退还已收的运费。

2) 由不可抗力造成合同的变更或解除

所谓不可抗力是指不能预见、不可避免、不能克服的自然事件和社会事件。遇到不可抗力后，承运人应及时与托运人联系。发生货物装卸、接运和保管费用按以下规定处理：

（1）接运时，货物装卸、接运费由托运人负担，承运人收取已完成的运输里程的运费，返还未完成运输里程的运费。

（2）回运时，收取已完成运输里程的运费，回程运输免收。

（3）托运人要求绕道行驶或改变到达地点时，收取实际运输里程的运费。

（4）货物在受阻处存放，保管费用由托运人负担。

4. 货运事故及违约责任的处理

货运事故是指货物在运输过程中发生毁损或灭失。货运事故和违约行为发生后，承托双方及有关方应编制货运事故记录，货运事故记录是双方责任认定的主要依据，原则上应由承运人、托运人和收货人三方签字确认；当无法找到收货人、托运人的，承运人可邀请2名以上无利害关系的人签注货运事故记录。

承运人、托运人、收货人及有关方在履行运输合同或处理货运事故时，发生纠纷、争议，应及时协调解决或向县级以上人民政府交通主管部门申请调解；当事人不愿和解、调解或者和解、调解不成的，可依仲裁协议向仲裁机构申请仲裁；当事人没有订立仲裁协议或仲裁协议无效的，可以向人民法院起诉。

1) 货运事故和违约责任的诉讼时效

所谓的诉讼时效是指权利人在法定期限内不行使权利，就丧失了胜诉权的法律制度。国内汽车运输合同纠纷的诉讼时效为2年。时效的起算点从权利人知道或应当知道权利受到侵犯时算起。有关货物赔偿时效从收货人、托运人得知货运事故信息或签注货运事故记录的次日起计算。在约定运达时间的30日后未收到货物，视为灭失，自31日起计算货物赔偿时效。

2）货运事故和违约责任的赔偿办法

货运事故赔偿分为限额赔偿和实际损失赔偿两种。法律、行政法规对赔偿责任限额有规定的，依照其规定；尚未规定赔偿责任限额的，按货物的实际损失赔偿。承运人或托运人发生违约的，违约责任有约定的从约定；没有约定的，按实际损失进行赔偿。所谓实际损失应包括货物价格、运费和其他杂费，货物价格按照交付或应当交付时货物到达地的市场价格计算。货物价格中未包括运杂费、包装费以及已付的税费时，应按承运货物的全部或短少部分的比例加算各项费用。另外，以下情况时需要特别注意赔偿额的确定：

（1）由于承运人责任造成货物灭失或损失，以实物赔偿的，运费和杂费照收；按价赔偿的，退还已收的运费和杂费；被损货物尚能使用的，运费照收。

（2）丢失货物赔偿后，又被查回，应送还原主，收回赔偿金或实物；原主不愿接受失物或无法找到原主的，由承运人自行处理。

（3）承托双方对货物逾期到达，车辆延滞，装货落空都负有责任时，按各自责任所造成的损失相互赔偿。

（4）在保价运输中，货物全部灭失，按货物保价声明价格赔偿；货物部分毁损或灭失，按实际损失赔偿；货物实际损失高于声明价格的，按声明价格赔偿；货物能修复的，按修理费加维修取送费赔偿。保险运输按投保人与保险公司商定的协议办理。

未办理保价或保险运输且在货物运输合同中未约定赔偿责任的，按本条第一项的规定赔偿。

4.2.4 铁路货物运输合同

1. 国内铁路货物运输合同

1）铁路货物运输合同的订立

（1）合同主体。铁路运输企业的一方当事人是托运人、个人和企业以及其他社会团体。铁路运输企业的另一方当事人是铁路运输企业，根据《铁路法》第七十二条的规定，是指铁路局和铁路分局。

（2）合同形式。铁路运输合同原则上是不要式合同，法律没有明确其是否必须为书面形式。但是铁路运输涉及按季度、半年度、年度或更长期限的运输任务时，往往以月度用车计划表作为运输合同，交运货物时同时交货运单。《铁路法》第十一条明确规定，行李票、包裹票和货物运单是合同或者合同的组成部分；另根据铁道部有关《铁路货物运输服务订单和铁路货运延伸服务订单使用试行办法》中规定，铁路服务订单亦为铁路运输合同的组成部分。因此铁路运输中货运单与运输合同之间的关系与前面提到的公路货物运输略有不同。

（3）合同条款。根据《货物运单和货票填制办法》中的相关规定，铁路货物运输运单大致包括以下一些条款：

① 托运人、收货人的名称和地址以及联系方式等。

② 货物的基本情况说明。包括货物的名称、规格、件数、重量、用途、性质、价格、包装等。

③ 货物的运输线路。包括货物的始发站、到达站、运输的总里程以及主管铁路局。

④ 货物的运输价格。铁路货物的运价受到国家统一的价格管理，运费主要根据《货物

运价分类表》和《货物运价率表》计算得出。

⑤ 货物的承运期限。指承运日期和运到日期的记载。

⑥ 货物保价方式。托运货物时,托运人可以选择是否保价运输,是由铁路运输部门保价还是自行向保险公司办理货物保险。

⑦ 特殊记载事项。按整车办理的货物必须填写车种、车号和货车标重;施封货车和集装箱的施封号码。

⑧ 其他需要记载事项。承、托双方如果有运单中没有规定的其他运输要求,可以以承运人和托运人记载事项栏中给予说明。

2) 铁路运输合同双方的主要义务和责任

铁路运输合同双方的义务和责任与汽车运输合同基本相同,前节内容可以作为参照,在此不再赘述。下面对铁路运输合同中有关货物交付的特殊的规定作介绍,即《铁路法》第二十二条规定托运物到达目的站后,承运人对托运物享有的权利和义务:

(1) 以适当方式通知相关人。对于铁路运输企业发出领取货物通知之日起满 30 日仍无人领取的货物或者收货人书面通知铁路运输企业拒绝领取的货物,铁路运输企业应当通知托运人。如果托运物是包裹或行李,铁路企业应自通知之日起 90 日内或者到站之日起 90 日内公告。

(2) 以适当的方式处置托运物。对于在上述情况下采取了相应的告知义务仍无人领取的托运物,铁路运输企业可以进行变卖。对于危险物品和规定限制运输的物品,应当移交公安机关或者有关部门处理;变卖托运物所得的价款扣除保管等费用后尚有余款的,应退还托运人。无法退还或者自变卖之日起 180 天内托运人未领回的,上缴国库。

2. 国际铁路货物运输合同

《国际铁路货物联运协定》是参加国际货物联运协定各国铁路和发、收货人办理货物联运所必须共同遵守的基本文件,我国是该协定的成员国,因此《国际货协》自然就成为调整我国与其他参加国之间铁路货物运输方面的主要法律依据。凡《国际货协》有规定,而国内规章也有规定时,不论两者是否相同,应适用《国际货协》的规定,两邻国铁路间有特殊规定的除外。《国际货协》中没有规定的事项,才能适用国内铁路规章。《国际货协》自 1951 年签订以后经过多次修改和补充,现行的是 1971 年 4 月经铁路合作组织核准,并从 1974 年 7 月 1 日起生效的文本。协定共八章 40 个条款,第一章为总则;第二至四章是关于运送合同的规定;第五章是有关铁路承运人的责任规定;第六章是关于赔偿、诉讼和时效的规定;第七章是各铁路间的清算问题;第八章为一般性规定。

1) 合同的订立

根据《国际货协》的规定,运单是国际铁路货物联运的运送合同。发货人在运单上签字,始发站在运单上加盖戳记即视为合同成立并生效。运单全程附送,最后交收货人。运单除了作为运输合同以外,还具有以下功能:

(1) 是铁路承运货物并向收货人核收运费和交货的凭证。

(2) 运单副本是卖方通过有关银行向买方结汇的主要单据之一。

2) 合同的变更

《国际货协》规定,发货人和收货人都有权对运输合同作必要的变更,但其次数仅限一次,而且变更合同时,不准将同一批货物分开办理。铁路在下列情况下,有权拒绝变更运输合同或延缓执行这种变更。

(1) 应执行变更运输合同的铁路车站,接到申请书或发站或到站的电报通知后无法执行时。

(2) 这种变更超出铁路营运管理时。

(3) 与参加运送的铁路所属国家现行法令和规章有所抵触时。

(4) 在变更到站的情况下,货物的价值不能抵偿运到新指定的到达站的一切费用时,但能立即交付或能保证支付这项变更费用者除外。

铁路对要求变更运输合同有权按有关规定核收各项运杂费用。

3) 运费的支付和结算

根据《国际货协》的规定,运费的支付方式为:

(1) 发送国铁路的运送费用,按照发送国的国内运价计算,在始发站由发货人支付。

(2) 到达国铁路的费用,按到达国铁路的国内运价计算,在终点站由收货人支付。

(3) 如果始发站和到达站的终点属于两个相邻国家,无须经由第三国过境运输,而这两个国家的铁路有直通运价规程时,则按运输合同订立当天最新的直通运价规程计算。

(4) 如果货物需经第三国过境运输,过境铁路的运输费用,应按运输合同订立当天有效的《国际货协》统一运价规程的规定计算,可由始发站向发货人核收,也可以由到达站向收货人核收。但如果按《统一货价》的规定,各过境铁路的运送费用必须由发货人支付时,则这项费用不准转由收货人支付。

为了保证国际铁路运输费用的分配,《国际货协》专门规定了各国铁路之间的清算办法。其主要原则是,每一铁路在承运或交付货物时向发货人或收货人按合同规定核收运费和其他费用之后,必须向参加这次运输业务的各铁路支付其应得部分的运送费用。

4) 铁路方的责任

(1) 责任的承担。《国际货协》规定,铁路从承运货物时起,至到站交付货物时止,对于货物运到逾期及因货物部分或全部灭失、毁损而产生的损失承担连带责任,并对发货人在运单内所记载并添附的文件由于铁路的过失而遗失的后果和由于铁路的过失未能执行有关要求变更运输合同的申请书的后果负责。

(2) 责任的限额。根据《国际货协》的规定,铁路对货物损失的赔偿金额,在任何情况下的赔偿金额,不得超过货物全部灭失时的金额。铁路对货物损失的赔偿金额,仅以相当于货物价格减损的金额予以赔偿,其他损失不予赔偿。对于逾期交货的,铁路以所收运费为基础,按逾期长短,向收货人支付规定的罚金。逾期不超过总期限的 1/10 时,支付相当于运费 6% 的罚款;逾期超过总期限的 4/10 时,支付相当于运费 30% 的罚款。

(3) 责任的免除。下列情况,免除承运人的责任:

① 铁路不能预防和不能消除的情况;

② 因货物的特殊自然性质引起的自燃、损坏、生锈、内部腐坏及类似结果;

③ 由于发货人或收货人过失或要求而不能归咎于铁路者;

④ 因发货人或收货人装、卸车原因造成;

⑤ 由发送铁路规章许可,使用敞车类货箱运送货物;

⑥ 由于发货人或收货人的货物押运人未采取保证货物完整的必要措施;

⑦ 由于承运时无法发现的容器或包装缺点；
⑧ 发货人用不正确、不确切或不完全的名称托运违禁品；
⑨ 发货人在托运时需按特定条件承运货物时，未按本协定规定办理；
⑩ 货物在规定标准内的途耗。

5）关于赔偿请求和诉讼时效

（1）提出的主体和方式。《国际货协》第二十八条规定，发货人和收货人有权根据运输契约提出赔偿请求。在提出赔偿请求时，应附有相应根据并注明款额，以书面方式由发货人向发货站提出，或由收货人向收货站提出。铁路自有关当事人向其提出赔偿请求之日起，必须在180天内审查赔偿请求，并予以答复。索赔人也可以直接向受理赔偿请求的铁路所属国家的有管辖权的法院提出诉讼。

（2）提出的期限。当事人依据运输契约向铁路提出的赔偿请求和诉讼，以及铁路对发货人或收货人关于支付运送费用、罚款和赔偿损失的要求和诉讼，均应在9个月期间内提出；有关货物运到逾期的赔偿请求和诉讼，应在2个月内提出。

具体诉讼时效的起算点如下：
① 关于货物毁损或部分灭失以及运到逾期的，自货物交付之日起算；
② 关于货物全部灭失的赔偿，自货物运到期限届满后30天起算；
③ 关于补充运费、杂费、罚款的要求，或关于退还此项款额的赔偿请求，或纠正错算运费的要求，应自付款之日起算；如未付款时，应自交货之日起算；
④ 关于支付变卖货物的余款的要求，自变卖货物之日起算；
⑤ 在其他所有情况下，自确定赔偿请求成立之日起算。时效期间已过的赔偿请求和要求，不得以诉讼形式提出。

4.3 水路货物运输中的法律关系

4.3.1 水路货物运输法律法规概述

水运是物流运输功能实现的最基本形式之一。在我国，水上运输由内河、沿海和远洋三部分构成，相关的法律法规既有行政法规也有民事法规，既有国内法规也有国际公约，因此调整水上运输的规范体系相对完整，是本节学习的重点。但需说明的是，本书对于水上运输的行政法规将不予讨论。

1. 国内水路运输方面的法律法规

在国内水运方面，2001年1月1日生效的《国内水路货物运输规则》（简称《水运货规》）是规范我国沿海、江河、湖泊以及其他通航水域中从事营业性水路货物运输合同的基本规则。《水运货规》中没有规定的，可以适用《民法通则》和《合同法》中的相关原则或有关运输合同的一般性规定。另外《水路危险货物运输规则》是专门调整水上危险品运输方面的规范。

2. 国际水路运输方面的法规公约

与国内水运法规相比，调整国际水路运输的法规则比较多，在我国，有《海商法》、《海事诉讼特别程序法》、《国际海运条例》等；在国际上，主要有《海牙规则》、《维斯比规则》及《汉堡规则》三个国际公约,它们以承运人的责任为核心,构成了调整国际海运当事人权利义务的主要法律规范。

《海牙规则》全称《1924年统一提单的若干法律规则的国际公约》,1924年8月25日订立于布鲁塞尔,1931年6月2日生效,目前有88个成员国。《海牙规则》是海上货物运输特别是班轮运输中的一个重要公约。

《维斯比规则》全称《修改统一提单的若干法律规定的国际公约议定书》,于1968年2月23日在布鲁塞尔签订,于1977年6月23日生效,目前有29个成员国。《维斯比规则》对《海牙规则》的适用范围、赔偿限额、集装箱和托盘运输的赔偿计算单位等方面的问题作了若干补充。

《汉堡规则》全称是《1978年联合国海上货物运输公约》,于1978年3月31日在汉堡通过,1992年11月1日生效,目前有25个成员国。《汉堡规则》废除了《海牙规则》中许多片面袒护承运人利益的、不合理的免责条款,加重了承运人对货运所应承担的责任,提高了赔偿限额,延长了承运人的责任期间以及对货物提出索赔的时效。此外,针对航运、贸易方面的一些新问题也作出了相应规定。

在三者的关系上,根据《汉堡规则》的规定,凡是《海牙规则》和(或)《维斯比规则》的缔约国,在加入《汉堡规则》时,必须声明退出前两个规则,这种退出声明最迟至《汉堡规则》生效之日起5年。

我国不是上述公约的成员国,但1993年7月1日开始实施的《中华人民共和国海商法》关于海上货物运输的规定以《海牙规则》、《维斯比规则》为基础,适当吸收了《汉堡规则》的某些规定。因此,上述三个国际公约对全面了解国际海上货物运输法律具有重要意义。

4.3.2 船舶租赁合同

船舶的租赁可以是整船租用,也可以只租用其中部分舱位,不同的租用方式有不同的合同名称,当事人之间的权利义务也有所不同。下面介绍三种常见的船舶租赁合同。

1. 合同类型概述

1) 定期租船合同

所谓定期租船合同是指出租人向承租人提供配备船员的船舶,承租人在规定的期限内按照约定的用途使用并支付租金的合同。在国际租船市场上,定期租船合同多使用标准格式。其中被广泛使用的定期租船合同有:波罗的海国际航运公会1990年制定的《统一定期租船合同》,租约代号为"波尔的姆";美国纽约土产交易所制定的《定期租船合同》,租约代号为"纽约格式",后经过修改,现租约代号为"NYPE93";我国租船公司也制定了自己的《定期租船合同》,租约代号为"中租1980"。物流服务主体在订立船舶租用合同时可根据具体情况使用不同的合同范本,有关双方权利义务的约定具有法律上的优先性,《海商法》中相关的规定只有在合同没有约定时才作为补充。定期租船合同通常订有以下条款:① 船舶说明条款,包括船名、船籍、船级、吨位、容积、船速、燃料消耗等内容;② 交船与解约条款;③ 租期条款;④ 货物条款;⑤ 航行区域条款;⑥ 出租人提供事项条款;⑦ 承租人提供事项条款;⑧ 租金支付与撤船条款;⑨ 还船条款;⑩ 停租条款;⑪ 出租人的责任与免责条款;⑫ 使用与赔偿条款;⑬ 转租条款;⑭ 共同海损条款;⑮ 新杰森条款;⑯ 救助报酬条款;⑰ 双方有责碰撞条款;⑱ 战争条款;⑲ 仲裁条款;⑳ 佣金条款。

2）光船租赁合同

所谓光船租赁合同，又称船壳租船合同，是指船舶出租人向承租人提供不配备船员的船舶，在约定的期间内由承租人占有、使用和营运，并向出租人支付租金的合同。光船租赁合同的订立也采用书面形式，且一般也采用格式合同订立。目前使用较多的光船租赁合同格式是波罗的海国际航运会制定的《标准光船租赁合同》，租约代号为"贝尔康"。光船租赁合同通常订有以下条款：① 船舶说明条款，包括船名、船籍、船级、吨位、容积等内容；② 交船与解约条款；③ 租期条款；④ 货物与航行区域条款；⑤ 船舶的使用与保养条款；⑥ 船舶的检查条款；⑦ 租金支付条款；⑧ 还船条款；⑨ 船舶抵押条款；⑩ 船舶保险条款；⑪ 合同的转让与船舶转租条款；⑫ 出租人和承租人权益的保护条款。

3）航次租船合同

所谓航次租船合同，是指船舶出租人向承租人提供船舶的全部或部分舱位，装运约定的货物，从一港运至另一港，由承租人支付约定运费的合同。航次租船是租船市场上最活跃的一种租船方式，在国际现货交易市场上成交的绝大多数货物都是通过航次租船方式来运输的。航次租船可以分为单程租船、往返租船、连续航次租船、航次期租船、包运合同租船几种。在合同形式上航次租船合同亦为格式化合同，国际上常见的航次租船标准合同有统一杂货租船合同（通常称为金康合同）、澳大利亚谷物租船合同和油轮航次租船合同。航次租船合同的主要内容包括：① 船舶说明条款；② 货物条款；③ 装货港与目的港；④ 受载日和解约日；⑤ 装卸费用分担；⑥ 运费；⑦ 装卸时间；⑧ 滞期费、速遣费；⑨ 责任终止与货物留置条款。

2. 三种合同特点之比较

1）合同的性质

依照我国《海商法》的有关规定，船舶租用合同仅指定期租船合同和光船租赁合同，而航次租赁合同纳入海上货物运输合同中进行调整；与我国法律规定不同，在一些物流法规的教程中，有编者将航次租船合同作为租船合同的一种进行介绍。另外在海上货物运输业务中，航次租船合同也被看作租船合同的一种。对此问题上的争论，本书采用租赁合同说。

2）合同的费用及其承担

（1）租金的计算方式不同。定期租船合同按船舶载重吨位和租期计收租金，并非按照货物的数量计算；光船租赁合同按照租用船舶的时间计算和支付租金；航次租船合同则是按实际装船的货物数量或整船包干计收运费，货物数量主要按约定吨位及每吨约定运价计算，整船包干是指承租人租用整船时约定一个总的数额，称为整舱运费租船或包船。此时，不论承租人装运多少货物，都要支付合同中规定的运费数额。

（2）出租方和承租方承担的费用不同。在船舶经营中，一般来说，所需费用大致分为三种：一是资本性费用。包括船舶折旧、购造船舶的本金及利息支出等；二是营运性固定费用。包括船员工资和伙食费、船用物料、船舶维修保养费、船舶保险费、润滑油料费、分摊的企业行政管理费等；三是营运性航次费用，属于变动性的成本费用，包括燃料费、港口使用费、引水费、运河费、合同规定由其负担的货物装卸费等。

在定期租船合同中，出租人需承担资本费用和固定营运费用；承租人承担运费或租金及航次费用。

在光船租赁合同中，出租人需承担资本费用；承租人应承担租金、固定营运费用和航次费用。简述之，出租人除承担资本费用不承担其他的风险和费用；承租人应负担除船舶资本费用以外的其他一切费用和风险。

在航次租船合同中，出租人需承担除装卸费用以外所有经营船舶的费用以及由装卸原因产生的速遣费；而承租人仅负责支付运费、合同规定由其负担的货物装卸费以及由装卸原因产生的滞期费。

3）合同的主要权利和义务

（1）船舶的经营权人不同。

在定期租船合同中，出租人（船东）需为船舶配备船长、船员；负责船舶内部管理事务并承担相关费用，但船舶的经营权人转为承租人，为此船东往往在合同中加入有关航区、可装运货物范围等航次租船合同中没有的规定，以保证船舶安全。

在光船租赁合同中，船舶的经营权人仍是承租人。出租人在保留对船舶处分权的前提下，仅向承租人提供适航船舶和船舶有关文件证书，承租人自己有权任命船长和选择船员，负责对船舶的管理并承担船舶营运的一切开支，同时也享有占有、使用船舶的权利。

在航次租船合同中，船舶的经营权人为出租人。出租人选任船长和船员，负责船舶的管理并承担相应的费用，承租人对船舶的经营没有任何权利和义务。

（2）承担的风险和救济方式不同。

在定期租船中，合同的风险主要在于承租方的时间损失。因为承租人是按时间交付租金的，所以对于影响承租人营运时间的情况，规定了有利于保障承租人利益的条款。比如双方约定出现某些事由时，承租人可以要求停租的条款。关于停租，《海商法》第一百三十三条作了规定，依该条规定，"船舶在租期内不符合约定的适航状态或者其他状态，出租人应当采取可能采取的合理措施，使之尽快恢复。船舶不符合约定的适航状态或者其他状态而不能正常营运连续满二十四小时的，对因此而损失的营运时间，承租人不付租金，但是上述状态是由承租人造成的除外。"可见出租人承担较重的船舶维修义务。另外承租人有海上救助也会耗费船舶的营运时间，故在定期租船合同中，规定承租人有权获得海难救助报酬的一半。相反，在定期合同中无需规定装卸时间及滞期费条款。

在光船租赁中，合同的风险对于承租人和出租人来说都在于保证船舶处于良好的状态，因此双方均承担相应的义务。比如出租人对船舶上权利瑕疵的担保条款，因出租船舶权利争议而影响承租人利益时，出租人应当承担赔偿责任；未经承租人事先的书面同意，出租人在租赁期间不得在光船上设定抵押权。承租人负责船舶租赁期间的保养和维修及以出租人同意的方式为船舶保险；未经出租人书面同意，不得转让合同的权利义务或者将光船进行转租。

在航次租船中，合同的主要风险在于船方的时间损失和管船风险。船方的时间损失在外部受制于承租方装卸货物的时间，故在航次租船合同中有关装卸时间的规定；关于管船风险，如果出租人在开航前和开航时已尽适航义务，则在运输过程中因船舶故障或其他原因出现延迟，承租人一般没有拒付或收回运费的权利。

4.3.3 国内水路货运合同

我国国内水路货物运输中有关当事人权利、义务关系，不属于《海商法》的调整范围，而《合同法》中运输合同分则又不能很好地体现水上货物运输的特点，为此交通部专门颁布了《水路货物运输规则》（以下简称为《水运规则》）以调整国内水路运输中有关班轮运输和航次运输中当事人之间的主要法律问题。本节以介绍班轮运输合同为主。

所谓班轮运输是指在特定的航线上按照预订的船期和挂靠港从事有规律的水上货物运输的运输形式。

1. 合同的订立

（1）合同主体。水路货物运输合同的主体是承运人和托运人。承运人不一定具备运输工具，当承运人以租赁的形式完成运输任务时，就会出现签约承运人和实际承运人之分离。按照《水运规则》规定，签约承运人是指与托运人订立运输合同的人，而实际承运人是指接受承运人委托或者接受转委托从事水路货物运输的人。实际承运人不是合同当事人，但它对运输货物亦承担一定责任，这种责任并非基于合同产生，而是由法律直接规定的。

（2）合同形式。订立水路运输合同可以采用书面形式、口头形式和其他形式。书面形式是指合同书、信件和数据电文（包括电报、电传、传真、电子数据交换和电子邮件）等可以有形地表现所载内容的形式。水路运输当事人除了有运输合同之外，还有运单。对于二者的关系，按照《水运规则》第五十八条规定，"运单是运输合同的证明，是承运人已经收受货物的收据"。此规定中并没有区分运输的具体形式，这就使得交通部1987年颁布并实施的《水路货物运输合同实施细则》第四条中有关"零星货物运输和计划外的整批货物运输，以货物运单作为运输合同"的规定是否还适用存在疑问。本书根据《水运规则》第九十六条规定，"凡本规则施行前交通部发布的其他与本规则不一致的相关规定同时废止"的精神，认为《细则》第四条已经失效。故此得出结论，在水路运输合同中，运单已不再是运输合同的形式。而且在效力上运单既不是承运人据以交付货物的凭证，也不是收货人提货的凭证，收货人接收货物时只需证明其身份，无须持有运单。运单只是承运人接收货物后签发的一种凭证，如果是由载货船船长签发的，视为代表承运人签发。

（3）合同条款。班轮运输合同一般包括承运人、托运人和收货人的名称，货物名称、件数、重量、体积，运输费用及其结算方式，船名、航次，起运港（站、点）、中转港（站、点）和到达港（站、点），货物交接的地点和时间，装船日期，运到期限，包装方式，识别标志，违约责任，解决争议的方法。

2. 合同双方当事人的主要义务与责任

1）托运人的权利义务与责任。

① 托运人办理相关货物的运输手续、提供按合同约定的货物、对托运物进行妥善包装和制作运输标识，以及对特殊物品和贵重物品派专人照料和押运的义务。

② 托运危险物的告知义务及其相关责任。在托运危险货物时，托运人应当按照有关危险货物运输的规定进行包装，制作危险品的标志和标签，并将其正式名称和危险性质以及必要时应当采取的预防措施书面通知承运人。未通知承运人或者通知有误的，承运人可以在任何时间、任何地点根据情况需要将危险货物卸下、销毁或使之不能为害，而不承担赔偿责任。承运人知道危险货物的性质并同意装运的，仍可以做出上述行为而不承担赔偿责任，但是不影响共同海损的分摊。

③ 托运人负责笨重、长大货物和舱面货物所需要的特殊加固、捆扎、烧焊、衬垫、苫盖物料和人工，在卸船时拆除和收回相关物料；需要改变船上装置的，在货物卸船后应当恢

复船的原状。

④ 托运木(竹)排应当按照与承运人商定的单排数量、规格和技术要求进行编扎。在船舶或者其他水上浮物上加载货物，应当经承运人同意，并支付运输费用。在航行中，木(竹)排、船舶或者其他水上浮物上的人员应当听从承运人的指挥，配合承运人保证航行安全。

⑤ 除另外约定外，托运人应当预付运费。因货物性质发生的下列洗舱费用，由托运人承担：

a. 托运人提出变更合同约定的液体货物品种；装运特殊液体货物（如航空汽油、煤油、变压器油、植物油等）需要的特殊洗舱；装运特殊污秽油类（如煤焦油等），卸后须洗刷船舱的。

b. 在承运人已履行了《水运货规》规定的适货义务的前提下，因货物的性质或者携带虫害等情况，需要对船舱或者货物进行检疫、洗刷、熏蒸、消毒的，应当由托运人或者收货人负责，并承担船舶滞期费等有关费用。

2）承运人的权利义务与责任。

① 保证船舶适航。所谓适航是指船舶可以抵御航行的风险并适合水路货物运输的能力或状态，一般包括三个方面：船舶适航、装备船舶和船舶适货。适航适货的含义是相对的，需要根据各航次的情况具体分析。

② 接收和照管货物。承运人应当妥善平载、搬移、积载、运输、保管、照料和卸载所运货物。

③ 不得绕航。承运人应按三种可能的航线完成货物运输，其选择顺序依次是：按照双方约定的航线，未作约定时按照习惯航线，不具备约定及习惯航线时按照地理上的航线，将货物运往到达港。如果船舶驶离上述三种可能航线即构成绕航。同时，《水运货规》也规定了一些可以绕航的例外，即为救助人命或财产而发生绕航或者为了避开水上风险而驶离正常航线。

④ 按时交付货物。承运人应当在约定期间或者没有约定时在合理期间内将货物安全运送到约定地点。承运人在货物抵达后的 24 小时内向收货人发出到货通知。通知形式不局限于信函，也可以是电传、电报或资料电文等形式。承运人发出到货通知后，应当每 10 天催提一次。满 30 天收货人不提取或者找不到收货人，承运人应当通知托运人，托运人在接到通知后 30 天不处理或者找不到托运人的，承运人可将货物提存。

如果承运人没有履行上述义务导致收货人没有在约定时间或者合理期间收到货物的，视为承运人迟延交付货物，承运人为此应当承担违约责任。承运人未能在约定期限届满 60 日内交付货物的，收货人或者托运人可以认为货物已经灭失。但因不可抗力致使船舶不能在合同约定时间在到达港卸货的，除另有约定外，承运人可以将货物在到达港邻近的安全港口或者地点卸载，视为履行合同。但承运人这样做应当考虑托运人或收货人的利益，并及时通知托运人或收货人。

⑤ 委托港口作业权。在运输合同由收货人委托港口作业的情况下，货物抵达港口后，如果收货人没有及时委托作业，为了降低承运人因船舶滞留港口而发生的费用，允许承运人委托港口进行作业，由此产生的费用和风险由收货人承担。

⑥ 留置权。除非合同另有约定，否则承运人在没有结清运费、保管费、滞期费、共同

海损的分摊和承运人为货物垫付的必要费用以及其他运输费用,又没有得到有关人员的适当担保时,可以留置相应的货物作为其利益实现的保障。

3. 货物的接收与交付

(1) 货物的交接。如无特别规定,散装货物按重量交接;其他货物按件数交接。特种货物,按相关规定的特殊方式进行交接。交接时的计量方法由承运人和托运人约定;没有约定的,按船舶水尺数计量;不能按船舶水尺数计量的,运单中载明的货物重量对承运人不构成其交接货物重量的证据。

(2) 货物的提取和验收。收货人接到到货通知后,应当及时提货,并对货物进行验收。如货物正常,收货人在运单上签字视为承运人交付货物。如果货物有损坏、灭失或者《水运货规》第七十条规定的其他异常情形时,交接双方应在当时编制货运记录或者普通记录,以用为对运输期间发生的有关货物运输的一种客观记载,作为司法证据使用。

4. 责任范围、索赔及其时效

(1) 货损责任。承运人承担货物迟延、损坏或者灭失等赔偿责任的范围限于货物的实际损失以及运输中发生的其他运输费用,对于不能预见的损失不予赔偿。另外承运人在下列情况下造成货物损坏、灭失或者迟延交付的,可以免责:① 不可抗力;② 货物的自然属性和潜在缺陷;③ 货物的自然减量和合理损耗;④ 包装不符合要求;⑤ 包装完好但货物与运单记载内容不符;⑥ 识别标志、储运标志不符合《水运货规》第十八、十九条的规定;⑦ 托运人申报货物重量不准确;⑧ 托运人押运过程中的过错;⑨ 普通货物中夹带危险、流质、易腐货物;⑩ 托运人、收货人的其他过错。对于免责事由,承运人应负举证责任。

(2) 运费责任。不可抗力造成的运费损失,《水运货规》作出了特别规定:如果承运人未收取运费,承运人不得要求支付运费;已收取运费的,托运人可以要求返还;货物在运输过程中因不可抗力部分灭失的,承运人按照实际交付的货物比例收取运费。

(3) 索赔。对于货损责任,可以由托运人基于货物运输合同提出,也可以由收货人基于侵权而提出。当运输中有实际承运人时,如合同中没有排除规定,有权提出赔偿的人既可以向签约承运人提出也可以向实际承运人提出或者向二者同时提出。承担责任的赔偿人可以就其多承担的部分向其他责任人追偿。

(4) 时效。有关水路运输纠纷的索赔时效,按照国务院《水路货物运输合同实施细则》第三十一条的规定,为货运记录交给托运人或收货人的次日起算不超过180日。赔偿要求应以书面形式提出,对方应在收到书面赔偿要求的次日起60日内处理。

4.3.4　国际海上货运合同

1. 国际海上货物运输合同

国际海上货物运输合同,是指由承运人收取运费,负责将托运的货物经海路由一国的港口运至另一国港口的合同。国际海上货物运输合同的类型与国内水路货物运输合同虽然有相同之处,但两者适用的法律却不同,前者适用《中华人民共和国海商法》的有关规定,尤其以提单运输和承运人责任为其最大的特色。

1) 提单运输

(1) 提单的概念及其性质。提单,是指用以证明海上货物运输合同和货物已经由承运人接收或者装船,以及承运人保证据以交付货物的单证。提单主要适用于班轮运输,有时在

租船合同下也签发提单。在海上运输合同中,提单具有以下三种作用:

① 提单是合同证明。一般而言,提单本身不是海上货物运输合同,而只是海上货物运输合同的书面证明。但当提单转让给托运人以外的善意受让人或收货人时,提单就成为约束承运人和提单持有人之间法律关系的最终凭证,承运人以提单内容向第三方负责。

② 提单是货物收据。根据《海商法》第七十七条规定,承运人或者代其签发提单的人签发的提单,是承运人已经按照提单所载状况收到货物或者货物已装船的初步证据。

③ 提单是物权凭证。物权凭证的效力在于谁持有提单,谁就是提单上所载货物的所有权人,有权向承运人提货。提单的这一性质使得提单在一定条件下可以转让、抵押、结汇等。

(2) 提单的种类。按照不同的方法,提单可以分为不同的种类:

① 以收货人抬头分为记名提单、不记名提单和指示提单。记名提单指托运人指定特定人为收货人的提单。这种提单不能通过背书方式转让,故又称为"不可转让提单。"不记名提单指托运人不具体指定收货人,在收货人一栏只填写"交与持票人"字样,故又称作"空白提单"。这种提单不经背书即可转让。指示提单指托运人在收货人栏内填写"凭指示"或"凭某人指示"字样。指示提单通过背书可以转让,故又称"可转让提单"。此种提单在国际贸易中经常使用。

② 以提单是否有批注分为清洁提单和不清洁提单。前者指提单上无明显声明货物及包装有缺陷或附加条文或批注的提单。后者指有类似批注的提单。不清洁提单很难作为物权凭证使用,银行也拒绝接受不清洁提单。

③ 以货物是否装船分为装船提单和收货待运提单。

④ 以运输方式分为直达提单、转运提单或联运提单。

⑤ 按运费支付方式分为运费预付的提单和运费到付的提单。

⑥ 其他特殊提单还有舱面提单、倒签提单、预借提单和电子提单等。

(3) 提单的内容。在国际航运中,提单虽然由各船公司自行编制,但基本都遵守了国际公约和本国海商法对提单必要记载的要求,以保证提单的效力。提单内容分为正反两面,正面条款主要包括:船名、承运人、托运人、收货人、通知人、货物的基本状况、运费支付方式等。反面条款主要包括:管辖权条款,首要条款,承运人责任以及责任期间,装货、卸货以及交货条款,赔偿责任限额条款,甲板和活动物条款,集装箱货物条款,转运、换船、联运与转船条款、共同海损条款、新杰森条款、互有过失碰撞条款等。

(4) 提单的签发。提单的签发人可以是承运人本人,也可以是承运人的代理人或船长代表承运人签发。提单的签发地点通常是装货港或船公司所在地。签发提单的时间是货物装船完毕之日期,在国际贸易中具有非常重要的意义,不按规定日期签发的提单会引起银行拒绝结汇或撤销合同的后果。签发提单一般分为正、副本。正本提单多为一式三份,具有同等效力,可以流通并作为向银行结汇和办理提货的单据。副本提单印刷有"副本"和"不能流通"的字样,不具有法律效力,其份数可以应托运人的要求确定。

(5) 提单的转让。提单转让有两种情况:其一,货物所有权随提单持有人背书转让而转让;其二,提单抵押转让。收货人出于融资的需要,常将提单抵押给银行,银行成为提单持有人,在收清货物抵押款后,应将提单背书还给抵押申请人或由他批示的合法受让人。

2) 承运人责任

海上货物运输合同有关承运人的责任与国内水路货物运输合同有相同之处，但不同之处更为突出：

（1）承运人的责任类型相同。两种合同中均将承运人的责任分为货物灭失或损坏的赔偿责任和货物迟延交付的赔偿责任。

（2）承运人的责任期间不同。所谓责任期间是指承运人对货物应当承担责任的起止时间。在国内水路货物运输合同中，有关承运人的责任期间一般理解为承运人接收货物到交付货物的期间，没有更为详细的规定。但在国际海运合同中，我国《海商法》第四十六条以是否为集装箱货物对承运人规定了不同的责任期间：如果为集装箱货物，承运人的责任期间为装货港到卸货港，简称"港到港"；非集装箱货物，承运人的责任期间为装上船起到卸下船止，简称"钩到钩"，如果双方对非集装箱货物装船前和卸船后的责任还有其他约定的，从约定。

（3）承运人赔偿责任的范围不同。国内水路货物运输合同中承运人赔偿责任以货物的实际损失进行计算，而在国际海运合同中对承运人的责任做了不同程度的限制：

① 货物灭失或损坏的赔偿限额。此类赔偿分三种情况规定：

其一，按货物件数或其他货运单位计算，每件或每个货运单位为 666.67 计算单位。或者按货物毛重计算，每千克为 2 个计算单位。两种计算方式中取赔偿限额较高的为准；

其二，货物用集装箱、货盘或类似装运器装载的，视其货物具体有无记载有所不同。如果提单中注明器具中具体货物的件数或其他货运单位时，以注明的数量或件数作为赔偿额计算的基数。未注明的，每一个装运器具视为一件或一个单位。如果器具非属承运人所有或非由承运人提供的，在计算赔偿限额时，器具本身应当作为一件或一个单位。

其三，如果在托运前，双方就货物的性质和价值已在提单中载明或在双方另行约定高于上述限额时，适用双方的约定。

承运人、实际承运人以及他们的受雇人、代理人承担的赔偿总额不得高于依照上述计算方法计算出来的赔偿限额。

② 货物迟延交付的赔偿限额。有关货物的迟延交付责任，在国内水陆货物运输中，承运人按违约承担相应责任。而国际海上货物运输中规定承运人对货物因迟延交付造成的经济损失限额为所迟延交付的货物的运费数额。货物灭失或损坏和迟延同时发生的，承运人的赔偿责任限额适用每件或每个货运单位的责任限额。

③ 对承运人责任限额的例外规定。如果货物灭失、损坏或迟延交付是由于承运人的故意或者明知可能造成损失而轻率地作为或者不作为造成的，承运人不得援用责任限额条款。例外规定同样适用于承运人的受雇人或代理人。

（4）承运人免责事由的规定有所不同。国内水路运输合同规定和国际海上运输合同均有关于货物自然属性或者固有缺陷，托运人、货物所有人或者他们的代理人的过错行为，货物包装过失等事由导致的承运人免责的规定。而对于不可抗力导致的免责，我国《海商法》第五十一条将国内水路运输中的概括性规定具体化为以下五种情况：① 火灾，但由于承运人本人的过失所造成的除外；② 天灾，海上或者其他可航水域的危险或者意外事故；③ 战争或者武装冲突；④ 政府或者主管部门的行为、检疫限制或者司法扣押；⑤ 罢工、停工或者劳动受限制。另外，《海商法》还规定了一些国内水运承运人没有的可以免责的事由：包括船长、船员、引航员或承运人的其他受雇人在驾驶船舶或者管理船舶中的过失，在海上救助或企图救助人命或财产,经谨慎处理仍未发现的船舶潜在缺陷,以及一条兜底条款,即非由承运人或承运人的受雇人、代理人的过失造成的其他原因导致货物损失时,承运人可以免责。

可见国际海上货物运输中承运人的免责情形要比国内水路货运中的规定要详细和具体一些,便于操作。

2. 国际海上货物运输公约

作为国际海上货物运输的三个国际性公约,从《海牙规则》到《维斯比规则》再到《汉堡规则》的修改过程,反映了国际社会适应不断发展的航运技术的要求对当事各方利益的保护作出的合理和必要的调整,是国际规则自我完善和自我更新的体现。为了更好地了解三个规则内容上的差异,下面就三个海上货物运输国际公约之间的区别总结如下:

1)公约适用范围不同

《海牙规则》只适用于缔约国所签发的提单。如果当事各方没有事先约定,那么对同一航运公司所经营的同一航线上来往不同的货物,可能会出现有的适用《海牙规则》,有的不能适用《海牙规则》的奇怪现象。《汉堡规则》则避免了这一缺憾,它不仅规定公约适用于两个不同缔约国间的所有海上运输合同,而且规定① 被告所在地;② 提单签发地;③ 装货港;④ 卸货港;⑤ 运输合同指定地点,五个地点之中任何一个在缔约国的都可以适用《汉堡规则》。

2)对货物的定义不同

《海牙规则》对货物定义的范围较窄,将活动物、甲板货都排除在外。《汉堡规则》扩大了货物的定义,不仅把活动物、甲板货列入货物范畴,而且包括了集装箱和托盘等包装运输工具,"凡货物拼装在集装箱,托盘或类似运输器具内,或者货物是包装的,而这种运输器具或包装是由托运人提供的,则'货物'包括他们在内"。

3)承运人的责任基础不同

《海牙规则》的制定由于受制于当时历史背景下船东势力的强大和航运技术条件的限制,对承运人责任基础只采用了不太严格的"不完全过失原则"。《维斯比规则》对这点没加任何修订。而《汉堡规则》则将其改为了"推定的完全过失原则"。

所谓"过失原则"是指有过失才负责,无过失就不负责任。《海牙规则》总的规定也是要求承运人对自己的过失承担责任,但同时又规定"船长、船员、引航员或承运人的雇佣人员在驾驶或管理船舶上的行为、疏忽或不履行契约"可以要求免责(也是《海牙规则》遭非议最多的条款),即有过失也无须负责,因此,《海牙规则》被认为采用的是不完全过失原则。《汉堡规则》的立场则严格得多,它在第五条中不仅规定以是否存在过失来决定承运人的责任,而且规定举证责任也要由承运人承担,如果承运人证明不了自己无过失,就推定为有过失,故《汉堡规则》实质上加重了承运人应承担的责任。

4)承运人的责任期间不同

《海牙规则》规定承运人的责任期间是"……自货物装上船舶开始至卸离船舶为止的一段时间……",有人称之为"钩至钩"。《汉堡规则》则将责任期间扩大为承运人或其代理人从托运人或托运人的代理人手中接管货物时起,至承运人将货物交付收货人或收货人的代理人时止,包括装货港、运输途中、卸货港、集装箱堆场或集装箱货运站在内的承运人掌管的全部期间,简称为"港到港"。

5)承运人的最高责任赔偿限额不同

首先，从《海牙规则》到《汉堡规则》依次提高了对每单位货物的最高赔偿金额。《海牙规则》规定船东或承运人对货物或与货物有关的灭失或损坏的赔偿金额不超过每件或每单位 100 英镑或相当于 100 英镑的等值货币。《维斯比规则》将最高赔偿金额提高为每件或每单位 10 000 金法郎或按灭失或受损货物毛重计算，每公斤 30 金法郎，两者以较高金额的为准。同时明确一个金法郎是一个含有 66.5 毫克黄金，纯度为千分之九百的单位。《汉堡规则》再次将承运人的最高赔偿责任增加至每件或每货运单位 835 特别提款权或每公斤 2.5 特别提款权，两者以金额高的为准。

其次，对灭失或损害货物的计量方法越来越合理。《海牙规则》是以每件或每单位来计量货物。随着托盘、集装箱等成组化运输方式的发展，这种计量方式的弊端逐渐显现。因而《维斯比规则》和《海牙规则》都规定如果以集装箱或托盘或类似集装运输工具运送货物，当提单内载明运输工具内货物的包数或件数时，以集装箱或托盘所载货物的每一小件为单位，逐件赔偿；当提单内未载明货物具体件数时，则以一个集装箱或一个托盘作为一件货物进行赔偿。

6) 对承运人迟延交货责任的规定不同

由于历史条件的限制，《海牙——维斯比规则》对迟延交货未作任何规定。《汉堡规则》则在第二条规定："如果货物未能在明确议定的时间内，或虽无此项议定，但未能在考虑到实际情况对一个勤勉的承运人所能合理要求的时间内，在海上运输合同所规定的卸货港交货，即为迟延交付"，承运人要对迟延交付承担赔偿责任。赔偿范围包括：① 行市损失；② 利息损失；③ 停工、停产损失。赔偿金额最多为迟延交付货物所应支付运费的 2.5 倍，且不应超过合同运费的总额。

7) 诉讼时效不同

《海牙规则》的诉讼时效为 1 年。1 年后"……在任何情况下承运人和船舶都被解除其对灭失或损害的一切责任……"。1 年时间对远洋运输的当事人，特别是对要经过复杂索赔、理赔程序，而后向承运人追偿的保险人来讲，无疑过短。《维斯比规则》规定诉讼时效经当事各方同意可以延长。并且在"……1 年期满之后，只要是在受诉讼法院的法律准许期间之内，便可向第三方提起索赔诉讼……，但时间必须在 3 个月以内"。这样部分缓解了时效时间过短在实践中造成的困难。《汉堡规则》一方面直接将诉讼时效延长至 2 年，另一方面仍旧保留了《维斯比规则》90 天追赔诉讼时效的规定。

除以上各条外，《汉堡规则》还在海上运输合同的定义、举证责任等多方面有别于《海牙—维斯比规则》，加大了承运人的责任范围。

4.4 航空货物运输中的法律关系

4.4.1 航空货物运输法律法规概述

随着航空业的蓬勃发展，航空货物运输的比例也在逐渐上升，相关的法律法规陆续出台。在国内，调整航空运输的法规主要有《民用航空法》、《中国民用航空货物国内运输规则》（下称《国内航空运输规则》）和《中国民用航空货物国际运输规则》（下称《国际航空运输规则》）。《国内航空运输规则》适用于出发地、约定的经停地和目的地均在我国境内的民用航空货物运输；《国际航空运输规则》适用于依照我国法律设立的公共航空运输企业使用民用航空器运送货物而收取报酬的或者办理免费的国际航空运输。

在国际上，航空运输方面先后订立了1929年《华沙公约》、1955年《海牙议定书》、1961年《瓜达拉哈拉公约》、1971年《危地马拉协定书》以及1975年4个《蒙特利尔附加议定书》等8个国际性的法律文件，它们以《华沙公约》为基础组成了"华沙体系"，在相当长的一段时期内，构成了航空国际私法的主体。但是"华沙体系"各规则之间多有冲突且各自缔约国也不相同，加之整个体系侧重于保护承运人即航空公司的利益而忽视了消费者的利益，故对其修改势在必行。1999年5月10日至28日国际民航组织在加拿大蒙特利尔召开"航空法国际会议"，以整合、完善原有的法律规则，实现"华沙体系"的现代化与一体化，确保消费者的利益，促进国际航空运输的有序、健康发展以及旅客、行李和货物通畅流通为目标制定并通过了《1999年蒙特利尔公约》（全称《统一国际航空运输某些规则的公约》）。该公约于2003年11月4日正式生效，从而取代了已适用70多年的《华沙公约》及修正其的系列公约、议定书，使国际航空运输规范走向统一完整。我国于2005年6月1日申请加入该公约，得到国际民航组织的批准，从而成为它的第94个缔约国，2005年7月31日，《1999年蒙特利尔公约》对中国正式生效。

现行的《蒙特利尔公约》由六方面的内容构成：一是规定了旅客、行李和货物运输的有关凭证和当事人的义务；二是规定了承运人的责任和赔偿范围；三是规定了任何保存所作运输的记录的方法，包括电子手段，都可作为运输凭证；四是规定了承运人现行偿付的义务；五是规定了因旅客伤亡而产生的索赔诉讼管辖；六是规定了旅客、行李和货物的损坏、丢失、延误的赔偿责任。与原有的"华沙体系"不同，现行公约对华沙体制下规定的国际航空运输规则和承运人责任制度进行了重大修改，具体表现如下：

1. 提高了对旅客的赔偿责任限额

公约引进了一种全新的"双梯度"赔偿制度，即在第一梯度下，无论承运人是否有过错，都要对旅客的死亡或者身体伤害承担以10万特别提款权（在本公约签署当日，1特别提款权合人民币11.16310元）为限额的赔偿责任。在第二梯度下，对超过10万特别提款权的部分，只要承运人能够证明其没有过错，就不承担赔偿责任。

2. 增加了第五管辖权

因旅客伤亡而产生的索赔诉讼的管辖，公约还增加了旅客的主要且永久居所地作为管辖法院。

3. 电子客票合法化

公约规定了任何保存运输记录的方法均可作为运输凭证，从而使得运输凭证更加简便、更加现代化。

从这些修改中我们不难看出新的公约对规则的突破多集中在旅客航空运输方面，对于货物航空运输只有少许调整，但仍然会对我国产生约束力并影响到相关法律法规的改动，故本书下面对航空运输法律关系中权利义务的介绍将以新的公约为基础，而不局限于以往一些教材侧重于介绍《华沙公约》和国内航空法规的模式。

4.4.2 航空货物运输合同

1. 航空货物运输合同的订立

1) 合同的主体

航空货物运输合同的一方主体是各大航空公司，另一方主体是托运人，与一般的运输合同中的托运人相同。

2）合同的形式

航空货物运输可以签订合同，规则没有对其具体形式作出规定，本书认为，原则上应为书面合同。航空货运单不是运输合同本身，根据《1999年蒙特利尔公约》的规定，航空货运单或者货物收据只是订立合同、接受货物和所列运输条件的初步证据。

3）合同的条款

货运单上的基本内容在某种意义上与运输合同的主要条款是一致的。它们一般都包括有：① 填单地点和日期；② 出发地点和目的地；③ 第一承运人的名称、地址；④ 托运人的名称、地址；⑤ 收货人的名称、地址；⑥ 货物的品名、性质；⑦ 货物基本情况及其包装方式；⑧ 计费项目及付款方式；⑨ 托运人的其他声明。

2. 航空货物运输合同中双方的义务与责任

1）托运人的义务与责任

（1）如实正确地填写货运单内容，因填写不符合规定、不正确或不完全给承运人造成损失的，应当承担赔偿责任；

（2）支付运费。支付方式可预付，也可以到付。

（3）托运人有向承运人提供有关货物性质说明以及海关、警察以及其他管理机构所需手续的义务，并承担因文件不足或者不符合规定给承运人带来的损失。

托运人要求变更、中止运输合同的权利同一切运输合同，在此不再重复阐述。

2）承运人的责任

（1）承运人的责任基础。在货物运输方面，《1999年蒙特利尔公约》规定，对于因货物毁灭、遗失或者损坏而产生的损失，只要造成损失的事件是在航空运输期间发生的，承运人就应当承担责任。与"华沙体系"中对承运人责任基于推定过错原则的规定相比，新的公约显得更为严格。

（2）承运人的责任期间。新的公约规定，承运人在航空运输期间对货物造成的损失，包括由于延误造成的损失应当承担责任。所谓航空运输期间系指承运人掌控货物期间，不包括机场外履行的任何陆路、海上或者内水运输过程，除非承运人未经托运人同意，以其他运输方式代替当事人各方在合同中约定采用航空运输方式的全部或者部分运输的，此项以其他方式履行的运输视为在航空运输期间。而《华沙公约》中却有不同规定，公约认为在机场外为了装载、交货或转运空运货物的目的而进行地面运输时，如果发生任何损害，除有相证据外，也应视为在航空运输期间发生的损害，承运人应负责任。

（3）承运人的责任限制。新公约对承运人责任的限制分为几种情况：

① 在行李运输中造成毁灭、遗失、损坏或者延误的，承运人的责任以每名旅客1 000特别提款权为限，双方另有声明并在托运时支付了附加费的，可以高于此责任限额。

② 在货物运输中造成毁灭、遗失、损坏或者延误的，承运人的责任以每公斤17特别提款权为限，一方对货物价值有声明并支付附加费的，承运人在声明金额范围内承担责任。

③ 货物的一部分或者货物中任何物件毁灭、遗失、损坏或者延误的，用以确定承运人赔偿责任限额的重量，仅为该包件或者该数包件的总重量。但是，因货物一部分或者货物中某一物件的毁灭、遗失、损坏或者延误，影响同一份航空货运单或货物收据所列的其他包件

的价值的，确定承运人责任限额时，这些受影响包件或者数包件的总重量也应当考虑在内。

《华沙公约》中对承运人造成货物毁坏、灭失及迟延损失的限额规定为每千克 250 法郎为限，双方另有约定的从约定。《海牙议定书》将新公约规定的第三种情形补充进去。可见，在承运人责任限额方面，新公约在计算单位和限额总量方面都做了相应调整。

另外，两公约都有关于承运人不得适用限额责任的例外规定，即损失是由于承运人、其受雇人或者代理人的故意或者明知可能造成损失而轻率地作为或者不作为造成的，不适用责任限额条款。

（4）承运人的免责规定。新公约规定承运人对货物毁损、灭失和迟延交付货物的赔偿责任在下列情况下可以免除：

① 货物的固有缺陷、质量或者瑕疵；
② 承运人或者其受雇人、代理人以外的人对货物包装不良的；
③ 战争行为或者武装冲突；
④ 公共当局实施的与货物入境、出境或者过境有关的行为；
⑤ 货物在航空运输中因延误引起的损失，承运人如果能证明本人及其受雇人和代理人为了避免损失的发生，已经采取一切合理要求的措施或者不可能采取此种措施的；
⑥ 经承运人证明，损失是由索赔人或者索赔人从其取得权利的人的过失或者其他不当作为、不作为造成或者促成的，应当根据造成或者促成此种损失的过失或者其他不当作为、不作为的程度，相应全部或者部分免除承运人对索赔人的责任。

《华沙公约》对承运人的免责只有新公约中第五条、第六条规定的情形，另外，《华沙公约》中还规定了因驾驶、航空器的操作或者领航的过失所引起的货物损失，如果承运人能够证明他和他的代理人已经采取了一切必要措施，则可以免责。但该条免责事由在《海牙议定书中》已被删除。

3）索赔

向承运人提出索赔时，需注意以下几个问题：

（1）及时提出异议。货物发生损失的，有权提取货物的人至迟自收到货物之日起十四日内提出。发生延误的，必须至迟自行李或者货物交付收件人处置之日起二十一日内提出异议。新公约的这一规定沿用了《海牙议定书》的索赔期限，而与《华沙公约》中要求"索赔通知在 7 天之内向承运人提出，货物延期异议在交付货物之日起的 14 日内提出"的规定有所不同。

另外，两公约都规定，异议是向承运人提起诉讼的必经程序。异议必须以书面的形式发出，除承运人一方有欺诈外，索赔人没有在规定的期间内提出异议的，不得向承运人提起诉讼。

（2）在诉讼时效内起诉。关于诉讼时效，两公约均规定为，自航空器到达目的地点之日、应当到达目的地点之日或者运输终止之日起 2 年期间内未提起诉讼的，相关权利人丧失对损害赔偿的权利。

（3）对连续承运人的索赔。如果几个承运人履行的是同一项运输业务，不论其签订的是一个合同还是几个合同，这些承运人形成连续承运人关系。由连续承运人造成的损失，除明文约定第一承运人承担责任外，有权索赔的人只能对发生事故或者延误时履行该运输的承运人提起诉讼。如果有权对第一承运人提起诉讼时，各连续承运人承担连带责任。新公约在这个问题上的规定与《华沙公约》也相同。

（4）管辖法院。对于航空货物运输，有管辖权的法院包括：① 承运人所在地法院；② 承运人管理处的所在地法院；③ 签订合同的机构所在地法院；④ 目的地法院。关于货物损害赔偿的管辖法院，《1999年蒙特利尔公约》与《华沙公约》并无不同，前者所谓增加的第五管辖法院，主要是针对旅客死亡或伤害提起的诉讼，在此不作介绍。

4.5 几种特殊运输中的法律关系

4.5.1 多式联运

1. 多式联运法律法规概述

多式联运在前面章节中已有所介绍，它是一种综合运输方式。目前调整多式联运的国内法主要有《合同法》和《海商法》中有关多式联运的规定，前者对多式联运具有普遍适用性，而后者只适用于有一种是海上运输的多式联运，故两者在适用范围上有所不同。另外交通部与铁道部联合颁布的《国际集装箱多式联运管理规则》是调整特殊多式联运的行政规章。国际上多式联运方面的规则主要有《联合国国际货物多式联运公约》和《多式联运单证规则》。

《联合国国际货物多式联运公约》是在联合国贸易和发展会议主持下起草的，于1980年在日内瓦签订，其宗旨是调整多式联运经营人与托运人之间的权利、义务关系以及国家对多式联运的管理。根据公约规定，公约在30个国家的政府签字后12个月生效，但公约至今尚未生效。

《多式联运单证规则》全称为《1991年联合国贸易和发展会议/国际商会多式联运单证规则》，是1991年由联合国贸易和发展会议与国际商会在《联合运输单证统一规则》的基础上，参考《联合国国际货物多式联运公约》共同制定的。《多式联运单证》仅供当事人自由选用。但当事人一旦选择适用此规则，那么该规则将优先于多式联运合同中任何与之不一致的规定，除非这些规定增加了多式联运经营人的责任和义务。

2. 多式联运合同

1）多式联运合同的概念及特点

多式联运合同是指经多式联运经营人与托运人签订的，由多式联运经营人以两种或两种以上的不同运输方式将货物由接管地运至目的地，并收取合同运费的合同。多式联运合同具有以下特点：

（1）多种运输只需办理一次托运手续。在整个多式联运合同的签订与履行过程中，只需托运人与多式联运经营人订立一份合同，签发一份运单，支付一次全程运费，进行一次保险，包括各种运输方式的保险。

（2）多式联运经营人具有特殊的地位。多式联运经营人是整个运输的总承运人和合同签订人，也是多式联运单据的签发人。他可将全部或部分运输委托他人（分承运人）完成，并订立分运合同，但分运合同的承运人与托运人之间不存在任何合同关系。因此对于多式联运中造成的货物损失及迟延的赔偿责任，不论其他承运人需要怎样承担责任，多式联运的经营人都需对全程运输负责，这既是一种最终意义上的责任，也是一种连带责任。

2) 多式联运单据

多式联运单据是指证明多式联运合同以及证明经营人接管货物并负责按照合同条款交付货物的单据。由概念可知，多式联运单据不是多式联运合同本身，除可转让的多式联运单据以外，其只有一个初步证明货物交由多式联运人接管的效力。多式联运单据由多式联运人签发，该单据依发货人的选择，可以为记名单据也可以为不记名单据或者为指示单据。记名单据不得转让，不记名单据无需背书即可转让，指示单据经过记名背书或空白背书转让。无论哪种形式的多式联运单据一般都需载明以下内容：货物的品名、类别、标志、包数或件数，货物毛重，危险品的性质，货物外表状况，多式联运经营人的名称和地址，发货人和收货人的名称，多式联运经营人接管货物的地点和日期，交货地点，多式联运单据签发地点和日期，多式联运经营人或其授权人签字等。但缺少上述事项中的一项或数项时，并不影响该单据作为多式联运单据的法律性质。

对于多式联运单据的管理，我国实行登记编号制度，这就限制了未经许可的企业擅自签发多式联运单据，扰乱多式联运的市场经营秩序。

3) 多式联运经营人的责任制度

根据国际商会1973年制定、1975年修订的《联运单证统一规则》，多式联运经营人的责任制度主要有：

（1）网状责任制。网状责任制是指由多式联运经营人就全程运输向货主负责，但各区段或各运输方式适用的责任原则和赔偿方法仍根据该区段或运输方式的法律予以确定的一种制度。它是介于全程运输负责制和分段运输责任制之间的一种制度，故又称为混合责任制。在这种责任中，货物损失不论发生在哪个运输区段，受损方可以向多式联运经营人提起索赔，也可以向货物损失区段的承运人提起索赔。如果不能确定货损区段时，只能向多式联运经营人提出索赔。网状责任制对多式联运经营人比较有利，但其易在责任轻重、赔偿责任限额高低等方面产生分歧。国际上大多采用的是网状责任制，我国《海商法》对多式联运经营人责任的规定就采用了这种制度。

（2）统一责任制。多式联运经营人对全程负责，各区段的承运人负责自己的运输区段。无论货物损失发生在哪一个区段，多式联运经营人或各区段承运人都按统一规则负责赔偿。也就是说，多式联运经营人对全程运输中货物的灭失、损坏或迟延交付负全部责任，无论事故是隐蔽的还是明显的，是发生在海运区段还是发生在内陆区段，均按一个统一原则由多式联运经营人按约定的限额赔偿。统一责任制有利于货方，但对多式联运经营人来说责任负担则较重，目前世界上对这种责任制的应用并不广泛。

（3）修正性的统一责任制。修正性的统一责任制也被有的学者称为"可变性的统一责任制"，是由联合国多式联运公约所确立的以统一责任制为基础，以责任限额为例外的一种责任制度。根据这一制度，不管是否能够确定货运事故发生的实际运输区段，都适用公约的规定。但是，若货运事故发生的区段适用的国际公约或强制性国家法律规定的赔偿责任限额高于联合国公约规定的赔偿责任限额，则多式联运经营人应该按照该国际公约或国内法的规定限额进行赔偿。这样修正性的统一责任制就容易产生双层赔偿责任关系问题，所以很少被采用。

（4）责任分担制。责任分担制是指多式联运经营人和各区段承运人在合同中事先划分运输区段，并按各区段所应适用的法律来确定各区段承运人责任的一种制度。这种责任制实际上是单一运输方式的简单组合,并没有真正发挥多式联运的优越性,故目前也很少采用。

4)国际货物多式联运公约与多式联运单证规则

《国际货物多式联运公约》由总则、多式联运单证、多式联运经营赔偿责任、发货人的赔偿责任、索赔和诉讼、补充规定、海关事项、最后条款等8个组成部分,共40条。《多式联运单证规则》由规则的适用、规则的名词定义、多式联运单证的效力、多式联运经营人的责任、索赔和诉讼时效等13个条款组成。下面将两公约的主要内容对比介绍如下:

(1)公约的适用范围。《多式联运公约》第一条规定,只要多式联运合同规定的多式联运经营人接管货物的地点在一个缔约国境内或者是交付货物的地点在一个缔约国境内,该公约的各项规定就适用于两国间的所有多式联运合同。但这种强制性的适用不影响发货人选择多式联运或分段运输的权利。

而根据《多式联运单证》第一条的规定,不论以书面、口头或其他方式将"贸发会议/国际商会多式联运单证规则"纳入运输合同,不论是订有涉及一种运输方式或者多种运输方式的合同,也不论是否签发了单证,本规则将予以适用。

(2)多式联运经营人的责任期间。两公约在此问题上的规定基本相同。以《多式联运公约》为例,该公约第四条规定,"多式联运经营对于货物的责任期间自接管货物之日起到交付货物为止。"这里关键的问题是如何确定接管货物的时间。根据规定,多式联运经营人接管货物有两种方式:

① 从发货人或其代表手中接管货物。这是一种常用的、普遍的规定方式。

② 根据接管货物地点适用的法律或规则,货物必须由货物运输管理当局或其他第三方手中接受,这是一种特殊的规定。在这种方式中,如果货物系当局或第三方保管期间发生的货物灭失或损坏,多式联运经营人不负责任。

(3)多式联运经营人的赔偿责任。《多式联运公约》采用修正性的统一责任制,而《多式联运单证》则采用了网状责任制。

(4)多式联运经营人的赔偿责任限制。《多式联运公约》规定如下:

① 公约规定,包括海运在内的多式联运,货物灭失或损坏的赔偿责任限制按每件或其他货运单位不得超过920特别提款权,或按毛重每千克不得超过2.75特别提款权,以较高者为准。

② 不包括海运或内河运输在内的多式联运,赔偿责任限额为毛重每千克8.33记账单位。

③ 如果能够确定损失发生的运输区段,而该区段所适用的某项国际公约或强制性的国内法律所规定的赔偿限额高于《多式联运公约》规定的赔偿限额时,则适用该项国际公约或该国内法律的规定。

④ 多式联运经营人对迟延交货造成损失所负赔偿责任限额,相当于迟延交货应付运费的2.5倍,但不得超过多式联运合同规定的应付运费的总和。

⑤ 多式联运经营人与发货人约定,可在多式联运单据中规定超过公约规定的赔偿限额。

多式经营联运人的责任限制权利会因联运人有意欺诈,在单据上列有不实资料或明知会引起货物损失而毫不在意的作为或不作为而丧失。

《多式联运单证》中对责任人的限额规定为:

① 当事人没有特殊声明时,多式联运经营人在任何情况下对货物灭失或损坏的赔偿额

不得超过每件或每单位 666.67SDR 或者毛重每公斤 2SDR，以其高者为准。

② 增加了集装箱等载货时如何计量限额的规定：如果一个集装箱、货盘或类似运载工具载有一件或一个单位以上的货物，则在单证上列明的装载在此类运载工具中的件数或货运单位数即视为计算限额的件数或货运单位数。未按上述要求列明者，此种运载工具应作为该件或单位。

③ 不涉及海运和内河运输的赔偿、区段法律优先适用以及对迟延交货时赔偿责任和责任限额权利丧失的规定与《多式联运公约》中的规定基本相同。

（5）管辖权。《多式联运公约》中规定，原告有权选择下列法院提起诉讼：① 被告主要营业所在地法院；② 多式联运合同订立地法院；③ 多式联运合同和单据中所载明的法院；④ 货物接收和交付货物地法院。除诉讼外，当事人可以约定采用仲裁解决纠纷。《多式联运单证》没有管辖权的规定。

（6）诉讼时效。《多式联运公约》规定，相关权利人应在 2 年内提起诉讼或提交仲裁，否则将失去法律效力。如果货物在交付之日起或应交付之日后 6 个月内，没有提出书面通知说明索赔的性质和主要事项的，则时效届满后失效。而《多式联运单证》中只规定了 9 个月的诉讼时效。

4.5.2 集装箱运输

集装箱，是一种具有一定强度、刚度和规格，专供周转使用的大型装货容器。集装箱运输首创于英国，二战时在美国运送军用物资中发挥了重要作用，到 19 世纪 60 年代，集装箱以其包装统一、装卸简便、不受气候影响等特点，在减少货损、节约空间、提高效率、加快周转、降低成本方面呈现出明显的优势，因而为货物运输特别是国际联运中件杂货的运输所大量采用，并在近几十年内得到迅猛发展。与运输工具的变革只能提高某一项物流参数不同，载货工具的变革，尤其是集装箱的出现却全方位、多层次地实现了物流的一体化作业，并极大地推动了现代物流的形成。当今物流领域，除了国际多式联运中基本为集装箱运输主导外，国内水路、铁路、公路的集装箱运输规模也在日益扩大。

1. 集装箱运输的法律法规

集装箱运输的操作流程与一般的散件小包装货运不同，它由一些特殊的环节构成：与集装箱连接和分离有关的装箱、拆箱、拼箱；与集装箱发生位移有关的集疏运系统；对集装箱体进行操作的活动；集装箱的交接活动。以上这些环节需要专门的规则进行调整，这就促成了集装箱国际公约的诞生，其中涉及集装箱的管理和安全使用方面的规则主要有：

1)《1972 年集装箱海关公约》

1956 年制订、1972 年修订、1975 年 12 月生效。其主要内容在于对集装箱的结构、进境集装箱的暂时进口待遇、集装箱的海关封条等作出统一规定。中国政府代表于 1986 年 1 月 22 日向联合国秘书长交存加入书，同年 7 月 22 日该公约正式对我国生效。

2)《国际集装箱安全公约》（简称 CSC）

1972 年在联合国与政府间海事协商组织的联合会议上通过，1977 年 9 月生效，后经过 1981 年和 1983 年两次修订。公约对各缔约国就集装箱主要结构的安全性能达到国际标准作了规定，并要求各缔约国主管当局应为集装箱的使用颁发"CSC 安全牌照"。我国政府于 1980 年 9 月 23 日向国际海事组织秘书长交存加入书，1981 年 9 月 23 日该公约对我国生效。

此外《1978年联合国海上货物运输公约》(即《汉堡规则》)和国际标准化组织集装箱技术委员会(TC104)也制定了一系列集装箱硬件方面的标准,国际商会、国际海事组织制订的有关联运单证方面的规定,对集装箱运输也有调整。

国内法的结构基本与国际法相一致,管理方面的法规有《中华人民共和国对进出口集装箱和所装货物监管办法》、《对于运输海关加封货物的国际集装箱核发批准牌照的管理办法》等;集装箱运输方面的法规有《中华人民共和国海上国际集装箱运输管理规定》、《国内水路货物运输规则》、《铁路集装箱运输规则》。

2. 集装箱货物运输合同

集装箱货物运输不仅涉及集装箱运输合同,还涉及集装箱装卸合同和拆箱合同等法律关系,本节只讨论与运输直接相关的集装箱运输合同。但我国针对不同运输工具和国际国内两种不同运输范围的集装箱运输进行了分别规定,为了介绍的方便,本节将以海上国际集装箱货物运输为中心展开。

1) 海上国际集装箱货物运输

(1) 集装箱货物运输的办理。承运人可以直接组织承揽集装箱货物,托运人可以直接向承运人或者委托货运代理人洽办进出口集装箱货物的托运业务。承、托双方应签订书面的集装箱货物运输合同。合同中使用的集装箱,可以是承运人提供,也可以由托运人自备。货物可以进行整箱托运,也可以是拼箱托运,两者最主要的差别在于费用的不同。

(2) 承运人的义务。

① 确保运载工具处于良好的技术状态。承运人应当保证运载集装箱的船舶、车辆、装卸机械及工具处于良好的技术状况,确保集装箱的运输及安全。

② 保障集装箱的适货需要和安全需要。承运人或托运人应当根据货物种类、外形特点以及安全运输的需要选择是用普通箱或者特殊箱,是用哪种材料,哪种结构,哪种载重吨位的集装箱。

承运人在货物装箱前应当认真检查箱体,不得使用影响货物运输、装卸安全的集装箱。如果集装箱由承运人提供,且用作装运粮油食品、冷冻品等易腐食品的集装箱,集装箱还须经商检机构检验合格后方可使用。

③ 使用集装箱的单证。承运人应当按照国家规定使用集装箱运输单证。这些单证有货物托运单、装箱指示和箱体动态等。

④ 按国家规定收取费用。海上国际集装箱的运费和其他费用,承运人应当根据国家有关运输价格和费率的规定计收;国家没有规定的,按照双方商定的价格计收。任何单位不得乱收费用。

⑤ 货物到达后的通知义务。集装箱货物运达目的地后,承运人应当及时向收货人发出提货通知,收货人应当在收到通知后,凭提单提货。

⑥ 定期上报运输计划。承运人及港口装卸企业,应当定期向交通主管部门报送运输统计报表。

(3) 托运人和收货人的义务。

① 使用安全的集装箱。如果是托运人自备集装箱时,他的此项义务同承运人。

② 如实申报货物情况。托运人应当如实申报货物的品名、性质、数量、重量、规格。托运的集装箱货物,必须符合集装箱运输的要求,其标志应当明显、清楚。

③ 按时提取货物或归还集装箱。收货人超过规定期限不提货或者不按期限归还集装箱的，应当按照有关规定或者合同约定支付货物、集装箱堆存费及支付集装箱超期使用费。

(4) 双方的责任及索赔时效。除法律有特别规定外，承运人和托运人或收货人之间的责任按下列规则承担。

① 因没有确保运载工具的安全而造成货物损坏或者短缺的，承运人应当按照有关规定承担赔偿责任。如果托运人或承运人委托第三方作业时，第三方和承运人在交接方面的责任分配适用相关规定。

② 由承运人负责装箱的货物，从承运人收到货物后至运达目的地交付收货人之前，对其过失造成的人员伤亡、运输工具、其他货物、集装箱损失的，应负责任。

③ 由托运人负责装箱的货物，从装箱托运后至交付收货人之前的期间内，如箱体和封志完好，货物损坏或者短缺，由托运人负责；如箱体损坏或者封志破坏，箱内货物损坏或者短缺，由承运人负责。

由于托运人对集装箱货物申报不实造成人员伤亡、运输工具、货物自身及其他货物、集装箱损失的，由托运人负责。

集装箱货物发生损坏或者短缺，对外索赔时需要商检机构鉴定出证的，应当依照《中华人民共和国进出口商品检验法》办理。集装箱、集装箱货物发生短缺，对外索赔时需要理货机构出证的，应当依照有关规定办理。承运人与托运人或者收货人之间要求赔偿的时效，从集装箱货物交付之日起算不超过 180 天。

2) 铁路货物集装箱货物运输合同中的特殊规定

《铁路集装箱运输规则》涉及铁路进行集装箱运输的基本条件，集装箱货物的托运、承运和交付中双方的装卸义务与责任，集装箱的进出站管理和集装箱货物的交接四方面的问题。此处主要关注集装箱运输合同中承运人与托运人的其他规则。

(1) 托运人或收货人从车站搬出铁路集装箱时，须提出车站认可的证明。搬出的铁路集装箱应按时送回车站，并保证完好。

(2) 从车站搬出铁路集装箱时，承运人根据货物运单填写铁路集装箱出站单（格式一）两联。甲联留车站存查，乙联随箱同行，作为出门凭证，并在集装箱送回车站时，交还承运人。承运人收妥集装箱并结清费用后，在还箱收据上加盖车站戳记和经办人章，交给托运人或收货人。

(3) 根据情形缴纳相应滞留费用。托运人使用铁路提供的集装箱时，在下列期限是免费的：

发送的集装箱：站内装箱时，应于承运人指定的进货日期当日装完；站外装箱时，应于承运人指定的日期领取空箱，按指定的进货日期进站。

到达的集装箱：应于承运人发出催领通知的次日（不能实行催领通知的为卸车次日）起算，2 日内领取集装箱。站内掏箱时，应于领取的当日内掏完；站外掏箱时，应于领取的次日内将该空箱或装有指定当日进站货物的该重箱送回。

集装箱集散站存留的铁路集装箱免费留置时间，亦按上款规定计算。超过规定留置时间的，铁路部门要向托运人或收货人核收集装箱延期使用费。

(4) 承运人与托运人、收货人对集装箱的交接义务与责任。

① 承运人与托运人或收货人在车站货场交接集装箱时，重箱凭箱号、封印和箱体外状，空箱凭箱号和箱体外状。

② 箱号、施封号码与货物运单记载一致，施封有效，箱体没有发生危及货物安全的变形或损坏时，箱内货物由托运人负责。

③ 在专用线装车或卸车的集装箱，按下列规定办理交接：

第一，托运人组织装车并由收货人组织卸车的集装箱，由车站与托运人或收货人商定交接办法。

第二，承运人组织装车并由收货人组织卸车的集装箱，到站应派员至卸车地点会同收货人卸车，并按第①条、第②条规定办理交接。

第三，托运人组织装车并由承运人组织卸车的集装箱，发站应派员至装车地点按第①条、第②条规定办理交接，并会同托运人装车。在专用铁道装车或卸车的集装箱，车站与专用铁道所有人商定交接方法。

④ 交接时对异状情况的处理：发站在接收托运的重箱时，检查发现箱号或封印内容与货物运单记载不符，未按规定关闭箱门、拧固和施封，以及箱体损坏的，应由托运人改善后接收。

收货人在接收集装箱时，应按货物运单核对箱号，检查施封状态，封印内容和箱体外状。发现不符或有异状时，应在接收当时向车站提出。

到站向收货人交付重箱时，对封印脱落、失效、站名或号码不符、箱体损坏危及货物安全的集装箱应向收货人出具货运记录，并按记录点交货物。

在交接中发现铁路集装箱损坏，涉及托运人或收货人责任时，由托运人或收货人在集装箱破损记录上签认。发现自备集装箱丢失或损坏时，承运人应编制货运记录。

⑤ 铁路集装箱由于托运人或收货人责任造成丢失、损坏及无法洗刷的污染时，应由托运人或收货人负责赔偿。自备集装箱由于承运人责任造成上述后果时，应由承运人负责赔偿。赔偿额按实际发生的费用计算。

3）陆路货物集装箱货物运输合同中的特殊规定

《集装箱汽车运输规则》主要规定了集装箱汽车运输合同，合同应采用书面形式签订，如果为月度（月度以上）或批量集装箱汽车运输合同，亦可以是集装箱汽车运单。运单的内容主要包括集装箱货物名称、数量、重量或体积；集装箱数量、箱型、规格及箱号；装运集装箱船名、航次，场站货位，进港、站日期或卸船、车日期；托运人、收货人、承运人名称、地址、电话、邮编；接箱、货地点（起运地），卸箱、货地点（到达地）；运输日期；箱、货交接方式及提、还空箱地点；运费和费用结算方式；货物价值，是否保价、保险；运输要求和特约事项。

《集装箱汽车运输规则》虽然目前已经失效，但其相应的规定对于集装箱汽车运输仍有一定借鉴意义，因此对有关内容做一简要介绍。

（1）承、托双方的义务。

① 托运人按要求填写运单。一张运单托运的集装箱货物或集装箱，必须是同一托运人、收货人、起运地；托运拼箱货物要写明货物的具体情况，同时还要写集装箱箱型、箱号和封志号，并注明空箱提取和交还地点；性质相互抵触的货物不能用一张运单托运；托运的整箱货物，应注明船名、航次、场站货位、箱位，并提交货物装箱单；托运人要求自理装拆集装

箱或自理装卸集装箱时，经承运人确认后，在运单内注明。托运人要办理在港站或其他场所的集装箱装卸作业申请的，也应在运单中注明；托运需经海关查验或商品检验、卫生防疫、动植物检验的集装箱时，应连同检验地点在运单中注明。运单应使用钢笔或圆珠笔填写，字迹清楚，内容准确，已填妥的运单，如有更改，必须在更改处签字盖章。

② 托运人对货物的包装、普通货物内不得夹带危险或贵重物品以及对特殊物品托运条件的规定同一般的汽车运输合同。

③ 承运人应安排适运车辆。承运人要根据受理的集装箱货物、集装箱箱型和集装箱总质量的情况，合理安排运输车辆，车辆装载不得超过有关限定载质量的规定。需要安排特殊运输的，应征得托运人同意，并在运单上记载。

④ 承运人应认真审核货物。承运人运输整箱货物前，应核对箱号，检查箱体和封志，发现箱体损坏或铅封脱落，需经交接人及封志监管单位签认或重新施封后方可起运。承运人运输拼箱货物前，应核对货物名称、数量、重量、体积是否与运单填写内容相符；检查货物包装是否良好，发现不符合规定或可能危及安全运输的，不得承运；包装轻度破损，托运人坚持装箱起运的，需经承运人同意，做好记录，签字盖章后，方可承运，其后果由托运人负责。

⑤ 承运人签订装卸作业合同以及及时通知收货人提货的义务同一般的货物运输合同。

（2）交接集装箱货物，根据需要编制货运记录。集装箱整箱货物交接时，交接双方应当检查箱号、箱体和封志，重箱凭封志和箱体状况交接；空箱凭箱体状况交接，交接后，交接双方应做记录并签字确认。

对于货运记录，有运输中的货运记录和交接时的货运记录。如果承运责任期内或场站存放期内发生集装箱货物或集装箱灭失、短少、变质、污染、损坏、误期等集装箱货运事故后，承、托运双方及有关方都应积极采取补救措施，力争减少损失和防止损失继续扩大，并编制集装箱货运事故记录。在集装箱货物交接过程中发现货损货差或箱体损坏等情况，交接双方要编制集装箱货运事故记录，并签字确认。

（3）托运人的责任。集装箱运输中托运人的责任同一般货物的汽车运输合同。

（4）承运人的责任。

① 承运人的责任期间。承运人的集装箱整箱货物运输责任期，从收到整箱货物起，到运达目的地，整箱货物交付收货人止；集装箱拼箱货物运输责任期，从收到拼箱货物起，至运达目的地，拼箱货物交付收货人止。

② 交接责任的划分原则。交接前由交方承担，交接后由接方承担，但如果在交接后180天内，接方能提出证据证明交接后的集装箱、集装箱货物的灭失、损坏是由交方原因造成的，交方应按有关规定负赔偿责任。

③ 整箱与拼箱的责任。整箱货物在承运责任期内，保持箱体完好，封志完整，箱内货物发生灭失、短少、变质、污染、损坏，承运人不负赔偿责任。但承运人负责装、拆箱的除外。拼箱货物在承运责任期内，发生灭失、短少、变质、污染、损坏，承运人应负赔偿责任。但有下列情况之一者，不负赔偿责任。这些情况包括：不可抗力；货物包装完整无损而内装货物短损、变质；货物的自然损耗和性质变化；托运人违反国家有关法令，货物被有关部门查扣、弃置或作其他处理；其他非因承运人原因造成损失的。

④ 承运人交付迟延等造成的违约责任。用承运人的自备集装箱装运货物，由于集装箱

隐性破损，造成货物损坏，承运人应负赔偿责任。

由于承运人的责任，造成集装箱或集装箱货物未按约定时间运达，承运人应负违约责任；错运到达地或错交收货人，承运人应将集装箱或货物无偿运到规定的地点，交给指定收货人。

承运人未遵守承托双方商定的运输条件或特约事项，由此造成托运人的经济损失，承运人应负赔偿责任。

（5）索赔时效及赔偿限额。托运人、收货人向承运人、场站作业人要求集装箱货运事故赔偿时，应在收到集装箱货运事故记录的次日起的180天内提出赔偿要求书，逾期不予受理。提出赔偿要求书的同时，应随附集装箱货运事故记录、运单、货物价格证明等有关文件。保价运输还应附声明价格的证明文件。要求退还运费的，还应附运杂费收据。承运人、场站作业人应在收到赔偿要求书的次日起60天内将处理意见通知托运人、收货人。特殊情况经双方协商可适当延长。托运人、收货人收到处理意见的次日起10天内没有提出异议的，承运人、场站作业人员即付结案。双方没有在上述期限协商自行解决的，权利人可以向法院起诉或按约定申请仲裁。有关集装箱货运事故的赔偿价格按下列规则计算：

① 执行国家定价的货物，按照各级物价管理部门规定的价格计算；

② 执行国家指导价格或市场调节价格的货物，比照前项国家定价货物中相同规格或类似商品价格标准计算，无法比照计价的货物按每公斤不超过5元计算；

③ 集装箱的计价按集装箱的净值计算，如能修复、修复发生的实际费用计算；

④ 各项赔偿价格均以起运地承运当日的价格为准；

⑤ 对灭失、短少的货物，如起运地价格中未包括运杂费、包装费以及已付的税费时，应按全部或短少部分的比例加算各项费用；

⑥ 办理保价运输的货物，按声明价格赔偿；实际损失低于声明价格时，按实际损失赔偿。

▶ 本章小结

运输在物流中有着重要的地位，它既是物流业形成的基础，也是物流业提升的平台。了解物流必然涉及对运输问题的研究。本章以介绍运输中的法律关系为核心，围绕货物运输合同这一重点，分别讲述了陆上、水上、航空和多式联运中各方当事人之间的主要权利义务和责任。不同的运输方式，在法律关系的类型、合同的订立、合同的形式、合同的条款以及承运人的责任基础、责任期间、责任限额、索赔和诉讼时效等方面都有着不同的规定。这些规定不仅存在于国内法中，而且还大量地存在于国际公约之中。在适用法律时，如果中国已经加入了相关国际公约，则公约的效力要优先于国内法；如果没有加入公约，以国内法为准。

本章涉及的主要法律法规：

一、国内主要法规目录

1.《汽车货物运输规则》；

2. 《道路运输条例》；
3. 《道路危险货物运输管理规定》；
4. 《铁路运输安全保护条例》；
5. 《国内水路货物运输规则》；
6. 《中国民用航空货物国内运输规则》；
7. 《中国民用航空货物国际运输规则》；
8. 《国际集装箱多式联运管理规则》；
9. 《中华人民共和国合同法》；
10. 《中华人民共和国海商法》。

二、主要国际公约目录

1. 《国际铁路货物联运协定》；
2. 《1924年统一提单的若干法律规则的国际公约》（简称《海牙规则》）；
3. 《修改统一提单的若干法律规定的国际公约议定书》（简称《维丝比规则》）；
4. 《1978年联合国海上货物运输公约》（简称《汉堡规则》）；
5. 《国际货物多式联运公约》；
6. 《1972年集装箱海关公约》；
7. 《国际集装箱安全公约》；
8. 《统一国际航空运输某些规则的公约》（简称《1999年蒙特利尔公约》）。

附录：相关法律文书示例

国际货物运输合同范本

合同号码：

签约日期：

买方：

卖方：

本合同由买卖双方缔结，用中、英文字写成，两种文体具有同等效力。按照下述条款，卖方同意售出，买方同意购进以下商品：

第一部分

1. 商品名称及规格
2. 生产国别及制造厂商
3. 单价（包装费用包括在内）
4. 数量
5. 总值
6. 包装（适合海洋运输）
7. 保险（除非另有协议，保险均由买方负责）
8. 装船时间
9. 装运口岸

10. 目的口岸

11. 装运唛头，卖方负责在每件货物上用牢固的不褪色的颜料明显地刷印或标明下述唛头，以及目的口岸、件号、毛重和净重、尺码和其他买方要求的标记。如系危险及/或有毒货物，卖方负责保证在每件货物上明显地标明货物的性质说明及习惯上被接受的标记。

12. 付款条件：买方于货物装船时间前一个月通过＿＿＿＿＿＿银行开出以卖方为抬头的不可撤销信用证，卖方在货物装船启运后凭本合同交货条款第 18 条 A 款所列单据在开证银行议付货款。上述信用证有效期将在装船后 15 天截止。

13. 其他条件：除非经买方同意和接受，本合同其他一切有关事项均按第二部分交货条款之规定办理，该交货条款为本合同不可分的部分，本合同如有任何附加条款将自动地优先执行附加条款，如附加条款与本合同条款有抵触，则以附加条款为准。

第二部分

14. FOB/FAS 条件

14.1 本合同项下货物的装运舱位由买方或买方的运输代理人＿＿＿＿＿＿租订。

14.2 在 FOB 条件下，卖方应负责将所订货物在本合同第 8 条所规定的装船期内按买方所通知的任何日期装上买方所指定的船只。

14.3 在 FAS 条件下，卖方应负责将所订货物在本合同第 8 条所规定的装船期内按买方所通知的任何日期交到买方所指定船只的吊杆下。

14.4 货物装运日前 10 – 15 天，买方应以电报或电传通知卖方合同号、船只预计到港日期、装运数量及船运代理人的名称。以便卖方经与该船运代理人联系及安排货物的装运。卖方应将联系结果通过电报或电传及时报告买方。如买方因故需要变更船只或者船只比预先通知卖方的日期提前或推迟到达装运港口，买方或其船运代理人应及时通知卖方。卖方亦应与买方的运输代理或买方保持密切联系。

14.5 如买方所订船只到达装运港后，卖方不能在买方所通知的装船时间内将货物装上船只或将货物交到吊杆之下，卖方应负担买方的一切费用和损失，如空舱费、滞期费及由此而引起的及/或遭受的买方的一切损失。

14.6 如船只撤换或延期或退关等而未及时通知卖方停止交货，在装港发生的栈租及保险费损失的计算，应以代理通知之装船日期（如货物晚于代理通知之装船日期抵达装港，应以货物抵港日期）为准，在港口免费堆存期满后第十六天起由买方负担，人力不可抗拒的情况除外。上述费用均凭原始单据经买方核实后支付。但卖方仍应在装载货船到达装港后立即将货物装船，交负担费用及风险。

15. C&F 条件

15.1 卖方在本合同第 8 条规定的时间之内应将货物装上由装运港到中国口岸的直达船。未经买方事先许可，不得转船。货物不得由悬挂中国港口当局所不能接受的国家旗帜的船装载。

15.2 卖方所租船只应适航和适货。卖方租船时应慎重和认真地选择承运人及船只。买方不接受非保赔协会成员的船只。

15.3 卖方所租载货船只应在正常合理时间内驶达目的港。不得无故绕行或迟延。

15.4　卖方所租载货船只船龄不得超过 15 年。对超过 15 年船龄的船只其超船龄额外保险费应由卖方负担。买方不接受船龄超过二十年的船只。

15.5　一次装运数量超过一千吨的货载或其他少于一千吨但买方指明的货载，卖方应在装船日前至少 10 天用电传或电报通知买方合同号、商品名称、数量、船名、船龄、船籍、船只主要规范、预计装货日、预计到达目的港时间、船公司名称、电传和电报挂号。

15.6　一次装运一千吨以上货载或其他少于一千吨但买方指明的货载，其船长应在该船抵达目的港前 7 天和 24 小时分别用电传或电报通知买方预计抵港时间、合同号、商品名称及数量。

15.7　如果货物由班轮装运，载货船只必须是_____船级社最高船级或船级协会条款规定的相同级别的船级，船只状况应保持至提单有效期终了时止，以装船日为准船龄不得超过 20 年。超过 20 年船龄的船只，卖方应负担超船龄外保险费。买方绝不接受超过 25 年船龄的船只。

15.8　对于散件货，如果卖方未经买方事前同意而装入集装箱，卖方应负责向买方支付赔偿金，由双方在适当时间商定具体金额。

15.9　卖方应和载运货物的船只保持密切联系，并以最快的手段通知买方船只在途中发生的一切事故，如因卖方未及时通知买方而造成买方的一切损失卖方应负责赔偿。

16. CIF 条件

在 CIF 条件下，除本合同第 15 条 C&F 条件适用之外卖方负责货物的保险，但不允许有免赔率。

17. 装船通知

货物装船完毕后 48 小时内，卖方应即以电报或电传通知买方合同号、商品名称、所装重量（毛/净）或数量、发票价值、船名、装运口岸、开船日期及预计到达目的港时间。如因卖方未及时用电报或电传给买方以上述装船通知而使买方不能及时保险，卖方负责赔偿买方由此而引起的一切损害及/或损失。

18. 装船单据

18.A　卖方凭下列单据向付款银行议付货款：

18.A.1　填写通知目的口岸的_____运输公司的空白抬头、空白背书的全套已装运洋轮的清洁提单（如系 C&F/CIF 条款则注明"运费已付"，如系 FOB/FAS 条款则注明"运费待收"）。

18.A.2　由信用证受益人签名出具的发票 5 份，注明合同号、信用证号、商品名称、详细规格及装船唛头标记。

18.A.3　两份由信用证受益人出具的装箱单及/或重量单，注明每件货物的毛重和净重及/或尺码。

18.A.4　由制造商及/或装运口岸的合格、独立的公证行签发的品质检验证书及数量或重量证书各两份，必须注明货物的全部规格与信用证规定相符。

18.A.5　本交货条件第 17 条规定的装船通知电报或电传副本一份。

18.A.6　证明上述单据的副本已按合同要求寄出的书信一封。

18.A.7　运货船只的国籍已经买主批准的书信一封。

18. A. 8 　如系卖方保险需提供投保不少于发票价值110%的一切险和战争险的保险单。

18. B　不接受影印、自动或电脑处理、或复印的任何正本单据，除非这些单据印有清晰的"正本"字样，并经发证单位授权的领导人手签证明。

18. C　联运提单、迟期提单、简式提单不能接受。

18. D　受益人指定的第三者为装船者不能接受，除非该第三者提单由装船者背书转受益人，再由受赠人背书后方可接受。

18. E　信用证开立日期之前出具的单据不能接受。

18. F　对于C&F/CIF货载，不接受租船提单，除非受益人提供租船合同、船长或大副收据、装船命令、货物配载图及或买方在信用证内所要求提供的其他单据副本各一份。

18. G　卖方须将提单、发票及装箱单各两份副本随船带交目的口岸的买方收货代理人_____。

18. H　载运货船启碇后，卖方须立即航空邮寄全套单据副本一份给买方，三份给目的口岸的对外贸易运输公司分公司。

18. I　卖方应负责赔偿买方因卖方失寄或迟寄上述单据而使买方遭受的一切损失。

18. J　中华人民共和国境外的银行费用由卖方负担。

19. 合同所订货物如用空运，则本合同有关海运的一切条款均按空运条款执行。

20. 危险品说明书

凡属危险品及/或有毒，卖方必须提供其危险或有毒性能、运输、仓储和装卸注意事项以及防治、急救、消防方法的说明书，卖方应将此项说明书各三份随同其他装船单据航空邮寄给买方及目的口岸的_____运输公司。

21. 检验和索赔

货物在目的口岸卸毕60天内（如果用集装箱装运则在开箱后60天）经中国进出口商品检验局复验，如发现品质、数量或重量以及其他任何方面与本合同规定不符，除属于保险公司或船行负责者外，买方有权凭上述检验局出具的检验证书向卖方提出退货或索赔。因退货或索赔引起的一切费用包括检验费、利息及损失均由卖方负担。在此情况下，凡货物适于抽样及寄送时如卖方要求，买方可将样品寄交卖方。

22. 赔偿费

因"人力不可抗拒"而推迟或不能交货者除外，如果卖方不能交货或不能按合同规定的条件交货，卖方应负责向买方赔偿由此而引起的一切损失和遭受的损害，包括买价及/或买价的差价、空舱费、滞期费，以及由此而引起的直接或间接损失。买方有权撤销全部或部分合同，但并不妨碍买方向卖方提出索赔的权利。

23. 赔偿例外

由于一般公认的"人力不可抗拒"原因而不能交货或延迟交货，卖方或买方都不负责任。但卖方应在事故发生后立即用电报或电传告买方并在事故发生后15天内航空邮寄买方灾害发生地点之有关政府机关或商会所出具的证明，证实灾害存在。如果上述"人力不可抗拒"继续存在60天以上，买方有权撤销合同的全部或一部。

24. 仲裁

双方同意对一切因执行和解释本合同条款所发生的争议，努力通过友好协商解决。在争议发生之日起一个合理的时间内,最多不超过 90 天,协商不能取得对买卖双方都满意的结果时,如买方决定不向他认为合适的有管辖权的法院提出诉讼,则该争议应提交仲裁。除双方另有协议,仲裁应在中国北京举行,并按中国国际贸易促进委员会对外贸易仲裁委员会所制订的仲裁规则和程序进行仲裁,该仲裁为终局裁决,对双方均有约束力。仲裁费用除非另有决定,由败诉一方负担。

卖方:(签字盖章) 买方:(签字盖章)

集装箱运输协议书范本

甲方(委托方):

乙方(承运方):

根据国家有关法规,甲乙双方本着平等互利原则,经友好协商,就有关集装箱整箱货物运输事项达成如下协议,以便双方共同遵守。

1.00 双方的权利和义务:

1.01 甲方在货物装拆箱前两天,将经过双方事先确认的标准《装箱通知书》或《拆箱通知书》,以书面形式,签名后传真给乙方,并做好货物装拆箱准备工作。甲方以口头或其他非标准格式通知乙方做箱,致使乙方遗漏或错误做箱,造成费用,甲方应承担相应责任。

1.02 乙方接受甲方的《装箱通知书》或《拆箱通知书》后,应立即按照甲方的要求安排好派车计划,并安排放箱,取单,提箱、验箱、排计划等相关工作。

1.03 乙方在提箱时,有责任检查集装箱箱体情况。如因提到坏箱、污箱而造成甲方拒绝装拆箱,由此产生的费用,乙方自行承担责任。如甲方仍同意装拆箱,由此产生的费用则由甲方承担。

1.04 装箱时候,甲方或其委托人必须在检查箱体是否符合要求后开始负责货物装箱、计数及施封,并如实填写标准《装箱单》,甲方如果委托乙方填写《装箱单》,乙方应递交按照甲方的《装箱通知书》中规定的内容填写《装箱单》给装箱人。如甲方的《装箱通知书》中如未注明装箱数据,则由甲方自行指定装箱人填写,乙方不再负责数据的准确性。

1.05 拆箱时候,甲方或其委托人应在检查箱封是否完整后拆箱。拆箱完成后签收确认,并注明箱内坏污等情况,如果甲方拒绝签收以及注明箱内情况的,发生坏箱污箱费用时候,甲方应无条件承担费用。

1.06 甲乙双方以铅封完好作为货方和承运方交接的唯一凭证。如铅封完好,箱内的货差和货种不符与乙方无关。

1.07 乙方完成装箱作业的提箱任务后,应将箱封号填在《装箱单》上,并回传甲方,以便甲方核对整个《装箱单》,以及办理其他手续。

1.08 甲方进行集装箱装货时,不得夹运未经海关、铁路、交通等相关权力部门许可的货物,否则一切由此而引发的责任由甲方承担。

1.09 乙方由于车辆或驾驶员因素造成集装箱延迟进港的,产生后果由乙方负责赔偿。但遇交通意外和灾害天气等不可抗拒因素除外。

1.10 甲方有责任控制装箱货物的重量不超过如下限重：(21.5吨/20'，26吨/40')，否则，因超重或隐瞒超重所造成的一切后果和费用由甲方承担。

1.11 甲方给乙方的资料均为保密资料，乙方应做到严格保密避免造成甲方不必要的损失。

1.12 协议执行期间，如国家物价调整及港区船公司各类附加费调整，乙方应按标准向甲方收取费用。

1.13 在集装箱运输作业中，产生双方约定之外费用时候，如是乙方责任，则乙方自行承担费用，如甲方责任，则甲方应按附件《集装箱运输中非正常费用表》承担费用。

2.00 费用结算方式

2.01 甲方承诺在当月运输作业发生后，所有费用应在次月的第　　天到　　天内全部结清，乙方应在当月作业完成后的次月十日前，将上月度作业运费账单递交甲方核对，如逾期递交甲方，则甲方可以相应推后付款时间。

2.02 甲方逾期支付乙方上述费用的，应按费用总额每天千分之五的标准向乙方支付违约金。

3.00 保险条款

3.01 货物的运输保险由甲方自行办理，如货物发生货损货差，由甲方向保险公司索赔，乙方只负责协助甲方提供有关资料但不负赔偿责任。

3.02 甲方不购买货物运输保险，则在运输过程中非乙方责任发生的一切货损货差由甲方自负。

4.00 其他事宜

4.01 本合同所提及的《装箱通知书》，《拆箱通知书》，《装箱单》，《集装箱运输中非正常费用表》为本合同的补充文件。

4.02 如双方需修改合同条款或终止本合同，必须提前一个月通知对方，经双方同意后解决。

4.03 本合同中未尽事宜，双方将依照《国内水路货物运输规则》友好协商解决。

4.04 本协议经甲、乙双方签章后即生效，本协议一式二份，甲、乙双方各执一份。本协议有效期为一年。合同期满，双方均无异议可自动延长一年。

甲方（托运人）	乙方（承运人）
公司名称：	公司名称：
公司地址：	公司地址：
公司电话：	公司电话：
公司传真：	公司传真：
邮编：	邮编：
公司签章：	公司签章：
公司代订运输合同授权人：	公司代订运输合同授权人：
公司代订运输合同授权人身份证号：	公司代订运输合同授权人身份证号：
签订合同日期：　年　月　日	签订合同日期：　年　月　日

装箱货物托运单样本

Shipper（发货人）				D/R No.（编号）		
Consignee（受货人）				集装箱货物托运单		
Notify Party（通知人）						
Pre-carriage by（前程运输）Place of Receipt（收货地点）						
Ocean Vessel（船名）Voy No.（航次）Port of Loading（装货港）						
Port of Discharge（卸货港）Place of Delivery（交货地点）Final Destination（目的地）						
Container No（集装箱号）	Seal No.（封志号）Marks & No.（标记与号码）	No. of containers Or P'kgs，（箱数或件数）	Kind of Packages；Description of Goods（包装种类与货名）	Gross Weight（毛重/千克）		Measurement（尺码/立方米）
Total Number of containers or Packages（IN WORDS）集装箱数或件数合计（大写）						
	Freight & Charges（运费与附加费）	Revenue Tons（运费吨）	Rate（运费率）	Per（每）	Prepaid（运费预付）	Collect（到付）
Ex Tate（兑换率）	Prepaid at（预付地点）		Payable at（到付地点）		Place of Issue（签发地点）	
	Total Prepaid（预付总额）		No. of Original B（S）/L（正本提单份数）			
Service Type on Receiving □ CY □ CFS □ DOOR		Service Type on Delivery □ CY □ CFS □ DOOR		Reefer-Temperature Required（冷藏温度）	F	C
Type of Goods（种类）	□Ordinary，□Reefer，□Dangerous □Auto.（普通）（冷藏）（危险品）（裸装车辆）			危险品	Class： Property： IMDG Code Page： UN No.	
	□Liquid，□Live Animal，□Bulk □_____（液体）（活动物）（散货）					
可否转船	可否分批					
装 期	有 效 期					
金 额						
制单日期						

集装箱货物托运单的流转程序：① 托运人填写托运单，留下货主贸存联。② 外轮代理公司加注编号和所配船名。③ 海关审核认可后，加盖海关放行章。④ 货代理安排将集装箱号/封箱号/件数填入托运单，在集装箱进入指定的港区、场站完毕后，在 24 小时内交场站签收。⑤ 场站的业务员在集装箱进场后，加批实际收箱数并签收。⑥ 场站业务员在装船前 24 小时分批送外轮理货员，理货员于装船时交大副。然后第一联收据由场站业务员交还托

运人,作为向外轮代理公司换取收货待运提单的凭证,或装船后换取装船提单。

案例分析

原告:山哥拉—多明戈斯公司(SHANGOLA – DE DOMINGOS LEITE FERREIRA DE CEITA)

被告:尼罗河航运私有有限公司(NILE DUTCH AFRICA LINE B. V.)

原告与东方环球公司签订了两份购销合同,约定原告向东方环球公司购买大蒜。为两票货物出运,被告出具了抬头人为被告的提单。提单记载:托运人东方环球公司,收货人原告,装运港上海,卸货港卢安达(LUANDA),货物品名大蒜,分装两个集装箱,货物交接方式堆场至堆场(CY TO CY)。

2012年11月26日,货物到达目的港卢安达。同日,被告向原告开具提货单,原告办理完了清关手续。11月28日,货物到达冷藏箱专用堆场。12月27日,目的港海关向原告收缴关税。2012年1月6日,原告提货后发现大蒜发生变质。经检验,大蒜发生变质是因为集装箱在到达堆场后至原告提货的42天内缺少制冷措施。

原告认为,被告作为承运人有妥善保管、照料货物的义务,因被告疏忽大意导致货损,被告应承担赔偿责任。请求判令被告赔偿货物损失和关税损失及港口费用74 935美元、公证认证费1 511美元,并承担本案诉讼费用。

被告认为,涉案货物交接方式为堆场至堆场(CY TO CY),承运人的责任期间应至承运人开具提货单之日时终止,因此货损的发生不在承运人责任期间,即使在承运人责任期间,因目的港长期存在断电现象,收货人有尽快提箱义务,原告迟延提货导致的货损不应由被告承担赔偿责任,且原告的损失不具有合理性。

问题:

1. 本案原告是否存在迟延提货?
2. 原告的损失有哪些?
3. 承运人是否应对原告的损失承担赔偿责任?

练习题

一、名词解释题

多式联运　提单　网状责任制　《1999蒙特利尔公约》

二、填空题

1. 按运输方式的不同,物流运输可以分为公路运输、铁路运输、_____、航空运输和_____等。
2. _____是参加国际货物联运协定各国铁路和发、收货人办理货物联运所必须共同遵守的基本文件。
3. 船舶适航是指船舶可以抵御航行的风险并适合水路货物运输的能力或状态,一般包括三个方面：_____、_____和_____。

三、简答题

1. 《国际铁路货物联运协定》对铁路承运人的责任及赔偿限额有何规定？
2. 三种船舶租赁合同之间有何不同？
3. 海上货物运输合同中承运人有何责任？
4. 《海牙规则》与《汉堡规则》对承运人责任与索赔有哪些不同规定？
5. 简述多式联运经营人的赔偿责任制度。

第 5 章

仓储法律法规

知识目标

重点掌握仓储合同的概念和特征，仓单的概念、性质和内容，仓储合同当事人的权利和义务，保税仓库的概念。掌握仓储合同的特征，仓单的记载内容，仓储合同和保管合同的联系与区别，保税货物的入库、储存、出库监管。了解仓储活动地位与作用，仓储合同的订立过程，保税仓库的类型、设立条件和设立程序。

技能目标

能够参与仓储合同的洽谈及签订，熟悉仓单的操作及运转。熟悉保税仓库的出入库流程。

■【导入案例】

2012年1月，A贸易公司与市郊昌隆货栈签订一份仓储合同。合同规定，由昌隆货栈保管A公司的机电产品和新型建筑材料，期限1年，仓储费每月2 000元。2012年4月，A公司由于市内仓容小，进货多，在未经对方同意的情况下，把未列入合同仓储的平板玻璃也送到昌隆货栈的仓库。仓管人员照样收了下来。因仓容有限，便把玻璃放在库房外新搭的简易货棚里。2012年12月，A公司准备把全部储存的物质运走时，发现十几箱玻璃因货棚漏雨大部分破损报废，要求对方赔偿损失。

问题：本案应如何处理？

提示：在本案中，第一，仓管人验收入库时，没有给予足够的注意，把不属于仓储物资的玻璃收入仓库；第二，仓管人在保管的过程中，对此物资又没有尽到妥善保管的义务，导致了该批物资的损失。所以仓管人不仅不能对于额外多收的保管物资要求A补交仓管费，而且对于该批物资的损失还要承担赔偿责任。

5.1 仓储中的法律关系

5.1.1 仓储在物流中的地位与作用

1. 仓储及仓储活动

仓储即货物的储存。储存是保护、管理、储藏物品的一种活动。为了保持社会再生产的顺利进行，满足一定时间内社会再生产和消费的需要，必须存储一定量的物资或商品。仓储由此应运而生。传统的仓储主要功能是防止货物丢失和损伤，而现代仓储的功能从重视保管逐渐演变为担负着顺利发货和配送，加快仓储商品周转，提高物流时间效用的任务。在现代物流过程中，仓储承担了改变"物"的时间状态的重任。它已经和运输一起形成了物流过程的两大支柱。

广义的仓储是各种能够提供货物储存服务的设施和场地，通常包括：

(1) 仓储经营者提供的专业性仓储；

(2) 自有仓库的临时保管仓储；

(3) 运输环节的临时仓储，如港口运输中始发港和目的港的仓储；

(4) 配送服务中的仓储等。

现代仓储与传统仓储的比较：传统仓储一般具有长期储存原材料和产品的功能。生产商储存原材料是为了避免因原材料供应不足影响正常的生产，而储存产品是为了持续地满足销售市场的需要。因此，货物的储存时间一般都比较长。而现代物流的发展要求在理论上实现零库存，因为货物在仓库中停留的时间大大缩短成为节省成本、提高经济效益的重要手段。因此，现代物流对仓储经营者提出了更高的要求。

2. 仓储在现代物流中的作用

仓储在现代物流中具有堆存、拼装、流通加工、配送等一系列功能。

1) 堆存

仓储设施最首要的功能是提供货物堆放的场所，同时提供货物保管服务。货物被保管在仓库或其他设施里，不及时投入流通、运输的理由主要是解决货物在产销、运输等方面的时间差。仓储可实现产销的平衡、运力和运量的平衡。

2) 拼装

在货物不足以装满一整箱或者其他运输单位时，从节省运输费用方面看，应该将零担货物和可拼箱货物整合为整车或整箱。在海上货物运输中，无船承运人的基本业务之一即是提供拼箱服务，将属于不同货主而目的港相同的货物拼装成一个集装箱运出。与拼装类似的另一种功能是混装，即根据顾客的要求，将不同颜色、形状、大小的货物组合成一个销售单位，如将不同规格的家具组合成一个销售单元。

3) 流通加工

货物在仓库中的保管期间，可对其进行包装、分类、加标签等加工服务。提供流通加工服务是现代仓储企业一项重要的增值服务。

4) 配送

根据客户要求的时间、数量、地点及其他内容，仓储经营者将货物从仓库中提出，并运送给客户或其他与客户达成买卖交易的购买方、消费者。当仓储经营者同时提供配送服务时，业务的复杂性将大大提高，与传统的提供单一的货物保管服务有着本质的区别。

物流是将运输、储存、装卸、搬运、包装、流通加工、配送、信息处理等基本功能有机结合起来的活动。从仓储功能上可以看出，物流相当多的功能与仓储存在密切的联系。仓储不仅本身是物流的一项基本功能，而且物流的其他功能也可以在仓储环节得以实现，如流通加工、包装、配送等，在一定程度上也以仓储为前提。因此，也有观点认为，仓储是现代物流的核心。

5.1.2 物流企业在仓储活动中的法律地位

1. 为客户提供仓储服务。此时物流企业就是专门从事营业性服务的公共仓库，与客户签订的是仓储合同，双方是仓储合同法律关系，物流企业是保管人，客户是存货人，双方的权利和义务按照仓储合同的有关法律法规确定。

2. 为客户提供包括仓储在内的综合物流服务。物流企业作为综合性物流服务商存在，具有至少两项（当然包括仓储）以上的物流服务功能，与客户签订的是物流服务合同，而不是单纯的仓储合同。物流企业是物流服务提供者，客户是物流服务需求者，双方的权利和义务按照物流服务合同双方当事人的关系来确定。

3. 作为仓储保管法律关系的存货人。当物流企业没有仓储设备或者虽然有仓储设备但库存空间不足时，在与客户签订含有仓储服务物流服务合同后，通常又会与其他仓库经营者签订仓储合同，以解决库存空间不足的问题，此时，物流企业作为存货人，而仓库经营者成为保管人，双方当事人的权利和义务按照仓储合同法律法规确定。

5.2 仓储合同

国家关于仓储方面的法律法规主要体现在仓储合同法律即仓储合同履行或发生争议时所运用的解决双方纠纷的法律方面。按照《合同法》法律适用的一般准则，有关仓储合同的争议，应首先适用《合同法》关于仓储合同的规定；仓储合同一章未规定的，应适用《合同法》有关保管合同的规定。涉及仓储合同纠纷处理程序的，主要依据《民事诉讼法》。

5.2.1 仓储合同的概念和特征

1. 仓储合同的概念

仓储合同是保管人储存存货人交付的仓储物，存货人支付仓储费的合同，又称仓储保管合同。合同当事人是保管人和存货人，保管的货物被称为仓储物，保管人因保管获得的报酬是仓储费。根据《合同法》对仓储的定义，这里的仓储是狭义上的，仅仅限于货物保管意义上的仓储，即不包括广义上仓储经营人可能提供的流通加工、配送、拼装、包装等服务。当然，当事人在狭义的仓储合同基础上完全可以将有关的其他服务条款纳入其中。

2. 仓储合同的特征

1）仓储合同是以仓储保管为标的的合同

仓储合同是一种提供劳务的合同，其标的属于劳务。这种劳务的内容即是双方约定的货物保管。保管是对物品进行保存和对物品的数量、质量进行管理控制的活动。因此，保管既是静态意义上的货物存储，更重要的是对货物进行动态的质量管理，避免货物的毁损。

2）仓储合同中的保管人是从事仓储保管业务的人

从事仓储保管业务的经营者应该具备相应的资格，具备一定的仓储设备和管理能力。一般来说，仓储经营者从事仓储经营活动应具备以下条件：仓库的位置和设施，装卸、搬运、计算等机具应符合行业技术规定；仓库安全设施须符合公安消防环保等部门的批准许可；有完整的货物进库、入库、存放等管理制度；有专职保管员。但是，对提供不同仓储业务的经营者，所要求的仓储设备和能力是不同的。如，利用自动化立体仓库从事保管服务的要求比场站中转站要高得多。

3）仓储物为动产

仓储保管人是以自己的仓库为存货人的货物提供保管服务，因此，仓储物只能是动产，不动产不能成为仓储物。

4）仓储合同是双务、有偿、诺成性、不要式合同

在仓储合同成立后，当事人均应履行一定的义务，保管人提供仓储服务，存货人提供仓储费，双方的权利和义务是相对应的，因此，仓储合同是双务合同、有偿合同。仓储合同自双方达成意思表示一致即成立，无须存货人提供仓储物合同才成立，因此，仓储合同属于诺成性合同。尽管根据仓储合同，保管人签发仓单，但是，仓单是仓储合同的证明，不是合同本身，因此，仓储合同是不要式合同。

5.2.2 仓储合同的订立

1. 要约和承诺

与其他合同一样，仓储合同的订立也要经过要约和承诺两个阶段。仓储合同的要约既可以由保管人根据自己的仓储能力来发出，也可以由存货人根据自己的委托存储计划发出。由于仓储合同是诺成合同，因而一方发出的要约，经双方协商，对方当事人承诺后，仓储合同即告成立。

《合同法》没有对仓储合同的形式作出明确规定，双方当事人不仅可以订立书面的仓储合同，也可以选择订立口头的或其他形式的仓储合同。但在实践中，仓储合同一般都采用书面形式。无论当事人采取什么样的形式订立仓储合同，当事人填写的入库单、仓单、出库单等，均可以作为仓储合同的证明。如果当事人采用合同书形式订立仓储合同的，通常情况下，自保管人和存货人签字或者盖章时合同才告成立。但如果存货人在此之前就将仓储物交付至保管人，而保管人又接受该仓储物入库储存的，仓储合同自仓储物入库时成立。

2. 仓储合同的内容

仓储合同的内容是明确保管人和存货人双方权利、义务关系的根据，通常体现在合同的条款上。一般说来，仓储合同应当包含以下主要条款：

（1）保管人、存货人的名称或者姓名和住所。

（2）仓储物的品名、品种、规格。

（3）仓储物的数量、质量、包装、件数和标记。在仓储合同中，应明确规定仓储物的计量单位、数量和仓储物质量，以保证顺利履行合同；同时，双方还要对货物的包装、件数以及包装上的货物标记作出约定，对货物进行包装。仓储合同与货物的性质、仓库中原有货

物的性质、仓库的保管条件等有着密切关系。

（4）仓储物验收的项目、标准、方法、期限和相关资料。对仓储物的验收，主要是指保管人按照约定对入库仓储物进行的验收，以确定仓储物入库时的状态。仓储物验收的具体项目、标准、方法和期限等应由当事人根据具体情况在仓储合同中事先作出约定。保管人为顺利验收需要存货人提供货物的相关资料，仓储合同还应就资料的种类、份数等作出约定。

（5）仓储物的储存期间、保管要求和保管条件。储存期间即仓储物在仓库的存放期间，期间届满，存货人或者仓单持有人应当及时提取货物。保管要求和保管条件是针对仓储物的特性，为保持其完好所要求的具体条件、因素和标准。为便于双方权利义务和责任的划分，应对储存期间、保管要求和保管条件作出明确具体的约定。

（6）仓储物进出库手续、时间、地点和运输方式。仓储物的入库，即意味着保管人保管义务的开始；而仓储物的出库，则意味着保管人保管义务的终止。因此，仓储物进出库的时间、地点对划清双方责任非常关键；而且，仓储物的进出库有多种不同的方式，会影响到双方的权利、义务关系，也会影响到双方的责任划分。因此，双方当事人也应对仓储物进出库的方式、手续等作出明确约定，以便于分清责任。

（7）仓储物的损耗标准和损耗处理。仓储物在储存、运输、搬运过程中，由于自然的原因（如干燥、风化、挥发、黏结等）和货物本身的性质以及度量衡的误差等原因，不可避免地要发生一定数量的减少、破损或者计量误差。对此，当事人应当约定一个损耗的标准，并约定损耗发生时的处理方法。当事人对损耗标准没有约定的，应当参照国家有关主管部门规定的相应标准。

（8）计费项目、标准和结算方式。

（9）违约责任条款。即对当事人违反合同约定义务时应如何承担违约责任、承担违约责任的方式等进行的约定。违约责任的承担方式包括继续履行、支付违约金、赔偿损失等。除此之外，双方当事人还可就变更和解除合同的条件、期限，以及争议的解决方式等作出约定。

5.2.3　仓储合同当事人的权利和义务

由于仓储合同是双务有偿合同，双方当事人的权利和义务是相对的，存货人的义务相对于保管人就是权利，存货人的权利相对于保管人就是义务。因此我们主要从义务的角度考察仓储合同当事人的权利和义务。

1. 保管方的权利

（1）有权要求客户按照合同约定支付货物；

（2）有权要求客户就所交付的危险货物或易变质货物的性质进行说明并提供相关材料；

（3）对入库货物进行验收时，有权要求客户配合提供验收资料；

（4）发现货物有变质或其他损坏时，有权催告客户作出必要的处置；

（5）有权在情况紧急时，对变质或者有其他损坏的货物进行处置；

（6）有权要求客户按时提取货物；

（7）客户逾期提取货物的，有权加收仓储费；

（8）有权提存客户逾期未提取的货物；

（9）有权要求客户按约定支付仓储费用和其他相关费用。

2. 保管人的义务

1）签发、给付仓单的义务

保管人仓单，既是其接收客户所交付仓储货物的必要手段，也是其履行仓储合同义务的一项重要内容。《合同法》第三百八十五条规定："存货人交付仓储物的，保管人应当给付仓单。"保管人在向客户给付仓单时，应当在仓单上签字或者盖章，保证仓单的真实性。

2）及时验收货物并接收入库的义务

根据《合同法》第三百八十四条的规定，保管人应当按照约定对入库货物进行验收。保管人对货物进行验收时，应当按照仓储合同约定的验收项目、验收标准、验收方法和验收期限进行。

（1）验收项目和标准。验收项目一般包括：货物的品名、规格、数量、外包装状况，以及无须开箱拆捆、通过直观就可以识别和辨认的质量状况。外包装或货物上无标记的，以客户提供的验收资料为准。保管人一般无开拆包装进行检验的义务，但如果客户有此要求，保管人也可根据与客户签订的协议进行检查。对于散装货物，则应当按照国家有关规定或者合同所确定的标准进行验收。

（2）验收方法。验收方式有实物验收（逐件验收）和抽样验收两种。在实物验收中，保管人应当对客户交付的货物进行逐件验收；在抽样验收中，保管人应当依照合同约定的比例提取样品进行验收。验收方法有仪器检验和感官检验两种，实践中更多的是采用后者。如果根据客户要求要开箱拆包验收，一般应有两人以上在场。对验收合格的货物，在外包装上印贴验收合格标志；对不合格的货物，应作详细记录，并及时通知客户。

（3）验收期限。即自货物和验收资料全部送达保管人之日起，到验收报告送出之日止的一段时间。合同的验收期限，合同有约定的，应依合同约定；没有约定的，依仓储保管合同规定，国内到货不超过 10 天，国外到货不超过 30 天。自货物和验收资料全部送达保管方之日起计算。保管人应当在约定的时间内及时进行验收。

（4）异议处理。保管人验收时发现入库货物与约定不符合的，应当及时通知客户，即保管人应在验收结束后的合理期限内通知。保管人未尽通知义务的，客户可以推定验收结果在各方面都合格。

3）同意客户或者仓单持有人及时检查货物或者提取样品的义务

根据《合同法》第三百八十八条"保管人根据存货人或者仓单持有人的要求，应当同意其检查仓储物或者提取样品"的规定，保管人具有同意客户或者仓单持有人及时检查货物或者提取样品的义务，以便于客户或者仓单持有人及时了解、知悉货物的有关情况及储存、保管情况，发现问题后及时采取措施。

4）危险通知义务

当货物或外包装上标明了有效期或合同上声明了有效期的，保管方应在货物临近失效期 60 天前通知存货方；若发现货物有异状，或因第三人主张权利而起诉或被扣押的，亦应及时通知存货方。

5）紧急处置义务

根据《合同法》第三百九十条规定，保管人对入库货物发现有变质或者其他损坏的，应当及时通知客户或者仓单持有人，便于客户或者仓单持有人及时处理或者采取相应的措施，以避免损失的进一步扩大。

6）催告义务

《合同法》第三百九十条规定，保管人对入库货物发现有变质或者其他损坏，危及其他货物的安全和正常保管的，应当通知客户或者仓单持有人作出必要的处置。因情况紧急，保管人可以作出处置，但事后应当及时将情况通知存货人或仓单持有人。如果保管人怠于催告，则应对其他货物的损失负责，对自己遭受的损失自负责任。

7）妥善储存、保管货物的义务

保证被储存物的质量，是完成储存功能的根本要求，保管人应当按照合同约定的保管条件和保管要求，妥善储存和保管货物，尽到善良管理人的注意义务。如果在储存期间，保管人因保管不善造成货物毁损、灭失的，应根据《合同法》第三百九十四条的规定承担损害赔偿责任。但因货物的性质、包装不符合约定或者超过有效储存期造成货物变质、损坏的除外。

8）按期如数出库的义务

仓储合同中，保管人对货物不具有所有权和处分权，储存期间届满，当客户或者仓单持有人凭仓单提货时，保管人应当返还货物。保管方没有按照约定的时间、数量交货的，应当承担违约责任。未按货物出库规则发货而造成货物损坏的，应当负责赔偿实际损失。当事人对储存期间没有约定或者约定不明确的，根据《合同法》第三百九十一条的规定，客户或者仓单持有人可以随时提取货物，保管人也可以随时要求客户或者仓单持有人提取货物，但应当给予必要的准备时间。保管人返还货物的地点，由当事人约定，或由客户或仓单持有人到仓库自行提取，或由保管人将货物送至指定地点。如果保管方没有按照合同规定的期限和要求发货或错发到货地点，应当负责赔偿由此造成的实际损失。

3. 存货人的权利

（1）有权要求保管人给付仓单；

（2）有权要求保管人对货物进行验收并就不符情况予以通知，保管人未及时通知的，有权认为入库货物符合约定；

（3）有权对入库货物进行检查并提取样品；

（4）保管人没有或者怠于将货物的变质或者其他损坏情形向存货人催告的，存货人有权对因此遭受的损失向保管人请求赔偿；

（5）对保管人未尽妥善储存、保管货物的义务造成的损失，有权要求保管人赔偿；

（6）储存期满有权凭仓单提取货物；

（7）未约定储存期间的，也有权随时提取货物，但应该给予保管人必要的准备时间；

（8）储存期间未满，也有权提取货物，但应当加交仓储费。

4. 存货人的义务

1）按照合同约定交付货物的义务

存货人有义务将货物交付给保管人。存货人交付保管人的货物在品种、数量、质量、包装等方面必须符合仓储合同的约定。

2）说明危险物品或易变质物品的性质并提供相关资料的义务

《合同法》第三百八十三条规定："储存易燃、易爆、有毒、有腐蚀性、有放射性等危险物品或者易变质物品，存货人应当说明该物品的性质，提供有关资料。""存货人违反前款规定的，保管人可以拒收仓储物，也可以采取相应措施以避免损失的发生，因此产生的费用由存货人承担。"

3）配合保管人对货物进行验收并提供验收资料的义务

在保管人对入库货物进行验收时，存货人应当对保管人的验收行为给予配合。如果保管人对入库货物的验收需要存货人提供验收资料，存货人提供的资料应当完备和及时，提供的资料不全面或迟延造成验收差错及其他损失，应承担责任。

4）对变质或者有其他损坏的货物进行处置的义务

为了确保其他货物的安全和正常的保管活动，根据《合同法》第三百九十条的规定，当入库货物发生变质或者其他损坏，危及其他货物的安全和正常保管，保管人催告时，存货人或仓单持有人有作出必要处置的义务。对于存货人或仓单持有人的这种处置义务，应当注意以下几点：

（1）以能够保证其他货物的安全和正常保管为限；

（2）如果保管人对存货人或者仓单持有人的处置要求过高，存货人或者仓单持有人可以拒绝；

（3）如果存货人或者仓单持有人对货物的处置已主动地逾越必要的范围，由此而给保管人造成不便或带来损害的，保管人有权要求赔偿；

（4）如果存货人或者仓单持有人怠于处置，则应对这些损失承担赔偿责任。

5）容忍保管人对变质或者有其他损坏的货物采取紧急处置措施的义务

保管人的职责是储存、保管货物，一般对货物并无处分的权利。然而在货物发生变质或其他损坏，危及其他货物的安全和正常保管，情况紧急时，根据《合同法》第三百九十条的规定，保管人可以作出必要的处置，但事后应当将该情况及时通知存货人或者仓单持有人。在这种情况下，存货人和仓单持有人事后不得对保管人的紧急处置提出异议，但保管人采取的紧急处置措施必须符合下列条件：

（1）必须是情况紧急，即保管人无法通知存货人、仓单持有人的情况；保管人虽然可以通知，但可能会延误时机的情况。

（2）处置措施必须是有必要的，即货物已经发生变质或者其他损坏，并危及其他货物的安全和正常保管。

（3）所采取的措施应以必要的范围为限，即以能够保证其他货物的安全和正常保管为限。

6）按时提取货物的义务

双方当事人对储存期间有明确约定的，储存期间届满，存货人或者仓单持有人应当凭仓单提取货物。存货人或者仓单持有人逾期提取的，应当加收仓储费。在储存期间尚未届满之前，存货人或者仓单持有人也有权随时提取货物，但提前提取的，不得请求减收仓储费。根据《合同法》第三百九十三条的规定，储存期间届满，存货人或者仓单持有人不提取货物的，保管人可以催告其在合理期限内提取；逾期不提取的，保管人可以将货物提交给提存机关，提存货物。

7）支付仓储费和其他费用的义务

（1）仓储费。即保管人因其所提供的仓储服务而应取得的报酬，根据《合同法》第三百八十一条的规定，应由存货人支付。存货人支付仓储费的时间、金额和方式依据仓储合同的约定。仓储费与一般保管费有所不同，当事人通常约定由存货人在交付货物时提前支付，而非等到提取货物时才支付。根据《合同法》第三百九十二条的规定，存货人或者仓单持有人逾期提取货物的，应当加收仓储费；而提前提取的，不减收仓储费。

（2）其他费用。即为了保护存货人的利益或者避免其损失而发生的费用，例如存货人所储存的货物发生变质或者其他损坏，危及其他货物的安全和正常保管的，在紧急情况下，保管人可以作出必要的处置。因此而发生的费用，应当由存货人承担。

5. 保管人的责任

（1）存储期间，因保管不善造成货物毁损、灭失的，保管人应承担损害赔偿责任。货主存储货物的目的是为了使货物得到妥善适当的保管，以保持货物的品质，便于日后的生产、消费或交易。因此，保管人应该按照国家有关规定和合同的约定进行保管及必要的仓库储存、堆码、装卸与操作。在存储期间，保管人没有适当履行保管义务而造成货物损毁、灭失的，应当承担相应的违约责任。

（2）因货物的性质、包装不符合约定或超过存储期造成货物变质、损坏的、保管人不承担损害赔偿责任。根据传统的交易习惯，货物包装一般都是由货主自行负责，所以，货物在交付时均已包装妥当，保管人没有包装义务，因而不应当由其承担因包装不符合约定而在造成损失的赔偿责任。但是，随着物流业的兴起，传统的生产和流通观念发生了变化，仓储经营者根据客户的需要同时从事包装服务已成为业界常态，所以，如果当事人约定货物入库前由保管人负责包装，则相应的责任由保管人承担。货物在超过有效存储期造成货物变质、损坏的，保管人不承担损害赔偿责任。

5.3 保管合同和仓单

5.3.1 仓储合同与保管合同的联系与区别

保管合同是指保管人保管寄存人交付的保管物，并按约定期限或者应寄存人的请求返还该物的合同。保管物品的一方为保管人，或称受寄托人，其所保管的物品为保管物；交付物品的一方为寄存人，或称寄托人。因此，保管合同又称寄托合同或寄存合同。

1. 仓储合同与保管合同的区别

1）仓储合同是有偿合同

仓储合同的有偿性主要体现在存货人应当支付仓储费。保管合同既可以是有偿合同也可以是无偿合同。保管合同主要是有偿的，如车站提供的行李保管服务。在公民之间订立的保管合同，大部分是无偿合同。如果当事人没有约定保管费，事后又没有达成关于保管费的补充协议，《合同法》规定应推定为是无偿的。

2）仓储合同是诺成性合同

保管合同通常是实践性合同。《合同法》规定，保管合同自保管物交付时成立，但当事人另有约定的除外。因此，如果当事人有约定，保管合同可以自意思表示一致时成立；反之，则以交付保管物为合同成立的条件。

3）根据仓储合同可签发仓单，而保管合同中不存在仓单，保管人可出具收货凭证（或保管凭证）

仓储合同有效成立后，在存货人交付仓储物时，保管人应当给付仓单，并在仓单上签名或盖章。仓单与通常的保管凭证的区别在于，仓单具有物权凭证的性质，仓单可以抵押、转让等，而保管凭证不具有这些功能。

4）现有法律对仓储经营人要求特殊的经营资格条件，而对保管人未做限制

从事仓储经营须具备一定的条件并进行工商登记取得营业执照。仓储经营者从事仓储经营活动应具备以下条件：仓库位置、设施、装卸、搬运、计量等机具应经行业技术规定；仓库安全设施须经公安、消防、环保等部门批准许可；有完整的货物进库、入库、存放等管理制度；有专职保管员。因此，仓储经营人具有特殊性，而非商业性的保管人可以是任何人。

5）仓储合同根据无过错责任确定责任，而保管合同根据过错责任原则确定责任

《合同法》规定，保管期间，因保管人保管不善造成保管物毁损、灭失的，保管人应当承担损害赔偿责任，但如果保管是无偿的，保管人证明自己没有重大过失的，无须承担损害赔偿责任。

6）仓储合同的仓储物应该是动产，而对保管合同的保管物法律上没有仅限于动产

在理论上，不动产也可成立保管合同。保管合同中的寄存人可以寄存货币、有价证券或者其他贵重物品，仓储合同一般是针对商业性货物提供的保管服务。

2. 仓储合同与保管合同的联系

1）当事人在合同权利义务上具有相似性

仓储合同与保管合同都是对他人的货物提供一定的保管服务，在保管期限届满时返还该物的合同。因此，不管是仓储还是保管合同，当事人在合同权利义务上具有相似性。

2）仓储合同是一种特殊的保管合同

虽然我国《合同法》对保管合同和仓储合同各自设有专门的分则，但保管与仓储这两种活动具有许多相似性。《合同法》第三百九十五条明确规定，凡仓储合同这一章未做规定的，应适用保管合同的有关规定。

5.3.2 仓单

仓单是仓储活动中规定当事人权利义务的主要单据，我国《合同法》第三百八十五、第三百八十六、第三百八十七条规定了仓单的主要内容和性质。

1. 仓单的概念

仓单是指保管人在收到仓储物时向存货人签发的表示收到一定数量的仓储物的有价证券。《合同法》第三百八十五条规定，存货人交付仓储物的，保管人应当给付仓单。所以仓单的签发要以仓储合同的有效成立和存货人交付仓储物为条件。不符合这两个条件，保管人有权不签发仓单；但当符合这两个条件时，签发仓单是保管人的一种义务，该义务的履行无须以存货人的请求为条件。

仓单与仓储合同的关系。仓单是仓储合同的一种证明文件，仓单不能代替合同。签发仓单是保管人在合同成立后履行的义务，因此，那种将仓单等同于仓储合同的观点是不正确的。如果两者相同，则仓储合同成为要式合同。在实际的仓储合同订立过程中，当事人既可以采取书面形式，也可以采用口头形式。如果仓储合同是口头形式的，在没有其他证明的情况下，仓单记载的内容应该就是当事人达成的合同内容本身。

仓单具有可分割性。仓单的分割是指仓单持有人将仓单下的货物转让给不同的受让人，或者将部分仓单价值用于质押时，要求保管人将原来的仓单转化成几份仓单的行为。我国

《合同法》没有规定仓单的可分割性，但是在实践中，仓单质押业务也在物资储运行业开展了多年了，仓单质押作为一种新型的服务项目，为仓储企业拓展服务项目，开展多种经营提供了广阔的舞台，特别是在传统仓储企业向现代物流企业转型的过程中，仓单质押作为一种新型的业务应该得到广泛应用。

2. 仓单的性质

1）仓单是一种有价证券

有价证券是指该证券足以表明财产权，且其权利的发生、行使或转移须全部或一部分以占有交付证券为要件。有价证券通常是持有人享有一定的所有权或债权的凭证。仓单是提取仓储物的凭证，提取仓储物的权利依法可以转让。因此，仓单完全符合有价证券的定义。

2）仓单是要式证券

要式证券是指具备法定格式才有效的证券。《合同法》第三百六十条规定，保管人应当在仓单上签字或者盖章，仓单上应该有法定的必须记载的事项，否则，仓单不能产生法律效力。而一般保管合同的成立，有当事人之间的合意即可，不以特别方式为必要。保管合同的形式由当事人自由选择，可以选择口头形式，也可以是书面形式、公证形式。

3）仓单是背书证券

背书证券是指可以通过背书方式进行转让的证券。存货人或者仓单持有人在仓单上背书并经保管人签字或者盖章的，可以转让仓单。仓单的转让意味着提取货物的权利的转移。

4）仓单是物权证券

物权证券是指以物权为证券权利内容的证券。仓单是提取仓储物的凭证，存货人取得仓单后，即意味着取得了享有仓储物所有权的凭证。仓单转让时，仓储物的所有权也发生转移。因此，仓单是物权证券。当然，仓单也具有债权效力，是债权凭证。所谓债权凭证是指仓单持有人享有向保管人请求交付仓储物的权利，这种请求权是一种债权。

5）仓单是文义证券

文义证券是指证券上的权利和义务仅依照证券上记载的文义而确定的证券。仓单所创设的权利义务是依据仓单记载的文义予以确定的，不能以仓单记载以外的其他因素加以认定或变更。因此，仓单是文义证券。这意味着，如果仓单上记载着有某批货物而实际上仓库中没有，保管人对仓单持有人也有交付该批货物的义务。

6）仓单是无因证券

所谓无因证券，是指证券权利的存在和行使不以作成证券的原因为要件，证券的效力与作成证券的原因完全分离。所谓有因证券，是指证券权利的存在和行使以其基础原因为条件，基础原因的有效与否直接影响证券的效力。从仓单持有人不管是否为存货人及保护仓单质押权人的利益出发，仓单应该理解为无因证券更合适。

7）仓单是换取证券

换取证券是指义务人履行了证券上的义务后，权利人应该将证券返还给义务人的证券。仓单持有人请求交付仓单上记载的仓储物时，应将仓单交还保管人，因此，仓单是换取证券。

3. 仓单的内容

如前所述，仓单是提取仓储物的凭证，是一种要式证券和文义证券，因此，仓单上记载的事项具有重要意义。我国《合同法》第三百八十六条规定，保管人应当在仓单上签字或者盖章。仓单包括下列事项：

1）存货人的名称或者姓名和住所

仓单是记名证券，因此，仓单上必须记载存货人的名称或者姓名以及住所。这是仓单必须记载的内容，否则仓单不产生法律效力。

2）仓储物的品种、数量、质量、包装、件数和标记

仓储物的品种、数量、质量、包装、件数和标记直接涉及仓单当事人的权利和义务，对这些内容进行清楚记载也是避免纠纷的有效方法。需要注意的是，这些内容须是经过保管人验收确定后再填写在仓单上的，而在保管人和存货人订立仓储合同时，对仓储物的上述情况的约定，不能作为填写仓单的依据。

3）仓储物的损耗标准

仓储物的损耗标准主要是关于仓储物在保管期间因为自然因素和货物本身的因素导致损耗的计算方法。一般来说，在仓储合同中约定有仓储物的损耗标准的，仓单上所记载的损耗标准通常与该约定相同。当然，当事人也可以在仓单上对仓储合同中约定的标准进行变更。当仓储合同约定的标准与仓单上所记载的标准不一致时，一般以仓单的记载为准。

4）储存场所

仓单上记载储存场所是为了存货人或仓单持有人及时、准确地提取货物。当存货人购买保险时，货物所在的仓库或场所是保险人是否同意承保的一个考虑因素。

5）储存期间

储存期间具有多方面的意义：首先，仓单的相关记载可以明确保管人履行保管义务的开始时间和终止时间；其次，在储存期间届满时，即为存货人提取仓储物的时间；第三，是计算仓储费的一个因素。

6）仓储费

仓储合同是有偿合同，仓储费是保管人为存货人提供保管服务而获得的报酬。仓储费的约定具体包括数额、支付方式、支付时间、支付地点等。

7）仓储物的保险

仓储物已经办理保险的，其保险金额、期间以及保险人的名称应记载清楚。仓储物的保险比较复杂，主要涉及谁负责购买保险的问题。仓储经营人可以对仓库中的所有货物向保险人投保，也可就特定的货物投保。货物所有人也可以就仓储物自己投保。有时保管人和存货人同时购买保险，但是，两种保险的保险责任范围是不同的。

8）填发人、填发地和填发日期

保管人应当在仓单上签字或者盖章。填发人可以是保管人本人，也可以是其授权的人，填发地和填发日期也涉及当事人的权利和义务。

前述的仓单记载事项是否都应是绝对记载事项的问题，我国存在不同的认识，不同国家具体的规定也有差异。以往法律对仓单的记载事项要求比较严格，不能缺少法律要求的任何一项，否则该仓单不产生效力。随着合同自由原则的广泛认同，对仓单记载事项的要求逐渐放宽。其中的一些事项要求是必须记载的，这被称为绝对必要记载事项；其他事项由当事人决定是否记载，那些事项被称为相对必要记载事项。

《合同法》中，对哪些属于绝对必要记载事项，哪些属于相对必要记载事项并无明确规定，对保管人应当签字或盖章、存货人的名称或者姓名和住所这两项一般没有争议，都认为

是绝对必要记载事项。而对其他事项则存在不同见解。在实践中，前述第一、第二、第四、第八项大多也被作为绝对必要记载事项看待。

5.4 保税货物仓储

5.4.1 保税货物和保税仓库概述

1. 保税货物和保税仓库的概念

保税货物仓储是国际物流中的一项重要内容。其中的法律问题不仅与《合同法》等有关，还与国家颁布的口岸法律、法规和政策有关。

保税货物是指经过海关批准未办理纳税手续进境，在境内储存、加工、装配后复运出境的货物。一般需要储存的保税货物包括来料加工或进料加工料件、维修零配件、供应国际航行船舶的燃料和零配件、外商寄存或暂存的货物、转口贸易货物、免税品商店进口的货物等。

保税仓库则是指经海关核准的专门存放保税货物的专用仓库。除对所存货物免交关税外，保税仓库还可能提供其他的优惠政策（如免领进口许可证或其他进口批件）和便利的仓储、运输条件，以吸引外商的货物储存和从事包装等业务。

国际上通行的保税制度是，进境存入保税仓库的货物可暂时免纳进口税款，免领进口许可证或其他进口批件，在海关规定的存储期内复运出境或办理正式进口手续。1988年我国加入了《关于简化和协调海关业务制度的国际公约》（简称《京都公约》）的《关于保税仓库的附约》。之后，我国陆续颁布了《海关法》《海关对保税仓库及所存货物的管理规定》《海关对保税物流园区的管理办法》等法律法规。

根据我国《海关法》《保税区海关监管办法》《海关对保税物流园区的管理办法》《海关对保税仓库及所存货物的管理规定》的有关规定，保税货物的仓储有许多具体的要求。

2. 保税仓库的功能

保税仓库的功能比较单一，主要是货物的保税储存，一般不进行加工制造和其他贸易服务。除了另有规定外，货物存入保税仓库，在法律上意味着在全部储存期间暂缓执行该货物投入国内市场时应遵循的法律规定，即这些货物仍被看作处于境外。如果货物从保税仓库提出而不复运出境，则将被当作直接进口的货物对待。保税仓库内的货物在海关规定的存储期内未复运出境的，也需办理正式的进口手续。

3. 保税仓库的类型

1）专用保税仓库

指国际贸易企业经海关批准后自己建立的自营性质的保税仓库，以储存本企业经营的保税货物。由于储存地就是收货人的所在地，这类保税仓库可以享受较宽松的监管方式，海关手续也可按简化的方式和就地结关程序办理。

2）公共保税仓库

指具有法人资格，由专营仓储业务的经济实体所建立的保税仓库。其本身不经营进出口贸易，而为社会提供保税货物的仓储服务。

3）海关监管仓库

是一种主要存放已经进境而无人提取的货物，或者无证到货、单证不齐、手续不全以及违反海关有关规定等，而海关不予放行，需要暂存在海关监管下的仓库里等候处理的货物。

5.4.2 保税仓库的设立

1. 设立保税仓库的条件
1）经营保税仓库的企业应具备的条件
（1）企业合法注册，具有法人资格；
（2）注册资本达到或超过 300 万元人民币；
（3）具备向海关缴纳税款的能力；
（4）具有专门存储保税货物的营业场所；
（5）经营特殊许可商品存储的，应当持有规定的特殊许可证件；
（6）经营备料保税仓库的加工贸易企业，年出口额最低为 1 000 万美元。
2）保税仓库本身应当具备的条件
（1）符合海关对保税仓库的布局要求，具备符合海关监管要求的安全隔离设施、监管设施和办理业务必需的其他设施。
（2）根据保税仓库的使用对象不同和特定用途，要求达到相应的面积（最低为 2 000 m²）；申请设立液体危险品保税仓库的，容积最低为 5 000 m²；申请设立寄售维修保税仓库的，面积最低为 2 000 m²。
（3）具备符合海关监管要求的保税仓库计算机管理系统并与海关联网。
（4）具备符合海关监管要求的保税仓库管理制度、符合会计法要求的会计制度。
（5）符合国家土地管理、规划、交通、消防、安全、质检、环保等方面法律、行政法规及有关规定。

2. 申请设立保税仓库的程序
保税仓库由直属海关审批，报海关总署备案。
1）申请
企业申请设立保税仓库，应向仓库所在地主管海关提交书面申请，并提供企业与仓库具备所要求的相关条件的证明材料。
2）受理
申请材料齐全有效的，主管海关予以受理，并于受理申请之日起 20 个工作日内提出初审意见并将有关材料报送直属海关审批。
3）批准
直属海关在接到材料之日起 20 个工作日内审查完毕，对符合条件的，出具批准文件，批准文件的有效期为 1 年。
4）验收
在海关出具批准文件 1 年内，申请设立保税仓库的企业还应向海关申请保税仓库的验收，无正当理由逾期未申请验收或验收不合格者，保税仓库的批准文件自动失效。
保税仓库只有验收合格，经海关注册登记并核发《中华人民共和国海关保税仓库注册登记证书》（简称《保税仓库注册登记证书》），方可投入运营。

5.4.3 保税货物的进出口

经海关批准暂时进口或暂时出口的货物，以及特准进口的保税货物，在收货人或发货人向海关缴纳相当于税款的保证金或者提供担保后，准予暂时免缴关税，海关根据货物的进口或出口情况，再决定征税或免税。因此出入保税仓库的货物需要进行申报。

加工贸易进口货物、转口货物、供应国际航行船舶和航空器的油料、物料和维修用零部件、供维修外国产品所进口寄售的零配件、外商暂存货物、未办结海关手续的一般贸易货物以及经海关批准的其他未办结海关手续的货物，经海关批准可以存入保税仓库。

1. 保税仓库货物的进口（入库）

保税仓库货物的进口（或入库）分为三种情况：

1）在保税仓库所在地海关入境

货主或其代理人应当填写进口货物报关单一式三份，加盖"保税仓库货物"印章并注明此货物将要存入的保税仓库，向海关申报，经海关查验放行后，一份由海关留存，另两份随货带交保税仓库。

保税仓库的业务人员应在货物入库后将货物与报关单进行核对，并在报关单上签收，其中一份留存，一份交回海关存查。

2）在非保税仓库所在地海关入境

货主在保税仓库所在地以外的其他口岸进口货物，应按海关对转关运输货物的规定办理转关运输手续。货物运抵后再按上述规定办理入库手续。

3）自用的生产、管理设备的进口

保税仓库经营单位进口供仓库自己使用的设备、装置和用品，如货架、搬运、起重、包装设备，运输车辆，办公用品及其他管理用具，均不属于保税货物。进口时应按一般贸易办理进口手续并缴纳进口税款。保税仓储货物入库时，收发货人或其代理人持有关单证向海关办理货物报关入库手续，海关根据核定的保税仓库存放货物范围和商品种类对报关入库货物的品种、数量、金额进行审核，并对入库货物进行核注登记。

入库货物的进境口岸不在保税仓库主管海关的，经海关批准，按照海关转关的规定或者在口岸海关办理相关手续。

2. 保税仓库货物的储存

1）储存期限

保税仓库所存货物储存期限为1年。如因特殊情况可向海关申请延期，但延期最长不得超过1年。保税储存期仍未转为进口也不复运出境的，由海关将货物变卖，所得价款在扣除运输、装卸、储存等费用和税款后，尚有余款的，自货物变卖之日起1年内，经收货人申请，予以发还；逾期无人申请的，上缴国库。

2）货物的使用

保税仓库所仓储的货物，属于海关监管的保税货物，未经海关核准并按规定办理有关手续，任何人不得出售、提取、交付、调换、抵押、转让或移作他用。

3）货物的灭失、短少

保税仓库所存货物在储存期间发生短少，除由于不可抗力的原因者外，其短少部分应当由保税仓库经理人承担缴纳税款的责任，并由海关按有关规定进行处理。由此产生的货物灭失、损坏的民事责任按一般仓储处理。

4）货物的加工

在保税仓库中不得对所仓储的货物进行加工。如需对货物进行改变包装、加刷唛头等整理工作，应向海关申请核准并在海关监管下进行。

5）货物的查验

海关可随时派员进入保税仓库检查货物储存情况，查阅有关仓库账册，必要时可派员驻库监管。保税仓库经营单位应给予协作配合并提供便利。

6）货物的存放。保税仓库必须专库专用，保税货物不得与非保税货物混合堆放。加工贸易备料保税仓库的入库货物仅限于该加工贸易经营单位本身所需的加工生产料件，不得存放本企业从事一般贸易进口的货物，或与加工生产无关以及其他企业的货物。

3. 保税仓库货物的出库

经海关批准，保税仓储中运往境外的货物，运往境内保税区、出口加工区或者调拨到其他保税仓库继续实施保税监管的货物，转为加工贸易进口的货物和转入国内市场销售的货物可以办理出库手续，海关按照相应的规定进行管理和验放。

保税仓库货物的出库分以下几种情况：

1）货物的提取

公共保税仓库的保税货物，只能供应本关区内的加工生产企业。对经批准设立的专门存储不宜与其他物品混放的保税仓库原料（如化工原料、易燃易爆危险品），以及一个企业集团内专设供应本集团内若干不同关区的加工企业，必须跨关区提取所需保税料件的，加工贸易企业应事先向海关办理加工贸易合同登记备案，领取《加工贸易登记手册》，并在该登记手册载明的原材料进口期限内，分别向加工贸易企业主管海关、保税仓库主管海关办理分批从保税仓库提取货物的手续。

2）原保税货物复运出口

保税仓储货物出库复运往境外的，发货人或其代理人应当填写出口报关单，并随附出库单据等相关单证向海关申报，保税仓库向海关办理出库手续并凭海关签印放行的报关单发运货物。出境货物出境口岸不在保税仓库主管海关的，经海关批准，可以在口岸海关办理相关手续，也可以按照海关规定办理转关手续。

3）提取用于加工贸易的货物

从保税仓库提取货物用于进料加工、来料加工项目的，经营加工贸易的单位应首先按照进料加工或来料加工的程序办理审批。也就是说，经历了合同审批、合同登记备案、开设加工贸易银行保证金台账后，由主管海关核发《加工装配和中小型补偿贸易进出口货物登记手册》（简称《登记手册》）。

经营加工贸易的单位持海关核发的《登记手册》，向保税仓库所在地主管海关办理保税仓库提货手续，填写进料加工或来料加工专用《进口货物报关单》，需确定其贸易性质为进料加工或来料加工时，应补填《进口货物报关单》和《保税仓库领料核准单》。经海关核实后，在《保税仓库领料核准单》上加盖放行章，其中一份由经营加工贸易的单位凭此向保税仓库提取货物，另一份由保税仓库留存，作为保税仓库货物的核销依据。

4）提取经海关核准转为进入国内市场销售的保税货物

包括国内销售使用或运往境内保税区、出口加工区或者调拨到其他保税仓库继续实施保税监管的货物。收发货人或其代理人应当填写进口报关单，并随附出库单据等相关单证向海关申报，保税仓库向海关办理出库手续并凭海关签印放行的报关单发运货物。从异地提取保税仓储货物出库的，可以在保税仓库主管海关报关，也可以按照海关规定办理转关手续。

出库保税仓储货物批量少、批次频繁的,经海关批准可以办理集中报关手续。

4. 保税仓库货物的核销

1) 报送有关单证

保税仓库对所存的货物应有专人负责,并于每月的前五日将上月发生的货物收受、交付、储存等情况列表报送当地海关核查,并随附经海关签章的进出口报关单及《保税仓库领料核准单》等单证。

2) 海关予以核销

主管海关对保税仓库入库、出库报表与实际进口、出口报关单及领料单进行审核,必要时派员到仓库实地核查,核实无误后予以核销,并在一份保税仓库报表上加盖印章认可,退还保税仓库经营单位留存。

5.4.4 海关对保税仓库的监管

海关对保税货物和保税仓库的监管主要体现在两个方面,一方面是宏观调控上的,如市场准入、经营管理的一般原则及相关程序的规范;另一方面是关于具体的管理办法、保税仓库的日常监管等内容。

1. 我国保税仓库制度的发展

1981年,我国海关总署首次颁布实施了《中华人民共和国海关对保税仓库及所存货物的管理办法》(简称《保税仓库管理办法》),全国陆续建立了一批保税仓库。1988年,如前文所述,我国又加入了《京都公约》的《关于保税仓库的附约》,并结合《海关法》,重新修订并公布了《保税仓库管理》,扩大了保税仓库的业务范围,规定凡属加工贸易复出口的进口货物、国际转运货物以及经海关批准可以缓税的货物,均可存入保税仓库。

2. 对保税仓库设立的监管

此部分内容已在前面有专门的陈述。

3. 对保税仓库的日常监管

(1) 储存期限。保税仓库所存货物的储存期限为1年。确有正当理由的,经海关同意可予以延期;除特殊情况外,延期不能超过一年。所存货物储存期满仍未转为进口或复运出境的,由海关依法将货物变卖处理。

(2) 应有专人负责。保税仓库对所存的货物应有专人负责,并于每月的前5天内将上月转存货物的收、付、存等情况列表报送当地海关核查。

(3) 保税仓库中不得对所存货物进行加工。如需改变包装、加刷唛码,必须在海关监管下进行。

(4) 海关认为必要时,可以会同保税仓库经理人双方共同加锁。海关可以随时派员进入仓库检查货物的储存情况和有关账册,必要时可派员驻库监管。保税仓库经理人应当为海关提供办公场所和必要的方便条件。

(5) 保税仓库经理人应按章缴纳监管手续费。

(6) 保税仓库进口供自己使用的商品应缴税。保税仓库进口供自己使用的货架、办公用品、管理用具、运输车辆、搬动、起重和包装设备以及改装用的机器等,不论是价购的或外商无价提供的,应按规定缴纳关税和产品(增值)税或工商统一税。

本章小结

随着现代物流的发展,传统仓储正向现代仓储转化,即由传统的静态货物保管功能向动态的货物管理转化,由独立的仓库功能向与配送相结合的方向发展。仓储在物流环节中的地位越来越重要。仓储管理中的法律问题主要集中在仓储合同的管理上,仓储合同的订立要经过要约和承诺两个阶段,合同的内容应包括保管人,存货人的名称或者姓名和住所,仓储物的品名、品种、规格,仓储物的数量、质量、包装、件数和标记,仓储物验收的项目、标准、方法、期限和相关资料,仓储物的储存期间、保管要求和保管条件,仓储物进出库手续、时间、地点和运输方式,仓储物的损耗标准和损耗处理,计费项目、标准和结算方式,违约责任条款等方面。当事人双方的权利义务关系应根据法律规定和合同约定来定。

仓单是保管人在收到仓储物时向存货人签发的表示收到一定数量的仓储物的有价证券。作为仓储活动中规定当事人权利义务的主要单据,仓单是一种特殊的有价证券,仓单的填写应分清楚绝对必要记载事项和相对必要记载事项。

保税货物仓储是国际物流中的一项重要内容,其中的法律问题不仅与《合同法》等有关,还与国家颁布的口岸法律、法规和政策有关。保税仓库的申报、设立及保税货物的进出口都要在海关的监管下严格依照相关条件和程序办理。

本章涉及的主要法律法规:

1. 《中华人民共和国合同法》;
2. 《中华人民共和国民法通则》;
3. 《中华人民共和国海关法》;
4. 《中华人民共和国民事诉讼法》;
5. 《保税区海关监管办法》;
6. 《海关对保税仓库及所存货物的管理规定》;
7. 《海关对保税物流园区的管理办法》。

附录:法律文书示例

仓储合同范本

存货方:　　　　　　　　　　合同编号:
保管方:　　　　　　　　　　签订时间:　　年　月　日
签订地点:

根据《中华人民共和国合同法》有关规定,存货方和保管方根据委托储存计划和仓储容量,经双方协商一致,签订本合同。

第一条 储存货物的品名、品种、规格、数量、质量、包装

1. 货物品名:
2. 品种规格:
3. 数量:

4. 质量；
5. 货物包装：

第二条 货物验收的内容、标准、方法、时间、资料

第三条 货物保管条件和保管要求

第四条 货物入库、出库手续、时间、地点、运输方式

第五条 货物的损耗标准和损耗处理

第六条 计费项目、标准和结算方式

第七条 违约责任

1. 保管方的责任

（1）在货物保管期间，未按合同规定的储存条件和保管要求保管货物，造成货物灭失、短少、变质、污染、损坏的，应承担赔偿责任。

（2）对于危险物品和易腐物品等未按国家和合同规定的要求操作、储存，造成毁损的，应承担赔偿责任。

（3）由于保管方的责任，造成退仓不能入库时，应按合同规定赔偿存货方运费和支付违约金元。

（4）由保管方负责发运的货物，不能按期发货，应赔偿存货方逾期交货的损失；错发到货地点，除按合同规定无偿运到规定的到货地点外，并赔偿存货方因此而造成的实际损失。

（5）其他约定责任。

2. 存货方的责任

（1）由于存货方的责任造成退仓不能入库时，存货方应偿付相当于相应保管费%（或%）的违约金。超议定储存量储存的，存货方除交纳保管费外，还应向保管方偿付违约金元，或按双方协议办。

（2）易燃、易爆、易渗漏、有毒等危险货物以及易腐、超限等特殊货物，必须在合同中注明，并向保管方提供必要的保管运输技术资料，否则造成的货物毁损、仓库毁损或人身伤亡，由存货方承担赔偿责任直至刑事责任。

（3）货物临近失效期或有异状的，在保管方通知后不及时处理，造成的损失由存货方承担。

（4）未按国家或合同规定的标准和要求对储存货物进行必要的包装，造成货物损坏、变质的，由存货方负责。

（5）存货方已通知出库或合同期已到，由于存货方（含用户）的原因致使货物不能如期出库，存货方除按合同的规定交付保管费外，并应偿付违约金元。

由于出库凭证或调拨凭证上的差错所造成的损失，由存货方负责。

（6）按合同规定由保管方代运的货物，存货方未按合同规定及时提供包装材料或未按规定期限变更货物的运输方式、到站、接货人，应承担延期的责任和增加的有关费用。

（7）其他约定责任。

第八条 保管期限：从　　年　月　日至　　年　月　日止。

第九条 变更和解除合同的期限

由于不可抗力事故，致使直接影响合同的履行或者不能按约定的条件履行时，遇有不可抗力事故的一方，应立即将事故情况电报通知对方，并应在　　天内，提供事故详情及合同不能履行、或者部分不能履行、或者需要延期履行的理由的有效证明文件，此项证明文件应

由事故发生地区的机构出具。按照事故对履行合同影响的程度，由双方协商解决是否解除合同，或者部分免除履行合同的责任，或者延期履行合同。

第十条 争议的解决方式

第十一条 货物商检、验收、包装、保险、运输等其他约定事项。

第十二条 本合同未尽事宜，一律按《中华人民共和国经济合同法》和《仓储保管合同实施细则》执行。

存货方（章）：	保管方（章）：
地址：	地址：
法定代表人：	法定代表人：
委托代理人：	委托代理人：
电话：	电话：
电挂：	电挂：
开户银行：	开户银行：
账号：	账号：
邮政编码：	邮政编码：

鉴（公）证意见：
经 办 人：　　　　　　　　　　　　　　鉴（公）证机关（章）
年　月　日
（注：除国家另有规定外，鉴（公）证实行自愿原则）

有效期限：　　年 月 日　　　　　　　至　　年 月 日

监制部门：　　　　　　　　　　　　印制单位：

仓 单 样 本

仓单（正面）					
公司名称：					
公司地址：					
电话：			传真：		
账号：			批号：		
储货人：			发单日期：		
银主名称：			起租日期：		
兹收到下列货物依本公司条款（见后页）储仓					
唛头及号码	数量	所报货物	每件收费	每月仓租	进仓费	出仓费
总件数　　　　　　　　　　　　　　　经手人：					
总件数（大写）：					
备注：					
核对人：					

仓单（反面）

存货记录

日　期	提单号码	提货单位	数　量	结　余	备　注

储货条款

一、本仓库所载之货物种类、唛头、箱号等，均系按照储货人所称填写，本公司对货物内容、规格等概不负责。

二、货物在入仓交接过程中，若发现与储货方填列内容不符，我公司有权拒收。

三、本仓库不储存危险物品，客户保证入库货物绝非为危险品，如果因储货人的货物品质危及我公司其他货物造成损失时，储货方必须承担因此而产生的一切经济赔偿责任。

四、本仓单有效期一年，过期自动失效。已提货之分仓单和提单档案保留期亦为一年。期满尚未提清者，储货人须向本公司换领新仓单。本仓单须经我公司加印硬印方为有效。

五、客户（储货人）凭背书之仓单或提货单出货。本公司收回仓单和分提单，证明本公司已将该项货物交付无误，本公司不再承担责任。

案例分析

1. 仓储合同纠纷

2003 年 5 月，一电器公司与一储运公司签订了一份仓储合同，由储运公司为电器公司存储电视机等电器产品，时间为 1 年，保管费为 5 万元。合同并规定：任何一方违约，应按保管费的 30% 向对方一次性支付违约金，并赔偿对方损失。合同订立后，储运公司即清理了其仓库，并拒绝了其他单位提出的货物保管请求。6 月，储运公司突然接到电器公司的通知，称其原定需要保管的电视机，因供货商没有供货而不能交付保管，另有其他电器产品已经租到了仓位，不再需要储运公司保管了。储运公司遂起诉，要求电器公司支付保管费和违约金，电器公司称仓储合同是实践性合同，未交付货物，则合同尚未成立，储运公司的要求于法无据。

相关提示：《合同法》第三百八十二条规定：“仓储合同自成立时生效”，指只要双方当事人就合同的主要条款达成一致，合同即为成立。因此，存货方将货物交仓储方存储就是合同的履行，而不是合同的成立条件。

《合同法》第三百八十一条规定：“仓储合同是保管人储存存货人交付的仓储物，存货人支付仓储费的合同”。仓储合同是一种特殊的保管合同，所以又称为仓储保管合同。

问题：双方订立的仓储合同是否成立？此案如应如何判决？

2. 仓单转让纠纷

2005 年 9 月，某服装公司（以下简称服装公司）与被告某货仓公司（以下简称货仓公司）签订了一份仓储合同，合同约定：货仓公司为服装公司储存 20 万件羽绒服，并在储存期间保证羽绒服完好无损，不发生虫蛀、霉变；服装公司交纳 2 万元仓储费；储存期间至同年 12 月 20 日。合同标明了储存的羽绒服的质量、包装及标记等，并约定了双方具体责任的划分和违约条款。合同签订后，服装公司依约将羽绒服运送至货仓公司处，并交纳了仓储费。货仓公司在收到羽绒服并验收后向服装公司签发了仓单。

同年12月初，原告某商场向服装公司订购了20万件羽绒服。服装公司为了简便手续，让该商场早日提货并节省交易费用，于是将仓单背书转让给该商场，实际上是把提取羽绒服的权利转让给了该商场，并在事后通知了货仓公司。

该商场持仓单向货仓公司提货时，货仓公司以该商场不是合法的仓单持有人为由拒绝交付羽绒服。该商场则认为，该仓单已由原存货人合法背书转让，且服装公司已通知了货仓公司，货仓公司应履行返还义务。由于货仓公司拒不给货，耽误了时节，羽绒服作为季节性商品已过旺季销售，该商场遭受了损失。遂向人民法院起诉，要求货仓公司赔偿损失。

问题：

(1) 某服装公司与某货仓公司的仓储合同是否有效成立？仓储合同成立的一般条件是什么？

(2) 什么是仓单？仓单具有哪些性质？

(3) 我国《合同法》对仓单的转让是如何规定的？

(4) 某服装公司转让仓单的行为是否有效？为什么？

(5) 某服装公司对某商场的损失是否应承担赔偿责任？为什么？

练习题

一、名词解释题

仓储合同　仓单　保税仓库

二、填空题

1. 从合同的特征上看，在仓储合同成立后，当事人均应履行一定的义务，保管人提供仓储服务，存货人提供仓储费，双方的权利和义务是相对应的，因此，仓储合同是_____合同、_____合同。

2. 仓储保管合同没有约定验收期限的，依规定，国内到货不超过_____天，国外到货不超过_____天。自货物和验收资料全部送达_____之日起计算。保管人应当在约定的时间内及时进行验收。

3. 当仓储合同约定的损耗标准与仓单上所记载的标准不一致时，一般以_____的记载为准。

4. 保税仓库所存货物的储存期限一般为_____年。

5. 提取经海关核准转为进入国内市场销售的保税货物时，收发货人或其代理人应当填写_____，并随附_____等相关单证向_____申报，保税仓库向海关办理出库手续并凭_____放行的报关单发运货物。

三、问答题

1. 仓储合同具有哪些特征？

3. 简述仓储合同与保管合同的联系与区别。

4. 仓单具有怎样的性质？
5. 仓单应当记载哪些内容？
6. 仓储经营人的权利和义务有哪些？
7. 存货人的权利和义务主要体现在哪些方面？
8. 保税货物的仓储有哪些特点？
9. 海关对保税仓库的货物如何进行监管？

第 6 章
装卸搬运法律法规

知识目标

重点掌握港口装卸作业合同的内容，国际公约中港站经营人的赔偿责任。掌握铁路货物运输合同中的装卸搬运义务，公路装卸搬运作业人的义务与责任。了解装卸搬运法律法规的基本体系。

技能目标

能够利用合同防范装卸风险，处理装卸纠纷。

■【导入案例】

2012年5月20日，重庆长江轮船公司（简称轮船公司）所属的"江渝3号"轮，"货字0839"驳承运货主魏××榨菜8 210坛，抵达武汉港汉口港埠公司，卸货作业完毕后，发现榨菜破损达1 788坛，其中原残164坛，船残、工残1 624坛。因船港交接不明，船、工残未作划分。造成这批榨菜破损原因，一是货主发运的榨菜坛子规格不一，竹篮包装陈旧；没有按承运人要求备足2%的空坛以备破损后换装，以致部分破坛混装舱内，造成其他好坛包装霉烂；货主同意托运人四川省万县市贸易公司在运单上作"无空坛换装，破损自负"和"破损自负"的批注。二是港埠公司的装卸工人未能谨慎卸船和转运；理货人员见有批注而疏于督促以减少破损率。三是承运船舶的积载与交接有不当之处。

这批榨菜为货主自己加工，无国家定价。根据销售、处理榨菜的市场价格，平均每坛榨菜的正常售价与应处理的榨菜价格的差价损失为21元，货主的榨菜损失合计人民币34 104元。

问题：本案应当如何处理？

提示：这一批榨菜损失系货主魏××、港埠公司、轮船公司混合过错所致。依据法律规定，过错方均应承担民事责任，但由于船、港交接不明，所以港埠公司、轮船公司应负责任比例不清，港埠公司应承担轮船公司的连带责任。

6.1　装卸搬运法律关系概述

6.1.1　物流中的装卸搬运作业及其地位

1. 装卸、搬运的内涵与外延

装卸，是指物品在指定地点以人力或机械设备装入或卸下的活动，它侧重于改变"物"的存放、支承等空间状态。而搬运是指在同一地域小范围内对物品进行的水平移动，它侧重于改变"物"的空间距离。在物流过程中，装卸与搬运往往相伴而生，人们因此而将它们看作一个整体，称为"货物装卸"。① 货物装卸与运输、仓储活动紧密相关，根据其与两者的联系程度可以分为与输送设备对应的"装进、卸下装卸"和与保管设施对应的"入库、出库装卸"两大类。两类装卸分别伴随着货物的"堆码、拆垛"、"分拣、配货"、"搬送、移送"三类基本装卸作业。本章只涉及与运输有关的装卸活动，这类装卸主要集中在港口、车站、机场等场所，以集装箱作业和托盘作业为其主要形式。

2. 装卸在物流中的地位

1）装卸是联结多项物流活动的中间环节

从上面提到的装卸类型和装卸场所可以看出，但凡两种物流发生过渡，都需要进行与装卸搬运相关的操作，故它是衔接运输、保管、包装、流通加工、配送等物流环节必不可少的活动，也是发生频率最高的活动。若没有装卸搬运，物流过程就会中断，无论是宏观物流还是微观物流都将不复存在。

2）装卸是影响物流成本和效率的重要活动

由于装卸活动在物流过程中不断出现和反复进行，因此每次装卸活动的时间累积也是非常可观的，它直接制约了物流的整体速度。同时装卸活动消耗的人力很多，相关费用在物流成本中所占的比重也较高。以我国为例，铁路运输的始发和到达的装卸作业费大致占运费的20%左右，船运的占40%左右。另外，装卸作业时往往需要接触货物，容易造成货物破损、散失、损耗、混合等损失。因此要节约物流费用，获得较好的经济效益，就必须提高对该环节的管理，特别是对装卸搬运方式、装卸搬运机械设备的合理配置和有效使用给予足够重视。

6.1.2　物流搬运装卸作业中法律关系的构成

货物的装卸作业可能在运输、仓储或其他物流环节由相关当事人作出约定，比如铁路货物运输合同中就明确有装卸搬运义务的分配；也可能在一个综合性的服务合同中作出约定，如港口作业合同就属于这一种，它包括对水路货物的装卸、驳运、储存、装拆集装箱等一系列内容；还可能由单独签订的货物装卸作业合同来完成。无论是哪一种合同，基本的构成都是一样的：

1. 合同的主体

货物装卸作业合同的一方主体在法律上有一个统一的称谓——港站经营人，其主要指港

---

① 本章为了叙述简便，也采用这一做法，多以"装卸"代指装卸搬运。

口码头、内陆车站、机场货运中心的经营者以及经营仓储、装卸、转运工作的其他人，比如装卸公司。进入物流时代后，从事装卸搬运作业的主体又有了新的扩张，一些船舶经营人及其代理商、运输承运人和仓储公司在经营主业之外还兼营装卸业务。它们是否为港站经营人的范畴，我国没有相关法律明确说明。根据《联合国国际贸易运输港站经营人赔偿责任公约》的规定，如果上述主体是以承运人或多式联运经营人的身份接管货物者则不属于公约所指的运输港站经营人。货物装卸作业合同的另一方是向港站提出服务要求的人，即托运人、货主或承运人等。

2. 合同的标的

货物装卸作业合同的标的是一种服务行为，这与运输合同标的的性质相同。服务行为与具体货物之间存在一定联系，具体货物是服务行为的直接作用对象，服务行为的质量将影响到货物的客观状态，因此行为的方式必须结合货物的特点进行，不同的货物需要不同的服务标准，法律很难作出统一的规定，这就需要当事人自己事先约定，否则出现纠纷时，不容易认定双方的责任。在装卸作业合同，特别是复杂的装卸作业中也同样存在类似的隐患。

3. 合同的内容

货物装卸作业合同一般包括以下条款：作业委托人、港站经营人和货物接收人的名称、地址及联系方式，作业项目，货物的基本情况，包括货物名称、件数、重量、体积，作业费用及其结算方式，货物交接的地点和时间，包装方式，识别标志，装卸双方的其他权利和义务，违约责任，解决争议的方法等。

4. 合同的形式

货物装卸作业合同在形式上无特殊要求，按照我国《合同法》的规定，可以为口头合同也可以为书面合同，实践中基本都采用书面合同，电子资料和电子邮件等也视为书面形式。

6.2 港口装卸搬运中的法律法规

6.2.1 港口装卸搬运法律法规概述

从整体上说，有关装卸作业的法律法规，并不算多。在港口经营方面，我国虽然于2003年6月28日通过了《港口法》，但该法主要在于确立我国港口经营人的法律地位和一些基本活动准则，几乎没有涉及装卸作业的规定。目前，调整港口作业的国内规范主要有交通部2000年7月17日发布，于2001年1月1日开始实施的《港口货物作业规则》。该规则共5章54个条款，主要适用于在我国港口为水路运输货物提供的有关作业。但需要指出的是，在港口不涉及水运的作业，如货物是由铁路专线或者汽车等其他运输工具运进港口时，其装卸活动虽然发生在港口，却受制于铁路和公路方面的相关法规调整；另外，这里的水路运输既包括国内水路运输也包括国际海上货物运输；再有就是该规则中所指的港口作业是以装卸为主，并涉及货物的储存、拆装集装箱、分拣货物、更换包装、捆绑和加固等多项服务。有关集装箱的装卸作业问题，中华人民共和国国家质量监督检验检疫总局、中国国家标准化管理委员会于2007年7月11日联合发布的《集装箱港口装卸作业安全规程》，其内容涉及集装箱港口装卸作业的一般要求以及集装箱在船舶装卸、调运、货场堆码、拖运和拆装箱作业的安全要求，为强制性标准，是集装箱装卸方面的最新规范。集装箱专用码头的装卸作业，非专用码头和集装箱中转站均可适用。

有关港站作业服务的国际公约主要是《联合国国际贸易运输港站经营人赔偿责任公约》（以下简称《港站经营人赔偿责任公约》），该公约于1991年4月19日在联合国贸易法委员会召开的专门会议上讨论通过。公约总共25条，涉及公约的适用、港站经营人的责任及其限额、索赔与诉讼时效等内容。公约至今尚未生效，但其内容为很多国家的国内立法所借鉴。下面，结合国内和国际规范的规定，着重介绍港口作业合同、港口与船方的装卸作业以及公约对港站经营人赔偿责任等内容。

6.2.2 一般货物的港口作业合同

根据《港口货物作业规则》第三条的规定，所谓港口作业合同（以下简称作业合同），是指港口经营人在港口对水路运输货物进行装卸、驳运、储存、装拆集装箱等作业，作业委托人支付作业费用的合同。

1. 作业合同的订立

港口作业合同的实质是委托合同，由双方在不违反法律法规的强制性规定的前提下，根据合同自由的原则，签订口头或书面合同，但实务中多为书面合同。合同中的港口经营人称为作业受托方（人），另一主体称为作业委托方（人）。

2. 作业合同当事人的权利、义务与责任

1）作业委托人

（1）交付货物作业所需的单证。这些单证的办理涉及港口、海关、检验、检疫、公安等部门。因办理不及时、不完备或者不正确，造成港口经营人损失的，作业委托人应当承担赔偿责任。

（2）交付与合同约定相符的货物。作业委托人向港口经营人交付货物的名称、件数、重量、体积、包装方式、识别标志，应当与作业合同的约定相符。笨重、长大货物委托人应当声明货物的总件数、重量和体积以及每件货物的重量、长度和体积。作业委托人未按照规定交付货物、进行声明的，需要向港口经营人按照实际重量或体积支付费用以及承担衡量费，造成港口经营人损失的，还应当承担赔偿责任。

（3）按要求对作业货物进行包装。货物运输需要包装的，由委托人按照国家标准进行包装；没有国家标准的，在保证作业安全和货物质量的原则下进行包装。危险品应当按相关规定妥善包装，向作业人出具必要的书面提示。

（4）承担因货物自身引起的相关费用。因货物的性质或者携带虫害等情况，需要对库场或者货物进行检疫、洗刷、熏蒸、消毒的，应当由作业委托人或者货物接收人负责，并承担有关费用。

（5）按时接收或交付作业货物。作业委托人应当在约定或者规定的期限内交付或者接收货物。如果约定由第三方交付货物或者第三方收取货物的，委托人对第三方行为造成受托人的损失负责。

（6）变更收货人。作业委托人在港口经营人将货物交付货物接收人之前，可以要求港口经营人将货物交给其他货物接收人，但应当赔偿港口经营人因此受到的损失。

(7) 除另有约定外，作业委托人应当预付作业费用。

2) 港口经营人

(1) 港口经营人的义务。

① 做好作业前的准备工作。港口经营人应当按照作业合同的约定，根据作业货物的性质和状态，配备适合的机械、设备、工具、库场，并使之处于良好的状态。

② 在约定期间或合理期间内完成货物作业。港口经营人未能在约定期间或者合理期间内完成货物作业造成作业委托人损失的，港口经营人应当承担赔偿责任。

③ 以约定或者法律规定方式交接货物。港口经营人应当按照双方约定的时间、地点以约定的方式交付符合要求的货物。没有约定的，适用《港口作业规则》中的规定：

一是核对货物的重量。除另有约定外，散装货物按重量交接；其他货物按件数交接。散装货物按重量交接的，货物在港口经技术监督部门检验合格的计量器具计量的，重量以该计量确认的数字为准；未经技术监督部门检验合格的计量器具计量的，除对计量手段另有约定外，有关单证中载明的货物重量对港口经营人不构成其交接货物重量的证据。

二是签发收据，编制交接记录。港口经营人对于接收的货物应当签发收据，除非属单元滚装货物作业以及货物在运输方式之间立即转移的。集装箱交接状况，应当在交接单证上如实加以记载。如果货物在作业完成后又由港口经营人交于货物接收人的，交付时，港站经营人应当核对货物接收人单位或者身份以及经办人身份的有关证件，以确保货物交付正确。货物接收人应当验收货物，并签发收据。发现货物损坏、灭失的，交接双方应当编制货运记录。货物接收人在接收货物时没有就货物的数量和质量提出异议的，视为港口经营人已经按照约定交付货物，除非货物接收人提出相反的证明。

④ 妥善保管和照料作业货物。作业受托人应对其作业过程中的货物尽到必要的注意义务，发现货物表现状况有变质、滋生病虫害或者其他损坏，应当及时通知作业委托人或者货物接收人。

⑤ 承担作业过程造成货物毁损、灭失或迟延交付的责任。但港口经营人证明货物的损坏、灭失或者迟延交付是由于下列原因造成的除外：

不可抗力；货物的自然属性和潜在缺陷；货物的自然减量和合理损耗；包装不符合要求；包装完好但货物与港口经营人签发的收据记载内容不符；作业委托人申报的货物重量不准确；普通货物中夹带危险、流质、易腐货物；作业委托人、货物接收人的其他过错。

(2) 港口经营人的权利。

① 拒绝对不符合包装要求的货物作业。

② 处置对自身安全带来影响的危险物。作业委托人对危险物作业事项通知有误或者港口经营人明知是危险物仍然同意作业而遭受了实际危险时，可以对危险物进行合理处置，并不承担相应损失。

③ 对作业货物转栈储存或者提存。货物接收人未按照约定期限或在合理期限内接收货物的，港口经营人应当每 10 天催提一次，满 30 天货物接收人不提取或者找不到货物接收人，港口经营人应当通知作业委托人，作业委托人在港口经营人发出通知后 30 天内负责处理该批货物。作业委托人未在前款规定期限内处理货物的，港口经营人可以将货物转栈储存；符合《合同法》规定的提存条件的，可以提存货物。

④ 对货物的留置权。除双方另有约定外，港口经营人在未收到作业费、速遣费和为货

物垫付的必要费用，而且也没有被提供适当担保时，可以留置相应价值的运输货物。

6.2.3 集装箱货物的装卸合同

1. 集装箱的港口作业合同

1）作业委托人的义务与责任

（1）港口集装箱作业应填制"港口集装箱作业委托单"。

（2）作业委托人委托作业货物的品名、性质、数量、重量、体积、包装、规格应与委托作业单记载相符。委托作业的集装箱货物必须符合集装箱装卸运输的要求，其标志应当明显清楚。由于申报不实给港口经营人、承运人造成损失的，作业委托人应当负责赔偿。

2）港口经营人的义务与责任

（1）港口经营人应使装卸机械及工具、集装箱场站设施处于良好的技术状况，确保集装箱装卸、运输和堆存的安全。

（2）港口经营人在装卸运输过程中应做到：① 稳起稳落、定位放箱，不得拖拉、甩关、碰撞；② 起吊集装箱要使用吊具，使用吊钩起吊时，必须四角同时起吊，起吊后，每条吊索与箱顶的水平夹角应大于45度；③ 随时关好箱门。

（3）集装箱堆场应具备下列条件：① 地面平整，坚硬，能承受重箱的压力；② 有良好的排水条件；③ 有必要的消防措施，足够的照明设施和通道；④ 应备有装卸集装箱的机械、设备。

（4）集装箱作业的交接。集装箱交接时，应填写"集装箱交接单"。重箱交接时，双方需检查箱体、封志状况并核对箱号无误后交接；空箱交接时，需检查箱体并核对箱号无误后交接。交接时应当作出记录并共同签字确认。发现箱体有下列情况之一的，应填写"集装箱运输交接记录"：① 集装箱角配件损坏；② 箱体变形严重，影响正常运输的；③ 箱壁破损，焊缝有裂纹，梁柱断裂，密封垫件破坏；④ 箱门、门锁损坏，无法开关；⑤ 集装箱箱号标志模糊不清。对上述情况未妥善处理前，不应装船发运。

（5）港口经营人的责任。港口经营人对集装箱货物的责任期间为装货港（卸货港）接收（卸下）集装箱货物时起至装上船（交付货物）时止，集装箱货物处于港口经营人掌管之下的期间。

港口经营人如发现集装箱货物有碍装卸运输作业安全时，应采取必要处置措施，由此引起的经济损失，由责任者负责赔偿。

在港口装卸运输过程中，因港口经营人操作不当造成箱体损坏、封志破坏、箱内货物损坏、短缺，港口经营人应负赔偿责任。

2. 装、拆箱合同

装、拆箱合同是指装、拆箱人受托运人、承运人、收货人的委托，负责将集装箱货物装入箱内或从箱内搬出堆码并收取费用的合同。装、拆箱合同除双方当事人可以即时清结者外，应当采用书面合同形式，并由委托方注明装、拆箱作业注意事项。委托装、拆箱作业的货物品名、性质、数量、重量、体积、包装、标志、规格必须与"集装箱货物运单"记载的内容相符。装、拆箱人对于集装箱货物应当承担如下责任：

1）确保集装箱适合装运货物

装箱人装箱前，应按规定认真检查箱体，不得使用不适合装运货物的集装箱。因对箱体检查不严，导致货物损失的由装箱人负责。

2）填写有关单据

对于有两个以上收货人或两种以上货物需要拼装一箱时，装箱人应填写"集装箱货物装箱单"。

3）装箱的作业要求

装箱人在装箱时要做到：① 货物堆码必须整齐、牢固，防止货物移动及开门时倒塌。② 性质互抵、互感的货物不得混装于同一箱内。③ 要合理积载，大件不压小件，木箱不压纸箱，重货不压轻货，箭头朝上，力求箱底板及四壁受力均衡。④ 集装箱受载不得超过其额定的重量。

4）拆箱人的特殊义务

整箱交付的集装箱货物需在卸货港拆箱的，必须有收货人参加。集装箱拆空后，由拆箱人负责清扫干净，并关好箱门。

5）装、拆箱人的赔偿责任

由于装箱不当，造成经济损失的，装箱人应负赔偿责任。装、拆箱时不得损坏集装箱及其部件，如有损坏则由装、拆箱人负责赔偿。装箱人装箱后负责施封，凡封志完整无误，箱体状况完好的重箱，拆封开箱后如发现货物损坏或短缺，由装箱人承担责任。

6.2.4　港口与船方之间的货物交接关系

如果由托运人或者收货人与港口经营人签订了港口作业合同，作业人有义务将货物装上或者搬下承运船舶，这时必然涉及港口经营人与船舶承运人就货物交接的问题，一方除了向对方签发收货凭证之外，是否还需要承担其他义务，这关系到因双方交接不当而引起货物损害时责任的分担。为此，《港口货物作业规则》直接就双方的权利义务作出了特别规定，这是一种法定义务，与港口作业合同中双方约定产生的义务性质不同。换句话说，港口与船方之间的货物交接关系受到《港口货物作业规则》的直接调整，这在第四十六条中有明确规定，"除另有约定外，港口经营人与船方在水路运输货物港口装卸作业过程中的交接，适用本章规定。"另外有关集装箱的交接问题适用《国际集装箱运输管理规则》中的特别规定。

1. 船方的配积载义务

适当的配积载不仅可以更好地保持运输货物的良好状况，而且与船舶自身的航行安全密切相关。在运输关系中，船舶的配积载是船方的一项法定义务。因此《港口货物作业规则》要求船方应当向港口经营人提供配、积载图（表），港口经营人应当按照配、积载图（表）进行作业。船方可以在现场对配积载提出具体要求。当作业货物因配积载原因产生货损时，船方应承担相应的法律责任。

2. 船方提供船舶预确报的义务

船方应当向港口经营人预报和确报船舶到港日期，提供船舶规范以及货物装、卸载的有关资料，使船舶处于适合装、卸载作业的状态，办妥有关手续。

3. 货物的交接

国际运输以件交接货物、集装箱货物和集装箱。同品种、同规格、同定量包装的件装货物，船方与港口经营人应当商定每关货物的数量和关型，约定计数方法，逐关进行交接，成组运输货物比照执行。

4. 货物交接双方和交接地点

对于海上运输的承运人（船方）应当通过理货机构与港口经营人在船边交接；如果是经水路集疏运的集装箱，港口装卸企业与水路承运人在船边交接。①

5. 编制交接清单

船方与港口经营人交接水路运输货物应当编制货物交接清单。

6. 交接时的货损责任

《国际集装箱运输管理规则》规定，承运人、港口装卸企业对集装箱、集装箱货物的损坏或者短缺的责任，原则上交接前由交方承担，交接后由接方承担。但装箱人对造成人员伤亡、运输工具、其他货物、集装箱损失有过失的，由装箱人负责。

除法律另有规定的除外，国内和国际集装箱货物运输中的相关权利人对船方或装卸方交接过程中造成的货物损害赔偿责任的时效是 180 天，从收到货运记录或者交付集装箱之日起计算。

6.2.5 国际公约中港站经营人的赔偿责任

1. 公约的适用

根据《港站经营人赔偿责任公约》第二条规定，当提供与国际货物运输有关服务的港站经营人的营业地处于缔约国内，或者依照国际私法规则与运输有关的服务受到一缔约国法律的制约，则适用于该公约。为了正确地理解该条的含义，需要依公约的规定对几个名词进行解释：

（1）货物。指组装于集装箱、托盘或其他载货器具中的物品及这些载货器具本身，但由经营人提供的载货器具不属于公约中的货物范围。

（2）国际运输。经营人接管货物时该货物的发运地和目的地位于不同国家的任何运输。

（3）与运输有关的服务。包括堆存、仓储、装载、卸载、积载、平舱、隔垫和绑扎等服务项目。

（4）港站经营人。指在其控制下的某一区域内或在其有权出入或使用的某一区域内，负责接管国际运输的货物，以便对这些货物从事或安排从事与运输有关的服务的人。但是按照法律规定以承运人或多式联运经营人身份接管货物的人不能视为公约所指的港站经营人。

鉴于上述解释，我们看出公约适用的两种情形：其一，营业地在缔约国的港站经营人，从事与国际货物运输有关的服务时应受到公约的调整；其二，与运输有关的服务行为受到缔约国国内法调整时，公约优先于国内法适用于行为人。

2. 港站经营人的责任基础

责任基础，有时也被称为归责原则或责任依据，它是判断港站经营人是否应当承担赔偿责任的一个总标准。按照公约的规定，港站经营人对货物的毁损、灭失或迟延交付承担责任的基础是推定过失责任，即港站经营人如果不能证明自己及其受雇人、代理人或经营人已经采取了一切合理措施防止货物的毁损、灭失就应当承担相应的赔偿责任。认定货物灭失除了

---

① 除规定港口作业人与船方之间的交接地点以外，《国际集装箱运输管理规则》还规定了经公路集疏运的集装箱，港口装卸企业与公路承运人在集装箱码头大门交接；经铁路集疏运的集装箱，港口装卸企业或者公路承运人与铁路承运人在装卸现场交接。

事实灭失以外,在明确约定的交货日期届满后的连续 30 天内或无约定时间时,在有提货权的人要求交货后连续 30 天内,未能向权利人交付货物的,也可以视为货物灭失。

3. 港站经营人的责任期限

经营人从其接管货物之时起,至其向有权提货的人交付货物或将货物交由该人处理之时止,应对货物负责。

4. 赔偿责任的限制

(1) 港站经营人对货物灭失或损坏而引起的损失所负赔偿责任,以灭失或损坏货物的毛重每公斤不超过 8.33 计算单位的数额为限。但是若货物系海运或内陆水运①后立即交给经营人,或者货物系由经营人交付或待交付给此类运输,则货物灭失或损坏的赔偿责任以货物毛重每公斤不超过 2.75 计算单位为限。如部分货物的灭失或损坏影响到另一部分货物的价值,则在确定赔偿责任限额时,应计及遭受灭失或损坏的货物和其价值受到影响的货物加在一起的总重量。

(2) 港站经营人对交货迟延应负的赔偿责任,以相当于经营人就所迟交货物所收费用两倍半数额为限,但这一数额不得超过对包含该货物在内的整批货物所收费用的总和。

(3) 任何情况下,经营人按照第(1)和第(2)项所承担的赔偿总额不应超过依第(1)项下计算货物全部灭失时的赔偿责任限额。

(4) 因当事人的自愿约定,港站经营人的赔偿责任可以高于公约中的限额。

(5) 经证明,货物的灭失或损坏或迟延交付系因经营人本人或受雇人或代理人故意的行为或不为所造成,或明知可能造成这一灭失、损坏或迟延而轻率地采取的行为或不为所造成时,经营人也无权享受责任限额。经营人的雇佣人或代理人存在上述情形时,责任限额权利的丧失同样适用于他们。

5. 索赔与诉讼时效

就货物灭失、损害以及迟延交付提出赔偿请求的诉讼时效是 2 年,时效起点的计算有两种方式:一为经营人将全部或部分货物交给有权提货的人或将货物交由他支配之日开始;一为索赔人收到经营人发出的货物灭失的通知之日或货物视为灭失之日,两者以先者为起算点。2 年时效不包括开始之日。

另外,公约还就港站经营人的留置权和承运人或其他承担赔偿责任的人对经营人的追索权做了相应规定,本书对此不再作详细介绍。

6.3 铁路装卸搬运中的法律法规

6.3.1 铁路装卸搬运法律法规概述

1991 年开始实施的《铁路法》并未就铁路站场经营人对货物的装卸搬运等作业问题作出相应规定。铁道部为此专门发布了《铁路货物运输规程》、《铁路装卸作业标准》、《铁路货物装卸作业安全技术管理规则》、《铁路车站集装箱货运作业标准》等货场装卸作业准则,以规范有关人员的行为。

---

① 海运和内陆水运包括港口内的提货和交货。

6.3.2 铁路货物运输合同中的装卸搬运义务

与港口装卸搬运为单独作业合同不同，铁路货物的装卸无须作业方签订独立的作业合同，有关装卸的权利义务，按照《铁路货物运输规程》第二十二条的规定，由铁路承运人和托运人或收货人在铁路货物运输合同中约定。因此铁路货物装卸搬运关系是铁路运输合同中的一部分。

1. 装卸义务的分配原则

1）以装卸地点进行分配

货物装车和卸车的组织工作，在车站公共装卸场所内由承运人负责；在其他场所均由托运人或收货人负责。

2）以货物的种类进行分配

罐车运输的货物、冻结易腐货物、未装容器的活动物、蜜蜂、鱼苗、一件重量超过1吨的放射性同位素以及用人力装卸带有动力的机械和车辆，均由托运人或收货人负责组织装车或卸车。

3）协商分配

其他货物由于性质特殊，经托运人或收货人要求，并经承运人同意，也可由托运人或收货人组织装车或卸车。

2. 合同双方在装卸方面的义务与责任

1）由车站组织装车时

（1）托运人应按时将货物搬入车站内。凡在车站公共装卸场所内装车的货物，托运人应在承运人指定的日期全部搬入车站。

（2）车站应当及时核收货物并组织装车。车站接收货物时，应对品名、件数、运输包装、标记及加固材料等进行检查。接收货物时，应及时组织装车。

（3）车站有权核收暂存费。如果托运人托运整车货物，而托运人未在指定之日将货物全部搬入车站的，自指定搬入之日起至再次指定搬入之日或将货物全部搬出车站之日止，车站有权向托运人核收货物暂存费。

托运人托运的整车货物因车辆容积或载重量的限制，装车后有剩余货物时，托运人应于装车的次日起算3日内将剩余的货物全部搬出车站或另行托运。逾期未搬出或未另行托运时，对于超过的日数按车核收货物暂存费。

2）由托运人组织装卸时

（1）作业双方有互相通知的义务。由托运人或收货人组织装车或卸车的货车，车站应在货车调到前，将调到时间通知托运人或收货人。托运人或收货人在装卸车作业完了后，应将装车完了或卸车完了的时间通知车站。

（2）专线装卸应签订运输协议。托运人、收货人使用他人专用线装卸货车时，应与车站、专用线所有人签订运输协议。

另外，无论是哪方负责装卸，都应当作到尽快装卸和安全摆放货物的要求。尽快装卸是指在保证货物安全的条件下，积极组织快装、快卸，昼夜不间断地作业，以缩短货车停留时间，加速货物运输。安全摆放是指存放在装卸场所内的货物，应距离货物线钢轨外侧1.5米以上，并且堆放整齐、稳固。

6.3.3 铁路货物装卸作业标准

铁路货物装卸作业标准是指导铁路站场的人员规范组织装卸作业的依据,一旦运输合同中出现因装卸作业引起的货物毁损、灭失的纠纷时,这些标准可以作为认定铁路承运人在管理货物方面存在一定过错,但具体责任的承担以及索赔问题,还应按运输合同的有关规定办理。

1. 铁路一般货物的装卸作业

按照《铁路装卸作业标准》规定,铁路装卸作业可以分为货物入场、装车和卸车三个环节,大致划分为准备作业、实施作业和整理作业三个阶段。为了方便起见,本书按环节进行介绍。

1) 货物入场

(1) 车站核对货物。对搬入货场的货物,车站要检查:① 货物品名、件数是否与运单记载相符。② 运输包装和标志是否符合规定要求。③ 零担和集装箱货物的货签是否齐全、正确。零担货物还应核对货物外形尺寸和体积;集装箱货物核对箱号、封号以及施封是否正确、有效;个人托运的行李、搬家货物,要按照物品清单进行核对,并抽查是否在包装内放入货签。④ 对货物上的加固装置的加固材料的数量、质量、规格进行检查。对超长、超限、集重货物,应按托运人提供的技术资料复测。

(2) 安全摆放货物。货物应稳固、整齐地堆码在指定货位上。整车货物要定型堆码,保持一定高度;零担和集装箱货物,要按批堆码,货签向外,留有信道。需要隔离的,应按规定隔离。货物与线路或站台边缘的距离符合规定,即1.5米以上。

2) 装车作业

(1) 选择合适的车种。装运货物要合理使用货车种类。除规定必须使用棚车装运的货物外,对怕湿或易于被盗、丢失的货物,也应使用棚车装运。发生车种代用时,应按《铁路货物运输管理规则》的要求报批,批准代用命令号码要记载于货物运单和货票"记事"栏内。有毒物品专用车不得用于装运普通货物;冷藏车严禁用于装运可能污染和损坏车辆的非易腐货物。

(2) 认真检查车体状况。装车前,应检查货车车体、车门、车窗、盖阀是否完整良好,有无扣修通知、色票、货车洗刷回送标签或通行限制;车内是否干净,是否被毒物污染;装载粮食、医药品、食盐、鲜活货物、饮食品、烟草制品以及押运人摆的货物等时,应检查车内有无恶臭异味。

(3) 认真监装。装车时,必须核对运单、货票、实际货物,保证三者统一。做到不错装、不漏装、巧装满载、防止偏载、偏重、超载、重量过于集中以及亏吨、倒塌、坠落和超限等。

(4) 按货物性质采取合理防护措施。对易磨损货件应采取防磨措施,怕湿和易燃货物应采取防湿或防火措施。对以敞、平车装载且需要加固的货物,有定型方案的,严格按方案装车;无定型方案的,车站就制定定型加固方案,经审核批准后按方案装车。装载散堆货物,顶面应平整;对自轮运转的货物、无包装的机械货物,车站应要求托运人将货物的活动部位予以固定,以防止脱落或侵入限界。

(5) 确保装车后车体和货物的良好状况。装车后,应再次检查车门、车窗、盖、阀关闭及拧固和装载加固情况。对装载货物的敞车，要检查车门插销、底开门搭扣和篷布苫盖、捆绑情况。两篷布间的搭头应不小于 500 mm。绳索、加固铁线的余尾长度应不超过 300 mm。装载超限、超长、集重货物的，应再次检查加固情况并核对装车后的尺寸。

（6）制作相关单据和标识。需要填制货车装载清单及标画示意图的，应按规定填制。需要施封的货车，按规定施封，并用直径 3.2 mm 的铁线将车门门鼻拧紧。需要插放货车表示牌的，应按规定插放。篷布不得遮盖车号和货车表示牌。

3）卸车作业

（1）检查车体状态。卸车前应检查车辆、篷布苫盖、货物装载状态有无异状，施封是否完好。

（2）认真监卸。核对货物的件数、标记，以保证运单、货票和货物相一致。对集装箱货物应检查箱体，核对箱号和封印。严格按照《铁路装卸作业安全技术管理规则》及有关规定作业，合理使用货位，按规定堆码货物。发现货物有异状时，要及时按章处理。

（3）卸车后，应将车辆清扫干净，关好车门、车窗、阀、盖，检查卸后货物的安全距离，清理线路，将篷布按规定折叠整齐，送到指定地点存放。对托运人自备的货车装备物品和回固材料，应妥善保管。对于须洗刷除污的货车，应在卸车站洗刷除污。如卸车站洗刷除污有困难时，须凭分局调度命令向指定站回送。对回送洗刷除污的货车，卸车站应清扫干净，并在两侧车门外部及车内明显处所粘贴"货车洗刷回送标签"各一张，货物如有撒漏，应在标签上注明。洗刷除污站应按规定要求洗刷除污后将标签撤除，并在车内两侧车门附近粘贴"洗刷工艺合格证"各一张。沿途零担车或分卸货车按规定需要洗刷除污时，由列车货运员或分卸站在"货车装载清单"或整车分卸货票上注明原装货物品名及"需要洗刷除污"字样，由最终到站负责洗刷除污。未经洗刷除污的货车严禁排空或调配装车。

（4）填写有关记录。卸下的货物登记《卸货簿》、《集装箱到发登记簿》或具有相同内容的卸货卡片。在货票上记明卸车日期。

2. 铁路危险货物的装卸作业[①]

1）按规定配备车种

除有特殊规定外，危险货物限使用棚车（包括毒品专用车）装运。整车发送的有毒物品和放射性矿石、矿砂必须使用毒品专用车。如棚车、毒品专用车不足，经发送铁路局批准在采取安全和防止污染措施的条件下，可以使用全钢敞车运输；爆炸品（爆炸品保险箱除外）、氯酸钠、氯酸钾、黄磷和铁桶包装的一级易燃液体应选用木底棚车装运，如使用铁底棚车时，须经铁路局批准。使用木底棚车装运爆炸品，如危险货物品名表中未限定"停止制动作用"时应使用有防火板的木底棚车。

2）配备专业人员和专业防护用品以及检测仪器和作业工具

从事危险货物运输的货运、装卸人员都要经过专业知识培训，熟悉危险货物特性和有关规章，并保持人员的相对稳定。办理危险货物的车站和货车洗刷所应配备必要的劳动防护用品（包括处置意外事故需使用的供氧式呼吸防毒面具等）。经常运输放射性物品的车站和洗刷所应配备必要的检测仪器。装卸危险货物严禁使用明火灯具照明。照明灯具应具有防爆性能，装卸作业使用的机具应能防止产生火花。

---

① 铁路危险货物装卸作业的标准主要由《铁路危险货物运输管理规则》和《铁路危险货物运输管理细则》规定。

3) 做好作业前的准备工作

危险货物装卸前,应对车辆和仓库进行必要的通风和检查。车内、仓库内必须清扫干净。作业前货运员应向装卸工组详细说明货物的品名、性质,布置装卸作业安全注意事项和需准备的消防器材及安全防护用品。

4) 严格按照规定作业

(1) 爆炸品的作业。开关车门、车窗不得使用铁撬棍、铁钩等铁质工具,必须使用时,应采取防火花涂层等防护措施。装卸搬运时,不准穿铁钉鞋,使用铁轮、铁铲头推车和叉车,应布防火花措施。禁止使用可能发生火花的机具设备。照明应使用防爆灯具。作业时应轻拿轻放,不得摔碰、撞击、拖拉、翻滚。整体爆炸物品、抛射爆炸物品和燃烧爆炸物品的装载和堆码高度不得超过1.8米。车、库内不得残留酸、碱、油脂等物质。发现跌落破损的货件不得装车,应另行放置,妥善处理。

(2) 压缩气体和液体气体。作业时,应使用抬架或搬运车,防止撞击、拖拉、摔落、滚动。防止气瓶安全帽脱落及损坏瓶嘴。装卸机械工具应有防止产生火花的措施。气瓶装车时应平卧横放。装卸搬运时,气瓶阀不要对准人身。装卸搬运工具、工作服及手套不得沾有油脂。装卸有毒气体时,应配备防护用品,必要时使用供氧式防毒面具。

(3) 易燃气体。装卸前应先通风,开关车门、车窗时不得使用铁制工具猛力敲打,必须使用时应采取防止产生火花的防护措施。作业人员不准穿铁钉鞋。装卸搬运中,不能撞击、摩擦、拖拉、翻滚。装卸机具应有防止产生火花的措施。装载钢桶包装的易燃液体,要采取防磨措施,不得倒放和卧放。

(4) 易燃固体、自燃物品和遇湿易燃物品。作业时不得摔碰、撞击、拖拉、翻滚,防止容器破损。特别注意勿使黄磷脱水,引起自燃。装卸搬运机具,应有防止产生火花的措施。雨雪天无防雨设备时,不能装卸遇湿易燃物品。

(5) 氧化剂和有机过氧化物作业。装车前,车内应打扫干净,保持干燥,不得残留有酸类和粉状可燃物。卸车前,应先通风后作业。装卸搬运中不能摔碰、拖拉、翻滚、摩擦和剧烈震动。搬运工具上不得残留或沾有杂质。托盘和手推车尽量专用,装卸机具应有防止发生火花的防护装置。

(6) 毒害品和感染性物品作业。装卸车前应先行通风。装卸搬运时严禁肩扛、背负,要轻拿轻放,不得撞击、摔碰、翻滚,防止包装破损。装卸易燃毒害品时,机具应有防止发生火花的措施。作业时必须穿戴防护用品,严防皮肤破损处接触毒物。作业完毕及时清洁身体后方可进食和吸烟。

(7) 放射性物品作业。装卸车前应先行通风,装卸时尽量使用机械作业。严禁肩扛、背负、撞击、翻滚。作业时间应按《铁路危险货物运输规则》条文中表9的要求控制。堆码不宜过高,应将辐射水平低的放射性包装件放在辐射水平高的包装件周围。皮肤有伤口、孕妇、哺乳妇女和有放射性工作禁忌征(如白血细胞低于标准浓度等)者,不能参加放射性货物的作业。在搬运Ⅲ级放射性包装件时,应在搬运机械的适当位置上安放屏蔽物或穿防护围裙,以减少人员受照剂量。装卸、搬运放射性矿石、矿砂时,作业场所应喷水防止飞尘,作业人员应穿戴工作服、工作鞋、戴口罩和手套。作业完毕应全身清洗。

(8) 腐蚀品作业。作业前应穿戴耐腐蚀的防护用品,对易散发有毒蒸气或烟雾的腐蚀品装卸作业,还应备有防毒面具。卸车前先通风。货物堆码必须平稳牢固,严禁肩扛、背负、撞击、拖拉、翻滚。车内应保持清洁，不得留有稻草、木屑、煤炭、油脂、纸屑、碎布等可燃物。

另外，装卸时如果在同一车内配装了数种危险货物时，应符合危险货物配装表的规定。铁路局认为有必要时，可按配装表组织沿途零担危险货物分组运输。

5）使用专线应办理有关手续

托运人、收货人有专用铁路、专用线的，整车危险货物的装车和卸车必须在是铁路、专用线办理。托运人、收货人提出专用铁路、专用线共用时，需由铁路分局批准。

3. 铁路车站集装箱的装卸作业

按照《铁路集装箱运输规则》第十六条规定，集装箱的装卸作业可以分为铁路组织的集装箱装卸和托运人组织的集装箱装卸，两者规定的作业人的义务与责任有所不同。

1）铁路组织的装车作业

（1）确认配装计划，确保装运条件、中转范围正确。

（2）向货运调度提报装箱车种、车数，提报应及时、准确，选配的车种应符合要求。

（3）装车前进行票、箱、车三检，要求货票齐全，票箱相符，箱体状态完好。

（4）认真指导装车，保证不偏载，不错装，不漏装。

（5）装车后进行箱区残存箱、车辆装载状态、施封三检，使装载符合规定，施封符合要求。

（6）整理货票，正确填写货车装载清单和封套。台账、货票、清单相符，戳记齐全。及时报告作业完了时间。

2）铁路组织的卸车作业

（1）卸车前的核对。确认车号，检查车辆装载状态；棚车装载时，检查施封，召开车前会，按规定对棚车进行启封；发现异状，编制记录，及时处理。

（2）认真正确卸车。按指定箱位卸车，卸车时核对货票、装载清单、封套是否填写一致。做到不错卸，不漏卸。

（3）卸车后的检查。检查箱体，凭票核对箱号、箱数、货签、施封锁（环）内容，注明箱位，在货票上加盖卸车日期戳，并填写到达登记台账；票、箱、台账要一致。发现异状，如实编制记录。

（4）卸车后的交接。凭卸车清单（卡）办理集装箱交接，卸车货运员凭卸车清单向内勤货运员办理货票交接，签章，使货票交接清楚。作业完毕及时报告时间。铁路拼箱货物在卸车作业完毕后，将拼箱货物掏出，办理交接。发现问题，及时编制记录。

3）托运人组织的装卸作业

由托运人自备箱装箱的，应由托运人自己装箱。托运人具有以下义务：

（1）装箱时应码放稳固，装载均匀，充分利用箱内容积，不撞砸箱体。集装箱内单件货物的重量超过100公斤时，应在货物运单"托运人记载事项"栏内注明。

（2）集装箱由托运人进行施封并拴挂货签。施封时左右箱门把锁舌和把手须入座，在右侧箱门把手锁件施封孔施封锁（环）一个。使用施封环施封时，应用10号或12号铁线将箱门把手锁件拧固并剪断燕尾。5吨以上集装箱必须使用施封锁施封。托运的空集装箱不施封。特殊类型集装箱的施封方法另行规定。货签应拴挂在集装箱门把手上（1吨集装箱在箱顶吊环上加挂一个），货签上货物名称栏免填。

（3）托运人施封后，应在货物运单上逐箱填记集装箱箱号（自备集装箱应有箱主代号）

和相应的施封号码。货物运单内填记不下时,填记在货物运单背面。已填记的施封号码不得随意更改,必须更改时,托运人应在更改处盖章证明。

6.4 公路装卸搬运中的法律法规

6.4.1 公路运输货物的装卸搬运法律法规概述

公路运输的货物在站场进行装卸和搬运时的主要依据有:《汽车货物运输规则》和《汽车危险货物运输规则》、《汽车危险货物运输、装卸作业规程》。前者对站场经营人在站场内的搬运装卸、存放等作业行为进行了规范;后者对特殊货物的站场作业行为进行了规范。

6.4.2 公路装卸搬运作业人的义务与责任

在公路运输中,对于货物的装卸搬运义务可以由承运人和托运人在货物运输合同中约定;如果承运人或托运人委托站场经营人、搬运装卸经营人进行货物的装卸搬运的,应签订货物装卸搬运合同。由此可见,公路运输货物装卸搬运关系既可以是运输合同中的一部分,也可以为独立的合同。无论是哪一种,作业人应按照装卸搬运的有关规则进行作业行为,并承担相应责任。

1. 作业人装卸搬运义务的一般性规定

1)装卸前的清扫

搬运装卸人员应对车厢进行清扫,发现车辆、容器、设备不适合装货要求的,应立即通知承运人或托运人。

2)作业方在装卸前应认真核对货物

接受作业委托的一方在装卸前,应当认真核对货物的名称、重量、件数是否与运单上记载的相符,包装是否完好。发现货物包装破损,搬运装卸人员应当及时通知托运人或承运人,并做好记录。

3)作业时要规范,保证货物的良好状态

搬运装卸作业应当轻装轻卸,堆码整齐;防止混杂、撒漏、破损;严禁有毒、易污染物品与食品混装,危险货物与普通货物混装。对性质不相抵触的货物,可以拼装、分卸。

4)严格按标准搬运装卸危险物

对于危险物的搬运和装卸,应按《汽车危险货物运输、装卸作业规程》进行作业,以确保货物及作业人员和场地的安全。

5)作业完成后,应做好检查和交接

搬运装卸作业完成后,货物需要绑扎苫盖篷布的,搬运装卸人员必须将篷布苫盖严密并绑扎牢固;由作业双方编制有关清单,做好交接记录,并按有关规定施加封志和外贴有关标志。

2. 作业人装卸搬运责任的一般性规定

对于因装卸搬运引起的货物毁损、灭失的赔偿责任,如果装卸搬运是在运输合同中由双方作出了约定,则承运人按约定承担责任。即便承运人将货物的装卸作业又委托站场经营人来完成的,也应由承运人先向托运人承担赔偿责任,然后再向站场经营人追偿。如果货物的装卸搬运是由托运人直接委托站场经营人或装卸公司进行的，站场经营人或者装卸公司应对搬运装卸人员过错造成的货物毁损、灭失承担赔偿责任。货物在站、场存放期间，发生毁损或灭失的，站场经营人应负赔偿责任。但有下列情况之一者，站场经营人举证后可不负赔偿责任：

① 不可抗力；
② 货物本身的自然性质变化或者合理损耗；
③ 包装内在缺陷，造成货物受损；
④ 包装体外表完好而内装货物毁损或灭失；
⑤ 托运人违反国家有关法令，致使货物被有关部门查扣、弃置或作其他处理；
⑥ 押运人员责任造成的货物毁损或灭失；
⑦ 托运人或收货人过错造成的货物毁损或灭失。

3. 汽车集装箱运输中双方的义务与责任

1）装卸责任的分担

集装箱装箱和拆箱作业应由托运人、收货人或承运人、场站作业人委托装拆箱作业人负责。

2）装卸作业人的义务

（1）确保集装箱的状态良好。装拆箱作业人在装箱前，应按规定认真检查箱体，主要包括检查箱体外表有无损伤、变形、破口等异样；检查箱体内侧六面是否有漏水、漏光、水迹、油迹、残留物、锈蚀；检查箱门、搭扣件、密封条有无变形、缺损，箱门能否开启180度。发现集装箱不适合装运货物时，应拒绝装箱，并立即通知集装箱所有人或承运人。

（2）确保货物装箱的安全和完好。集装箱装卸作业应做到轻装轻卸，确保集装箱货物和集装箱的安全。装箱过程中，发现货物包装破损，装拆箱作业人应在做好记录并及时通知有关方后，再决定是否装箱。装拆箱作业人应根据货物的性质，严格按装箱积载的要求装载货物，并采用合适的方法对箱内货物进行固定、捆绑、衬垫，防止货物在箱内移动或翻倾，其所需材料费用由委托装拆箱作业的人承担。

（3）装箱后做出标记。货物装箱后，装拆箱作业人应缮制货物装箱单，按有关规定施加封志，并按要求在箱体外贴上运输及有关标志。

3）装卸作业人的责任

装箱和集装箱货物在场站存放期间发生短少、变质、污染、丢失（箱体完好，封志完整除外），或在场站装卸作业中，由于场站作业人的作业不当，造成集装箱、集装箱货物的损坏，场站作业人应负赔偿责任。因装拆箱作业人拆、装箱操作不当，造成货物损坏、变质、污染或集装箱箱体损坏，装拆箱作业人应负赔偿责任。

本章小结

装卸搬运是衔接运输、保管、包装、流通加工、配送等物流环节必不可少的活动。有关装卸搬运的义务有的包含在一个综合性的物流服务合同中，如港口货物作业合同；也可能以运输合同内容的一部分存在，如铁路货物运输合同中承运人和搬运人有关装卸托运义务的分工。而在公路运输中的装卸搬运义务可以兼具多种形式，由承运人或者承运人之外的第三主体完成。总之,在不同的运输方式中,装卸搬运是否为独立的法律关系,除了有关法律法规有明确规定外,大部分由托运人根据自己的需要来选择和决定。

本章涉及的主要法律法规:

一、国内主要法规目录

1. 《中华人民共和国港口法》;
2. 《港口货物作业规则》;
3. 《国内水路货物运输规则》;
4. 《国际集装箱运输管理规则》;
5. 《铁路货物运输规程》;
6. 《铁路装卸作业标准》;
7. 《汽车危险货物运输、装卸作业规程》。

二、主要国际公约目录

《联合国国际贸易运输港站经营人赔偿责任公约》(简称《港站经营人赔偿责任公约》)。

附录:相关法律文书示例

1 港口作业合同范本

____年__月度港口作业合同

本合同经作业委托人与港口经营人签章后,即行生效。有关作业委托人与港口经营人之间的权利、义务和责任界限,适用于《水路货物运输规则》和港口费收的有关规定。

编号:_____

作业委托人	全 称		港口经营人	全 称	
	地址、电话			地址、电话	
	银行、账号			银行、账号	
承运人		核定计划号码		月度运输合同号码	
起运港		换装港		到达港	
装船或卸船		费用结算方式			
货名	包 装	重量(吨)	体积(立方米)	费率(元/吨)	
特约事项和违约事项					
作业委托人签章 年 月 日			港口经营人签章 年 月 日		

说明:本合同正本一式两份,作业委托人与港口经营人各执1份,副本若干份。

2. 集装箱设备交接单样本

附 录 A
（标准的附录）
集装箱设备交接单 IN 进场

箱管单位名称（中文）
（英文）

集装箱设备交接单　　　　　　　　　　　　**IN** 进场
EQUIPMENT INTERCHANGE RECEIPT

No.

用箱人/运箱人（CNTR.USER/HAULIER）			提箱地点（PLACE OF DELIVERY）	
来自地点（WHERE FROM）			返回/收箱地点（PLACE OF RETURN）	
船名/航次（VESSEL/VOYAGE No.）	集装箱号（CNTR.No.）	尺寸/类型（SIZE/TYPE）		营运人（CNTR.OPTR）
提单号（B/L No.）	危品类别（IMCO CLASS）	铅封号（SEAL No.）	免费期限（FREE TIME FERIOD）	运载工具牌号（TRUCK WAGON BARGE No.）
货重（CARGO W.）	出场目的/状态（PPS OF GATE-OUT/STATUS）		进场目的/状态（PPS OF GATE-IN/STATUS）	进场日期（TIME-IN） 月　日　时

进场检查记录（INSPECTION AT THE TIME OF INTERCHANGE）

普通集装箱（GP.CNTR.）	冷藏集装箱（RF.CNTR.）		特种集装箱（SPL.CNTR.）	发电机（GEN.SET）
□ 正常（SOUND） □ 异常（DEFECTIVE）	□ 正常（SOUND）　设定温度（SET）　　　℃ □ 异常（DEFECTIVE）　记录温度（RECORDED）　　℃		□ 正常（SOUND） □ 异常（DEFECTIVE）	□ 正常（SOUND） □ 异常（DEFECTIVE）

损坏记录及代号（DAMAGE &.CODE）

BR	D	M	DR	DL
破损（BROKEN）	凹损（DENT）	丢失（MISSING）	污箱（DIRTY）	危标（DGLABEL）

左侧（LEFT SIDE）　　右侧（RIGHT SIDE）　　前端（FRONT）　　内部（INSIDE）

顶部（TOP）　　底部（FLOOR BASE）　　后端（REAR）　　如有异状，请注明程度及尺寸（REMARK）

除列明者外，集装箱设备交接时完好无损，铅封完整无误。
CONTAINER EQUIPMENT INTERCHANGED IN SOUND CONDITION AND SEAL INTACT UNLESS OTHERWISE STATED

用箱人/运箱人签署　　　　　　　　　　码头/堆场值班员签署
(CONTAINER USER/HAULIER'S SIGNATURE)　　(TERMINAL/DEPOT CLERK'S SIGNATURE)

_____年____月____日　　　　　　　　_____年____月____日

GB/T 16561—1996格式印制

(1) 箱管单位留底

案例分析 ▶▶▶

原告：山哥拉—多明戈斯公司（SHANGOLA – DE DOMINGOS LEITE FERREIRA DE CEITA）。

被告：尼罗河航运私有有限公司（NILE DUTCH AFRICA LINE B. V.）。

原告与东方环球公司签订了两份购销合同，约定原告向东方环球公司购买大蒜。为两票货物出运，被告出具了抬头人为被告的提单。提单记载：托运人东方环球公司，收货人原告，装运港上海，卸货港卢安达（LUANDA），货物品名大蒜，分装两个集装箱，货物交接方式堆场至堆场（CY TO CY）。

2012年11月26日，货物到达目的港卢安达。同日，被告向原告开具提货单，原告办理完了清关手续。11月28日，货物到达冷藏箱专用堆场。12月27日，目的港海关向原告收缴关税。2012年1月6日，原告提货后发现大蒜发生变质，经检验，大蒜发生变质是因为集装箱在到达堆场后至原告提货的42天内缺少制冷。

原告认为，被告作为承运人有妥善保管、照料货物的义务，因被告疏忽大意导致货损，被告应承担赔偿责任。请求判令被告赔偿货物损失和关税损失及港口费用74 935美元、公证认证费1 511美元，并承担本案诉讼费用。

被告认为，涉案货物交接方式为堆场至堆场（CY TO CY），承运人的责任期间应至承运人开具提货单之日时终止，因此货损的发生不在承运人责任期间，即使在承运人责任期间，因目的港长期存在断电现象，收货人有尽快提箱义务，原告迟延提货导致的货损不应由被告承担赔偿责任，且原告的损失不具有合理性。

问题：
1. 本案原告是否存在迟延提货？
2. 原告的损失有哪些？
3. 承运人是否应对原告的损失承担赔偿责任？

练习题

一、名词解释题
装卸与搬运　港站经营人　港口作业合同

二、填空题
1. 有关港站作业服务的国际公约主要是_____。
2. 国内和国际集装箱货物运输中的相关权利人对船方或装卸方交接过程中造成的货物损害赔偿责任的时效是_____天，从收到_____或者交付集装箱之日起计算。
3. 装、拆箱合同是指装、拆箱人受托运人、_____和_____的委托，负责将集装箱货物装入箱内或从箱内搬出堆码并收取费用的合同。

三、问答题
1. 简述港口装卸作业合同的内容。
2. 《联合国国际贸易运输港站经营人赔偿责任公约》对港站经营人的赔偿责任有何规定？
3. 铁路货物运输中对装卸义务是怎样规定的？
4. 公路货物运输中装卸作业人的一般责任是什么？

第 7 章

包装法律法规

> **知识目标**
>
> 重点掌握危险品包装法律关系中的权利与义务，掌握普通货物包装的法律使用及其包装要求，了解物流包装的基本含义及其法律关系构成。
>
> **技能目标**
>
> 学会签订相关货物包装合同，能够运用物流包装的相关知识进行普通货物及危险品的包装。

■【导入案例】

甲为农副产品进出口公司，乙为综合物流服务商。2014 年 7 月，甲欲将黄麻出口至印度，遂将包装完好的货物交付给乙，乙为甲提供仓储、运输等服务。黄麻为易燃物，其储存和运输的处所都不得超过常温。甲因听说乙已多次承运过黄麻，即未就此情况通知乙，也未在货物外包装上作警示标志。2014 年 8 月 9 日，乙将货物运至其仓储中心准备联运。因仓库储物拥挤，室温高达 15℃，8 月 11 日，货物突然起火，因救助不及，致使货物损失严重。据查，起火原因为仓库温度较高导致货物自燃。双方就此发生争议。

问题： 甲公司的损失应该由谁来承担？为什么？

提示： 由甲公司自行承担。理由是，甲公司所交付的货物系易燃物，对该货物的包装应当依照国家强制标准进行，即在外包装上应有警示标志，并应告知物流服务商。本案甲公司没有履行法定义务，因此造成的损失应由甲公司承担。

7.1 物流包装中的法律关系

7.1.1 包装与物流

1. 包装的定义

2001 年 8 月 1 日，我国颁布的《国家标准物流术语》正式出台，根据该标准的解释，包装是指为在流通过程中保护产品、方便储运、促进销售，按照一定技术方法而采用的容器、材料及辅助物等的总体名称。从另外一个角度来看，包装也是指为了达到上述目的而采用容器、材料和辅助物的过程中施加一定技术方法等的操作活动。由此可见，包装既是指静态的物质形态，即包装物，也是指动态的过程，即为了保护产品、方便储运、促进销售而采用容器、材料和辅助物在包装过程中施加一定技术方法等的操作活动。

2. 包装在物流系统中的作用

包装在物流系统中的作用主要是为了保护商品在物流过程中不受外力的作用或环境影响而损坏，同时便于储运时的交接、堆码、搬运以及合理积载等。在社会再生产过程中，包装是生产过程的终点，从另一个角度看，包装则又是物流过程的起点。运输包装完成后，产品便具有物流的能力。在此后的整个物流过程中，包装始终承担着保护产品的主要作用。同时，包装还直接影响运输、保管和装卸的效率，影响整个物流过程的速度和物流成本。在销售环节中，包装是体现商品销售策略的一个重要工具，它既是无声的推销员，又是一个传达商品信息的重要广告媒介。优秀的商品销售包装是商品特色的放大镜，它可以通过商品的商标，容器的造型、装潢的形象、色彩、文字等视觉传达的效果使该商品在不同的购物场合、在与同类或异类的竞争中脱颖而出。

1）包装是现代物流的始点

从社会再生产的角度来看，包装既是生产过程的终点，又是物流过程的起点。包装完成后，经过包装的产品便具有物流的能力。包装最根本的目的就是给产品以保护和防护，产品防护性指的是产品本身强度、刚度和包装抗损性以及由于流通环境中产生外界载荷之间相互的影响等。产品防护性可以通过合理的包装来实现，根据运输、搬运、仓储的手段、条件，考虑物流的时间和环境，根据产品的特性和保护要求而选择合理的包装材料、包装技术、缓冲设计、包装结构、尺寸、规格等要素，才能实现物流中的首要任务——将产品完好无损地实现物理转移。

2）合理的包装可以提高物流运营的整体效率

物流系统由运输、仓储、搬运装卸、配送、流通加工、包装和物流信息处理等七个环节构成。七大环节不是简单的组合，而是有必然的内在联系，相互影响，相互制约，有时还相互矛盾。物流效益背反说即是物流领域中这一普遍现象的典型描述。在包装方面主要体现为简化包装，可以降低包装费用，但是，由于包装强度降低，产品的防护效果降低，仓库里的货物就不能堆放过高，这就降低了保管效率；而且在装卸和运输过程中容易出现破损，以致搬运效率下降，破损率增多，造成储存、装卸、运输功能要素的工作劣化和效益递减。所以要通过包装，将相关环节组合成一个有机整体，并注重包装与其他环节的联系。

3）合理的包装可以降低物流成本

包装还会影响整个物流过程的速度和物流成本。由于物流系统中的所有环节均与包装有关，所以包装对于物流成本的控制就显得至关重要。比如采用纸箱、托盘加集装箱的方式可以替代原来的木箱包装而节省运输成本；采用现代化的叉车搬运而非人工搬运则可以省去单元小包装造成的高人工费和产品损伤；有效地设计包装容器的堆码层高，可以很好地提高仓库的利用率而节省费用；合理的包装减少破损；合理的包装尺寸和规格提高运输容积率；及时、全面、准确的信息保证物流供应链的畅通等，都可以确保包装在各个环节帮助和实现物流成本的有效降低。

3. 包装与物流各环节的关系

1）包装与运输的关系

首先，运输方式决定包装方式和包装材料。如杂货载运时以前用货船混载，必须严格地用木箱包装，而改用集装箱后，只用纸箱就可以了。其次，包装方式也影响运输方式，在某些特殊情况下，包装方式甚至可以决定运输方式。如在生产过程中采用了精密的包装，就应该采用安全、快速的运输方式。

2）包装与仓储的关系

包装方式及其形态应与其仓储相配合，尤其是在危险物品和鲜货易腐货物的储存和保管过程中，包装更应该保证这些货物处于适宜的环境中，以免出现危险及其货物的损坏。

3）包装与搬运装卸的关系

首先，包装方式影响搬运装卸方式及其使用的工具。如小型包装方式适合于人工进行搬运装卸，而大型包装或集装箱则适合于使用叉车等机械进行搬运装卸；其次，装卸方式也会在一定程度上影响包装。如果已确定采用机械进行搬运装卸作业，包装就应该有足够的强度及保护性能，才能保证产品不受损害。

4）包装与流通加工的关系

首先，包装影响流通加工的效率。合理的包装尤其是明确的包装标志、指示标识将有助于准确地进行加工作业，从而提高加工的速度和效率；其次，加工也对包装有一定的影响。在一般情况下，货物的进一步包装就是在加工过程中完成的，加工的质量将直接影响包装的合理与否。

7.1.2　物流包装中的法律关系构成

1. 包装法规的特征

包装法规是指一切与包装有关的法律法规的总称。目前我国还没有专门的包装法律或法规，也没有专门的物流法对包装进行集中地规范。与包装相关的法律法规散见于各类有关的法规中，比如《合同法》、《专利法》等，除此之外，印刷、出版方面的法律也有部分包装法规的内容。

1）强制性

所谓强制性，是指在包装过程中必须按照相应法律规范的要求进行，不得随意变更。在包装法律规范中，大量的包装标准规范都属于强制性法律规范，如《食品卫生法》、《一般货物运输包装通用技术条件》、《危险货物运输包装通用技术条件》、《危险货物包装标志》等。对于这些标准规范，人人都必须遵守切不得以约定加以排除。包装法规的强制性还体现在《合同法》这种任意性很强的法律规范中，对于一些特殊物品的包装不得由当事人任意约定，而是要强制适用一定标准，以达到保证安全的最低要求。

2）标准性

由于物品在物流过程中要经受各种环境的影响或危害，因此包装必须符合一定的盛载性能和保护性能。中国包装业协会为此制定了包装标准体系，主要包括以下四大类：

（1）包装相关标准。主要包括集装箱、托盘、运输、储存条件的有关标准。

（2）综合基础包装标准。包括标准化工作准则、包装标志、包装术语、包装尺寸、运输包装件基本实验方法、包装管理等方面的标准。

（3）包装专业基础标准。包括包装材料、包装容器和包装机械标准。

（4）产品包装标准。涉及建材、机械、轻工、电子、仪表仪器、电工、食品、农畜水产、化工、医疗器械、中药材、西药、邮政和军工等14大类，每一大类产品中又有许多种

3）技术性

包装法规中包含大量以自然科学为基础而建立的技术性规范。包装具有保护物品不受损害的功能，特别是高、精、尖产品和医药产品，采取何种技术和方法进行包装对商品本身有重要的影响，因此国家颁布的有关包装法规都含有很强的技术性。

4）分散性

如前所述，我国目前还没有专门的包装法规，而是以分散的形态分布于各类相关的法律规范中，不仅如此，这些法规还广泛地分布于有关主管单位的通知和意见中，如铁道部颁发的一系列关于铁路运输包装的通知和规定等。

2. 与包装相关的法律规范

1）包装与合同法律规范

物流服务主体通常都是在与他人订立合同的基础上为物流需求者提供物流服务的，在包装环节也是如此。就包装而言，物流服务主体一般与他人订立的是加工承揽合同，以及包含包装服务在内的综合性的物流服务合同等类型的合同，为他人提供符合法律要求的包装服务。此外，由于包装问题贯穿于物流的全过程，因此在包装中会涉及合同法规的另一重要方面，即物流服务主体所订立的其他物流环节的各类合同中通常都包含包装条款。合同双方当事人在合同中一般可以对物品的包装材料、包装方式等作出具体约定。在没有约定或者约定不明确的情况下，则可能会采用通用方式或足以保护货物的包装方式进行包装。如《合同法》第一百五十六条规定："出卖人应当按照约定的包装方式交付标的物。对包装方式没有约定或者约定不明确，依照本法第六十一条的规定仍不能确定的，应当按照通用的方式包装，没有通用方式的，应当采取足以保护标的物的包装方式。"需要指出的是，合同当事人对包装条款的约定应当是以遵守有关法律规范的强制性要求为前提的，对于法律规范所规定的强制性标准，即使合同约定也不得将其加以排除。

2）包装与产品质量法

《产品质量法》不仅对产品的内在质量作出规范和调整，而且对产品的外在包装和相关标识也作出了规定。产品或者包装上的标识应当符合下列要求：

① 有产品质量检验合格证明；

② 有中文标明的产品名称、生产厂商的厂名和厂址；

③ 根据产品的特点和使用要求，需要标明产品规格、等级、所含主要成分的名称和含量；需要先让消费者知晓的，应当在外包装上标明，或者向消费者预先提供有关资料；

④ 限期使用的产品，应当在显著位置清晰标明生产日期和安全使用期或者失效日期；

⑤ 使用不当，容易造成产品本身损坏或者可能危及人身、财产安全的产品，应当有警示标志或者中文警示说明。

裸装的食品或其他根据产品的特点难以附加标识的裸装产品，可以不附加产品标识。《产品质量法》还规定，剧毒、危险、易碎、储运中不能倒置以及有其他特殊要求的产品，其包装必须符合相应要求，并依照国家有关规定作出警示标志或者中文警示说明，标明储运注意事项。

3）包装与商标法

《商标法》对包装的规范与调整主要表现为禁止在包装上发生侵犯他人商标权的行为。

无论是商品商标还是服务商标，生产者或者销售者一般都会将其置于外包装之上。作为物流服务主体，一是在为他人进行流通加工、特别是包装加工时，注意不要侵犯他人的注册商标权，否则就要承担相应的法律责任；二是要注意在为他人进行运输、仓储、保管、配送时出现标的侵犯他人商标权的问题。

《商标法》规定，未经商标注册人的许可，在同一种商品或者类似商品上使用与其注册商标相同或者相近的商标的；伪造、擅自制造他人注册商标标识或者销售伪造、擅自制造的注册商标标识等几种情形均属于侵犯他人商标权。物流包装主体应当清楚地知道自己的哪些行为属于侵犯他人商标权的行为，不得擅自制造或伪造他人的注册商标标识。对于委托包装加工的商品或货物，应严格审查委托方对委托制造的商标是否具有合法权利，积极防范侵权导致的法律风险。

对于他人运输、仓储、保管、加工或配送的物品或货物，常会出现该物品或货物在这些过程中因侵犯他人权利而被有关机关查封、扣押等。物流法律关系主体也可能因此而被他人提起诉讼，从而产生潜在的法律风险。《商标法》规定，因商标侵权而发生纠纷的，权利人可以要求工商行政管理机关进行处理，也可以向人民法院起诉。工商行政管理机关也可以以职权主动对侵权行为或活动进行查处。在处理侵权纠纷时，工商行政管理机关有权查封和扣押涉嫌侵权的物品或货物。

4）包装与反不正当竞争法

反不正当竞争法是调整市场竞争过程中因规制不正当竞争行为而产生的社会关系的法律规范的总称。所谓不正当竞争行为是指经营者违反有关法律规定，损害其他经营者的合法权益，扰乱社会经济秩序的行为。《反不正当竞争法》对包装的规范主要体现在禁止经营者利用外包装进行不正当竞争。

根据《反不正当竞争法》第五条的规定，经营者不得采用下列不正当手段从事市场交易，损害竞争对手。

① 假冒他人的注册商标；

② 擅自使用知名商标特有的名称、包装、装潢，或者使用与知名商品近似的名称、包装、装潢，造成和他人的知名商品相混淆，使购买者误认为是该知名商品；

③ 擅自使用他人的企业名称或者姓名，引人误认为是他人的商品；

④ 在商品上伪造或者冒用认证标志、名优标志等质量标志，伪造产地，对商品质量作出引人误解的虚假表示。

从事上述混淆行为的经营者，应当依法承担民事、行政及刑事法律责任。《反不正当竞争法》第二十条对混淆行为的民事责任作出了规定："经营者违反本法规定的，给被侵害的经营者造成损害的，应当承担损害赔偿责任，被侵害的经营者的损失难以计算的，赔偿额为侵权人在侵权期间因侵权所获得的利润；并应当承担被侵害的经营者因调查该经营者侵害其合法权益的不正当竞争行为所支付的合理费用。"《反不正当竞争法》第二十一条对混淆行为的行政责任、刑事责任作出了规定："经营者假冒他人的注册商标，擅自使用他人的企业名称或者姓名，伪造或者冒用认证标致、名优标志等质量标志，伪造产地，对商品质量做出引人误解的虚假表示的，依照《商标法》、《产品质量法》的规定处罚。经营者擅自使用知名商标特有的名称、包装、装潢，或者使用与知名商品近似的名称、包装、装潢，造成和他人的知名商品相混淆，使购买者误认为是该知名商品的，监督检查部门应当责令停止违法行为，没收违法所得，可以根据情节处以违法所得一倍以上三倍以下的罚款；情节严重的可以吊销营业执照；销售伪劣商品，构成犯罪的，依法追究刑事责任。"

3. 物流包装中的法律关系主体

物流法律关系的主体就是物流法律关系中权利和义务的承担者，分为权利主体和义务主体，其中在物流法律关系中享有权利的一方为权利主体，在物流法律关系中承担义务的一方为义务主体。物流包装中的法律关系主体也就是物流包装法律关系中权利和义务的承担者。

1）物流包装法律关系中的自然人

自然人具有民事主体资格，可以作为物流包装法律关系的主体。但自然人作为物流包装法律关系的主体必须注意以下两点：

（1）由于物流包装是商业活动，并且相关法律对物流包装行业的主体有特殊规定，因此，一般而言，自然人成为物流服务的提供者将受到很大程度的限制。

（2）自然人在某些情况下可以通过接受物流服务而成为物流法律关系的主体。

2）物流包装法律关系中的法人

包括企业法人、事业法人和机关法人。企业法人是物流包装法律关系中的最主要参与者，如综合性的物流企业、运输企业、货代企业、进出口企业等，他们都在不同领域和不同程度上执行着物流包装的作用。

3）物流包装法律关系中的其他组织

其他组织是指合法成立且具有一定的组织机构和财产，但不具备法人资格，不能独立承担民事责任的组织。其他组织作为民事主体，在我国《合同法》中已得到明确的认可，从而为其成为物流包装法律关系中的主体奠定了基本的条件。其他组织必须符合相应的法律规定，取得一定的经营资质，才能从事物流业务。物流包装法律关系中的其他组织包括：

① 依法登记领取营业执照而从事物流业务的个体工商户、个人独资企业、合伙组织；

② 依法登记领取营业执照从事物流业务的合伙型联营企业；

③ 依法登记领取我国营业执照的中外合作经营企业、外资企业；

④ 依法设立并领取营业执照的法人分支机构；

⑤ 经核准登记领取营业执照的乡镇、街道、村办企业。

4）物流包装法律关系中的国家机关

主要是指对从事物流业务的企业、其他组织进行监督管理的国家行政机关及授权的事业单位，如工商行政管理部门、交通部、铁道部、商品检验检疫局、海关等。

4. 物流包装中的法律关系客体

物流法律关系的客体，就是物流法律关系的主体享有的权利和承担的义务所共同指向的对象。物流法律关系的多样性，决定了成为物流法律关系的客体的广泛性。物流包装中的法律关系客体通常是物、行为和智力成果。

5. 物流包装法律关系的内容

物流法律关系的内容是指物流法律关系主体在物流活动中享有的权利和承担的义务。物流包装法律关系的内容就是物流包装法律关系主体在包装活动中享有的权利和承担的义务。

6. 物流包装法律关系的发生、变更和终止

1）物流包装法律关系的发生

物流包装法律关系的发生实质上就是物流包装法律关系的设立，即因物流包装法律事实

的存在而在物流包装主体之间形成了权利和义务关系。

物流包装法律关系发生的原因,首先取决于物流包装法律事实的存在,如法人之间订立物流合同。物流包装法律事实,是指由民法所规定的,引起物流包装法律关系发生、变更和消灭的现象。物流包装法律事实分为事件和行为两大类。事件指发生的某种客观情况,行为则是指物流法律主体实施的活动。

物流包装法律关系的发生还有赖于相关法律的规定和合同约定的存在,如食品卫生法中确定的当事人的权利和义务内容。

2) 物流包装法律关系的变更

物流包装法律关系的变更又称物流包装法律关系的相对消灭,是指因某种物流法律事实的出现而使物流包装主体之间已经发生的物流包装法律关系的某一要素发生改变。

物流包装法律关系变更的原因,是法律所规定的或者合同中约定的某种物流法律事实的出现。如发生了法律规定的可以变更的物流包装行为,当事人协议约定改变履行合同的标的。

物流包装法律关系变更的结果,是使业已存在的物流包装法律关系的主体、客体和内容发生了某种变化。

3) 物流包装法律关系的终止

物流包装法律关系的终止又称物流包装法律关系的绝对消灭,是指因某种物流法律事实的出现而导致业已存在的物流包装法律关系归于消灭。

物流包装法律关系终止的原因,是出现了某种物流法律事实,如委托合同关系中委托人取消了委托或者受托人辞去了委托,专利权保护期限届满等。

物流包装法律关系终止的后果,是指原本存在的物流包装法律关系不复存在。如商标权人的某项注册商标因逾期未办理续展手续而丧失了商标权,代理人死亡后代理关系消灭。

7.2 普通货物包装法律法规

7.2.1 普通货物包装相关法律法规

1. 普通货物的概念

普通货物是指除危险货物、鲜活易腐的货物以外的一切货物。普通货物的危险性大大地小于危险货物,因而对其包装的要求也相对较低。物流企业在对普通货物进行包装时,有国家强制性的包装标准时,应当按照该标准执行;在没有强制性规定时,应从适于仓储、运输和搬运,适合于商品的适销性的角度考虑,一般只要达到可保护货物的程度即可。

2. 普通货物包装所适用的法律法规

到目前为止,我国还没有关于包装的专门法律,也没有专门的物流法律专门规范,有关货物包装的规定分散于各个法律部门的多个法律、法规之中,与货物销售、运输、仓储等有关的法律、行政法规、部门规章、国际公约中都包含了对包装的规定。常见的有《合同法》、《产品质量法》、《中华人民共和国反不正当竞争法》、《中华人民共和国食品卫生法》、《海商法》、《公路汽车货物运输规则》、《国内水路货物运输规则》、《联合国国际货物销售合同公约》。除此之外,还包括有关部门颁布的包装标准,如:《一般货物运输包装通用技术条件》、《运输包装件尺寸界限》、《包装储运图示标志》、《运输包装件基本实验》等。

3. 普通货物包装所应遵循的基本原则

1）安全原则

安全原则是指物品的包装应该保证物品本身以及相关人员的安全。具体包括以下两个方面的安全。

（1）物品本身的安全。包装的第一大功能就是保护物品不受外界伤害，保证物品在物流的过程中保持原有的形态，不致损坏和散失。生产的商品最终要通过物流环节送到消费者手中，在这个过程中，商品通常会遇到一系列的威胁：外力的作用，如冲击、跌落；环境的变化，如高温、潮湿；生物的入侵，如霉菌、昆虫的入侵；化学侵蚀，如海水、盐酸等侵蚀；人为破坏，如偷盗等。而包装则成为对抗这些危险和保护商品的一道屏障。

（2）相关人员的人身安全。一些危险的商品如农药、液化气等具有易燃、易爆、有毒、腐蚀性及放射性等特点，如果包装的性能不符合要求或者使用不当很可能引发事故。对于这些商品，包装除起到保护商品不受损害的作用外，还可保护与这些商品发生接触的人员的人身安全，如搬运工人、销售人员等，如果包装不符合要求将会造成严重的后果。1982年，我国的"莲花城"号轮船在印度洋爆炸沉没，造成了重大人身伤亡，就是因包装的质量差，导致了危险货物的泄漏而造成的。1990年商业部颁布的《商业、供销社系统商品包装工作规定》规定商品包装工作必须认真贯彻执行国家的政策、法律，坚持"科学、安全、美观、经济、适用"的原则。

2）绿色原则

即对物品或货物的包装应符合环境保护的要求。环境保护是当今世界经济发展的主题之一，在包装行业中也有所体现。当今世界上，几乎所有国家和地区用来包装商品和药品的材料，绝大多数为塑料制品。让人担忧的是，在一定的介质环境和温度条件下，塑料中的聚合物和一些添加剂会溶出，并且有极少量会转移到商品和药物中去，从而引起人体的急性或慢性中毒，严重的甚至会致癌。由于世界每年消耗的塑料制品很多，它们使用后被人抛弃成为垃圾，很难腐烂。而作为商品包装工具之一的一次性快餐盒已经变成"白色污染"，成为全球性公害。绿色包装的问题是一个迫切需要解决的问题。在国外，许多国家和地区已经开始行动，颁布法律，在包装中全面贯彻绿色意识。我国的包装立法还处于起步阶段，应该顺应国际包装的发展趋势，将绿色原则作为包装法的基本原则之一。

3）经济原则

即包装应该以最小的投入得到最大的经济效益。包装成本是物流成本的一个重要组成部分，昂贵的包装费用将会降低企业的经济效益。特别是我国目前仍然处于社会主义发展初级阶段，生产力还不发达，奢华的包装不仅会造成社会资源的极大浪费，还会产生不良的社会影响。但是包装过于简单或粗糙，也会降低商品的吸引力，成为商品销售的障碍。经济原则就是努力追求一种平衡，使包装既不造成资源铺张浪费，又不影响商品的销售。

4. 普通货物运输包装的基本要求

1）普通货物运输包装材料及强度的规定

按照《一般货物运输包装通用技术标准》的规定，一般货物运输包装的包装材料、辅助材料和容器应当符合有关国家标准的规定，没有标准的材料和容器必须经过包装实验，在验证能够满足流通环境条件的要求后，才能投入使用。因而，物流企业在包装的环节中，应该注意掌握以下几点：

（1）根据货物的特性及物流过程的具体特点，包装应该具有防震、防盗、防锈、防霉、防尘的功效。在选用包装材料的时候要综合考虑以上的要求。

（2）包装的封口必须严密牢固，对于体积小、容易丢失的物品应该选用胶带封合、钉合或黏合。

（3）根据货物的品质、体积、重量、运输方式的不同而选择不同的捆扎材料和捆扎方法，确保货物在物流过程中稳定、不泄漏、不流失。捆扎带应搭接牢固、松紧适度、平整不扭，并且捆扎带不得少于两条。

2）运输包装件尺寸的规定

对运输包装件的尺寸，中华人民共和国国家质量监督检验检疫总局和中国国家标准化管理委员会于2008年2月1日共同发布了《运输包装件尺寸与质量界限》（GB/T 16471—2008）。该标准规定了经由公路、铁路、水路、航空运输的运输包装件外廓尺寸和质量界限，适用于公路、铁路、水路、航空运输的运输包装件的设计和运输。该标准虽然不具有强制性，但是对于运输包装件的设计和装载运输等具有指导作用。

该标准对包装尺寸的一般要求为长度不超过5.639米，宽度不超过2.134米，高度不超过1.981米（航空运输的包装件除外）。适用各种运输方式的包装件最大轮廓尺寸（通用尺寸）要求见表7-1。各种运输工具所承载的运输包装件最大外轮廓尺寸（允许尺寸）见表7-2。

表7-1　各种运输方式通过尺寸　　　　　　　　　　　　　　　　　米

运输方式	长　度	宽　度	高　度
水路运输	小于5	小于3.74	小于1.1
铁路运输	小于2.3	小于0.7	小于1.782
公路运输	小于3.54	小于1.6	小于1.65
航空运输	小于1.514	小于1	小于1.4

注：关于集装箱的特殊规定。集装箱作为一种特殊的运输工具，各种运输方式在使用集装箱进行运输时，它所要求的包装件尺寸应该是长、宽、高分别小于5.867米、2.286米、2.134米。

表7-2　各种运输工具承载允许尺寸　　　　　　　　　　　　　　　米

运输方式	长　度	宽　度	高　度
水路运输	小于32.2	小于10.5	小于5.39
公路运输	小于12.16	小于2.5	最高点距离地面不超过4.00
航空运输	小于3.175	小于2.438	小于1.626

3）运输包装件测试

（1）运输包装件测试的概念。即用以评定包装件在流通过程中性能的试验。运输包装件是指产品经过运输包装后形成的总体。根据《运输包装件试验》的相关规定，各种新设计包装均应按照标准的要求进行性能测试，目的在于检测包装在流通过程中所能承受危害的程度。在流通过程中，存在着可能引发包装损害的各种危害，引起危害的因素取决于流通环节的具体特点以及内装货物的特性。新设计包装应定期进行抽样复验。包装的尺寸、材料、制造工艺、包装方式发生改变时均应进行性能测验。

（2）运输包装件测试的分类。根据需要可以分为单项测试、多项测试和综合测试三种。单项测试就是只进行一系列测验中的某一项测验，可以用相同或不同的测验强度和试验样品状态重复进行多次试验。多项试验是用一系列试验中的若干或全部试验进行顺序试验。综合试验是使用两种以上的危害因素同时作用于包装件上，检验其在两种以上危害因素的综合作用下的防护能力。

5. 销售包装的基本要求

销售包装通常情况下是由商品的生产者提供。但是如果在物流合同中规定，由物流企业为商品提供销售包装的，则物流企业就需要承担商品的销售包装，因而，物流企业在进行销售包装时需要按照销售包装的基本要求进行操作。在销售包装上，一般附有装潢图画和文字说明，选择合适的装潢和说明将会促进商品的销售。销售包装的基本要求主要涉及以下几个方面。

1）图案设计

图案设计是包装设计的三大要素之一。它包括商标图案、产品形象，使用场面、产地景色、象征性标志等内容。在图像的设计中，使用各国人民喜爱的形象固然重要，但更重要的是避免使用商品销售地所禁忌的图案。在国际物流中因包装图案触犯进口国禁忌，造成货物在海关扣留或遭到当地消费者抵制的事例时有发生。国际上三角图案普遍当作警告性标志；捷克和斯洛伐克规定红色三角图案为有毒标记；土耳其通用三角形为"免费样品"；日本人忌荷花；意大利人忌菊花；信奉伊斯兰教的国家忌熊猫，因为熊猫似肥猪。在国际物流中进行包装图案设计时，要根据目标市场国的禁忌和喜好进行，趋好避忌。

2）文字说明

在销售包装上应该附有一定的文字说明，表明商品的品牌、名称、产地、数量、成分、用途、使用等。在制作文字说明时一定要注意各国的管理规定。例如，日本政府规定凡销往日本的药品除必须说明成分和使用方法外，还要说明功能；加拿大政府则规定，销往该国的商品必须同时使用英文和法文两种文字说明。

3）条形码

商品包装上的条形码是按一定编码规则排列的条、空符号，由表示有一定意义的字母、数字及符号组成，利用光电扫描阅读设备为计算机输入数据的特殊的代码语言。条形码自1949年问世以来得到了广泛的运用。20世纪70年代美国将条形码运用到商品零售业。目前世界上许多国家和地区的商品上都使用条形码，各个超市都使用条形码进行结算，如果没有条形码，即使名优商品也不能进入超级市场。有些国家还规定，如果商品包装上没有条形码则不予进口。

在国际上通用的包装上的条形码有两种：一种是美国、加拿大组织的统一编码委员会编制，其使用的物品标识符号为UPC，另一种是由欧共体12个国家成立的欧洲物品编码协会（该组织后更名为国际物品编码协会）编制，其使用的物品标识符号为EAN。1991年我国正式加入国际物品编码协会，我国的国别编码代号是690，691，692和693。

7.2.2 普通货物包装法律关系中的权利与义务

1. 包装条款的内容

普通货物包装法律关系中的权利与义务主要体现在物流服务合同中的包装条款中。包装条款一般包括以下三个方面的内容。

1）包装的提供方

在物流服务合同中，包装条款应该载明包装由哪一方提供。这样的规定不仅有助于明确物流企业在包装中所处的法律地位，而且有助于在由于包装的问题引起货物损坏或灭失时分清责任。

2）包装材料和方式

包装材料和方式是包装的两个重要方面，分别反映了静态的包装物和动态的包装过程。包装材料条款主要载明采用什么包装，如木箱装、纸箱扎、铁桶装、麻袋装等，包装方式条款主要载明如何进行包装。在这两点之外可以根据需要加注尺寸、每件重量或数量、加固条件等。随着科学技术的发展，包装材料和包装方式也越来越细，以免产生不必要的纠纷。

3）运输标志

运输标志是包装条款中主要内容。运输标志通常表现在商品的运输包装上。在贸易合同中按国际惯例，一般由卖方设计确定，也可以买方决定。运输标志会影响货物的搬运装卸，所以要求在合同条款中明确载明。

2. 订立包装条款时应注意的事项

（1）合同中的有些包装术语如"适合海运包装"、"习惯包装"等，因可以有不同理解容易引起争议，除非合同双方事先取得一致认识，否则避免使用。尤其是设备包装条件，应该在合同中作出明确的规定。例如，对于特别精密的设备，除规定包装必须符合运输要求外，还应规定防震措施等条款。

（2）包装费用一般都包括在货价内，合同条款不必列入。但如果一方要求特殊包装，则可增加包装费用，如何计费及何时收费也应该在条款中注明。如果包装材料由合同的一方当事人供应，则条款中应明确包装材料的到达时间，以及逾期到达时该方当事人应负的责任。如果运输标志由一方当事人决定，条款中也应该规定运输标志到达时间（运输标志内容须经卖方同意）及逾期不到时该方当事人应担负的责任等。

（3）包装条款不能太笼统。在一些合同中，包装条款仅写明"标准出口包装"，这是一个较为笼统的概念。在国际上还没有统一的标准来界定包装是否符合"标准出口包装"的要求。因此，国外一些客户在这方面大做文章，偷工减料，以减少包装成本。

7.3　危险品包装法律法规

7.3.1　危险品包装法律法规

1. 危险物品的概念及类型

危险物品是指具有爆炸、易燃、毒害、腐蚀、放射性等性质，在运输、装卸和存储保管过程中容易造成人身伤亡和财产损毁而需要特别防护的货物。

危险物品一般有九大类：爆炸品；压缩气体和液化气体；易燃液体；易燃固体、自燃物品和遇湿易燃物品；氧化剂和有机过氧化物；毒害品和感染性物品；放射性物品；腐蚀品；杂类，是指在运输过程中呈现的危险性质不包括在上述 8 类危险货物中的物品，如带有磁性的某些物品。

2. 对危险类货物包装的基本要求

由于危险类货物自身的危险性质，我国对危险货物的包装采用了不同于普通货物的特殊要求，并且这些规定和包装标准均是强制性的，因而，物流企业在进行危险货物的包装时，应当严格按照我国的法律规定和标准进行，以避免危险货物在储存、运输、搬运装卸中出现重大事故。根据《危险货物运输包装通用技术条件》、《水路危险货物运输规则》及其他相关法规的规定，我国对危险货物包装的基本要求如下：

① 应该能够保护货物的质量不受损坏；
② 保证货物数量上的完整；
③ 防止物流中发生燃烧、爆炸、腐蚀、毒害、放射性辐射等事故造成损害，保证物流过程的安全；
④ 危险货物包装的基本要求、等级分类、性能试验、检验方法都应该符合国家强制性标准。

3. 危险类货物运输包装的要求

在运输过程中，危险货物随着运输工具的运动而长时间处于运动状态中，加之运输过程中危险货物可能会处于多种环境条件下，其发生物理、化学等变化的可能性增加，危险性也随之上升，因此，对于危险货物的运输包装必须特别注意。

1）危险货物运输包装的概念

根据《危险货物运输包装通用技术条件》规定，危险货物的运输包装是指运输中的危险货物的包装。除爆炸品、压缩气体、液化气体、感染性物品和放射性物品的包装外，危险货物的包装按其防护性能分为：

① Ⅰ类包装——适用于盛装高度危险性的货物的包装；
② Ⅱ类包装——适用于盛装中度危险性的货物的包装；
③ Ⅲ类包装——适用于盛装低度危险性的货物的包装。

2）危险货物运输包装所适用的标准及基本内容

危险货物运输包装所适用的国家标准是《危险货物运输包装通用技术条件》，该标准是国家颁布的，规定了危险货物运输包装的分级，运输包装的基本要求、性能测试和测试的方法，同时也规定了危险货物运输包装容器的类型和标记代号的强制适用的技术标准。该标准强制适用于盛装危险货物的运输包装，是运输生产和检验部门对危险货物运输包装质量进行性能试验和检验的依据。但该标准不适用于以下几种情况的包装：

① 盛装放射性物质的运输包装；
② 盛装压缩气体和液体气体的压力容器的包装；
③ 净重超过 400 kg 的包装，容积超过 450 L 的包装。

3）对危险货物运输包装的强度、材质等的要求

根据《危险货物运输包装通用技术条件》的规定，危险货物运输包装的强度及采用的材质应满足以下基本要求：

（1）危险货物运输包装应结构合理，具有一定强度，防护性能好。
（2）包装的材质、形式、规格、方法和单件质量（重量），应与所装危险货物的性质和用途相适应，并便于装卸、运输和储存。

(3) 包装应该质量良好，其结构和封闭形式应能承受正常运输条件下的各种作业风险，不会因温度、湿度、压力的变化而发生任何泄漏，包装表面应该清洁，不允许黏附有害的危险物质。

(4) 包装与内包装直接接触部分必要时应该有内涂层或进行防护处理。

(5) 包装材质不能与内包装物发生化学反应而形成危险产物或导致削弱包装强度；内容器应该固定。如果属于易碎品，应采用与内装物性质相适应的衬垫材料或吸附材料衬垫妥实；盛装液体的容器，应能经受在正常运输条件下产生的内部压力。灌装时必须留有足够的膨胀余地，除另有规定外，应该保证在温度55 ℃时，内装物不会完全充满容器。

(6) 包装封口应该根据内包装物性质采用严密封口、液密封口或气密封口。

(7) 盛装需浸湿或夹有稳定剂的物质时，其容器缝补形式应能有效地保证内装液体、水溶剂或稳定剂的百分比在储运期间保持在规定范围内。

(8) 有降压装置的包装，排气孔设计和安装应能防止内装物泄漏和外界杂质的混入。排出的气体量不得造成危害和污染环境。复合包装内容器和外包装应紧密贴合，外包装不得有擦伤内容器的凸出物。

(9) 无论新型包装、重复使用的包装还是修理过的包装，均应符合《危险货物运输包装通用技术条件》关于危险货物运输包装性能测试的要求。

(10) 盛装爆炸品包装的附加要求：

第一，盛装液体爆炸品容器的封闭形式，应具有防止渗漏的双重保护；

第二，除内包装能充分防止爆炸品与金属物接触外，铁钉和其他没有防护涂料的金属部件不得穿透外包装；

第三，双重卷边接合的钢桶，金属桶或以金属做衬里的包装箱，应能防止爆炸物进入缝隙。钢桶或铝桶的封闭装置必须有合适的垫圈；

第四，包装内的爆炸物质和物品，包括内容器，必须衬垫妥实，在运输中不得发生危险性移动；

第五，盛装有对外部电磁辐射敏感的电引发装置的爆炸物品，包装应具备防止所装物品受外部电磁辐射源影响的功能。

4) 危险货物运输的包装容器

包装容器是储运货物的载体。包装的盛装、保护、识别等功能通过运输包装容器来实现。《危险货物运输包装通用技术条件》中所规定的包装容器包括钢（铁）桶、铝桶、钢罐、胶合板桶、木琵琶桶、硬质纤维板桶、硬纸板桶、塑料桶、天然木箱、胶合板箱、再生木板箱、硬纸板箱、瓦楞纸箱、钙塑板箱、钢箱、纺织品编织袋、塑料编织袋、塑料袋、纸袋、瓶、坛、筐、篓等。

5) 危险货物运输包装的防护材料

防护材料包括用于支撑、加固、衬垫、缓冲和吸附等材料。危险货物包装所采用的防护材料及防护方式，应与内装物性能相容，符合运输包装件总体性能的需要，能经受运输途中的冲击与振动，保护内装物与外包装，当内容器损坏、内装物流出时也能保证外包装安全无损。

6) 危险货物运输包装标记和标志

危险货物在物流的过程中，货物包装的外表应该按照规定的方式标以正确耐久的标记和标志。包装标记是指包装中的内装物的正确运输名称文字;包装标志则表明包装内所装的物质性质的识别图案。标记和标志的主要作用是便于从事运输作业的人员在任何时候、任何情况下都能对包装内所装的物质进行迅速地识别,以便正确地识别危险货物以及危险货物所具有的危害特征,在发生危险的情况下采取相应的安全措施,避免损害的发生或降低损害的程度。根据《包装储运图示标志》GB 191—2008 的规定,每种危险品包装件应按其类别贴相应的标志。但如果某种物质或物品还有属于其他类别的危险性质,包装上除了粘贴该类标志作为主标志以外,还应粘贴表明其他危险性的标志作为副标志,副标志图形的下角不应标有危险货物的类项号。标志应清晰,并保证在货物储运期内不脱落。标志应由生产单位在货物出厂前标打,出厂后如改换包装,其标志由改换包装单位标打。

储运的各种危险货物性质的区分及其应标打的标志,应按 GB 6944,GB 12268 及有关国家运输主管部门规定的危险货物安全运输管理的具体办法执行。出口货物的标志应按我国执行的有关国际公约办理。

(1) 包装标志的图形共有 21 种,19 个名称,其图形分别标示了 9 类危险货物的主要特性,见表 7-3。

表 7-3 危险货物包装标志图形和名称

标志号	标志名称	标志图形	对应的危险货物类项号
标志 1	爆炸品	(符号:黑色,底色:橙红色)	1.1 1.2 1.3
标志 2	爆炸品	(符号:黑色,底色:橙红色)	1.4
标志 3	爆炸品	(符号:黑色,底色:橙红色)	1.5
标志 4	易燃气体	(符号:黑色或白色,底色:正红色)	2.1

续表

标志号	标志名称	标志图形	对应的危险货物类项号
标志 5	不燃气体	（符号：黑色或白色，底色：绿色）	2.2
标志 6	有毒气体	（符号：黑色，底色：白色）	2.3
标志 7	易燃液体	（符号：黑色或白色，底色：正红色）	3
标志 8	易燃固体	（符号：黑色，底色：白色红条）	4.1
标志 9	自燃物品	（符号：黑色，底色：上白下红）	4.2
标志 10	遇湿易燃物品	（符号：黑色或白色，底色：蓝色）	4.3
标志 11	氧化剂	（符号：黑色，底色：柠檬黄色）	5.1

续表

标志号	标志名称	标志图形	对应的危险货物类项号
标志 12	有机过氧化物	（符号：黑色，底色：柠檬黄色）	5.2
标志 13	剧毒品	（符号：黑色，底色：白色）	6.1
标志 14	有毒品	（符号：黑色，底色：白色）	6.1
标志 15	有害品（远离食品）	（符号：黑色，底色：白色）	6.1
标志 16	感染性物品	（符号：黑色，底色：白色）	6.2
标志 17	一级放射性物品	（符号：黑色，底色：白色，附一条红竖条）	7
标志 18	二级放射性物品	（符号：黑色，底色：上黄下白，附二条红竖条）	7

续表

标志号	标志名称	标志图形	对应的危险货物类项号
标志19	三级放射性物品	（符号：黑色，底色：上黄下白，附三条红竖条）	7
标志20	腐蚀品	（符号：上黑下白，底色：上白下黑）	8
标志21	杂类	（符号：黑色，底色：白色）	9

注：表中对应的危险货物类项号及各标志角号是按 GB 6944 的规定编写的。

（2）标志的尺寸一般分为4种（见表7-4）。

表7-4 标志的尺寸

号　别	尺　寸/mm	
	长	宽
1	50	50
2	100	100
3	150	150
4	250	250

注：如遇到特大或特小的运输包装件，标志的尺寸可按规定适当扩大或缩小。

（3）标志的使用方法。标志的标打，可采用粘贴、钉附及喷涂等方法。标志的位置规定如下：箱状包装——位于包装端面或侧面的明显处；袋、捆包装——位于包装明显处；桶形包装——位于桶身或桶盖；集装箱、成组货物——粘贴四个侧面。

（4）标志和标牌的规格。标志上的颜色及符号应该符合有关国家标准以及《危险货物运输规则》的要求，标牌应该做到：不小于250 mm×250 mm；应与运输组件内的每一危险货物标志的颜色以及符号一致；在标牌的下半部的适当位置显示类别号码，如对标志的要求一样，其数字高度不应小于25 mm。

(5) 标志代号。根据《危险货物运输包装通用技术条件》的规定，标志代号是用来标明包装材质、类型等特点的一组代号（见表7-5）。根据所用标志代号的组成又分为单一包装型号和复合包装型号两类。单一包装型号由一个阿拉伯数字和一个英文字母组成，英文字母表示包装容器的材质，其左边平行的阿拉伯数字代表包装容器的类型；英文字母右下方的阿拉伯数字，代表同一类型包装容器不同开口的型号；例如，$1A_1$表示钢桶小开口。复合包装型号由一个表示复合包装的阿拉伯数字"6"和一组表示包装材质和包装形式的字符组成。这组字符为两个大写英文字母和一个阿拉伯数字。第一个英文字母表示内包装的材质，第二个英文字母表示外包装的材质，右边的阿拉伯数字表示包装形式。例如6HA1表示内包装为塑料容器，外包装为钢桶的复合包装。

表7-5 各种包装材质、类型的标志代号表示法

用小写英文字母表示包装级别	用阿拉伯数字表示包装容器	用大写英文字母表示包装容器的材质	其他的特殊标志代号
x—符合Ⅰ、Ⅱ、Ⅲ级包装要求 y—符合Ⅱ、Ⅲ级包装要求 z—符合Ⅲ级包装要求	1—桶 2—木琵琶桶 3—罐 4—箱、盒 5—袋、软管 6—复合包装 7—压力包装 8—筐、篓 9—瓶、坛	A—钢 B—铝 C—天然木 D—胶合板 F—再生木板（锯末板） G—硬质纤维板、硬纸板、瓦楞纸板、钙塑板 H—塑料材料 L—编织材料 M—多层纸 N—金属（钢、铝除外） P—玻璃、陶瓷 K—柳条、荆条、藤条及竹篾	S—表示拟装固体的包装标记 L—表示拟装液体的包装标记 R—表示修复后的包装标记 GB—表示符合国家标准要求 Un—表示符合联合国规定的要求

7.3.2 危险品包装法律关系中的权利与义务

这里主要介绍几种常见运输方式的危险货物运输包装应注意的事项。

铁路危险货物包装根据其内装物的危险程度同样划分为Ⅰ类包装、Ⅱ类包装、Ⅲ类包装三种包装类别。

1. 铁路危险货物运输包装注意事项

（1）危险货物的运输包装和内包装应按铁路危险货物品名表及危险货物包装表的规定确定包装方法，同时还需要符合下列要求：

① 包装材料的材质、规格和包装结构应与所装危险货物的性质和重量相适应。包装容器与所装货物不得发生危险反应或削弱包装强度。

② 充装液体危险货物，容器应至少留有5%的空隙。

③ 液体危险货物要做到液密封口；对可产生有害及以潮解或遇酸雾能发生危险反应的应做到气密封口。对必须装有通气孔的容器，其设计和安装应能防止货物流出和杂质、水分进入，排出的气体不致造成危险或污染。其他危险货物的包装应做到严密不漏。

④ 包装应坚固完好，能抗御运输、储存和装卸过程中正常的冲击，振动和挤压，并便于装卸和搬运。

⑤ 包装的衬垫物不得与所装货物发生反应而降低安全性，应能防止内装物移动和起到减震及吸收作用。

⑥ 包装表面应清洁，不得黏附所装物质和其他有害物质。

（2）危险货物包装，需做包装性能试验。试验方法、要求和合格标准，可比照铁路危险货物运输包装性能实验方法办理。盛装液体危险货物的金属桶、金属罐、塑料桶、塑料罐及钢塑复合桶，每桶（罐）每次使用前都必须做气密试验。钢瓶的机械强度试验应符合劳动部《气瓶安全检查规程》规定的要求；放射性物品包装应按照《放射性物质安全运输规定》（GB 11806—2004）的要求进行设计和试验。铁路局可指定包装检测机构根据相关规定对危险货物的包装性能、质量和材质进行检查和测试，保证包装符合安全要求。

（3）托运人要求改变包装时，应填写改变运输包装申请书，并应首先向发站提出经县级以上（不包括县）主管部门审查同意的包装方法、产品物理化学特性及经包装检测机构出具的包装试验合格证明。

（4）性质或消防方法相互抵触，以及配装号或类项不同的危险货物不得混装在同一包装内。

（5）每件货物的包装应牢固、清晰地标明规定的危险货物包装标志和包装储运图示标志，并有与货物运单相同的危险货物品名。

2. 水路危险货物运输包装应注意事项

（1）危险货物的包装（压力容器和放射性物品的包装另有规定）应按《水路危险货物运输规则》的规定进行性能试验。申报和托运危险货物应持有交通部认可的危险检验机构出具的"危险货物包装检验证明书"，符合要求后，方可使用。

（2）盛装危险货物的压力容器和放射性物品的包装应符合国家主管部门的规定，压力容器应持有商检机构或锅炉压力容器检测机构出具的"检验合格证书"。

（3）根据危险货物的性质和水路运输的特点，包装应满足以下基本要求：

① 包装的规格、形式和单位质量（重量）应便于装卸或运输；

② 包装的材质、形式和包装方法（包括包装的封口）应与拟装货物的性质相适宜。包装内衬垫材料和吸收材料应与拟装货物性质相容，并能防止货物移动和外漏。

③ 包装应具有一定强度，能经受住运输中的一般风险。盛装低沸点货物的容器，其强度须具有足够的安全系数，可以承受住容器内可能产生的较高的蒸汽压力。

④ 包装应干燥、清洁、无污染，并能经受住运输过程中温、湿度的变化。

⑤ 容器盛装液体货物时，必须留有足够的膨胀余位（预留容积），防止在运输中因温度变化而造成容器变形或货物渗漏。

⑥ 盛装下列危险货物的包装应达到气密封口的要求：a. 产生易燃气体和蒸汽的货物；b. 干燥后成为爆炸品的货物；c. 产生毒性气体或蒸汽的货物；d. 产生腐蚀性气体或蒸汽的

货物；e. 与空气发生危险反应的货物。

（4）采用与本规则不同的其他包装方法（包括新型包装），应符合危险货物水路运输包装相关的防护性能、性能测试和基本要求的规定，由运港的港务（航）监督机构和港口管理机构共同根据技术部门的鉴定审查同意并报交通部批准后，方可作为等效包装使用。

（5）危险货物包装重复使用时，应完整无损，无锈蚀，并应符合危险货物运输包装的性能测试及基本要求的规定。

（6）危险货物的成组件应具有足够的强度，并便于用机械装卸作业。

（7）每一盛装危险货物的包装上均应标明所装货物的正确运输名称，名称的使用应符合"各类引言和危险货物明细表"中的规定。包装明显处、集装箱四侧、可移动罐柜四周及顶部应粘贴或印刷符合"危险货物标志"的规定。具有两种或两种以上危险性的货物，除按其主要危险性标贴主标志外，还应标贴《水路危险货物运输规则》中"危险货物明细表"规定的副标志（副标志无类别号）。标志应粘贴、刷印牢固，在运输过程中保持清晰，不脱落。

3. 航空危险品运输包装应注意事项

航空危险品包装应符合一般要求，即航空运输的危险品应根据技术细则的规定进行分类和包装，提交正确填制的危险品航空运输文件。

（1）包装容器应当注意：

① 航空运输的危险品应当使用优质包装容器，该包装容器应当构造严密，能够防止在正常的运输条件下由于温度、湿度或压力的变化，或由于振动而引起渗漏。

② 包装容器应当与内装物相适宜，直接与危险品接触的包装容器不能与该危险品发生化学反应或其他反应。

③ 包装容器应当符合技术细则中有关材料和构造规格的要求。

④ 包装容器应当按照技术细则的规定进行测试。

⑤ 对用于盛装液体的包装容器，应当承受技术细则中所列明的压力而不渗漏。

⑥ 内包装应当进行固定或衬垫，控制其在外包装容器内的移动，以防止在正常航空运输条件下发生破损或渗漏。衬垫和吸附材料不得与内装物发生危险反应。

⑦ 包装容器应当在检查后证明其未受腐蚀或其他损坏时，方可再次使用。当包装容器再次使用时，应当采用一切必要措施防止随后装入的物品受到污染。

⑧ 如由于先前内装物的性质，未经彻底清洗的空包装容器可能造成危害时，应当将其严密封闭，并按其构成危害的情况加以处理。

⑨ 包装件外部不得黏附构成危害的危险物质。

（2）对于标签，除技术细则另有规定外，危险品包装件应当贴上适当的标签，并且符合技术细则的规定。

（3）标记应注意事项。

① 除技术细则另有规定外，每一危险品包装件应当标明货物的运输专用名称。如有指定的联合国编号，则需表明此联合国编号以及技术细则中规定的其他相应标记。

② 除技术细则另有规定外，每一按照技术细则的规格制作的包装容器，应当按照技术细则中有关的规定予以标明；不符合技术细则中有关包装规格的包装容器，不得在其上标明

包装容器规格的标记。

（4）标记使用的文字应注意事项。

国际运输时，除始发国要求的文字外，包装上的标记应加用英文。

7.3.3 国际物流中的包装法律法规

1. 国际物流中包装的特点

国际物流是相对于国内物流而言的，是国内物流的延伸和发展，同样包括运输、包装、流通加工等若干子系统。相对于国内物流的包装，国际物流中的包装具有以下特点：

1）国际物流对包装强度的要求相应提高

国际物流的过程与国内物流相比时间长、工序多，因此在国际物流中，一种运输方式难以完成物流的全过程，经常采取多种运输方式联运，与此同时就增加了搬运装卸的次数及存储的时间。在这种情况下，只有增加包装的强度才能达到保护商品的作用。

2）国际物流的标准化要求较高

这也是由国际物流过程复杂性所引起的。为了提高国际物流的效率，减少不必要的活动，国际物流过程中对包装的标准化程度越来越高，以便于商品顺利地流通。

3）国际物流中与包装有关的法律适用更加复杂

国际物流涉及两个或两个以上不同的国家，法律制度存在着差异，同时又存在着若干调整包装的国际公约，所以国际物流中与包装有关的法律适用就更加复杂。

2. 国际物流中包装所适用的法律

1）国际物流参与国的国内法

国际物流是商品在不同国家的流动，所以其包装应遵守相关国家的法律规定。这里的相关国家指的是物流过程的各个环节所涉及的国家，如运输起始地所在国、仓储地所在国、流通加工地所在国。国际物流中的包装必须遵守参与国际物流国家的关于包装的强制法，对于任意性的法律规定及当事人可以选择适用的法律，可以由当事人自行决定。

2）相关的国际公约

目前世界上并没有专门规定商品包装的国际公约，但是在国际贸易以及国际运输领域的公约中包含着对商品包装的规定，如《汉堡规则》、《联合国国际货物买卖公约》等。

3. 国际物流中运输包装的标志

在国际物流中，为了方便装卸、运输、仓储检验和交接工作的顺利进行，提高物流效率，防止发生错发错运和损坏货物与伤害人身事故，保证货物安全迅速准确地交给收货人，同样要在运输包装上书写、印刷各种有关的标志，用来识别和提醒人们操作时注意，相对于国内物流来说国际物流中的运输包装标志更加重要。它们包括：

1）运输标志（Shipping Mark）

运输标志又称唛头，通常由一个简单的几何图形和一些字母、数字及简单的文字组成。其主要作用是便于运输、装卸、仓储等工作中识别货物，避免错发错运。运输标志要求贴、刷或喷写在货物包装的明显部分，色牢防退。运输包装标志一般由以下三部分组成：

① 目的港或目的地名称；

② 收货人、发货人的代号，多用简单的几何图形，如三角形、圆形等，图形内外刷以

字母表示收货人和发货人的代号和名称；

③ 件号、批号，是货主对每件包装货物编排的顺序号，由顺序号和总件号组成，如 1—200 或 1/200，前面的 1 代表该批货物的第一件，后面的 200 代表总件数。

目前运输标志的内容繁简不一，主要由买卖双方根据商品特点和具体要求商定。为了顺应物流业迅速发展的要求以及运输方式的变革、电子技术和网络技术的应用，联合国欧洲经济委员会简化国际贸易程序工作组在国际标准化组织和国际货物装卸协调协会的支持下，制定了一套运输标志，向各国推荐使用。该运输标志包括：收货人或买方名称的英文缩写字母或简称；参考号，如运单号、订单号或发票号；目的地；件号。

这些运输标志要求列为四行，每行不超过 17 个印刷字符，并能用打字机一次完成，一般不宜采用几何图形。例如：

ABC ……………收货人名称
1234 ……………参考号
HONGKONG ………目的地
1—100 …………件数代号

2）指示性标志（Indicative Mark）

指示性标志又称安全标志、保护性标志或货物操作标志，是提示人们在装卸、运输和保管过程中需要注意的事项，一般都是以简单、醒目的图形在包装中标出，故有人又称其为注意事项，如"小心轻放"（Handle with Care）、"保持干燥"（Keep Dry）等。根据商品性质的不同应该选择不同的标志，以确保商品在整个物流过程中不受到错误的操作。由于国际物流的特殊性，标志上的文字大多采用英文。国家质量监督检验检疫总局和国家标准化管理委员会发布的《中华人民共和国国家标准包装储运图示标志》（GB 191—2008）规定的指示性标志如图表 7-6 所示。

表 7-6 包装储运图示标志

序号	标志名称	标志图形	含义
1	易碎物品		运输包装件内装易碎品，因此搬运时应小心轻放
2	禁用手钩		搬运运输包装件时禁用手钩
3	向上		表明运输包装件的正确位置是竖直向上
4	怕晒		表明运输包装件不能直接照晒

续表

序号	标志名称	标志图形	含 义
5	怕辐射		包装物品一旦受辐射便会完全变质或损害
6	怕雨		包装件怕雨淋
7	重心		表明一个单元货物的重心
8	禁止翻滚		不能翻滚运输包装
9	此面禁用手推车		搬运货物时此面禁放手推车
10	禁用叉车		不能用升降叉车搬运的包装件
11	由此夹起		表明装运货物时夹钳放置的位置
12	此处不能卡夹		表明装卸货物时此处不能用夹钳夹持
13	堆码重量极限		表明该运输包装件所能承受的最大重量极限
14	堆码层数极限		相同包装的最大堆码层数，n 表示层数极限

续表

序号	标志名称	标志图形	含义
15	禁止堆码		该包装件不能堆码并且其上不能放置其他负载
16	由此吊起		起吊货物时挂链条的位置
17	温度极限		表明运输包装件应该保持的温度极限

3）警告性标志（Warning Mark）

警告性标志又称危险货物包装标志（Labels of Dangerous Goods）。凡在运输包装内装有易燃易爆物品、有毒物品、腐蚀性物品、放射性物品、氧化剂等危险货物时，必须在运输包装上标有各种危险品的标志，以示警告，使装卸、运输和保管人员按货物特性采取相应的防护措施，以保证物资和人员的安全。警告性标志依据国家颁布的《危险货物包装标志》刷制。联合国海事组织对危险货物也规定了《国际海运危险品标志》，国际物流的危险品，应刷写国际海运危险品标志。

4）包装检疫

进口国为了保护本国的森林资源、农作物、建筑物，防止包装材料中夹带病毒害，以致传播蔓延而危害本国的资源，在货物进入海关时进行检疫。各国通常对包装的材料作了若干的规定，所以在国际物流中选择包装材料十分重要，否则在海关检疫过程中可能被禁止入境。美国、菲律宾、澳大利亚、新西兰、英国等国家都禁止使用稻草作为包装的材料或者衬垫；日本由于木结构的房屋较多，所以日本买方通常拒绝在包装中使用竹子；澳大利亚则规定使用木版箱、木托盘的，必须在出口国进行熏蒸处理，出口商必须提供已作熏蒸处理的证明，否则不准入境。各国根据国情对包装检疫的要求各不相同，并各有所侧重，这就要求物流企业在实际操作中了解进口国的法律法规、生活习惯，事前做好准备，避免不必要的损失。

4.《国际海运危险货物规则》中对于危险货物包装的基本要求

1）包装的材质、种类应与所装危险货物的性质相适应

危险货物的种类不同，性质也有所差异，所以对包装的要求也不相同，这一点在一些化学制品上表现得十分明显。包装应该具备一定的强度，保证在正常的海运条件下，包装内的物质不会散漏和受到污染。越危险的货物对包装的要求就越高；同样，危险的货物单件包装重量越大，对包装的强度要求也越高；同时，包装的强度也应该与运输的长度成正比。包装的设计应考虑到在运输过程中温度、湿度的变化。包装应该保证在环境发生变化的情况下，也不发生损坏。

2）包装的封口应该符合所装危险货物的性质

在通常情况下，危险货物的包装封口应该严密，特别是易发挥、腐蚀性强的气体。但是有些物质由于温度上升或其他原因会散发气体，使容器内的压力逐渐加大，导致危险的发生。对于这种货物，封口不能密封，所以采用什么样的封口应该由所装的危险货物的性质来决定。封口分为气密封口、液密封口。

3）内外包装之间应该有合适的衬垫

内包装应处于外包装内，以防止内包装发生破裂、渗漏和戳破，使货物进入外包装，所以在内外包装之间应该采取适当的减振衬垫材料。衬垫不能削弱外包装的强度，而且衬垫的材料还必须与所装的危险货物的性能相适应，以避免危险的发生。

4）包装应该能经受一定范围内温度、湿度的变化

在物流过程中，包装除应具有一定的防潮衬垫外，本身还要具有一定的防水、抗水性能。

5）包装的重量、规格和形式应便于装卸、运输和储存

根据《国际海运危险货物规则》的规定，包装最大容量为 450 L，最大净重为400 kg。同样，包装的外形尺寸与船的容积、载重量、装卸机具应相适应，以方便装卸、积载、搬运和储存。

本章小结

包装是指为在流通过程中保护产品、方便储运、促进销售，按照一定技术方法而采用的容器、材料及辅助物等的总体名称。包装法规是指一切与包装有关的法律法规的总称。与包装相关的法律规范具有强制性、标准性、技术性和分散性等特点。合同法律规范、产品质量法、商标法、反不正当竞争法等法律规范都对货物包装提出相应的要求。物流包装中的法律关系主体也就是物流包装法律关系中权利和义务的承担者，客体通常是物、行为和智力成果。普通货物包装应遵循安全原则、绿色原则和经济原则。《一般货物运输包装通用技术标准》对普通货物运输包装的包装材料及强度、包装件尺寸和包装件测试等细节问题都做出了规定；销售包装的图案设计、文字说明、条形码使用都有相应要求。普通货物包装法律关系中的权利与义务主要体现在物流服务合同中的包装条款中。危险物品是指具有爆炸、易燃、毒害、腐蚀、放射性等性质，在运输、装卸和存储保管过程中容易造成人身伤亡和财产损毁而需要特别防护的货物。根据《危险货物运输包装通用技术条件》、《水路危险货物运输规则》及其他相关法规的规定，我国对危险货物的包装做出了具体的要求。相对于国内物流的包装，国际物流中的包装又具有自己的特点。因此国际物流中与包装相关的法律适用更加复杂。国际物流中的运输包装标志包括运输标志、指示性标志及警告性标志。

本章涉及主要法律法规：

1.《中华人民共和国合同法》；
2.《中华人民共和国专利法》；
3.《中华人民共和国产品包装法》；
4.《中华人民共和国食品包装法》；
5.《中华人民共和国食品卫生法》；
6.《中华人民共和国产品质量法》；

7. 《中华人民共和国海商法》；
8. 《中华人民共和国商标法》；
9. 《中华人民共和国国家标准包装储运图示标志》；
10. 《一般货物运输包装通用技术条件》；
11. 《危险货物包装标志》；
12. 《危险货物运输包装通用技术条件》；
13. 《运输包装件尺寸与质量界限》；
14. 《国内水路货物运输规则》；
15. 《公路汽车货物运输规则》；
16. 《铁路货物运输规程》；
17. 《危险货物运输规则》；
18. 《水路危险货物运输规则》；
19. 《放射性物质安全运输规定》；
20. 《联合国国际货物销售合同公约》；
21. 《联合国国际货物买卖公约》；
22. 《国际海运危险品标志》；
23. 《国际海运危险货物规则》。

附录：相关法律文书示例

备件包装认可合同范本

甲方：
乙方：
　　甲乙双方经平等友好协商，就乙方所提供备件内、外包装的各项事宜达成一致，内容如下：
　　一、乙方正式向甲方供货前，应与甲方共同签署本协议，之后10天内，乙方向甲方提交一份备件包装方案以及包装样本，经甲方审核确认后，填写备件包装认可通知书交付乙方，乙方按本包装协议中要求对备件进行包装。
　　二、备件内包装材质。内包装根据具体备件的不同可采用三层纸箱（单瓦）、双层纸箱、单层纸箱。三层纸箱材质，外层不少于____克，里层不少于____克，瓦楞高强；双层纸箱、单层纸箱纸质用料不低于____克，同时备件内包装必须做好与备件相对应的内衬。
　　三、包装纸箱、木箱在堆放极限允许的范围内，应保证纸箱、木箱堆放30天不变形。
　　四、乙方向甲方所提供的备件包装要能在备件的运输、搬运、存储过程中起到保护备件的作用。
　　五、包装外标识内容如有变动，乙方在收到甲方通知后两周内做相应的变更，报于甲方审核确认，并将未消耗包装材料数量报于甲方，甲方有义务消耗乙方变更前遗留的库存。
　　六、备件包装要求。备件内、外包装箱均用无任何字样的胶带封口，对于重量、体积较大的备件外包装，需加用包装袋包扎，同时对于贵重备件、精密备件应做好防锈、防腐蚀、防磁化、防磕碰等保护处理。
　　七、备件的外包装各项备件参数标识，应与备件包装内备件状态、数量保持一致。

八、备件外包装材质。备件纸箱外包装，纸箱采用____层纸箱，里、外不低于____克，____牛皮挂面，中间____层采用____克高瓦，如内装重物，需加强____瓦；木箱外包装，其木箱木材厚度应不低于 15 mm，其木材木质不允许有腐朽现象，木箱站脚高度应不低于 50 mm。

九、备件包装标识。备件包装所有标识一律采用____色，包装标识面应做前、后、左、右四面印刷，且印刷标识面应做整面印刷，印刷清晰、完整，不允许出现涂改现象，在版面印刷过程中不允许出现配套商名称、联系电话、配套商地址等相关信息。

十、所有物料都必须有内包装，内包装单位为 1 件。小件及标准件必须有小包装，小包装应有明显标识，标识出零件号、零件名称、数量。小件及标准件小包装数量应为____只、____只、____只。

十一、对于上述未提及的备件包装要求，但有利于备件的运输、防护、存储由双方协商决定。

十二、乙方应积极配合甲方不断完善备件的专用包装。乙方如有违反以上协议条款，甲方将按照双方约定的物流考核细则对乙方实施考核。

甲方（盖章）： 　　　　　　　乙方（盖章）：

代表（签字）： 　　　　　　　代表（签字）：

　　年　　月　　日　　　　　　　年　　月　　日

案例分析

原告：广州百汇物流服务有限公司。住所地：广东省广州市黄埔区。

法定代表人：邵如坤，公司总经理。

委托代理人：李武智，广东法制盛邦律师事务所律师。

被告：广州柏宇电子科技产品有限公司。住所地：广东省广州市增城新塘镇。

法定代表人：陈飙，公司总经理。

委托代理人：虞冬贤，公司员工。

委托代理人：周艳，公司员工。

原告诉称：2013 年 8 月 22 日，被告委托原告将一个集装箱货物（箱号 CCLU3783848）自广州港运至天津港。原告接受委托后将该批货物的运输委托给中海集装箱运输有限公司（以下简称中海公司）实际承运。该集装箱货物在运输过程中发生泄漏事故，产生洗舱费和修理费等共计 103 000 元，原告已向中海公司支付。该事故是由于被告对货物包装不当引起的。请求判令被告向原告支付 103 000 元，并承担本案案件受理费。

原告在举证期限内提交了以下证据材料：1. 沿海内贸货物托运委托书和集装箱货物装（卸）签收单，证明被告委托原告运输涉案货物；2. 编号为 CSVYUTJA8175 的水路集装箱货物运单，证明原告接受被告委托后，将涉案货物交由中海公司实际承运；3. 天津安泰保险公估有限公司就涉案事故出具的检验报告，证明事故原因；4. 被告向原告出具的保函，证明事故后被告通知原告涉案货物明细并承诺对事故承担责任；5. 退锡剂 ST–102 产品说明，证明泄漏货物的特性；6. 银行付款水单，证明原告就涉案事故向中海集装箱运输广州有限公司（以下简称中海广州公司）支付103 000元；7. 被告向中海广州公司出具的确认函，证明被告事故后向中海广州公司支付50 000元理赔保证金；8. 洗舱工程报价单、完工单和洗舱费发票，证明由于货物泄漏产生洗舱费97 180元；9. 修船价格表、完工单和修船费发票，证明由于货物泄漏产生修船费5 600元；10. 中海公司就涉案事故出具的收据，证明原告就涉案事故向中海公司偿付100 000元；11. 中海广州公司出具的发票，证明原告就涉案运输向中海广州公司补交3 000元危险品货物运输费；12. 中海公司2013年9月5日向原告发出的电子邮件，证明涉案事故的初步损失明细。

被告辩称：1. 被告对涉案货物已经按规范进行了包装，货物泄漏可能由承运人造成，原告无法证明是被告原因导致涉案货物泄漏；2. 被告已向中海公司支付50 000元，原告关于洗舱费和修理费等的诉讼请求不合理，缺乏依据；3. 原告和中海公司没有对货物进行检验，原告、被告和中海公司均应对事故承担责任。综上，请求法院驳回原告诉讼请求。

被告未向法院提交证据。

经庭审质证，被告对原告提交的证据1中的沿海内贸货物托运委托书、3、4、5、7、11、12的真实性无异议，本院对其证明力予以认定；原告证据1中的集装箱货物装（卸）签收单和证据2虽无原件，但能与沿海内贸货物托运委托书中的信息相互印证，本院对其证明力予以认定；原告证据10为原件，与原告证据6、11能够相互印证，对其证明力予以认定；原告证据8、9既无原件，又无法与原告其他证据相互印证，对其证明力不予认定。

根据上述被认定有证明力的证据和庭审情况，查明案件事实如下：

2013年8月22日，被告向原告发出沿海内贸货物托运委托书，托运人为被告，运输方式"门到门"，货物为一个20英尺集装箱普通货物，被告申报品名为"化肥"，运费预付，运杂费总额4 000元整（含发票及保险费100元）；承托双方签认后，具有合同效力，承运人与托运人、收货人之间的权利、义务关系和责任界限均按《水路集装箱货物运输规则》《水路货物运输规则》及运杂费用的有关规定办理；托运人应保证所填写或提供的内容与其所提供的货物相符，如有不符，由此造成的损失或者引起的责任由托运人承担。被告自行将货物装入CCLU3783848号集装箱内，封号506027，庭审时被告确认装箱时未发现涉案集装箱有不适货的情形；8月24日，原告派拖车将该集装箱运至装货港。原告接受被告委托后，以自己名义委托中海公司负责涉案集装箱从广州至天津水路运输，原告向中海公司申报货物品名为"电器"，涉案集装箱8月25日装船，中海公司26日签发CSVYUTJA8175号水路集装箱货物运单，由"新郑州"轮0043N航次承运，运费预付，运输方式"堆场到堆场"。

8月27日上午07：00，"新郑州"轮船员发现CCLU3783848号集装箱漏液并形成气体，导致2次火警报警；30日"新郑州"轮停靠天津港联盟国际集装箱码头公司N9号泊位。天津安泰保险公估有限公司受中海公司委托，对CCLU3783848号集装箱漏液原因、范围和程度进行检验；9月6日天津安泰保险公估有限公司出具HZ2013-WPI023号检验报告称CCLU3783848号集装箱内泄漏液体为退锡剂，包装桶在装箱前或装箱时曾受到撞击或有棱物挤压。

8月29日，被告向原告发出保函，确认CCLU3783848号集装箱内货物明细为退锡剂14桶、蚀刻盐560袋和消泡剂4桶，被告确认上述货物为非危险品，因货物原因产生的一切责任由被告承担。同日原告向中海广州公司支付50 000元，被告就涉案泄漏事故向中海广州公司支付 50 000 元。9 月 5 日，中海公司以电子邮件通知原告因泄漏事故初步核算损失达 174 800 元，要求原告补交理赔保证金 74 800 元，原告将该电子邮件转发给被告。9 月 26 日，原告向中海广州公司支付 53 000 元。中海广州公司 2014 年 6 月 10 日就 CSVYUTJA8175 号水路集装箱货物运单项下货物向原告出具 3 000 元危险品货物运输费发票。中海公司于 2014 年 6 月 16 日出具收据，确认于 2013 年 10 月 18 日收到中海广州公司就涉案事故代收赔款 150 000 元，其中 100 000 元为原告向中海公司支付的洗舱费、船期损失、检验费、修理费和洗箱费。

另查，本案集装箱装运的退锡剂 ST-102 为单剂硝酸型退锡剂，硝酸属于危险货物品名表（GB12268—2005）中第 8 类。

问题：

1. 被告以"化肥"为品名向原告托运，原告以"电器"向中海公司托运，双方行为有何不妥？对泄漏事故各自应承担怎样的责任？

2. 被告抗辩已对涉案货物做正规包装，包装桶可能在运输过程中由于承运人的原因导致破损。被告的抗辩是否成立？

练习题

一、名词解释题

包装 危险物品 包装标记 包装标志 运输标志 指示性标志

二、填空题

1. 包装法规的特征有_____、_____、_____、_____。
2. 普通货物包装所应遵循的基本原则是_____、_____、_____。
3. 包装条款的内容一般包括_____、_____、_____。
4. 国际物流中运输包装的标志有_____、_____、_____、_____、_____。

三、问答题

1. 包装在物流系统中的作用有哪些？
2. 简述包装与物流各环节的关系。
3. 普通货物运输包装的基本要求是什么？
4. 对危险类货物包装的基本要求是什么？
5. 《国际海运危险货物规则》中对于危险货物包装的基本要求有哪些？

第 8 章

流通加工与配送法律法规

■ 知识目标

重点掌握流通加工及配送环节所涉及的法律关系及各主体的主要权利和义务。掌握加工承揽合同及配送合同的概念、种类及订立、履行等。了解流通加工与配送在物流中的地位与作用。

■ 技能目标

学会签订流通加工与配送的相关合同，处理相关合同纠纷。

■【导入案例】

2013年10月15日，A公司与B公司签订了一份加工承揽合同。该合同约定：由B公司为A公司制作铝合金门窗1万件，原材料由A公司提供，加工承揽报酬总额为150万元，违约金为报酬总额的10%；A公司应在2013年11月5日前向B公司交付60%的原材料，B公司应在2014年3月1日前完成6 000件门窗的加工制作并交货；A公司应在2014年3月5日前交付其余40%的原材料，B公司应在2014年5月20日前完成其余门窗的加工制作并交货。A公司应在收到B公司交付门窗后3日内付清相应款项。为确保A公司履行付款义务，B公司要求其提供担保，适值D公司委托A公司购买办公用房，D公司为此向A公司提供了盖有D公司公章及法定代表人签字的空白委托书和D公司的合同专用章。A公司遂利用上述空白委托书和合同专用章，将D公司列为该项加工承揽合同的连带保证人，与B公司签订了保证合同。2013年11月1日，A公司向B公司交付60%的原材料，B公司按约定加工制作门窗。2014年2月28日，B公司将制作完成的6 000件门窗交付A公司，A公司按报酬总额的60%予以结算。2014年3月1日，B公司重组，加工型材的生产部门分立为C公司。3月5日，A公司既未按加工承揽合同的约定向B公司交付40%的原材料，也未向C公司交付。3月15日前，C公司要求A公司继续履行其与B公司签订的加工承揽合同，A公司表示无法继续履行并要求解除合同。C公司遂在数日后向人民法院提起诉讼，要求A公司支付违约金并继续履行加工承揽合同，同时要求D公司承担连带责任。经查明：A公司与B公司签订的承揽合同仅有B公司及其法定代表人的签章，而无A公司的签章。

问题：

1. A 公司与 B 公司签订的加工承揽合同是否成立？为什么？
2. C 公司可否向 A 公司主张加工承揽合同的权利？为什么？
3. C 公司要求判令 A 公司支付违约金并继续履行承揽合同的主张能否获得支持？请说明理由。
4. D 公司应否承担保证责任？说明理由。

提示：

1. A 公司与 B 公司签订的加工承揽合同成立。根据《合同法》的规定，当事人约定采用合同书形式订立合同，在签字或者盖章之前，当事人一方已经履行主要义务，且对方接受的，该合同成立。本案中，A 公司虽未在加工承揽合同上签章，但已经履行了主要义务，B 公司已经接受，加工承揽合同成立。

2. C 公司可向 A 公司主张加工承揽合同的权利。根据《合同法》的规定，当事人订立合同后分立的，除债权人和债务人另有约定的以外，由分立后的法人或者其他组织对合同的权利和义务享有连带债权、承担连带债务。

3. 首先，C 公司要求判令 A 公司支付违约金的主张可以获得支持。A 公司未按照加工承揽合同约定的时间向 B 公司支付 40% 的原材料，已构成违约，根据《合同法》的规定，应当承担违约责任，支付违约金。其次，C 公司要求判令 A 公司继续履行承揽合同的主张不能获得支持。根据《合同法》的规定，在加工承揽合同中，定作人可以随时解除承揽合同。A 公司作为定作人，可以解除合同，故无需继续履行合同。

4. D 公司应当承担保证责任。根据《合同法》的规定，行为人超越代理权以被代理人名义订立合同，相对人有理由相信行为人有代理权的，该合同有效。本案中，A 公司向 B 公司出具了 D 公司提供的盖有公章及法定代表人签字的空白委托书及合同专用章，B 公司有理由相信 A 公司有代理权，A 公司与 B 公司签订的以 D 公司为保证人的保证合同有效，因此 D 公司应当承担保证责任。

8.1　流通加工与配送中的法律关系

物流加工是物品从生产领域向消费领域流动的过程，为了促进销售、维护产品质量和提高物流效率，对物品进行加工，使物品发生物理、化学或形状的变化的过程。流通与加工属于两个不同的系统。加工是生产过程中的活动，是创造价值的过程。商品流通是以货币为媒介的商品交换过程，它将生产和消费联系起来，起到桥梁和纽带的作用，目的就是完成商品所有权的转移。因此，流通一般不是改变流通对象的形态而创造价值，而是保持流通对象的已有形态，完成空间的位移，实现"时间效用"及"场地效用"。物流加工是将流通与加工结合在一起所形成的一种物流的特殊环节。

8.1.1　流通加工与配送在物流中的地位与作用

1. 流通加工在物流中的地位与作用

流通加工是物流过程中的一个特殊的环节，与其他环节不同，流通加工工具有生产的性质。流通加工可能改变商品的形态，对物流的影响巨大。流通加工并不是每个物流过程都必须进行的,所以也不是每个物流合同中都含有关于流通加工的规定。当双方当事人在物流合同中约定物流企业承担流通加工义务时,根据物流企业履行流通加工义务所采用的方式不同,物流企业具有不同的法律地位。

1)物流企业按照物流合同的约定提供流通加工服务并且亲自进行流通加工

物流企业如果有加工的能力,并以自身的技术和设备亲自从事加工的,则物流企业即是物流服务合同中的物流提供者,其权利和义务根据物流服务合同和相关法规的规定予以确定。

2)物流企业按照物流合同的约定提供流通加工服务但不亲自进行流通加工

虽然物流过程中的流通加工与生产加工相比比较简单,但在一些情况下仍然需要一些特殊的技能或者工具。从效率和技术的角度着想,物流企业可能将流通加工转交给有能力的专业加工人进行。此时,物流企业通过与加工人签订加工承揽合同的方式履行其在物流服务合同中的义务。在这种情况下,物流企业一方面针对物流服务合同的需求方而言,为物流服务提供方;另一方面,针对加工承揽人而言,为定作人。在流通加工中受到物流服务合同和加工承揽合同的约束,并根据相关的法规享有权利,承担义务。

在流通加工环节中,物流企业可能通过加工承揽合同履行其物流服务合同的加工义务,即物流企业通过与加工承揽人签订分合同的形式将其加工义务分包出去。对此,物流企业通常处在加工承揽合同中的定作人的地位。因而,作为定作人,物流企业应当了解与其有关的加工承揽合同的法律适用、合同的订立、内容及相应的权利和义务。

2. 配送在物流中的地位与作用

配送是指在经济合理区域内,根据用户要求,对物品进行拣选、包装、组配等作业,并按时送达指定地点的物流活动。配送是物流系统的一项十分重要的功能。随着消费的多样化和个性化趋势的发展,物流需求也朝着多品种、小批量的方向发展。在市场的主导权由处于上游的制造商或供应商向处于市场下游的零售商或消费者不断转移的态势下,物流服务需求也更加接近市场,贴近消费者。配送作为直接面向最终用户提供的服务,在高度满足物流需求方面发挥着极其重要的作用。

1)有利于物流运动实现合理化

配送不仅能够把流通推向专业化、社会化,更为重要的是,它能以其特有的运动形态和优势调整流通结构,使物流运动达到规模经济,并有效降低运输成本。

2)完善了运输和整个物流系统

配送将支线运输、区域内运输和小搬运活动统一起来,发挥各种运输方式的优势,具有灵活性、适应性和服务性的特点,使运输过程得以优化和完善。

3)提高末端物流的效益

采用配送方式,通过增大经济批量来达到经济运货,同时通过将各种商品的用户集中在一起统一进行发货,代替分别向不同用户小批量发货来达到经济运货,从而使末端物流经济效益得到提高。

4)通过集中库存使企业实现低库存或零库存

在采用准时化配送方式后,生产企业可以依靠配送中心的准时化配送进行准时化生产而不需要保持库存或较小地保持库存。实行集中库存,可降低单位库存成本,从而提高社会经济效益。

5)提高供应保证程度

生产企业自己保持库存来维持生产,由于受库存成本的制约,要想提高供应的保证程度很难,保证供应和降低库存成本存在二律背反问题。通过配送可以调节企业间的供需关系,降低企业因断货、缺货而影响生产的风险。

6)为电子商务的发展提供了基础和支持

电子商务的发展需要具备两个条件:一是货款的支付;二是商品的配送。所以要发展电子商务,就不能缺少商品的配送,配送服务是电子商务发展的基础。

8.1.2 流通加工与配送的法律关系构成

1. 流通加工涉及的法律关系

相对于物流中其他环节的法律关系而言,流通加工环节所涉及的法律关系比较简单,其主要涉及的法律关系就是加工承揽合同关系。物流加工服务提供方与需求方一般都采用订立加工承揽合同而成立加工承揽合同关系。需要指出的是,物流企业或从事物流服务的其他主体并不一定是加工承揽合同中的承揽人。在物流服务主体有加工能力时,它以自身的设施、技能为他人提供加工服务,这时物流服务的主体的确是承揽人的身份。但是在某些情况下,物流服务主体并不具备加工承揽的能力,此时,物流服务主体将以定作人的身份与承揽人订立加工承揽合同。

2. 配送中涉及的法律关系

配送是一个复杂的过程,常常涉及物流过程中的采购、仓储、运输、包装及加工等环节。因此,在配送环节中涉及的法律关系也比较复杂。供应配送是配送主体与用户合一的一种配送方式,不涉及各配送参与人的外部法律关系,至于其他三种类型的配送,一般都要以合同的方式来实现。因此,配送主要涉及以下法律关系。

1)买卖合同关系

这主要是针对销售配送而言的。在这种配送形式下,用户实质上是商品购买者(买方),销售企业则是商品的出卖人(卖方),销售企业所提供的配送服务仅仅是作为商品出售的附带服务。在这种类型的配送中,销售企业一般仅与用户订立买卖合同,配送服务则常常作为买卖合同中销售企业的一项重要义务而加以确定。因此,销售企业在出售商品的同时提供配送服务,是其履行合同义务的表现。此外,在销售—供应一体化配送的情况下,如果用户与配送主体分别订立销售合同与配送服务合同,配送主体与用户之间也将形成买卖合同关系。但此时的买卖合同中将不涉及配送,关于配送方面的相关权利和义务,当事人须另行订立配送服务合同加以确定。

2)配送合同关系

配送服务合同,是指一种单纯的提供配送服务的合同。在配送中,配送主体与用户总是以合同的方式来确定双方的权利和义务,从而形成合同关系。在这些合同中除个别仅涉及买卖合同关系的外,我们将其统称为配送合同,因此建立的关系,我们称之为配送合同关系。在配送合同中,配送主体可以仅承担配送义务,也可以具体地承担采购合同关系。一般而言,物流服务主体是以配送提供者的身份出现在配送合同关系中的。但在一定情况下,物流服务主体可能因自身不拥有配送能力而需要其他物流服务主体为其提供配送服务,所以物流服务主体也可能是配送合同中的用户。但需要指出的是,在我国《合同法》分则及其他法律中尚无明文规定配送合同属于无名合同，因此配送合同所涉及的法律关系可参照《合同法》分则部分最相类似的规定。由于在配送合同中常涉及仓储、运输、加工等具体问题，因此对于配送合同我们认为其虽然不能具体形成仓储合同关系、运输合同关系及加工合同关系等法律关系，但其具体问题可以参照这些相应的法律关系加以明确。

8.2 流通加工法律法规

8.2.1 流通加工相关法律法规

物流加工法律法规是流通加工相关的法律规范的总称。关于流通加工的立法主要表现在加工承揽合同上。就我国现有的法律而言，与其他物流法规一样，目前我国没有单独的流通加工法规，《民法通则》、《合同法》及关于加工承揽合同的具体规定，可适用于流通加工。

1. 加工承揽合同的概念和特征

1) 加工承揽合同的概念

根据我国《合同法》第二百五十一条的规定，加工承揽合同是指承揽人按照定作人的要求完成工作，交付工作成果，定作人给付报酬的合同。在加工承揽合同中，按照他方的要求完成一定工作的人是加工承揽人，接受工作成果并给付约定报酬的人是定作人。定作人要求完成的工作成果，即为定作物。承揽人和定作人是承揽合同的关系的主体。

2) 加工承揽合同的法律特征

(1) 以承揽人完成约定的工作为目的。这是加工承揽合同最典型的特征，也是其区别于劳务合同的本质特征。虽然在加工承揽合同中，承揽人为了完成工作成果，需要付出劳动，但劳动本身不是加工承揽合同的目的，而是加工承揽合同的手段；而承揽人完成约定的承揽工作后产生工作成果，工作成果的产生是承揽工作完成的标志。虽然这种工作成果是通过承揽人付出一定的劳动取得的，但若离开了工作成果而仅有劳务存在，则该承揽工作对定作人而言也是没有意义的；对承揽人而言也将因没有报酬而失去订立合同的意义，因此承揽人虽然付出劳动但没有成果从而无权请求定人给付报酬。

(2) 标的具有特定性。加工承揽合同的标的是承揽人完成一定的工作，承揽人在承揽活动中对于承揽标的的种类、规格、形状、质量等均需按照定作人的特定要求进行。因而，承揽人完成的工作成果不是普通的工作成果，而是具有特定性的成果。加工承揽合同的意义就在于以特定性的工作成果满足定作人的特定需要。其特定性主要表现在以下三个方面：

① 该工作成果是按定作人的特定要求完成的。加工承揽合同是以完成一定工作作为目的的合同，而该工作的完成则需要按照定作人的要求进行。承揽人在承揽工作的进程中对于定作物甚至原材料的品种、规格、形状、颜色、质量等均需按照定作人的特定要求进行。承揽人最终完成的工作成果是具有定作人特定要求的成果。

② 加工承揽合同标的物具有特定性。当标的物本身是特定物时，其特定性毋庸置疑。即使加工承揽合同的标的物是种类物，也将因承揽工作过程中的选定而特定化，从而具有特定性。

③ 完成工作成果的承揽行为具有特定性。加工承揽合同中的承揽行为是承揽人依据定作人的要求进行的。该承揽行为的行为人是由定作人基于信任等因素选定的特定的承揽人，

其整个工作也是为定作人量身定做的,因此承揽行为也是特定化了的。

(3) 承揽人在完成工作过程中承担风险责任。加工承揽方在加工承揽合同中用自己的设备、技术和能力完成工作并承担相应的风险。定作人将某项特定的工作交给承揽人完成,是基于定作人对承揽人所具备的完成该项工作的设备、技术和能力的信任,因此承揽人必须以自己的设备、技术和能力来为定作人完成工作。未经定作人许可,承揽人不得将承揽工作交由第三方完成。同时,承揽人在加工承揽合同的履行过程中要对自己占有和管理的物品承担意外毁损、灭失的风险。在完成工作过程中,因不可抗力等不可归责于双方当事人的原因致使工作成果无法实现或工作物遭受意外灭失或损坏,从而导致工作物的原材料损失和承揽人劳动价值损失由承揽人承担。但如果原材料是由定作人提供的,则原材料的损失由定作人自行承担。

(4) 是双务合同、有偿合同。在加工承揽合同中,当事人双方互有债权、互负债务,因而是双务合同;双方互为等价,因而是有偿合同;加工承揽合同的成立不以实际交付标的物为要件,因而是诺成合同。

2. 加工承揽合同的种类

加工承揽合同是社会经济生活中极为常见的合同,适用的范围十分广泛。我国《合同法》第二百五十一条第二款规定加工承揽包括加工、定作、修理、复制、测试、检验等工作。事实上,加工承揽合同的种类非常繁多,由此可以将加工承揽合同按照工作内容的不同主要分为以下几类:

1) 加工合同

加工合同是指承揽人按照定作方的具体要求,使用自己的设备、技术和劳动对定作人提供的原材料或者半成品进行加工,将工作成果交给定作人,定作人支付价款的合同。该合同的特点是由定作方提供大部分或全部的原材料,承揽方只提供辅助材料,仅收取加工费用。这种合同是物流中常见的合同。

2) 定作合同

定作合同是由承揽方根据定作方需要,利用自己的设备、技术、材料和劳动力,为定作方制作成品,由定作人支付报酬的合同。如运输企业为运输某些特殊商品而向承揽人定作专门的包装物。定作合同与加工合同的主要区别在于两者原材料的来源不同,前者所需要的原材料全部由承揽人提供,而后者所需的原材料则全部或大部分由定作人提供。鉴于这个原因,与加工合同中承揽人只收取加工费用不同,在定作合同中,原材料全部由承揽方提供,定作方则支付相应的价款,定作合同的价款包括加工费和原材料费用。

3) 修理合同

修理合同是指承揽人为定作人修理、整治出现损坏、缺失或外观损坏等状况的物品,使其恢复原状,由定作人支付报酬的承揽合同。在修理合同中,定作方可以提供原材料,也可以不提供原材料。在不提供原材料的情况下,定作人所支付的价款主要是原材料的价值。修理合同在物流过程中也很常见。由于物流过程中产品和包装的破损不可避免,所以修理合同履行的好坏将影响物流的效果。

3. 加工承揽合同的法律适用

有关加工承揽合同的法律法规主要为《合同法》和《产品质量法》。因此,有关加工承揽合同的争议,应首先适用《合同法》关于加工承揽合同的规定,同时应满足《产品质量法》及相关质量标准的有关规定。

4. 加工承揽合同的订立和形式

当事人在订立加工承揽合同时，首先应当核实对方当事人的主体资格，不应盲目与他人签订加工承揽合同。这一点对于加工承揽合同中的定作人来说尤为重要，如果承揽人不具备签约主体资格或借用别的单位名义签订合同，或者不具备承揽该工作资质或完成该工作的能力，则加工承揽合同将不能得到很好地履行，承揽项目的质量也将难以保证，这将给定作人造成损失。因此，定作人在订立合同时一定要了解对方当事人是否具备完成承揽工作所必需的设备条件、技术能力、工艺水平等情况，以确保承揽人是否具有履约能力。承揽方对这一点也不可忽视，只有定作人具备足够的履约能力，承揽人付出劳动完成的工作才能得到保障。所以，加工承揽合同的订立过程，是双方当事人就其相互间的权利义务协商一致的过程。

加工承揽合同的订立过程，与其他合同相同，根据《合同法》的规定，加工承揽合同的订立包括要约和承诺两个阶段。一般情况下，在加工承揽合同中，要约是由定作人发出的，承揽人是被要约人。当然，承揽方同样可以主动向定作人发出要约。无论是哪一方出的要约，取得双方当事人承诺后，加工承揽合同均即告成立并生效。

加工承揽合同不是要式合同，《合同法》没有对加工承揽合同的形式作出特别的要求，因而，双方当事人不仅可以以书面的方式，也可以选择口头的或其他形式订立承揽合同。但在实践中，承揽合同一般都采用书面形式或证明力更高的形式（如公证）订立，以便在发生纠纷时分清责任。

5. 加工承揽合同的主要内容

合同的内容，是双方当事人协商一致的、约定双方当事人具有权利和义务的条款。合同内容既是检验合同合法性和有效性的凭证，又是当事人享受权利和承担义务的根据。根据我国《合同法》第二百五十一条规定，加工承揽合同包括以下具体内容：

1）当事人条款

当事人是民事法律关系的主体，反映在合同内容中即当事人条款。在合同内容中，当事人条款是首要内容，不可或缺。加工承揽合同的当事人就是定作人和承揽人，也可以是自然人、法人或者其他组织。对于定作人，法律一般没有限定其资格。但对于承揽人，就应当具备完成承揽工作所必需的设备、技术和能力。

2）承揽合同的标的条款

承揽合同的标的是定作人和加工承揽人权利和义务指向的对象，即定作物，是承揽合同必须具备的条款。承揽标的是将承揽合同特定化的重要因素，在合同中应该将加工定作的物品名称、项目、质量等要素规定明确、具体，不能含糊混淆不清，否则将导致合同履行的困难。承揽合同的标的应该具有合法性，标的不合法将导致合同无效。

3）承揽标的数量条款

数量，是以数字和计量单位来衡量定作物的尺寸。根据标的物的不同，有不同的计算数量的方法。数量包括两个方面：数字和计量单位。在合同中，数量条款中的数字应当清楚明确，数量的多少直接关系到双方当事人的权利义务，也与价款或酬金有密切的关系。在计量单位的使用上，应该采用国家法定的计量单位，如米、立方米、千克等。

4）承揽标的质量条款

质量是定作物适合一定用途、满足一定需要的特征，不仅包括特定物本身的物理化学和工艺性能等特性，还包括形状、外观、手感及色彩等，主要是对承揽标的品质的要求。承揽合同中标的质量通常由定作人提出要求。因此，加工承揽合同中的质量条款不仅包括标的物的技术标准、标号、代号等，还包括对标的物的形状、外观、手感及色彩等具体要求，必要时还应附有图纸。

5）报酬条款

报酬是指定作人对承揽人所完成的工作应支付的酬金。承揽人订立合同、完成承揽工作的直接目的就是为了取得报酬，因此报酬条款也是加工承揽合同的重要内容之一。报酬条款应当在合同中明确约定，包括报酬的金额、货币种类、支付期限和支付方式等。在原材料由承揽方提供的情况下，报酬条款还应明确原材料的价款、支付方式、支付期限等。

6）材料提供条款

承揽合同中的原材料既可以由承揽人提供也可以由定作人提供。原材料的提供不仅会影响价金的确定，而且原材料的质量将会直接影响定作物的质量，从而影响合同是否得到完全履行。流通加工是在流通的过程中对货物进行加工，加工的对象是货物，所以在由物流企业进行流通加工的情况下，原材料通常是由物流需求方提供。但是在一定的情况下，如将货物进行分包装，包装物有可能由物流企业提供。

7）承揽履行条款

履行条款包括履行期限、地点、履行方式三部分。

（1）履行期限是合同当事人履行合同义务的期限。承揽合同的履行期限包括提供原材料、技术资料、图纸及支付定金、预付款等义务的期限。

（2）履行地点是指履行合同义务和接受对方履行的成果的地点。履行地点直接关系到履行合同的时间和费用。

（3）履行方式是指承揽人完成工作的方式。履行方式最主要的一个方面就是确定承揽工作是否交由第三人完成，即承揽工作是由承揽人独立完成或两个以上承揽人共同承担完成或承揽人可将一定工作交由第三人完成。此外，履行方式条款还应包括承揽工作采用何种工作手段或工艺方法，以及工作成果的交付方式等。例如是一次性交清还是分期分批履行，定作物是定作人自己提取还是由承揽人送货等。

8）验收标准和方法条款

验收标准和验收方法是指定作人对承揽方所完成的工作成果进行验收所采用的标准和方法。验收标准用于确定承揽方预交的工作成果是否达到定作方所规定的质量要求和技术标准。验收方法则是进行验收的具体做法。由于检验标准和验收方法关系到工作成果的实用性、安全性以及风险责任的转移等，因此在加工承揽合同中，这一条款应该规定得具体、明确。

9）样品条款

凭样品确定定作物的质量是加工承揽合同中一种常见的现象。在这种情况下，定作人完成的工作成果的质量应该达到样品的水平。样品可以由定作方提供，也可以由承揽方提供。提供的样品应封存，由双方当场确认并签字，以作为成果完成后的检验依据。

10）保密条款

由于加工承揽合同的特殊性，定作方有时会向承揽人提供一定的技术资料和图纸，可能涉及定作人不愿被他人所知的商业秘密或技术秘密。所以在合同中规定保密条款是十分必要的。保密条款应该对保密的范围、程度、期限、违反的责任进行细致约定。

11) 违约责任

违约责任是绝大多数合同的主要内容之一，加工承揽合同自然也应当在合同内容中约定违约责任的承担，明确责任承担的情况、责任承担的方式、计算方法或数额等，以便在发生纠纷时以此作为解决纠纷的根据。

8.2.2 流通加工法律关系中的权利与义务

依合同履行的一般规则，加工承揽合同的双方当事人都应当全面履行各自的义务，在需要协助的情况下给予对方必要的协助，以使合同高质、高效地得到履行。具体来说，承揽人应当全面按照合同中定作人提出的特定要求进行承揽工作，并最终交付符合要求的工作成果。在履行合同的过程中，很重要的一点就是承揽人要亲自履行合同义务。当然，在双方约定可由第三方做一定工作等条件下，承揽人可以将一定的工作交由第三人辅助完成，但该工作仅限于辅助工作，且其质量等问题的责任仍然由承揽人承担。对于定作人而言，则应按时、按约支付报酬。此外，协助承揽人的承揽工作也是定作人履行合同的一个重要方面。定作人应当按合同约定及时、准确地提供承揽工作所需的原材料、图纸及技术资料等。定作人在行使其监督检验权时也不得妨碍承揽人正常工作。具体的权利和义务如下：

1. 承揽人的权利与义务

1) 承揽人的主要权利

(1) 承揽人的收益权。按照合同的约定，承揽人有权要求定作人支付报酬和有关原材料的费用。在定作人没有按照约定支付报酬和费用时，承揽人可以对其定作物和原材料行使留置权。留置经过一定的时间（一般不少于2个月）后，定作人仍未支付报酬和费用的，承揽人有权将定作物或原材料变卖或拍卖，以所得价款优先清偿其报酬和费用。另外，当定作人无正当理由拒绝受领定作物或无法交付定作物时，承揽人有权将定作物交给提存机关提存，以免除自己的交付义务。

(2) 承揽人的留置权。指承揽人享有的依法留置定作物，作为取得工作报酬的担保权利。承揽人的这一权利，是法律对承揽人所付出的劳动的一种特别保护。加工承揽合同中，定作人往往是在承揽人交付工作成果时支付报酬。如果定作人取得定作物的时候仍不支付报酬及相关费用，承揽人所付出的劳动仅能为自己带来对定作人的债权。相对于定作人的其他债权人，承揽人没有任何优势可言。这种处境对于已付出了大量劳动的承揽人而言，是不公平的。为了体现对承揽人所付出的劳动的尊重，法律规定了承揽人的留置权。承揽人依法留置定作物，在一定意义上促使定作人支付合同约定的报酬及相关费用。如果定作人收到通知后，逾期不履行其义务，承揽人可将该留置物折价或就该留置物拍卖、变卖所得的价款优先受偿，这在很大程度上保护了承揽人的利益。

承揽人依法享有留置权的前提是定作人不支付合同约定的报酬或者其他相关费用。承揽人行使留置权的目的在于促使定作人按约定支付上述款项。因此，只要定作人支付了相应的款项或提供了其他适当的担保，承揽人就应交付被其留置的定作物。至于用于留置的财产，应当是承揽人基于加工承揽合同而合法占有的属于定作人的工作成果、材料以及其他财产。所留置的定作物的价值，应尽可能与定作人所应支付的报酬及其他费用的金额相近。当所谓留置的定作物或其他财产为可分物时，留置物的价值应当相当于债务的金额。此外，承揽人的留置权是一种法定担保物权，但当事人也可以在合同中约定加以排除。

2）承揽人的主要义务

（1）按加工承揽合同约定完成承揽工作的义务。这是承揽人最基本的义务，对此，承揽人应恪守信用，严格按加工承揽合同约定的有关流通加工的标的、规格、形状、质量等完成工作，以满足委托方的要求，且非经定作人的同意不得擅自变更。在工作过程中，若发现定作人提供的图纸或技术要求不合理，应及时通知定作人变更，而不得擅自修改。因定作人怠于答复等原因造成承揽人损失的，定作人应当赔偿损失。在未交付前，承揽人应当妥善保管完成的工作成果及定作人提供的材料，因保管不善造成毁损、灭失的，承揽人应当承担损害赔偿责任。这一义务主要包括以下三个方面：

① 应该在合同规定的时间开始工作，并在合同规定的期限内完成工作；

② 应当按照物流委托人的要求按质按量地完成工作；

③ 应当以自己的设备、技术劳力完成工作或主要工作。

（2）亲自完成主要工作的义务。由于承揽合同往往是基于定作人对承揽人在技术、工艺、经验、实力等方面的信任而产生，因此我国《合同法》第二百五十三条明确规定，除非当事人另有约定，承揽人应当以自己的设备、技术和劳力完成主要工作。承揽人将其承揽的主要工作交由第三人完成的，应当就该第三人完成的工作成果向定作人负责；未经定作人同意的，定作人也可以解除合同。

承揽工作分为主要工作和辅助工作。对于辅助工作，承揽人可以未经定作人的同意将其交由第三人完成。承揽人将其承揽的辅助工作交由第三人完成的，应当就该第三人完成的工作成果向定作人负责。若定作人不愿意承揽人将辅助工作交由第三人完成的，则必须在合同中明确加以约定。

（3）对定作人提供的材料进行检验、保管和诚实使用的义务。承揽人的保管义务是针对材料由物流委托方提供的情形而言的。在原材料由物流委托方提供时，承揽人应当及时对原材料进行检验，并在发现不符合约定的情形下及时通知物流委托方。

（4）提供原材料并接受检查、监督及诚信义务。根据合同约定流通加工的原材料由承揽人提供的，承揽人应当按照约定选用材料。承揽人在工作期间，应当接受定作人必要的监督检验，但定作人不得因监督检验妨碍承揽人的正常工作。

（5）对流通加工中涉及的商业秘密负有保密义务。承揽人应当按照物流需求方的要求，保守秘密，未经物流需求方的同意，不得保留复制品和技术资料，否则定作人有权要求赔偿损失并销毁有关资料或文件。承揽人的保密义务是一种随附义务，基于诚信原则而产生。

（6）瑕疵担保义务。承揽人应保证加工物在品质、效用等方面符合物流服务合同的约定，否则就要承担瑕疵担保责任。根据《合同法》第二百六十二条的规定，承揽人对定作物有瑕疵担保义务，承揽人所完成的工作成果应当符合质量要求。如果承揽人所提供的定作物不符合合同约定的质量标准和要求，或使定作物的价值减少，或不符合通常效用，承揽人应负瑕疵担保责任。

（7）共同承揽人义务。为了增强承揽能力，常出现两个以上承揽人共同与定作人签订承揽合同的情况。加工承揽合同中，当承揽人为两人以上时，通常称为共同承揽人。我国《合同法》第二百六十七条规定："共同承揽人对定作人承担连带责任，但当事人另有约定的除外。"

2. 定作人的权利与义务

1）定作人的主要权利

定作人的权利是与承揽人的义务相对应的，即前述承揽人的义务，从另一方面来说就是定作人的权利。这些权利主要为按合同约定受领工作成果的权利、对原材料以及交付的工作成果按约定验收的权利、对承揽人进行必要的监督的权利等。

（1）对材料的检验权。在加工承揽合同中，双方当事人可以自由约定材料由定作人提供或由承揽人提供。无论哪方提供材料，材料的品种、质量等因素都将直接影响承揽工作成果的最终质量，因此，任何一方所提供的材料都应当是符合合同要求且满足定作物质量需要的。在承揽人提供材料的情况下，定作物一般自始至终都将在承揽人的占有之下。如果不允许定作人进行检验而仅凭承揽人的诚心进行承揽工作，一旦承揽人提供的材料不符合合同的要求，定作人将无从知晓，定作物的质量也无从得到保证，定作人将处于十分不利的地位。基于此原因，应当赋予定作人对材料的检验权。我国《合同法》第二百五十五条规定："承揽人提供材料的，承揽人应当按照约定选用材料，并接受定作人检验。"如果定作人对承揽人选用的材料质量提出异议，承揽人应当给予调换。承揽人因原材料的缺陷导致工作成果有瑕疵的，承揽人应当承担违约责任。

（2）监督检验权。按照加工承揽合同所应完成的工作成果，应当是按照定作人的要求专门加工制作的。一旦最终的定作物不符合定作人在合同中所提出的特定要求，该定作物很可能也将因过于个性化而难以转让给其他人。因此，为保证定作物在加工、制作的各个阶段都符合合同的要求，且能最终满足定作人的特殊要求，应当规定定作人有权监督检验承揽人的工作是否按照特定的要求进行。对于定作人的监督检验，承揽人有义务予以配合，给定作人以合理的机会行使权利。但是定作人监督检验权利的行使应当以不妨碍承揽人的正常工作为限。对此，我国《合同法》第二百六十条规定："承揽人在工作期间，应当接受定作人必要的监督检验。定作人不得因监督检验妨碍承揽人正常工作。"这里的监督检验权是对承揽人承揽工作的监督检验，不包括对承揽人提供材料的验收。定作人在监督检查中发现承揽工作有问题的，应当及时提出并要求承揽人改正、变更工作要求等。

（3）中途变更要求的权利。在加工承揽合同中，承揽人应按照定作人的要求完成工作，这是加工承揽合同订立的基础之一，定作人的要求体现在承揽工作的整个过程中。由于种种原因，定作人可能会对最初在合同中所约定的要求觉得不满意、不适合。在这种情况下，应当允许定作人对其提出的要求进行变更，但定作人应承担这种变更所带来的不利后果。我国《合同法》第二百五十八条规定："定作人中途变更承揽工作要求，造成承揽人损失的，应当赔偿损失。"

（4）定作人有单方解除权。一般而言，合同生效后，双方当事人任何一方都不得任意解除。但加工承揽合同具有按定作人要求进行承揽工作的特殊性，在合同成立后如定作人因种种原因不再需要承揽人完成该项工作时，允许定作人单方解除合同应当是最佳选择。因为此时如果定作人迫于合同的约束力而继续该合同，将会造成人力、物力的更大损耗。法律因此赋予了定作人单方解除权。我国《合同法》第二百六十八条规定："定作人可以随时解除承揽合同，造成承揽人损失的，应当赔偿损失。"

2）定作人的主要义务

（1）及时接受工作成果的义务。定作人应按约定的方式、时间、地点及时验收工作成果。定作人在验收时发现工作成果有缺陷的，可以拒绝受领；但定作人如果迟延接受或无故拒绝加工物的，应承担违约责任。定作人无正当理由拒绝接受的，承揽人可以向提存机关将定作物提存，视为完成工作成果。

（2）按合同约定和法律规定支付报酬和材料费的义务。合同对报酬有约定的，定作人应当按照约定的期限和方式支付报酬。对报酬的支付期限没有约定或者约定不明确的，双方可以协议补充，定作人按此补充协议支付报酬，不能达成补充协议的，按照合同有关条款或者交易习惯确定；仍不能确定的，定作人应当在承揽加工人交付工作成果时支付。工作成果部分支付的，定作人应当按照合同的约定支付。对支付方式未作约定或约定不明时，定作人应当在接受工作成果时，以货币为支付方式。定作人逾期支付报酬和原材料费用的，承揽人有权要求其支付迟延交付款项在迟延期间的利息损失。

（3）按合同的约定提供原材料、设计图纸、技术资料等的义务。在定作人有特殊要求或者承揽工作有一定复杂程度的情形下，合同往往约定由定作人提供相关原材料、设计图纸、技术资料等。此时定作人应该按照合同约定的质量、数量、规格、种类提供原材料。这里的材料，不仅包括钢材、木料、沙石等生产材料，还包括加工承揽合同中涉及的技术资料，如技术标准、技术要求等。定作人若未按约定提供的，承揽人有权解除合同，并要求赔偿损失。

（4）协助承揽人完成加工的义务。因承揽工作的性质，承揽人在工作期间需要定作人协助的，定作人应尽协助的义务。多数流通加工工作需要定作人的协助，只是根据具体合同的要求所需要的协作程度不同。这里的协作不仅包括技术上的，如及时提供技术资料、有关图纸，而且还包括物质上的，如提供场地、水、电等。定作人不履行协助义务致使承揽工作不能完成的，承揽人可以催告定作人在合理期限内履行义务，并可以顺延履行期限；定作人逾期不履行的，承揽人可以解除合同，并有权要求定作人赔偿损失。

3. 物流企业在流通加工中涉及的责任

1）物流企业作为承揽人的责任

（1）违约责任。物流企业承揽人根据物流服务合同的要求进行流通加工，物流服务合同中规定了物流企业承揽人应履行的义务，当其违反了合同中的约定时，就应当承担违约责任。其承担的违约责任应该根据物流服务合同的具体内容确定。

（2）产品责任。若加工物本身的缺陷给物流需求方或第三人的人身、财产造成损失的，物流企业承揽人应当承担产品责任。依据《民法通则》和《产品质量法》的有关规定，这种产品责任是一种侵权责任。

2）物流企业作为定作人的责任

（1）提供的原材料不符合合同的要求。物流企业没有能在合同的约定时间内提供原材料及技术资料，或者提供的原材料、技术资料不符合合同的规定，应该承担违约责任，并且承担由此给加工承揽方带来的损失。

（2）不领取或逾期领取定作物。加工承揽方按照合同的约定完成定作物后，物流企业应该在合同约定的时间内领取加工物，如果无故推迟领取，应该承担违约责任，并且承担由此给加工承揽方造成的额外费用和其他损失。

（3）中途变更加工要求。在加工承揽合同的履行过程中，物流企业单方面地改变合同的内容，变更标的的内容，增加定作物的数量、质量、规格、设计等，同样是一种违约行为，对此应该承担违约责任，并对由此给加工承揽方所带来的其他损失负赔偿责任。

8.3 配送法律法规

8.3.1 配送相关法律法规

1. 配送合同的概念与种类

1）配送合同的概念

配送合同并无法定概念，但要对配送合同展开论述则必须先明确其概念。配送合同是指配送人根据用户需要为用户配送商品并由用户支付配送费的合同。用户是配送活动的需求者，配送人是配送活动的提供者。配送费是配送人为用户提供商品配送活动而取得的对价。

2）配送合同的种类

根据合同是否包含商品销售内容的标准，配送合同可以分为配送服务合同与销售配送合同。

（1）配送服务合同。配送服务合同是指配送人仅接收用户的货物予以保管，并按用户的要求对货物进行拣选、加工、包装、分割、组配等作业，最后在指定时间送至用户指定的地点，由用户支付配送服务费的合同。

配送服务合同可以由销售——供应配送的销售企业与其用户签订，在第三方配送的配送人为代购而不为销售活动的情况下，也可以由该第三方配送的配送人与用户签订。在配送服务合同中配送人仅提供单纯的代订、代存、代供等物流配送服务，而不进行商品销售，合同双方当事人也仅就与配送服务相关的权利、义务进行协商并在合同中将协商一致的内容加以确定。该类型配送合同中的货物只发生物理位置的转移和物理形态的变化，而不涉及货物的所有权转移问题。在配送服务的过程中，货物所有权自始至终属于用户所有。由于该类型配送合同中的配送人不进行商品销售活动，因此相应的配送费并不包含购买商品的费用，配送人所能获得的配送费仅为其所提供的交接、配货、运送等配送服务的服务费数额。

（2）销售配送合同。销售配送合同是指配送人将物品所有权转移给用户的同时为用户提供配送服务，由用户支付配送费（包括所售商品价款和配送服务费）的合同。具体而言，销售配送合同又可以分为以下两类：

① 第一方销售配送合同。这种类型的配送合同主要是指在销售配送中销售企业与用户订立的合同，以及在销售——供应一体化配送中销售企业与用户订立的包含销售与配送双重内容的配送合同。销售企业出于促进销售等目的，在向用户出售商品的同时又向买受人承诺提供配送服务。从另外一个角度看，销售企业与用户所订立的这类合同实际上属于买卖合同的范畴，用户是商品购买方，销售企业则是商品的出卖方。在实践中，销售企业与用户一般也仅以买卖合同的形式签订合同，而将配送合同的相关权利和义务并入该买卖合同，不再单独订立配送合同。但是这并不表明销售配送合同就只能属于买卖合同。在这类合同中，销售企业不仅销售商品，而且还为用户提供专业的配送服务。这种显著的配送服务特点使第一方销售配送合同是一种兼有买卖合同与配送合同相应特点的合同。尽管这两者的结合相对松散，但仍然很难简单地说销售配送合同属于哪一种合同，在不同的情况下，应将其分别归入买卖合同或配送合同。

② 第三方销售配送合同。该类型的配送合同主要是在第三方配送中由专业的可提供配送服务的物流企业与用户所签订的合同。在第三方配送中配送人除了提供配货、送货等流通服务以外，还可以为用户提供订货、购货等服务。在这种情况下，配货人与用户所订立的配送合同也属于销售配送合同。具体地说，就是由用户将自己需要的产品型号、种类、各部件的要求、规格、颜色、数量等信息提供给配送人，由配送人负责按此订货、购货、配货以及送货。

在这种方式中，物流企业与用户签订的配送合同，除约定配送人向用户提供配送服务外，还应就特定货物的交易条件达成一致。这种销售配送合同将买卖合同与配送服务合同紧密地结合在一起，形成一个有机体。因此配送人将不仅因提供配送服务而应获得配送的收益，而且还将因商品的销售而获得利润。

2. 配送合同的法律属性

1) 配送合同是将买卖、仓储、运输、承揽和委托等合同的某些特点进行有机结合的一种无名合同

（1）配送合同是无名合同。无名合同，又称非典型合同，是相对于有名合同而言，是指合同法或其他法律尚未明文规定、未赋予一定名称的合同。对于配送合同，合同法并未予以规范，而其他法律也尚无明文规定，因此配送合同是一种无名合同。虽然无名合同没有受到法律的直接明确的规范，但是当事人有权根据自己的意愿来创设任何类型的合同，因此只要配送合同符合合同生效的要求，就具有法律上的约束力。此外，虽然无名合同在法律上没有名称，但并不意味着它在实际生活中也一样没有名称，配送合同也是如此。在将来物流立法成熟之时，配送合同可能会得到立法的认可，从而由无名合同转化为有名合同。

（2）配送合同包含买卖、仓储、运输、承揽和委托等合同的某些特点。

① 配送合同在一定情况下包含买卖合同的某些特点，但配送合同并不是单纯的买卖合同。买卖合同是出卖人转移标点物所有权于买受人，由买受人支付价款的合同。不可否认，在销售配送合同中，配送人有将商品所有权转移给用户的义务，而用户也的确从配送费中支付所购商品的价款，因此销售配送合同具有买卖合同的一些特点。但也应当看到，在配送人出售商品的同时，还为用户提供配货、加工、送货等专业的配送服务。在配送人所收取的配送费中，不仅仅包括商品的价款，而且还包括因提供配送服务而收取的配送服务费。可见，销售配送合同具有显著的服务特点，而这是单纯的买卖合同所不具备的。

② 配送合同具有仓储合同的某些特点，但配送合同不是单纯的仓储合同。仓储合同是保管人储存存货人交付的仓储物，由存货人支付仓储费的合同。从事配送业务的企业都拥有一定规模的可使用的仓库。配送合同约定配送人在接受用户的指示将货物从工厂或中转站接收后，将货物置于配送人自己的仓库，由配送人为用户提供仓储和保管服务。因此，配送合同常具有仓储合同的特点。但是仓储和保管的内容仅仅是配送合同中的一部分，仓储和保管的内容必须与其他合同的内容相结合，才能构成配送合同。因此，配送合同也不是单纯的仓储合同。

③ 配送合同具有货物运输合同的某些特点，但配送合同不是单纯的运输合同。货物运输合同是承运人将货物从起运地点运输到约定地点，托运人或者收货人支付运输费用的合同。一般来说，在配送合同中至少包含由配送人将货物送至用户指定的地点的运输服务内容，显然，配送合同具有货物运输合同的某些特点。虽然在配送中不可避免地含有运输，但

配送是一系列的活动，运输仅仅是这一系列活动中的一个环节，而不是所有内容。即使运输在配送中占有极重要的地位，但它仍不足以涵盖配送的全过程，因此，不能简单地将配送合同定性为运输合同。

④ 配送合同具有承揽合同的某些特点，但不是单纯的承揽合同。承揽合同是承揽人按照定作人的要求完成工作，交付工作成果，定作人给付报酬的合同。出于增加货物的附加值等目的，配送合同中常约定由配送人在货物送达用户指定地点之前对所配送的货物按照用户的要求进行一定的加工。可见，配送合同具有承揽合同的某些特点。但是配送人向用户提供的这些加工服务同样只是配送合同的一部分内容。此外，在销售配送合同中，虽然配送人按照用户的要求而配齐货物并送达，但在这个配送过程中存在所有权的转移，而在承揽合同中标的物的所有权是不发生转移的。因此，配送合同并不是纯粹的承揽合同。

⑤ 配送合同在一定情形下具有委托合同的某些特点，但配送合同不是纯粹的委托合同。委托合同是委托人和受托人约定，由受托人处理委托人事务的合同。配送合同是以为用户处理物品配送事务为目的的合同，用户可能会在一定程度上授权配送人为其处理一定事务，如依用户要求代为进行货物采购等，在这种情形下，配送合同具有委托合同的某些特点。但是，由于配送包括一系列的活动，因此用户并不会授权配送人处理所有事务，配送合同也不允许配送人仅为代理事务而完全不提供配送服务。如果那样的话用户是就自己的配送活动与他人签订了委托合同，由他人代为处理配送活动。这样的合同并不符合我国所提出的配送合同的概念。因此，配送合同不是纯粹的委托合同。

配送合同有机结合了买卖、仓储、运输、承揽及委托等合同的特点。虽然配送合同不是上述合同中的任何一种，但却兼备了上述合同的某些特点，并将这些合同的特点紧密地结合起来，从而形成了一个有机整体。单个的配送合同可能并不同时具备上述特点，但是这个配送合同中所包含的特点对它而言都是必要的，缺少任何一个环节，合同的履行就很可能出现困难，甚至可能造成使合同的目的无法实现的严重后果。

2）配送合同的法律属性直接影响了该类合同的法律适用

如前所述，配送合同为无名合同，而对于无名合同，我国《合同法》第一百二十四条规定："本法分则或者其他法律没有明文规定的合同，适用本法总则的规定，并可以参照本法分则或者其他法律最相类似的规定。"因此，配送合同适用合同法总则的规定，并可以就相关问题参照合同法分则或其他法律最相类似的规定。具体而言，在不违反法律强制性规定的情况下，配送合同双方当事人的权利和义务主要根据双方的约定。在合同没有约定或约定不明确的情况下，配送合同可以根据合同法总则的相关规定解决问题。此外，由于配送合同具有买卖、仓储、运输等合同的某些特点，因此，在具体的法律适用中，配送合同根据所提供的配送服务的具体内容可分别适用买卖合同、仓储合同、运输合同等合同的相关规定。

3. 配送合同的内容

配送合同的约定是明确配送人和用户双方的权利、义务关系的最主要根据。双方当事人除就合同的一般条款进行约定外，还应就配送合同中的特别事务进行明确约定，以避免不必要的纠纷。在出现纠纷时，明确的合同约定也有利于尽快确定当事人各自的责任，从而在一定程度上降低当事人的诉讼成本。

1）配送服务合同的主要内容

配送服务合同是物流和商流分离的合同，是单纯提供配送服务的合同。一般来说，配送

服务合同主要有以下条款:

(1) 配送人与用户的名称或者姓名和住所。这是配送合同应具备的一般条款。双方当事人的身份、联系方式必须具体明确。否则,合同履行的主体、对象就难以确定。

(2) 服务目标条款。配送服务应实现用户特定的经营、管理和财务目标。

(3) 服务区域条款。配送是在一定的经济区域内进行的物流活动,因此双方宜约定配送人向用户提供运送服务的地理范围的条款,以便配送人根据此安排运力。

(4) 配送服务项目条款。该条款主要是就配送人的服务项目进行明确、具体的约定,包括用户需要配送人提供配送的商品品种、规格、数量等;还包括用户需要配送人提供哪些具体的配送作业,如是否需要加工、包装等。

(5) 服务资格管理条款。即约定配送人为了实现配送服务的目标应具备的设施、设备,以及相关设施、设备的管理、操作标准等条款。

(6) 交货条款。该条款包括用户将货物交付给配送人的环节,也包括配送人将货物配送交给用户或其指定的其他人这一环节。双方应就交货的方式、时间、地点等进行约定。

(7) 检验条款。货物检验发生在两个环节:一是用户将货物交付给配送人时的验收,二是配送人向用户或用户指定的人交付货物时的验收。检验条款应规定验收时间、检验标准以及验收时发现货物残损的处理。

(8) 配送费用支付条款。该条款主要规定配送人服务报酬的计算根据、计算标准,以及配送费支付的时间、支付方式。根据配送的具体方式不同,配送费包括商品价款和配送服务费两个部分。在配送服务合同中,不包含商品销售的合同,因此配送费也不包含商品价款而仅包含服务费部分。

(9) 合同期限条款。该条款涉及当事人的期限利益,也是确定违约与否的因素之一。

(10) 合同变更与终止条款。该条款约定当事人在合同存续期间得以变更、终止合同的条件,以及变更或终止合同的处理。

(11) 违约责任条款。该条款主要是为了保证合同的履行而作出的约定。当事人可对双方违约的情形及违约的后果作出约定,以便在出现违约时,可以迅速、公平地解决纠纷。

(12) 争议解决条款。当事人可以选择出现争议时的解决方式。一般当事人约定先协商解决,协商不成的,可约定选用调解、仲裁或诉讼的方式解决。

(13) 其他特别约定。

2) 销售配送合同的主要内容

销售配送合同有机地结合了配送服务合同与买卖合同的特点,该合同中关于配送服务部分的条款与配送服务合同基本相同;而关于转移标的物所有权部分的条款与买卖合同相似。

销售配送合同主要包括下列条款:

(1) 当事人名称、地址,包括配送人及用户的名称(姓名)、地址(住所)。

(2) 商品名称、数量、品质条款。该项内容是对合同的标的物的确定。

(3) 加工条款。双方关于配送人对商品进行拣选、组配、包装等的约定。

(4) 送货条款。约定配送人送货的数量和批次、送货时间和地点等内容。

(5) 检验条款。

(6) 价格与报酬条款。约定配送人向用户出售商品的价格和配送服务报酬的计算。双方当事人可以将配送费计入商品价格统一计算,也可以分别约定。在这种配送合同中,销售企业可能已将需向用户收取的配送费包含在商品的价款内,也可能在商品价款之外再收取一定数额的配送服务费。

（7）结算条款。

（8）合同变更与终止条款。

（9）违约责任条款。

（10）争议解决条款。

（11）其他特别约定。

4. 配送合同的履行

配送合同的履行是指配送合同的双方当事人依照双方所订立的配送合同中的具体内容全面履行各自义务的行为。由于配送合同具有较多的特点,因此配送合同在履行中也可能将遇到这些相应性质的合同在履行中所遇到的问题。对此,配送合同的双方当事人应给予足够的重视。

（1）共同配送下的责任承担。共同配送是为了提高物流效益,配送经营企业间以追求配送合理化为目的相互提供便利的配送业务的协作型配送模式。根据《国家标准物流术语》的解释,共同配送是指由多个企业联合组织实施的配送活动。共同配送可以通过以下形式实现：

① 由一家配送经营企业与用户订立配送合同。在履行时,该配送企业综合各客户的要求,在配送时间、数量、次数、路线等方面的安排上,在用户接受的前提下,作出全面规划和合理计划,以便实现配送的优化。在具体实施时,再由该配送企业与其他配送经营企业进行协作,企业之间可能会另行订立其他类型的合同。

② 由两家以上的配送经营企业共同与用户订立配送合同。在履行时,参与合同订立的配送经营企业之间开展合作,按用户的要求共同对配送事务作出适当安排,各配送企业共同利用配送中心、配送机械装配、货物、设施等,共同履行合同义务。

对于第一种情况,配送合同的义务主体只能是与用户订立配送合同的配送经营企业。该配送经营企业通过与其他人订立合同等方式协作而使其他人协作完成一定的配送作业,这只能视作该配送经营企业履行配送合同义务的一种手段。其他人并不能因其所为的配送作业而成为原配送合同的当事人,配送合同对其不产生效力。配送合同的义务主体仍为配送经营企业,因合同履行而产生的责任应当由订立配送合同的配送经营企业承担。对于因其他人的不适当履行而产生的责任,该配送经营企业也应当予以承担。

对于第二种情况,应当具体分析。如果在配送合同中,各配送经营企业与用户约定,在合同期内各配送人所应当承担的义务及相应责任的,该配送合同履行中产生的责任应当依照合同由各配送经营企业分别承担。如果在配送合同中,各配送经营企业是作为合同一方的当事人共同为用户提供配送服务,其各自应承担的义务不明确的,各配送经营企业对合同履行中产生的义务及相应的责任应当连带承担。这就意味着,在配送合同中,各配送经营人都负有全部履行的义务,对于相应的责任,任一配送经营人也应全部承担。当用户对各配送经营人中的一人或数人以全部或部分为请求时,被请求的配送经营人不得以其与他人的内部责任承担的约定提出抗辩。在配送经营人中的一人或数人履行了全部义务或承担了全部责任后,有权就超过其应当承担部分而向其他配送经营人请求偿还。

（2）货物的风险负担。货物的风险负担是指货物非由于双方当事人的故意或过失而发生的意外毁损、灭失的情况时损失由谁承担的问题。这里的意外毁损、灭失,包括水灾、火灾、风灾、交通事故、地震等人所预料不到的事故或不可抗力所致的毁损或灭失。

货物的风险负担是任意性的，配送合同双方当事人可以自行约定。有此约定的，在货物出现意外毁损、灭失时。双方当事人按合同约定负担风险。没有约定的，由于《合同法》对配送合同并无相关规定，因此可以参照买卖合同的规定，以交付为标准，使风险在当事人之间发生转移。

在配送服务合同下，原始货物是由用户提供的，因此货物意外毁损、灭失的风险，在用户将货物交付配送人之前由用户承担，交付之后由配送人承担。即使在配送人为用户提供代订服务的情况下，配送人也从未取得过货物的所有权。配送人从他人处代为受领货物时，可视为用户提供了货物，货物的风险仍应当是转移给了用户。配送人最终送达货物时，交付货物之前风险由配送人承担，交付货物之后由用户承担。

在销售配送合同下，货物在最终送达用户指定地点之前，货物的所有权是属于配送人的，用户尚未与该货物发生任何直接的联系。因此，货物的风险只有在配送人最终交付时才发生转移，即交付之前货物风险由配送人承担，交付之后由用户承担。

（3）配送人行为后果的承受。该问题主要是就配送合同中所包含的委托合同的特点而言的。如果在配送过程中，配送人基于配送合同中的授权事项而从事一些法律行为，如为了代购与他人代为订立买卖合同等，这时就会产生配送人的该行为后果由谁承受的问题。

根据《民法通则》和《合同法》对于委托代理的相关规定可以得出，当上述情况的配送人代为完成有关的配送事务的处理后，因为此种处理行为产生的后果应当由用户承担。此种后果包括有利的后果和不利的后果。以代购为例，配送人为用户与第三人订立买卖合同后，合同的当事人是用户，合同相应的权利和义务应当由用户承受。当第三人转移货物的所有权后，货物的所有权应当归属于用户，而不得因配送人在该买卖合同关系中所做的工作而由配送人受让货物的所有权。在这类委托代理的情况下，即使配送人以自己的名义与第三人订立合同，且第三人在订立合同时知道受托人与委托人之间的代理关系的，该合同一般仍应直接约束用户和第三人。

在销售配送合同中，配送人为了配货而与他人订立买卖合同的行为，其后果应由配送人自行承担，而不应当由用户承担。因为在上述情况下，就用户而言，其并未授权配送人为其代理购入货物，就配送人而言，其作为民事主体是买卖合同的当事人而非代理人，应当承受其行为后果。配送人订立并履行买卖合同的行为使配送人自己获得了货物的所有权，之后配送人对该货物进行分拣、加工等作业，最后配送人是作为该货物的所有权人将货物出售给用户的，配送人因此获得货物销售的利润。

8.3.2 配送法律关系中的权利与义务

配送合同是多种合同特点的有机结合，因此其主体的权利和义务也相应的含有多种合同的特点，是各合同主体权利和义务的有机结合。由于相关系列权利和义务是相对的，本书主要阐述配送人（物流企业）的权利和义务。

1. 配送服务合同中配送人的权利和义务

1) 配送人的主要义务

（1）妥善保管的义务。从配送人接收货物时起至交付货物时，货物一直处于配送人的占有之下。对于该货物，配送人必须妥善保管。妥善保管，是指配送人应当尽到与保管自己的物品同等的注意程度来保管用户交托配送的货物。妥善保管要求配送人在主观上尽到相当的注意程度，客观上按照货物的性能分别采取不同的保管方法。尤其对于危险品及易腐货物等，更应当在适合存放该货物的条件下采用适合货物性质的方法正确保管。虽然在配送业务中，保管并不是配送服务的目标，但是有相应存储、保管能力是配送人必不可少的条件，同时妥善保管货物也是配送人全面完成其他义务的基础。除合同另有约定外，配送人应当对其占有货物期间所发生的货损、货差承担责任。

（2）按约定配货的义务。配货是配送业务的一个特殊环节。配货不仅要求配送人从原始货物中挑选出符合要求的货物，有时还要求配送人按照用户的要求对货物进行适当的加工，使货物最终以用户指定的形态被送至指定地点。经过物流企业组织配货的物品，应具有用户要求的色彩、大小、形状、包装组合等外部形态，其质量也应当符合用户要求的标准，从而增加商品的商业价值。配送人的配货活动使商品实现了增值。配送人未按约定配货，因此给用户造成的损失，配送人应承担责任。

（3）按合同约定进行供应的义务。配送的一个重要意义就是提高用户的供应保证能力，因此这应当是配送人最重要的义务。配送人的适当配送、及时供应将减少用户因供应不适而造成的生产损失，或因此承担违约责任的风险。对此，配送人应做到：

① 有良好的货物分拣、管理系统，以便在用户指令下达后，在最短时间内备齐相关物品；
② 有合理的运送系统，包括车辆、运输人员、装车作业、运送路线等各方面；
③ 有其他必要的配送设施、设备，包括良好的仓储设施、完备的相关加工设备等。

（4）告知义务。配送人在履行配送合同的过程中，应将履行的情况、可能影响用户利益的事件等，及时、如实地告知用户，以便采取合理的措施防止或减少损失的发生，否则物流企业应承担相应的责任。配送人在接收货物时，应当仔细核对货物与清单记载是否一致，并且对货物进行必要的检验。如发现货物包装出现破损、短量、变质等情况，应及时告知用户。配送人在合理时间内未通知用户的，视为配送人接收的货物完好，与合同约定一致。在配送人保管货物的期间，如果发现货物有变质或者其他损坏，将危及其他货物的安全及配送人的正常经营的，应当及时通知用户并催告其作出必要的处置。配送人在配送作业的进行中无论何种原因，无法按用户要求及时完成义务时，应立即通知用户，并按用户的合理指示妥善处理。否则物流企业不仅要承担违反配送义务的违约责任，对由于未及时通知而造成用户的其他损失，也应承担赔偿责任。

2）配送人的主要权利

（1）要求用户支付配送费的权利。配送服务合同是有偿合同，物流企业通过提供配送服务获得收入，有权要求用户支付配送费。

（2）要求用户按约定提供配送货物的权利。由于配送服务合同是商物分离的合同，要求物流企业配送的货物（如汽车等）都是由用户提供的，因此，配送人有权要求用户按约定提供配送货物，否则配送人不能完成配送任务的，无须承担责任。

（3）要求用户及时接收货物的权利。配送人将货物送到用户指定地点时，有权要求用户指定相应人员及时接收货物，并与配送人办理货物交接。用户迟延接收货物造成配送人损失的，应赔偿其损失。

（4）要求用户协助的权利。

2. 销售配送合同中配送人权利和义务

1）配送人的主要义务

（1）按照合同约定交付货物的义务。按照合同约定交付货物，不仅要求配送人向用户交付货物，还要求配送人在此之前按照用户的具体要求进行订货，并在原始货物的基础上对原始货物进行分拣、储存、加工等作业，使货物的外在形态、内在质量都能符合用户的要求。只有完成了必要的配货工作，配送人才能将其配齐的货物及时交付用户。与一般销售合同不同的是，销售配送合同对交付货物的时间性要求较高。因此，配送人除了在配送环节安排好相关事务外，在组织货源环节上也应充分考虑货物的时间性。配送人未按照合同约定交付货物的，应向用户承担替换货物、退货、减价、赔偿损失等责任。

（2）转移货物所有权的义务。这是销售配送合同与配送服务合同的主要区别。由于销售配送合同的配送人不仅提供配送服务，还进行商品销售，因此配送人应当将己方的货物所有权以适当的方式转让给用户，实现货物所有权的转移。一般的货物，所有权在货物交付时即可实现转移，对于需要以交付有关单证的方式实现所有权转移的货物，配送人还应当向用户交付相关单证，方为适当履行了所有权转移的义务。

（3）告知义务。与物流服务合同相同，配送人在履行销售配送合同的过程中，应将履行的情况、可能影响用户利益的事件等，及时、如实地告知用户，以便用户采取合理的措施防止或减少损失的发生，否则配送人应承担相应的责任。

2）配送人的主要权利

（1）要求用户支付配送费的权利。这是配送人在销售配送合同中最基本的权利。配送人在销售配送合同法律关系中有权向用户收取的配送费包括货物的价款和配送服务费两部分。

（2）要求用户及时受领货物的权利。

（3）要求用户协助的权利。

▶ 本章小结　　　　　　　　　　　　　　　　　　　　　　　　　▶▶▶

物流加工是将流通与加工结合在一起所形成的一种物流的特殊环节。相对于物流中其他环节的法律关系而言，流通加工环节所涉及的法律关系比较简单，其主要涉及的法律关系就是加工承揽合同关系。关于流通加工的立法主要表现在加工承揽合同上。就我国现有的法律而言，与其他物流法规一样，目前我国没有单独的流通加工法规，《民法通则》、《合同法》及关于加工承揽合同的具体规定，可适用于流通加工。配送是指在经济合理区域内，根据用户要求，对物品进行拣选、包装、组配等作业，并按时送达指定地点的物流活动。由于配送是一个复杂的过程，常常涉及物流过程中的采购、仓储、运输、包装及加工等环节。因此，在配送环节中涉及的法律关系也比较复杂，主要包括买卖合同关系和配送合同关系。配送合同是指配送人根据用户需要为用户配送商品，并由用户支付配送费的合同。配送合同是多种合同特点的有机结合，因此其主体的权利和义务也相应地含有多种合同的特点，是各合同主体权利和义务的有机结合。

本章涉及主要法律法规：

1.《中华人民共和国民法通则》；
2.《中华人民共和国合同法》；
3.《中华人民共和国产品质量法》。

附录：相关法律文书示例

货物配送合同范本

甲方：
地址：
乙方：
地址：

根据《中华人民共和国合同法》，本着互利互惠的原则，就甲方委托乙方配送货物事宜，为了明确双方的责任，经双方协商，特签订本合同。

第一条 运输货物（名称、规格、数量）严禁运输国家禁运易燃易爆物品

编号

品名

规格

单位

单价

数量

第二条 包装要求

甲方必须按照国家主管机关规定的标准包装货物，没有统一规定包装标准的，应根据保证货物运输安全的原则进行包装，否则乙方有权拒绝承运。

第三条 配送区域

____地区及省内各市县城。

第四条 合同期限

一年，从____年____月____日至____年____月____日，合同期满后，经双方就合同约定价格再行协商，在同等条件下优先续签。

第五条 运输质量及安全要求

乙方必须用符合甲方配送货的车辆，为甲方实行优质、快捷、安全的 B2B 配送货服务。保证甲方的货物按规定、要求、时间保质保量地配送至目的地。每天运输前双方议定运输重量，超重时价格另定。

第六条 货物装卸责任

货物的装车工作由乙方负责，卸车工作由收货人负责，在装卸过程中发生的一切责任由装、卸方承担。

第七条 收货人领取货物及验收办法

收货人凭有效证件、单据（或凭据）与乙方对证验收、领取货物。

第八条 收费标准与费用结算方式

甲方收到乙方所提供的符合本合同约定的单据后，每 2 个月 15 日结算第一个月的费用。

第九条 双方的权利和义务

（一）甲方的权利与义务：

1. 甲方的权利：

（1）负责将货物配齐，要求乙方按照约定的时间、地点、收货人，把货物配送到目的

地。配送通知发乙方后,甲方需变更到货地点或收货人,或者取消通知,有权向乙方提出,但必须在货物未运到目的地之前,并应按有关规定付给乙方费用。

(2) 有权对乙方的配送货过程进行监督、指导。

(3) 委托的货物应遵守国家有关法律规定,并符合包装标准。

2. 甲方的义务:

(1) 按约定按时向乙方交付配送费用。

(2) 应向乙方提供有关配送货业务的相应单据文件(产品、型号、数量、客户准确地址及电话号码、联系人等)。

(3) 指派专人负责与乙方联系并协调配送货过程中有关事宜。

(4) 合同期内,乙方是甲方省内区域(包括市郊)的唯一配送商,未经乙方同意,甲方不得另寻配送商,否则,乙方可解除合同。

(二) 乙方的权利和义务:

1. 乙方的权利:

向甲方收取配送费用。查不到收货人或收货人拒绝领取货物,乙方就及时与甲方联系,在规定期限内负责保管并有权向甲方收取保管费用。

2. 乙方的义务:

(1) 根据甲方的业务需要与发展,提供相应的运输能力,即提供不同的厢车。

(2) 在约定的时限内,将货物运到指定的地点,按时向收货人发出货物到达的通知。对托运的货物要负责安全,保证货物无短缺、无损坏。在货物到达以后,按规定的期限,负责保管。

(3) 乙方应在甲方指定的地点提取货物,在装货过程中,乙方的驾驶员应负责进行监装,对装货过程中的不当操作有责任指出并纠正,乙方将货物送往甲方指定的目的地和接收人,由收货人、乙方司机双方签字盖章确认。交货时如发现产品损坏或产品、数量、型号、规格不符等问题,乙方应要求接收人注明,接收人所盖印章应为商家签订的配送委托书规定的公章或收货专用章,乙方凭甲方认可的配送反馈单与甲方进行结算。

第十条 违约责任

(一) 甲方责任

1. 不按时与乙方结算配送费用,每超一天偿付给乙方当月结算费用1%的违约金,但由于乙方提供的结算单据不及时除外。

2. 因甲方原因,造成乙方的承运车不能及时返回,甲方应根据当次加付运费10%作为补偿金。(规定卸货时间为2小时)

3. 甲方有负责为乙方营造良好的服务环境,如甲方员工在货物配送过程中发生以下现象之一的,甲方应向乙方支付违约　　元/次。

(1) 不按预约时间装卸货物。

(2) 装卸货物当中有野蛮装卸行为,乙方指出,甲方工作人员不及时更改。

(3) 甲方协调不到位,造成乙方被投诉。

(4) 甲方发错货,造成乙方承运货物到达商场后,商场拒收,返程运费由甲方支付。

4. 由于在货物中夹带、匿报危险货物,而招致货物破损、爆炸,造成人身伤亡的,甲方应承担由此造成的一切责任。

（二）乙方责任

1. 乙方如送货到达时间每晚于规定时间一天，应向甲方支付当次运输费10%的违约金（阻车、修路、交通管制除外），若乙方送达目的地错误，应自费将货物送达甲方要求的目的地，因此给甲方造成的损失由乙方负责赔偿。

2. 经双方确认，货物在运输途中造成的破损、遗失、短缺等任何损失，由乙方负责赔偿，赔偿值按批发价计算，且乙方不得擅自拆除货物并重新包装，因以上原因造成甲方违约或其他损失后，由乙方负责赔偿。

3. 乙方有责任为甲方提供优质服务，如乙方员工在货物配送过程中发生以下现象之一的（属于乙方责任造成的），乙方应向甲方支付违约金200元/次，同时乙方应按本合同继续履行合同。

（1）不按时运送货物，造成用户投诉。
（2）在运输过程中，损坏货物并强行留给用户，造成用户投诉。
（3）在装卸货物中，司机刁难用户，造成用户投诉。

4. 在符合法律和合同规定条件下的运输，由于下列原因造成货物灭失、短少、损坏的，乙方不承担违约责任。

（1）不可抗力；
（2）货物本身的自然属性；
（3）甲方或收货人本身的过错；
（4）在运送过程中，送错货物，造成用户投诉。

（三）其他

1. 甲方仅支付乙方运费。在运输途中发生的其他一切费用（如过路、过桥费等）全部由乙方负责，具体支付标准（详见合同附件《价格表》）。

2. 双方不能以任何形式向公众透露对方的商业机密，否则，由此引起的任何损失（如名誉受损、经济受损等）均由泄密方负责赔偿。

3. 不可抗力的原因，影响本合同不能履行或者部分不能履行或延期履行时，遇有不可抗力事故的一方，应立即将事故情况通知对方，并详细提供事故详情及造成合同不能履行，或者部分不能履行，或者延期履行的理由及所有的相关文件资料。

4. 一方违约，另一方有权以书面形式通知对方解除本合同或双方签订的其他合同、协议，合同自发出通知之日起30天后解除，由违约方承担违约责任。

5. 自本合同生效之日起，甲乙双方原先签订的产品配送合同自动作废。

6. 本合同如有未尽事宜，应由双方协商解决；协商不成时，按下列第____种方式解决：
（1）向____仲裁委员会申请仲裁；
（2）向人民法院起诉。

7. 本合同一式二份，合同双方各执一份。

甲方（盖章）：　　　　　　　　　乙方（盖章）：
签约代表：　　　　　　　　　　　签约代表：
开户行：　　　　　　　　　　　　开户行：
银行账号：　　　　　　　　　　　银行账号：
电话：　　　　　　　　　　　　　电话：

　　　　年　　月　　日　　　　　　　　　年　　月　　日
　　签订地点：　　　　　　　　　　　签订地点：

▶ 案例分析　　　　　　　　　　　　　　　　　　　▶▶▶

1. 加工承揽合同纠纷

原告（反诉被告）：广西梧州市丰盈不锈钢有限公司

原告住所地：梧州市东部产业转移园区长洲工业集中区A区

原告法定代表人：王某辉，董事长

原告委托代理人：万某，广西正立律师事务所律师。

被告（反诉原告）：广西梧州市新盈特钢有限责任公司

被告住所地：梧州市长洲区平浪村上平五、六组

被告法定代表人：周某英，董事长

被告委托代理人：何某慧、区某辉，广东金硕律师事务所律师。

原告广西梧州市丰盈不锈钢有限公司诉称，2009年11月5日，王某辉与周某新签订《投资合作协议书》设立原告，为被告生产的不锈钢钢坯进行热轧、酸洗加工。期间，双方进行结算，被告于2011年11月19日书面确认，至2011年11月止，被告应向原告支付热轧加工费9 204 135.57元。但被告结算后至今未向原告支付加工费。2010年11月至2011年11月期间，原告为被告酸洗加工不锈钢带206 204.368吨，被告应支付加工费57 454 552.46元，被告已支付加工费51 139 437.77元（其中以不锈钢带冲抵加工费47 166 552.97元，通过银行转账支付现金3 972 884.80元），原、被告双方认可因质量问题及其他费用扣除2 330 979.29元，被告尚欠原告酸洗加工费3 984 135.40元。根据双方的约定，被告于2010年11月9日向原告出具《承诺书》，承诺在原告成立并投产后，每个月提供至少3万吨钢坯，每年按10个月计算，每年提供至少30万吨钢坯给原告加工。否则被告在王某辉与周某新未收回投资前愿按170元/吨赔偿原告，收回投资后按150/吨赔偿原告8年的加工费损失。2011年2月1日，原告成立并投产。按照双方的约定，被告至2012年12月31日止，应向原告供应钢坯55万吨，但被告只向原告提供钢坯25万吨，少供应钢坯30万吨，故被告应向原告赔偿加工费损失5 100万元。为此，原告诉至法院，要求判令：

1. 被告支付钢带热轧加工费9 204 135.57元；
2. 被告支付钢带酸洗加工费3 984 135.4元；
3. 被告赔偿加工费损失5 100万元，三项共计64 188 270.97元。

原告广西梧州市丰盈不锈钢有限公司向法庭提供的证据有：

1. 投资合作协议书，以证明原告公司是由王某辉与周某新共同出资1.2亿元设立；
2. 承诺书，以证明被告违约，应向原告赔偿加工费损失5 100万元；
3. 钢带加工费结算单，以证明被告应付加工费9 204 135.57元；
4. （2012）梧民三终字第113号民事判决书，以证明原告为被告加工不锈钢带热轧酸洗业务；
5. 股东协议，以证明原告公司由周某新承包经营；

6. 法庭审理笔录,以证明双方对被告应支付原告酸洗加工费的事实进行质证、确认;

7. (2011) 长民初字第 565 号民事判决书,以证明判决确认被告欠付酸洗加工费的事实;

8. (2011) 长民初字第 107 号民事判决书,以证明被告违约供应热轧钢锭的事实;

9. (2012) 梧民三终字第 112 号民事判决书,以证明法院判决原告向杨凡赔偿 2 000 万元,造成原告的巨大损失。

被告广西梧州市新盈特钢有限责任公司辩称:

1. 根据《投资合作协议书》的约定,原告应向被告返还不锈钢废料 158.757 吨、钢坯 296.633 吨,但原告至今未向被告返还上述材料,故原告要求被告支付钢带热轧加工费 9 204 135.57 元缺乏依据。

2. 原告为被告酸洗不锈钢带,被告应支付酸洗加工费 57 454 552.46 元,而被告已支付加工费 51 610 116.78 元(其中以不锈钢带冲抵加工费 47 637 231.98 元,通过银行转账支付现金 3 972 884.80 元),质量问题应扣除 1 807 098.916 元,电费应扣除 1 102 529.50 元,电话费应扣除 768.7 元以及黑皮引带费应扣除 44 779.87 元,故被告尚欠原告加工费 2 889 258.69 元,但上述加工费尚未扣除酸洗损耗,故原告要求被告支付钢带酸洗加工费 3 984 135.4 元没有依据。

3. 被告根据《承诺书》,与原告于 2010 年 12 月 1 日签订《委托加工协议书》,委托加工时间从 2010 年 12 月 1 日起至 2011 年 12 月 31 日止。委托加工期满后,双方没有签订新的委托加工协议。故《承诺书》的期限亦应从 2010 年 12 月 1 日起至 2011 年 12 月 31 日止。由于被告已于上述承诺期限向原告供应钢坯 25 万吨,被告不存在违约行为。因此,原告要求被告赔偿加工费损失 5 100 万元,没有事实和法律依据,请法院驳回原告的诉讼请求。

被告广西梧州市新盈特钢有限责任公司向法庭提供的证据有:

1. 股权转让协议书,以证明周某新单独承包经营原告,实际承包期从 2011 年 2 月 1 日起至 2011 年 9 月 8 日止的事实;

2. 委托加工协议书,以证明原、被告签订了协议书的事实,说明承包期至 2012 年 12 月 31 日止。

反诉原告广西梧州市新盈特钢有限责任公司反诉称:2011 年 2 月 1 日,反诉被告正式投产后,为反诉原告提供的不锈钢进行热轧、酸洗加工。2011 年 11 月 19 日,反诉原告与反诉被告就热轧钢带的加工费进行结算,双方确认至 2011 年 11 月份止,反诉被告尚欠反诉原告不锈钢废料 158.757 吨、钢坯 296.633 吨。至今,反诉被告尚未返还上述材料。故反诉原告提起反诉,要求判令:

1. 反诉被告返还钢带废料 158.757 吨,如反诉被告不能返还,应折价 1 063 671.9 元向反诉原告支付款项。

2. 反诉被告返还反诉原告钢坯 296.633 吨,如反诉被告不能返还,应折价 2 506 548.85 元向反诉原告支付款项。

反诉原告广西梧州市新盈特钢有限责任公司向法庭提供的证据有:钢带加工费结算单,以证明反诉被告尚欠反诉原告钢带废料 158.757 吨及钢坯 296.633 吨的事实。

反诉被告广西梧州市丰盈不锈钢有限公司对反诉辩称:2011 年 11 月 19 日,双方书面确认,反诉原告在反诉被告的厂区内有不锈钢废料158.757吨、钢坯296.633吨。同月25日,反诉原告与中钢集团深圳有限公司签订《购销合同》,由反诉原告向中钢集团深圳有限公司供应不锈钢产品。同月30日,双方签订《补充合同》,确认买卖的产品包含了本案争议的不锈钢废料158.757吨、钢坯296.633吨。同日,双方签订产品买卖的《确认单》,履行了《购销合同》。故反诉原告已将本案争议的不锈钢废料、钢坯出卖给中钢集团深圳有限公司。因此,反诉原告要求反诉被告返还不锈钢废料158.757吨、钢坯296.633吨,没有事实和法律依据,请法院驳回反诉原告的诉讼请求。

反诉被告广西梧州市丰盈不锈钢有限公司向法庭提供的证据有:
1. 购销合同,以证明反诉原告已将讼争的货物出卖给中钢集团深圳有限公司;
2. 补充合同,以证明反诉原告已将讼争的货物出卖给中钢集团深圳有限公司;
3. 确认单,以证明反诉原告已将讼争的货物出卖给中钢集团深圳有限公司;
4. 货物收据,以证明争议的货物已交付给中钢集团深圳有限公司。

问题:
(1) 被告是否应向原告支付钢带热轧加工费92 041 35.57元?被告是否应向原告支付钢带酸洗加工费3 984 135.40元?被告是否应向原告支付赔偿金5 100万元?
(2) 反诉原告要求反诉被告返还不锈钢废料158.757吨、钢坯296.633吨是否合理?

2. 配送合同纠纷

2014年4月20日,某陶瓷公司员工因粗心大意,将本应发往甲公司价值六万元的瓷砖,误发给了乙公司。4月21日,通过物流公司的反馈得知,该笔货物已由乙公司接收,并支付了1 000元物流费。原告陶瓷公司随即与被告乙公司取得联系,希望被告返还货物,原告将表示感谢并返还乙公司2 000元物流费。但乙公司均以各种理由予以搪塞。为此,原告向被告发出律师函,要求乙方及时返还货物,否则将通过法律途径解决。但乙公司仍置之不理。为维护自身权益,原告遂诉至金寨县人民法院。

问题:
(1) 本案中的原告陶瓷公司应承担怎样的责任?
(2) 法院应该如何判决?

练习题

一、名词解释题

加工承揽合同 加工合同 定作合同 修理合同 配送服务合同 销售配送合同 承揽人的留置权

二、填空题

1. 承揽人的主要权利为_____和_____。
2. 承揽人的主要义务有_____、_____、_____、_____、_____、_____。
3. 定作人的主要权利有_____、_____、_____、_____。
4. 定作人的主要义务有_____、_____、_____、_____。
5. _____是配送活动的需求者,_____是配送活动的提供者。

6. 配送服务合同中用户的义务主要有_____、_____、_____。
7. 配送服务合同中配送人的义务主要有_____、_____、_____。
8. 销售配送合同中配送人的主要权利有_____、_____、_____。

三、问答题

1. 简述物流企业在流通加工中的权利、义务和责任。
2. 承揽合同中各方当事人的权利和义务有哪些?
3. 简述配送合同的法律属性。

第 9 章

物流信息管理法律法规

知识目标

重点掌握物流信息的定义和特点,物流信息网络服务提供商的市场准入制度。掌握信息的含义和分类,信息管理的定义,物流信息管理法律关系,物流信息数据库的法律保护。了解物流信息作为商业秘密的法律保护。

技能目标

具备基本的知识产权保护意识。能够依法处理物流信息。

【导入案例】

赵某于2008年8月19日获得《计算机软件著作权登记证书》,登记的软件名称为《××物流信息数据库管理查询系统》(以下简称《数据库》),由北京某出版社公开出版发行。

2013年9月15日,赵某发现某商务咨询有限公司经营的网站使用了自己的《数据库》,其网站中的"物流信息检索"栏目中的数据和部分网页内容均使用了自己《数据库》的成果。赵某认为该商务咨询有限公司的行为侵犯了自己《××物流信息数据库管理查询系统》的著作权,影响了该产品的正常销售,遂诉至法院。

问题:该案应如何处理?

提示:根据我国著作权法的规定:汇编作品、作品的片段或者不构成作品的数据或者其他资料,对其内容的选择或者编排体现独创性的作品,为汇编作品,其著作权由汇编人享有,但行使著作权时,不得侵犯原作品的著作权。因此,受著作权法保护的汇编作品,应在对有关的作品、数据或者其他材料内容的选择或者编排方面具有独创性。汇编作品的保护在于该作品内容的选择、编排方面,并不延及其构成部分本身。所谓独创性即原创性,是指作品由作者通过自己的智力活动而依法产生的,不是通过抄袭他人作品而产生的。只要作品具有最低限度的独创性,就应依据著作权法受到保护。而且原告作品在著作权保护有效期内,原告对该数据库汇编作品依法应享有著作权。

该商务咨询有限公司未经北京某某物流信息有限公司许可,擅自复制其享有著作权的《数据库》,并且通过自营的网站加以传播,其行为已经侵害北京某某物流信息有限公司的著作权。法院应支持赵某的主张,令被告立即停止侵权、删除复制在其网站上的《数据库》;公开赔礼道歉;赔偿相应经济损失。

9.1 物流信息管理中的法律关系

9.1.1 信息与信息管理

1. 信息的含义和分类

1)信息的含义

"信息"一词在我们生活中耳熟能详,但是对其准确定义还存在诸多争议。在现代自然科学、人文科学、社会科学以及横向科学研究中都会涉及"信息"的含义,而不同学科中"信息"的定义又有很大的差异。如自然科学中的"信息"多指数据、指令,管理科学中的"信息"多指消息、情报。

因此,社会尚未能给"信息"一个概括、公认的定义。目前主要对信息的定义包括下面一些:

按照《高级汉语大词典》的解释,信息是"有目的标记在通信系统或计算机的输入上面的信号……(如电话号码的一个数字)",《美国传统辞典》对其的解释是:"information:A collection of facts or data(信息事实或数据的汇总)。"

我国国家标准 GB 489885《情报与文献工作词汇基本术语》中,对"信息"的定义是:"Information,物质存在的一种方式、形态或运动状态,也是事物的一种普遍属性,一般指数据、消息中所包含的意义,可以使消息中所描述事件的不定性减少。"

有关信息的定义还有很多种,但都没有能够完全概括信息的本质和特征。从信息的本质和特征上来看,信息首先是客观存在的,即信息存在于自然界和人类社会的各个领域,以信号的形式存在;其次,信息传达一定的意义,要么是对过去已经发生事实的规律的解释,要么是对未来将要发生事实的预言;第三,信号之间必须具有一定的逻辑联系,这种联系是发信方和接收方事先达成共识的。因此,信息是指为了传达一定的意义,按照约定的规则排列的信号的集合。

2)信息与消息、信号、数据的区别

在日常生活中,人们常把信息与消息和信号等同起来,其实这样的认识并不正确。信息、消息和信号之间有密切联系,信息常以消息形式表现出来,并通过信号来传递,但是三者之间是有区别的。消息有可能包含甚为丰富的信息,但也可能信息甚少,若这种信息并未给人们带来新的知识的话,那么这种消息所包含的信息实际等于零。所以信息是给人们带来新知识的消息,消息是外壳,信息是消息的内核。信息与信号也是有区别的,信号是携带信息的载体,信息则是这个载体所携带的内容,同一种信息可用多种信号来表示,一种信号也可能用来传递多种信息。此外,信息和数据(data)也是有区别的,数据是对某种情况的记录,包括数值数据(例如各种统计资料数据)以及非数值数据两种,后者如各种图像、表格、文字和特殊符号等;而信息则是经过加工处理后对管理决策和实现管理目标或任务具有参考价值的数据,它是一种资源。从《情报与文献工作词汇基本术语》对信息的定义来看,信息是数据、消息中所包含的意义。

3)信息的特征

(1) 传递性。信息的传递打破了时间和空间的限制,在发信人与接收人之间传递。

(2) 共享性。信息作为一种资源,通过交流可以由不同个体或群体在同一时间或不同时间共享。

(3) 依附性和可处理性。各种信息必须依附一定的媒体介质,信息如果经过人的思考分析和处理,往往会产生新的信息,使信息增值。

(4) 价值相对性。作为资源的信息是决策的基础,并通过决策来体现其价值。正确的决策有赖于足够的可靠的信息,对某一决策过程不起作用的信息,对该决策过程来说是没有意义的。同时,有用的信息可以直接作为商品来买卖,给企业带来效益。

(5) 时效性。信息通常只在某一个时刻或某一段时间内有用,延迟的信息可使其功效减少或全部消失,甚至可能起到截然相反的作用。

(6) 真伪性。信息还有真伪之分,真实和虚假的信息混杂其中,必须分析信息的真伪。

4) 信息的分类

信息按照不同标准可以作不通的分类:

(1) 按信息的产生过程,可以将信息分为原始信息和加工信息两类。原始信息又可称为"一次信息"。如初次发表的论文或文献、从企业内部产生或从企业外部流入企业的原始数据、单据和原始记录等;加工信息则是在一次信息的基础上,按照管理者既定目标和决策要求进行整理加工后形成的有固定用途的信息。

(2) 从信息的来源上,信息可以分为内部信息和外部信息。内部信息是在企业的经营管理过程中,从企业内部得到的信息,常常用于管理及具体业务工作中;外部信息来自企业的外部环境,这类信息往往被作为企业的高层决策参考。

(3) 从信息的稳定性角度,信息可以分为常规信息和变动信息。常规信息即固定信息,也叫定额查询信息,是具有相对的稳定性,在一段时间内可以在各项经济管理工作中重复使用而不发生根本变化的信息;变动信息即流动信息,也叫作业统计信息,是反映较短时期内生产和经营活动的实际进程,在不断地变化着的,时效性很强,一般只有一次性的使用价值的信息。

(4) 从信息的管理层次上,信息可以分为决策信息、控制信息和作业信息。

决策信息,是企业领导层为实现企业的发展战略目标需要采取重大决策时所需要的信息;控制信息,是指企业管理人员控制生产和经营过程所需要的信息;作业信息,是指与企业日常生产和经营活动有关的信息。

(5) 按照信息职能的不同,信息可分为物资信息、生产信息、质量信息、财务信息、组织信息、指挥信息、人力信息和控制信息等等。

2. 信息管理的含义

信息管理是人类为了有效地开发和利用信息资源,以现代信息技术为手段,对信息资源进行计划、组织、领导和控制的社会活动。简单地说,信息管理就是人对信息资源和信息活动的管理。具体来说信息管理活动主要包括三个方面:信息生产、信息流转和信息安全。

信息管理的定义,需要从以下几个方面理解。

1) 信息管理的对象是信息资源和信息活动

(1) 信息资源。它是信息生产者、信息、信息技术的有机体。信息管理的根本目的是控制信息流向,实现信息的效用与价值。但是,信息并不都是资源,要使其成为资源并实现其效用和价值,就必须借助人的智力和信息技术等手段。因此,人是控制信息资源、协调信息活动的主体，是主体要素。而信息的收集、存储、传递、处理和利用等信息活动过程都离不开信息技术的支持。没有信息技术的强有力作用，要实现有效的信息管理是不可能的。由于信息活动本质上是生产、传递和利用信息资源，信息资源是信息活动的对象与结果之一。信息生产者、信息、信息技术三个要素形成一个有机整体——信息资源，是构成任何一个信息系统的基本要素，是信息管理的研究对象之一。

（2）信息活动。信息活动是指人类社会围绕信息资源的形成、传递和利用而开展的管理活动与服务活动。信息资源的形成以信息的产生、记录、收集、传递、存储、处理等活动为特征，目的是形成可以利用的信息资源。信息资源的开发利用阶段以信息资源的传递、检索、分析、选择、吸收、评价、利用等活动为特征，目的是实现信息资源的价值，达到信息管理的目的。单纯地对信息资源进行管理而忽略与信息资源紧密联系的信息活动，信息管理的研究对象是不全面的。

2）信息管理是管理活动的一种

管理活动的基本职能"计划、组织、领导、控制"仍然是信息管理活动的基本职能，只不过信息管理的基本职能更有针对性。

3）信息管理是一种社会规模的活动

它反映了信息管理活动的普遍性和社会性。它是涉及广泛的社会个体、群体、国家参与的普遍性的信息获取、控制和利用活动。

9.1.2 物流信息

1. 物流信息的定义

《中华人民共和国国家标准物流术语》中将物流信息（Logistics information）定义为"反映物流各种活动内容的知识、资料、图像、数据、文件的总称"。

2. 物流信息的组成

1）物流系统内部信息

是伴随着物流活动而发生的信息，包括物料流转信息、物流作业层信息、物流控制层信息和物流管理层信息。

2）物流系统外部信息

是在物流活动以外发生的，但提供给物流活动使用的信息，包括供货人信息、顾客信息、订货合同信息、交通运输信息、市场信息、政策信息，以及来自有关企业内部生产、财务等部门与物流有关的信息。

3. 物流信息的特点

1）种类多、信息量大、分布广

在物流系统领域，物流信息范围广泛，包括交通运输信息、仓储信息、装卸搬运信息、包装信息、流通加工信息和配送信息等等。

2）信息动态性强

物流信息要求与商品流通的时间相适应，对物流信息的更新速度要求非常快，呈现出一种动态性。

9.1.3 物流信息管理法律关系

物流信息管理法律关系即在物流信息管理活动中所产生的受法律规范所调整的具有权利

义务内容的具体社会关系,同样是有主体、客体和内容三个构成要素。

1. 物流信息管理法律关系的主体

物流信息管理法律关系的主体,即物流信息管理法律关系中权利和义务的承担者。可以成为物流信息管理法律关系的主体包括自然人、法人和其他组织。

2. 物流信息管理法律关系的客体

物流信息管理法律关系的客体,即物流信息管理法律关系的主体享有的权利和承担的义务所共同指向的对象。物流信息管理法律关系的客体是信息及信息产生、流转和安全的行为。

3. 物流信息管理法律关系的内容

物流信息管理法律关系的内容,是指物流信息管理法律关系主体在物流信息管理活动中享有的权利和承担的义务。

9.2　物流信息管理法律法规

物流信息管理活动主要包括物流信息的产生、物流信息的流转和物流信息的安全三个方面。围绕这三个方面,我国调整物流信息管理活动的法律法规主要包括物流信息网络政策法规、知识产权法律制度和商业秘密保护法律制度等三个方面。

9.2.1　物流信息网络政策法规

我国物流信息与互联网信息的立法,在法律层面上主要有:《中华人民共和国电子签名法》《全国人大常务委员会关于维护互联网安全的决定》以及广义上的《著作权法》《反不正当竞争法》《保守国家秘密法》等。在行政法规层面,主要有《计算机软件保护条例》《计算机信息网络国际联网管理暂行规定》《电信条例》《互联网信息服务管理办法》《集成电路布图设计保护条例》等。政府规章层面,主要有《电子认证服务管理办法》《互联网电子公告服务管理规定》《海关舱单电子数据传输管理办法》等。

1. 物流信息网络服务的市场准入

国务院 2000 年 9 月 25 日颁布的《互联网信息服务管理办法》是目前我国对提供互联网信息服务实行管制制度的主要行政法规。《互联网信息服务管理办法》第三条规定:"互联网信息服务分为经营性和非经营性两类。经营性互联网信息服务是指通过互联网向上网用户有偿提供信息或者网页制作等服务活动。非经营性互联网信息服务是指通过互联网向上网用户无偿提供具有公开性、共享性信息的服务活动。"因此,物流信息网络服务要区分是否属于经营性行为,经营性行为采取许可制度,非经营性行为采取备案制度。

1) 非经营性物流信息网络服务备案制度

依据《互联网信息服务管理办法》第四条的规定,"国家对经营性互联网信息服务实行许可制度;对非经营性互联网信息服务实行备案制度。未取得许可或未履行备案手续的,不得从事互联网信息服务。"从事非经营性网络服务的网站只需要到主管部门进行备案,即可以开通网站运营。根据第八条的规定,从事非经营性互联网信息服务,应当向省、自治区、直辖市电信管理机构或者国务院信息产业主管部门办理备案手续。办理备案时,应当提交下列材料:主办单位和网站负责人的基本情况;网站网址和服务项目;服务项目属于本办法第五条规定范围的，已经取得的有关部门的同意文件。

2）从事特殊信息服务专项备案制度

《互联网信息服务管理办法》第九条规定，从事互联网信息服务，拟开办电子公告服务的，应当在申请经营性互联网信息服务许可或者办理非经营性互联网信息服务备案时，按照国家有关规定提出专项申请或者专项备案。电子公告服务即 BBS（Bulletin Board System），公众能够自由发表言论。BBS 的互动性导致了诸多社会问题的发生，如大量侵犯名誉权行为的发生，国家建立了专项备案制度。物流信息服务网站如果开辟这项服务，就必须到有关部门办理专项申请或备案。

3）经营性物流信息服务网站设立的主要条件和程序

（1）经营性物流信息服务网站的界定。《互联网信息服务管理办法》第三条规定，"互联网信息服务分为经营性和非经营性两类。经营性互联网信息服务，是指通过互联网向上网用户有偿提供信息或者网页制作等服务活动。非经营性互联网信息服务，是指通过互联网向上网用户无偿提供具有公开性、共享性信息的服务活动。"第十一条第二款规定，"非经营性互联网信息服务提供者不得从事有偿服务。"立法者将二者区分的标准定位于是否提供有偿服务，但这大大拓宽了经营性概念，使经营性网站范围扩大。

2004 年 10 月 1 日起北京市施行的《经营性网站备案登记管理办法》第二条规定，"本办法所称经营性网站，是指企业和个体工商户为实现通过互联网发布信息、广告、设立电子信箱、开展商务活动以及向他人提供实施上述行为所需互联网空间等经营性目的，利用互联网技术建立的并拥有向域名管理机构申请的独立域名的电子平台。"这里的经营性网站备案登记与非经营性网站的备案不同，是指经营性网站向工商行政管理机关申请备案，工商行政管理机关在网站的首页上加贴经营性网站备案电子标识，并将备案信息向社会公开。

（2）经营性物流信息服务网站设立的实质条件。《中华人民共和国电信条例》将电信业务分为基础电信业务与增值电信业务。经营性物流信息服务属于增值电信业务。根据《电信条例》第十三条和《互联网信息服务管理办法》第六条规定，举办经营性网站应当具备以下条件：经营者为依法设立的公司；有与开展经营活动相适应的资金和专业人员；有为用户提供长期服务的信誉或者能力；有业务发展计划及相关技术方案；有健全的网络与信息安全保障措施，包括网站安全保障措施、信息安全保密管理制度、用户信息安全管理制度；服务项目属于《互联网信息服务管理办法》第五条规定范围且已取得有关主管部门的同意的文件；法律法规规定的其他条件。

（3）经营性物流信息服务申办的程序要件。根据《互联网信息服务管理办法》第七条的规定，包含经营性信息服务内容的网站，必须办理两项手续：

一是获得增值电信业务经营许可证。从事经营性互联网信息服务，应当向省、自治区、直辖市电信管理机构或者国务院信息产业主管部门申请办理互联网信息服务增值电信业务经营许可证。省、自治区、直辖市电信管理机构或者国务院信息产业主管部门应当自收到申请之日起 60 日内审查完毕，作出批准或者不予批准的决定。予以批准的，颁发经营许可证；不予批准的，应当书面通知申请人并说明理由。

二是在工商管理部门办理登记手续。申请人取得增值电信业务经营许可证后，应持经营许可证向企业登记机关即国家工商行政管理部门办理登记手续。此外，有些地方还规定了经营性网站备案登记制度。如北京市《经营性网站备案登记管理办法》第四条规定，"北京市行政区划内的企业和个体工商户所开办的经营性网站,应当在北京市工商行政管理局备案。"

2. 物流信息网络服务的安全规定

物流信息网络服务的最基础要求就是网络安全。我国目前出台的信息网络法律法规也主要集中在维护网络安全方面。

1)《全国人民代表大会常务委员会关于维护互联网安全的决定》(以下简称《决定》)

这是目前我国在维护互联网安全方面的最高层次的法律规范,于2000年12月28日第九届全国人民代表大会常务委员会第十九次会议通过。《决定》主要从我国刑法的有关规定出发,对有关危害互联网安全的犯罪行为的刑事责任予以明确,同时规定了相关危害互联网安全的行为不构成犯罪时的民事责任和行政责任。《决定》规定的危害互联网安全的犯罪行为主要包括下面几种:

(1)危害互联网的运行安全的犯罪行为,包括侵入国家事务、国防建设、尖端科学技术领域的计算机信息系统;故意制作、传播计算机病毒等破坏性程序,攻击计算机系统及通信网络,致使计算机系统及通信网络遭受损害;违反国家规定,擅自中断计算机网络或者通信服务,造成计算机网络或者通信系统不能正常运行。

(2)危害国家安全和社会稳定的犯罪行为,包括利用互联网造谣、诽谤或者发表、传播其他有害信息,煽动颠覆国家政权、推翻社会主义制度,或者煽动分裂国家、破坏国家统一;通过互联网窃取、泄露国家秘密、情报或者军事秘密;利用互联网煽动民族仇恨、民族歧视,破坏民族团结;利用互联网组织邪教组织、联络邪教组织成员,破坏国家法律、行政法规实施。

(3)危害社会主义市场经济秩序和社会管理秩序的犯罪行为,包括利用互联网销售伪劣产品或者对商品、服务作虚假宣传;利用互联网损害他人商业信誉和商品声誉;利用互联网侵犯他人知识产权;利用互联网编造并传播影响证券、期货交易或者其他扰乱金融秩序的虚假信息;在互联网上建立淫秽网站、网页,提供淫秽站点链接服务,或者传播淫秽书刊、影片、音像、图片。

(4)危害个人、法人和其他组织的人身、财产等合法权利的犯罪行为,包括利用互联网侮辱他人或者捏造事实诽谤他人;非法截获、篡改、删除他人电子邮件或者其他数据资料,侵犯公民通信自由和通信秘密;利用互联网进行盗窃、诈骗、敲诈勒索。

2)《中华人民共和国计算机信息系统安全保护条例》

国务院于1994年2月18日发布的《中华人民共和国计算机信息系统安全保护条例》,主要内容包括:公安部主管全国计算机信息系统安全保护工作;计算机信息系统实行安全等级保护;计算机信息系统的使用单位应当建立健全安全管理制度,负责本单位计算机信息系统的安全保护工作;国家对计算机信息系统安全专用产品的销售实行许可证制度等等。

9.2.2 知识产权法律制度

物流信息的知识产权保护主要集中在物流信息集合成数据库之后的法律保护问题。

(1)数据库的定义。我国尚没有法律对数据库作出明确定义,但可以借鉴欧盟在1996年颁布的《关于数据库法律保护的指令(96/9/EC)》第一条第二款的规定——"在本指令中,'数据库'是指经系统或有序的安排,并可通过电子或其他手段单独加以访问的作品、数据或其他材料的集合。"物流信息经过编排,也可以集合成数据库。

(2) 数据库的法律保护。我国目前对数据库的保护主要是从著作权法角度去设计。《著作权法》第十四条规定，"汇编若干作品、作品的片段或者不构成作品的数据或者其他材料，对其内容的选择或者编排体现独创性的作品，为汇编作品，其著作权由汇编人享有，但行使著作权时，不得侵犯原作品的著作权。"

9.2.3 企业商业秘密保护法律制度

1. 物流信息成为商业秘密的意义

1）商业秘密的定义

《反不正当竞争法》第十条第三款是一个说明性法条，它对商业秘密进行了定义："本条所称的商业秘密，是指不为公众所知悉、能为权利人带来经济利益、具有实用性并经权利人采取保密措施的技术信息和经营信息。"

国家工商行政管理局《关于禁止侵犯商业秘密行为的若干规定》第二条先重复了《反不正当竞争法》中商业秘密的定义，紧接着对商业秘密的四个要件进行了行政解释：

(1) 非周知性，"本规定所称不为公众所知悉，是指该信息是不能从公开渠道直接获取的"；

(2) 经济性，是指"能为权利人带来现实的或者潜在经济利益或者竞争优势"；

(3) 实用性，是指"该信息具有确定的可应用性"；

(4) 保密性，"本规定所称权利人采取保密措施，包括订立保密协议，建立保密制度及采取其他合理的保密措施"。

2）商业秘密的范围

根据《反不正当竞争法》第十三条的规定，商业秘密包括技术信息和经营信息。依照《关于禁止侵犯商业秘密行为的若干规定》第二条第五款的解释，"本规定所称技术信息和经营信息，包括设计、程序、产品配方、制作工艺、制作方法、管理诀窍、客户名单、货源情报、产销策略、招投标中的标底及标书内容等信息。"

"技术秘密（信息）即狭义的商业秘密，是指应用于工业目的的没有得到专利保护的、仅为有限的人所掌握的技术和知识。"技术秘密不等于非专利技术。依据1989年3月15日发布的《技术合同法实施条例》的解释，"非专利技术"包括：未申请专利的技术成果；未授予专利权的技术成果；专利法规定不授予专利权的技术成果。从外延上看，技术秘密明显窄于非专利技术。1999年《合同法》技术合同一章中，不再使用"非专利技术转让"一语，而使用"技术秘密转让"一语，体现了立法技术的进步。

"经营信息，是指能够为经营者带来经济利益或竞争优势的用于经营活动的各类信息。""该类商业秘密指具有秘密性质的经营管理方法以及与经营管理方法密切相关的信息和情报，其中包括管理方法、产销策略、客户名单、货源情报以及对市场的分析、预测报告和未来的发展规划。它们是企业立足市场并谋求发展的根本，一旦泄漏则容易丢失竞争优势，失去市场份额。"

从世界立法趋势来看，商业秘密的保护范围呈日益扩大的趋势：从财产特征明显的技术秘密，逐步扩大到以管理和营销为内容的经营性信息；对商业秘密含义的界定从注重外延式列举发展到抽象地概括其内涵。由此可见，物流信息完全可以成为企业的商业秘密。

2. 侵犯商业秘密的行为类型

依我国《反不正当竞争法》，可以将侵犯商业秘密的行为归纳为四种类型：

1）以不正当手段获取商业秘密的行为

以商业秘密保护为内容的竞争者地位权是排他性的支配权，这种排他性不像物权那样是因为由物体的天然属性获得的，而是经由权利人采取了保密措施而获得的。由于权利人采取了保密措施，所以只要以不正当手段获取该商业秘密即构成侵权，而不论是否有披露、使用行为。即商业秘密本身具有财产性的特征，违反权利人意志获取这种秘密的内容，就构成反不当竞争意义上的侵权行为。获取他人商业秘密的不正当手段包括但不限于盗窃、利诱、胁迫等手段。

2）披露、使用以不正当手段获取的商业秘密的行为

披露是指采用不正当手段获取商业秘密的行为人将所获取的商业秘密向他人扩散，使其丧失非周知性，成为公共物品（public goods）。披露包括两种方式：一种是在要求对方保密的条件下向特定人、少数人披露；一种是向不特定的多数人披露。使用是指采取不正当手段获取商业秘密的行为人将商业秘密用于生产经营，直接利用商业秘密使用价值的行为，可以是自己使用，也可以是允许他人使用。

3）违反保密义务披露、使用商业秘密的行为

违反保密义务披露、使用商业秘密的行为包括两类：一类是与权利人有业务关系的单位和个人违反合同约定或者违反权利人保守商业秘密的要求，披露、使用或者允许他人使用其所掌握的商业秘密；一类是权利人的职工违反合同约定或者违反权利人保守商业秘密的要求，披露、使用或者允许他人使用其所掌握的权利人的商业秘密。

保密义务不仅仅可以基于约定产生，还可以根据法律规定产生。我国《合同法》明文规定了法定的附随义务，即基于诚实信用原则产生的先契约义务和后契约义务。《合同法》第四十三条规定，当事人在订立合同过程中知悉的商业秘密，无论合同是否成立，不得泄露或者不正当使用，否则应当承担损害赔偿责任（缔约过失责任）；第六十条第二款规定，当事人应当遵循诚实信用原则，根据合同的性质、目的和交易习惯履行通知、协助、保密等义务。第九十二条规定，合同权利义务终止后，当事人应当遵循诚实信用原则，根据交易习惯履行通知、协助、保密义务。

4）第三人恶意获取、披露、使用商业秘密的行为

基于竞争者地位权的排他支配特性，虽非直接从权利人处以不正当手段获取商业秘密，但明知或应知其为商业秘密而获取、使用及披露者，仍然构成对权利人的侵害。竞争者地位权是一种类似物权性质的权利，这是排他效力的当然体现。

3. 我国商业秘密保护的立法现状

（1）1993年《反不正当竞争法》第十条列举了侵犯商业秘密的几种行为类型，第二十条规定了侵犯商业秘密的民事责任，第二十五条规定了侵犯商业秘密的行政责任。1995年11月国家工商行政管理局发布实施《关于禁止侵犯商业秘密行为的若干规定》，对《反不正当竞争法》关于商业秘密保护的规定进一步具体化，规定了工商行政管理机关依职权主动对商业秘密侵权行为进行行政处罚的具体程序，同时规定商业秘密权利人也可以直接向人民法院提起民事诉讼。我国竞争法上的商业秘密保护制度正式确立，成为我国商业秘密法律保护制度的核心内容。

（2）1994年《劳动法》在第三章"劳动合同和集体合同"中，以第二十二条规定："劳动合同当事人可以在劳动合同中约定保守用人单位商业秘密的有关事项。"

(3) 1997年《刑法》在第三章"破坏社会主义市场经济秩序罪"第七节"侵犯知识罪"中,以第二百一十九条专门对严重侵犯商业秘密的犯罪作出了相关规定,完善了我国商业秘密法律保护的救济手段,将侵犯商业秘密罪归入知识产权犯罪中加以规定,明确了商业秘密权的知识产权属性。

(4) 1999年《合同法》在第十八章第三节"技术转让合同"中,以第三百四十七条和第三百四十八条对技术秘密转让合同中让与人的保密义务作出了规定。

本章小结

信息是指为了传达一定的意义,按照约定的规则排列的信号的集合。具有传递性、共享性、依附性和可处理性、价值相对性、时效性和真伪性等特点。信息管理是人类为了有效地开发和利用信息资源,以现代信息技术为手段,对信息资源进行计划、组织、领导和控制的社会活动,主要包括信息生产、信息流转和信息安全等三个方面。

物流信息是反映物流各种活动内容的知识、资料、图像、数据、文件的总称,具有种类多、信息量大、分布广和信息动态性强等特点。

我国调整物流信息管理活动的法律法规主要包括物流信息网络政策法规、知识产权法律制度和商业秘密保护法律制度等三个方面。物流信息网络服务的市场准入区分物流信息网络服务的经营性与否,对经营性互联网信息服务实行许可制度,对非经营性互联网信息服务实行备案制度。我国在维护物流信息网络安全方面还有《全国人民代表大会常务委员会关于维护互联网安全的决定》和《中华人民共和国计算机信息系统安全保护条例》等法律规范。物流信息数据库在我国受到著作权法的保护,同时也会成为商业秘密被保护。

本章涉及的主要法律法规:

1. 《中华人民共和国著作权法》;
2. 《中华人民共和国电子签名法》;
3. 《中华人民共和国反不正当竞争法》
4. 《全国人大常务委员会关于维护互联网安全的决定》;
5. 《中华人民共和国电信条例》;
6. 《计算机软件保护条例》;
7. 《互联网信息服务管理办法》;
8. 《电子认证服务管理办法》;
9. 《互联网电子公告服务管理规定》;
10. 《海关舱单电子数据传输管理办法》。

案例分析

原告于1999年9月18日获得《计算机软件著作权登记证书》,登记的软件名称为《×

×物流信息数据库管理查询系统》，登记号为990475，并且由海南电子出版社加以公开出版发行。

2004年8月29日，原告向海南省公证处申请证据保全。同年9月1日，原告工作人员在公证人员的监督下登录被告湖北××商务咨询有限公司经营的网站，对其中的"物流信息检索"栏目中的数据和部分其他网页做了抽样下载并保存，将保存的内容刻制一式三张光盘由公证处封存。

原告认为被告的行为侵犯了原告对《××物流信息数据库管理查询系统》（以下简称《数据库》）享有的著作权，影响了该产品的正常销售，遂请求判令被告立即停止侵权、删除复制在其网站上的《数据库》；在被告网站上公开向原告赔礼道歉；赔偿原告经济损失人民币20万元。

法院经审理后认为，根据我国著作权法的规定：汇编作品、作品的片段或者不构成作品的数据或者其他材料，对其内容的选择或者编排体现独创性的作品，为汇编作品，其著作权由汇编人享有，但行使著作权时，不得侵犯原作品的著作权。因此，受著作权法保护的汇编作品，应在对有关的作品、数据或者其他材料内容的选择或者编排方面具有独创性，否则不在著作权法保护的范围之内。汇编作品的保护在于该作品内容的选择、编排方面，并不延及其构成部分本身。所谓独创性即原创性，是指作品由作者通过自己的智力活动而依法产生的，不是通过抄袭他人作品而产生的。只要作品具有最低限度的独创性，就应依照著作权法受到保护。原告在数据库的编排方式方面确实具有一定的独创性，因此原告对该数据库汇编作品依法应享有著作权。

最后法院认定湖北××商务咨询有限公司未经海南××物流信息有限公司许可，擅自复制其享有著作权的《数据库》，并且通过自营的网站加以传播，其行为侵害了海南××物流信息有限公司的著作权。

问题：
本案法院判决的依据是什么？是否正确？

练习题

一、名词解释题
信息　物流信息　信息管理　经营性网络服务

二、填空题

1. 从信息的稳定性角度，信息可以分为_____和_____。
2. 具体来说信息管理活动主要包括三个方面：_____、_____和_____。
3. 物流信息是反映物流各种活动内容的_____、_____、_____、_____的总称。
4. 非经营性互联网信息服务是指通过互联网向上网用户无偿提供具有_____、_____信息的服务活动。
5. 商业秘密是指不为公众所知悉、能为权利人带来_____、具有_____并经权利人采取保密措施的技术信息和经营信息。

三、问答题

1. 简述信息与消息、信号、数据的区别。
2. 如何理解信息管理的定义?
3. 简述经营性物流信息网络服务设立的条件和程序。
4. 试述侵犯商业秘密的类型。
5. 试述我国保护商业秘密的立法现状。

第 10 章

报关与检验检疫法律法规

知识目标

重点掌握地方口岸管理机构职责范围、口岸开放规定、口岸管理条例（以山东为例）、海关法、中华人民共和国刑法（走私罪节选）。掌握国境卫生检疫法、进出口商品检验法、进出境动植物检疫法。了解口岸管理方式亟待改革。

技能目标

明确口岸申报审批程序；熟悉外贸流程、报关流程、进口报关单和出口报关单；掌握入境货物检验检疫流程和进境动物检疫流程。

■【导入案例】

中国成套设备进出口总公司（北京）（CHINA NATIONAL COMPLETE PLANT IMPORT & EXPORT CORP.）与法国 LECLEC 公司于 2012 年 7 月 8 日在广州签订了出售户外家具（outdoor furniture）的外贸合同，货名：花园椅（Garden Chair，铸铁底座的木椅，按规定出口时需要有动植物检验检疫证明），型号：TG0503，价格：USD58.00/PC FOB Guangzhou，数量：950 把，毛重：20KGS/PC，净重：18KGS/PC，包装：1PC/CTN，集装箱：1X20'，生产厂家：广东南海飞达家具厂，最迟装船日期：2012 年 9 月 8 日，起运港：广州港，目的港：马赛，支付方式：不可撤销信用证。

问题：

1. 根据以上资料为出口公司整理一份销售合同/成交确认书。

2. 如果中国成套设备进出口总公司委托广州穗港报关行报关，是否要办理异地报关备案手续？需要的话，应如何办理？

3. 如果订舱的装船时间是 2012 年 9 月 8 日 10:00 am，那么，报关员最迟应在何时何地报关完毕？

4. 如果报关员在 8 月 20 日以电子数据报关单向海关申报，8 月 22 日收到海关"放行交单"的通知，那么，报关员应不迟于哪一天持打印的纸质报关单备齐哪些单证到货物？

5. 应该缴纳哪些海关规定的税费？

提示：关于合同书，应包括 SALES COFIRMATION，并列名合同条款：品名、规格、成交方式、装运港、目的港等，要求中英文对照。

报关手续方面，不用办理异地报关备案手续。因为实现了电子口岸，当一个企业在一家进出境海关备案之后，这个资料可通过电子口岸资料共享。报关时间应于装货的 24 小时以前向海关申报。一般应于 10 日内，备齐出口报关单、出口收汇核销单、装箱单、发票、装货单等向海关办理手续。不须缴纳税费，相反还可在办理外汇核销之后，向国税申请办理退税。

10.1 我国口岸管理制度

口岸是指供人员、货物和交通工具出入国境的港口、机场、车站、通道等。口岸分为一类口岸和二类口岸。一类口岸是指由国务院批准开放的口岸（包括中央管理的口岸和由省、自治区、直辖市管理的部分口岸）；二类口岸是指由省级人民政府批准开放并管理的口岸。

以下为一类口岸：对外国籍船舶、飞机、车辆等交通工具开放的海、陆、空客货口岸；只允许我国籍船舶、飞机、车辆出入国境的海、陆、空客货口岸；允许外国籍船舶进出我国领海内的海面交货点。

以下为二类口岸：依靠其他口岸派人前往办理出入境检查检验手续的外贸运输装卸点、起运点、交货点；同毗邻国家地方政府之间进行边境小额贸易和人员往来的口岸；只限边境居民通行的出入境口岸。

10.1.1 地方口岸管理机构职责范围

为了加强口岸管理工作，口岸所在地的省（区）、市人民政府应由一名主管副省长（副主席、副市长）直接领导口岸管理工作，使口岸管理工作逐步走上正规化、制度化、规范化、现代化，以适应国民经济发展和日益增长的对外贸易、科技交流及人员往来的需要。

1. 地方口岸管理职责

根据国务院《地方口岸管理机构职责范围暂行规定》，地方口岸管理委员会、口岸办公室的职责范围如下：

（1）地方口岸管理委员会、口岸办公室是口岸所在地的省（区）、市人民政府直接领导的口岸管理机构，负责管理和协调处理本地区的海、陆、空口岸工作。

（2）负责贯彻执行党中央、国务院有关口岸工作的方针、政策和规定，并根据本地区口岸的具体情况制定实施细则。

（3）主持平衡所管辖口岸的外贸运输计划，检查和贯彻执行经中央平衡下达的运输计划，并加强预报、预测工作。

（4）组织口岸的集疏运工作。组织有关方面签订经济协议。组织路、港、贸的协作配合，加强车、船、货的衔接，加速车船周转和货物集散，保证口岸畅通。

（5）督促检查口岸检查检验单位，按各自的职责和规定，对出入境人员、交通工具、货物和行李物品进行监督管理以及检查、检验、检疫等工作。

（6）负责协调处理口岸各单位（包括外贸运输、船货代理、装卸理货、仓储转运、检查检验、公证鉴定、对外索赔、供应服务、接待宣传等有关单位）之间的矛盾，具有仲裁职能。协调处理口岸各单位矛盾时，应遵循以下几项原则：

① 凡属国务院几个部门联合下达的规定，应共同贯彻执行。对于未征得原联合下达部

门同意，单方改变规定的，地方口岸管理机构有权不予执行。

② 因国务院各主管部门之间的规章制度不一致而造成的争议，地方口岸管理机构应及时提出处理意见，报国务院口岸领导小组办公室解决。

③ 地方口岸管理机构对于在工作中发生的涉外问题，必须严格执行请示报告制度。属于口岸各单位不能自行决定的一般的涉外问题，应请示省（自治区、直辖市）有关单位研究处理。属于重大的涉外问题，应连同省（自治区、直辖市）有关单位的意见一起报请国务院主管部门研究处理。对时间非常紧急的重大涉外问题，可以直接请示国务院主管部门并报告省（自治区、直辖市）有关单位。

④ 口岸各单位在工作中有认识不一致的问题，应遵循国家有关规定，首先协商解决对外问题。如不能协商一致，由地方口岸管理机构或由地方口岸管理机构请示当地人民政府作出决定。

⑤ 属于协作配合方面的矛盾和纠纷，当地口岸管理机构应及时组织协调，遇有紧急情况有权作出仲裁。口岸各有关单位对于地方口岸管理机构按上述原则作出的决定，必须执行。

(7) 负责组织口岸各单位对职工进行涉外政策、纪律和加强治安的宣传教育，并会同有关部门对口岸重大涉外问题和严重违反纪律的情况进行检查，提出处理意见。

(8) 检查督促本地区的口岸规划、建设和技术改造配套工作的组织实施，并促使其同步进行。

(9) 按国家关于口岸开放的各项政策和规定，负责一、二类口岸开放或关闭的审查、报批工作，并负责组织落实有关具体事宜。

(10) 开展调查研究，总结交流经验，向上级有关部门反映口岸工作出现的重大矛盾和问题，并提出解决意见。

(11) 承办上级领导部门交办的其他事项。

(12) 本规定适用于一类口岸所在省、市的口岸管理委员会或口岸办公室。二类口岸管理机构的职责范围，可根据当地口岸的具体情况由省（自治区、直辖市）人民政府作出规定。

10.1.2 口岸开放的规定

1. 口岸报批

1) 层次和管辖

一类口岸：由有关部（局）或港口、码头、车站、机场和通道所在地的省级人民政府会商大军区后，报请国务院批准，同时抄送国务院口岸领导小组、总参谋部和有关主管部门。

二类口岸：由口岸所在地的人民政府征得当地大军区和海军的同意，并会商口岸检查检验等有关单位后，报请省级人民政府批准。批文同时送国务院口岸领导小组和有关主管部门备案。

2) 报批条件和要求材料

(1) 对口岸开放进行的可行性研究报告，以及口岸的基本条件、近三年客货运量、经济效益和发展前景的资料。

(2) 根据客货运输任务提出的有关检查检验单位、口岸办公室、中国银行等机构设置和人员编制方案。

(3) 检查检验场地和办公、生活设施等规划,以及投资预算和资金来源。

3) 对外开放前的验收

(1) 新开放的口岸,在开放前必须对其交通安全设施、通信设施、联检场地、检查检验等单位的机构设置和人员配备,以及办公、生活设施等进行验收。验收合格后,才能宣布开放。

(2) 一类口岸,由国务院口岸领导小组办公室负责组织验收;二类口岸,由所在省、自治区、直辖市口岸办公室或其他主管口岸工作的部门负责组织验收。

4) 临时进出我国非开放区域的审批权限

(1) 临时从我国非开放的港口或沿海水域进出的中、外国籍船舶,由交通部审批,并报国务院口岸领导小组备案。报批前应征得军事主管部门和当地人民政府以及有关检查检验单位的同意,并安排好检查检验工作。

(2) 临时从我国非开放机场起降的中、外国籍民用飞机,由中国民用航空局征得军事主管部门同意后审批,非民用飞机由军事主管部门审批,并报国务院口岸领导小组备案。报批前应征得当地人民政府和有关检查检验部门的同意,并安排好检查检验工作。

(3) 临时从我国非开放的陆地边界区域进出境的中、外国籍车辆和人员,由省级人民政府审批。报批前应征得当地省军区和公安部门的同意,并安排好检查检验工作。

5) 口岸开放应有计划地进行,按隶属关系分别列入国家或地方口岸开放计划。

国务院有关部门和省、自治区、直辖市应将口岸开放计划(草案),于计划年度前两个月报国务院口岸领导小组,并抄报国家发改委(原国家计委)、劳动人事部和检查检验单位的有关主管部门。

6) 开放口岸检查检验设施建设资金来源

(1) 中央管理的口岸,由中央负责解决;地方管理的口岸,由地方负责解决。

(2) 国家新建开放的港口、码头、车站和机场(含军用改为军民合用的机场)等口岸建设项目(包括利用外资和中外合资项目),以及老口岸新建作业区和经济开发区的新港区等项目,所需联检场地应与港口、码头、车站、机场等主体工程统一规划。所需投资包括在主体工程之内。检查检验单位办公、生活土建设施(包括宿舍)的投资,由口岸建设项目的主管部门组织有关单位研究,统一汇总报国家计委审批。批准后,投资划拨给口岸所在地的省、自治区、直辖市,由地方统一规划,统一设计施工。军用改建为军民合用机场的口岸项目,应事先征得空军或海军同意,如在机场内建设,建设单位可提出要求,由空军或海军统一规划。

(3) 各部(局)直属的原有港口、码头、车站和机场需要对外开放时,所需联检场地,原则上要利用原有建筑设施。如确需扩建、新建,应由港口、码头、车站和机场的主管部门投资建设。检查检验单位的办公、生活土建设施(包括宿舍)的投资,原则上由各自主管部门解决。对确有困难的,国家或地方给予适当补助,由地方统一建设,投资交地方包干使用。

(4) 地方新开口岸,所需联检场地和检查检验单位的办公、生活土建设施(包括宿舍),由地方统一投资,统一建设。

(5) 国际海员俱乐部的建设规划和投资来源,比照(二)、(三)、(四)项规定解决。

(6) 检查检验单位所需的交通工具、仪器设备等,由各自主管部门解决。

(7) 联检场地内,划给检查检验单位的办公和业务用房(包括水、电、市内电话),应由港口、码头、车站和机场（包括军民合用的机场）的经营单位免费提供。

10.1.3 口岸管理条例（以山东为例）

全国尚无统一的口岸管理条例，只有各省根据有关国家法律法规，结合实际情况制定的口岸管理条例。各省（市、自治区）口岸管理条例并不相同。现以山东省的口岸管理条例为例进行分析。

该条例分五部分，即总则，口岸的开放与关闭，口岸的检查检验，口岸的集疏运，争议的处理及罚则。摘录其中部分内容帮助大家了解口岸管理的地方法规。

1. 总则

1）原因和目的

2）口岸的定义

口岸是指经国务院或者省人民政府批准，供人员、货物和交通运输工具出入境的港口、机场、车站等。

3）实施范围

凡在本省行政区域口岸从事交通运输、检查检验、对外贸易、船舶代理、货运代理、仓储转运、涉外业务、公证鉴定、对外索赔、装卸理货、宣传接待及出入境等活动的所有单位（简称口岸单位）和个人，均必须遵守本条例。

4）口岸综合管理机构的职责

（1）贯彻执行国家及省有关口岸管理的法律、法规和规章；

（2）编制并组织实施辖区口岸开放规划和计划，组织验收和审查上报口岸开放与关闭，办理报批外国籍交通运输工具临时进出非开放口岸事宜，组织协调有关部门开辟国际客运、货运航线；

（3）会同有关部门审查上报口岸检查检验机关人员编制及其配套设施建设资金事宜，检查督促辖区口岸配套设施建设和改造；

（4）督促检查口岸检查检验机关按照各自的职责和规定对出入境人员、交通运输工具、货物和行李物品进行监督管理以及检查、检验、检疫等；

（5）主持平衡辖区口岸外贸运输计划，组织协调口岸单位共同做好口岸集疏运和出入境旅客接送工作；

（6）协调处理或者裁决口岸单位之间产生的影响口岸正常运转的争议；

（7）组织口岸单位对工作人员进行涉外政策、纪律和国家安全教育；

（8）查处违反口岸管理法律、法规的行为，会同有关部门查处口岸重大涉外事件；

（9）组织口岸单位开展共建社会主义精神文明口岸活动；

（10）人民政府授予的其他职责。

5）口岸单位的义务

口岸单位应当遵纪守法，密切配合，自觉接受口岸综合管理机构的组织协调和督促检查。

2. 口岸的开放与关闭

（1）口岸开放应当按照国家和省制定的口岸开放规划与计划有步骤地进行。

（2）新建口岸港口、码头、机场、集装箱中转站以及老口岸扩建工程正式立项前，项目主管部门应当征求口岸综合管理机构的意见。

(3) 口岸现场检查检验设施及其他配套设施应当与港口、机场、车站等主体工程统一规划、统一设计、同步建设。口岸现场检查检验设施投资列入主体工程投资之内；其他配套设施投资按照国家有关规定办理。

新开放口岸检查检验机关的机构设置、人员编制及办公生活设施建设资金等，由口岸综合管理机构会同有关部门提出方案，经省人民政府同意后，报国务院审批。

(4) 开放口岸报批程序：

① 一类口岸，由拟开放口岸所在市（地）人民政府（行署）报经省人民政府商有关驻军同意后，由省人民政府报国务院审批。

② 二类口岸，由拟开放口岸所在市（地）人民政府（行署）商有关驻军和检查检验机关同意后，由市（地）人民政府（行署）报省人民政府审批。

③ 开放口岸的上报文件应当附下列资料：

a. 口岸开放的可行性研究报告；

b. 检查检验机关等机构设置和人员编制方案；

c. 口岸检查检验配套设施建设情况。

(5) 口岸正式对外开放前的检查验收：

口岸综合管理机构应当组织有关部门对其交通基础设施、安全设施、通信设施、检查检验配套设施、检查检验机关的机构设置和人员配备情况进行检查验收。

新开放的一类口岸，由省口岸综合管理机构组织初验后，报国家口岸综合管理机构组织验收。

新开放的二类口岸，一类口岸扩建工程，以及位于开放水域内的货主专用码头、渔业码头、修船厂等，由省口岸综合管理机构组织验收。

(6) 外国籍交通运输工具临时进出非开放口岸的报批程序，按国家有关规定办理。遇有特殊情况，由所在市（地）人民政府（行署）商有关驻军和检查检验机关同意后，报省人民政府审批，并安排检查检验工作。

(7) 对外开放口岸的关闭由原申请机关报原批准机关审批。特殊情况可以由批准机关直接下令关闭。

3. 口岸的检查检验

(1) 凡经本省行政区域口岸出入境的人员、货物和交通运输工具等，由口岸检查检验机关依法实施出入境检查、检验和检疫。

(2) 入境交通运输工具抵达口岸未办妥进口岸手续前和出境交通运输工具已办妥出口岸手续后，未经边防检查机关批准，不得上下人员、装卸货物。国家另有规定的从其规定。

(3) 需要进行检验、检疫的进出口货物，检查检验机关应当一次开舱（箱），分别取样化验并出具证书。同一货物的同一检验、检疫项目，不得重复检验、检疫和收费。

口岸综合管理机构可以组织检查检验机关，对出入境交通运输工具及进出口货物集中办理检查、检验手续。

4. 口岸的集疏运

(1) 口岸综合管理机构应当根据国家外贸进出口任务和口岸通过能力，主持平衡辖区口岸外贸运输计划，报经国家批准后，督促有关单位执行。

（2）经营进出口业务的企业和外贸运输单位，应当按照规定向口岸综合管理机构报送年、月度运输计划及完成情况统计报表。运输计划如有变动，应当及时向口岸综合管理机构及交通部门报告。

（3）口岸综合管理机构应当组织协调交通、铁路、民航等部门，共同做好口岸外贸运输工作。

（4）港口管理部门应当本着有序高效、安全畅通的原则组织船舶装卸作业，旅游船和定期客货班轮应当优先安排。对口岸集疏运影响较大的大宗货物，有关部门和单位应当按照计划均衡交货、派船，重点物资应当及时集疏运。

（5）铁路部门应当优先安排进出口货物运输计划，并优先配车、装运。

（6）交通运输企业应当按照口岸外贸运输计划的要求，配足运力，保证口岸外贸货物及时集疏运。

（7）经营国际客运业务的企业或者其代理人，应当将出入境航班的始发和到达时间、旅客人数、货物载量等情况，提前向口岸综合管理机构及检查检验机关报告。如有变更，应当及时通知有关单位。

（8）进口货物到达口岸后，承运人或者其代理人应当及时通知收货人或者其货运代理人办理报关提货手续。对超期未报关货物按国家有关规定处理。货物发生残损、短缺或者全票灭失的，货运部门应当出具商务记录。

口岸综合管理机构应当组织有关单位及时查验在运输过程中残损、短缺、灭失的货物和口岸溢卸、无人认领的物品，并按照国家有关规定进行处理。

（9）口岸发生堵塞，由当地人民政府下达疏港命令，交通部门及有关单位必须执行，口岸综合管理机构督促检查命令的执行情况。

（10）口岸综合管理机构应当会同有关部门加强口岸业务行业的综合管理。经批准从事船舶代理和货运代理业务的企业，应当按照规定及时、准确地向有关部门提供单证，加速船舶周转和货物集疏运。经批准从事外轮理货的企业，应当保证理货工作质量，切实代表委托方办理货物交接，做好理货签证和记录，如实出具单证。凡从事口岸仓储、熏蒸和外轮供应等项业务的，必须报经口岸综合管理机构会同有关部门审查批准，未经批准不得经营相关业务。

（11）在口岸实施行政性事业性收费的，应当严格执行国家及省有关规定，不得擅自增加收费项目或者提高收费标准。

5. 争议的处理及罚则

（1）对口岸单位之间发生影响口岸正常运转的争议，口岸综合管理机构应当按照国家和省的有关规定进行协调、处理；遇有紧急情况有权作出处理决定。对口岸综合管理机构作出的处理决定，口岸单位及有关人员必须执行。

（2）拒不执行口岸综合管理机构的处理决定，影响口岸正常运转，造成恶劣影响或者经济损失的，口岸综合管理机构可以视情节轻重，对直接责任人员或者主要负责人予以通报批评，并建议其所在单位或者上级主管机关给予行政处分。对危害国家主权和安全的，移送有关机关依法处理。

（3）违反本条例规定，有下列行为之一的，由口岸综合管理机构责令限期改正，赔偿直接经济损失，并可以视情节轻重处10万元以下罚款；构成犯罪的，由司法机关依法追究刑事责任。
　　① 未经验收或者验收不合格擅自对外开放口岸的；
　　② 拒不执行当地人民政府下达的疏港命令及拒不接受口岸综合管理机构的督促检查的；
　　③ 未经批准擅自经营口岸仓储、熏蒸、外轮供应等项业务的。
　　(4) 依照本条例实施罚款处罚的，应使用省财政部门统一制发的罚款收据，罚款缴同级财政。
　　(5) 当事人对行政处罚决定不服的，可以自接到处罚决定书之日起15日内，向同级人民政府或者作出处罚决定机关的上一级主管机关申请复议；对复议决定不服的，可以自接到复议决定书之日起15日内向人民法院起诉。当事人也可以自接到处罚决定书之日起15日内直接向人民法院起诉。复议和诉讼期间，不停止处罚决定的执行。当事人逾期不申请复议也不向人民法院起诉，又不履行处罚决定的，由作出处罚决定的机关申请人民法院强制执行。
　　(6) 阻挠、干扰口岸管理人员依法执行公务构成违反治安管理行为的，由公安机关依法处理；构成犯罪的，由司法机关依法追究刑事责任。
　　(7) 口岸管理人员滥用职权，徇私舞弊，玩忽职守的，由所在单位或者上级主管机关、同级行政监察机关给予相应的行政处分；构成犯罪的，依法追究刑事责任。

10.1.4　口岸管理方式的改革

　　口岸是改革开放的窗口，国家开放的程度，对外交往、投资环境的改善，外向型经济的发展，无不与口岸的开放和管理息息相关。口岸是国与国之间交换商品的主要枢纽和场所，是市场体系的一个组成部分。社会主义市场经济体制的逐步推进对海关及口岸管理部门提出了新的要求。作为国家宏观调控部门，口岸管理体制能否紧跟社会主义市场经济发展的步伐，口岸管理部门能否快速高效地为经济发展服务已越来越成为一个现实且迫切需要解决的课题。

　　1. 现行口岸管理方式的问题及局限
　　1) 现行管理方式职能部门繁多，相互联系欠缺
　　海关、港监、边防、卫检、动植检是口岸的主要管理部门，起着维护口岸秩序、实施口岸综合管理的作用。但自从取消轮联检后，各单位相互之间接触明显减少，除了进出境船舶靠泊海关非监管区大家共同登轮联检见面之外，其他工作渠道联系机会较少，目前尚未形成统一的业务例会或口岸信息交流制度，联检组长对各职能部门的协调和领导作用明显减弱，使得口岸作为一个综合体，其整体意识和全局观念有所削弱。
　　口岸各部门在管理实施过程中，检查、检验、检疫名目繁多，办公地点分散，形成条块分割各自为政的局面。并且各部门都代表国家行使职权，都有人大颁布的法律依据，隶属于有关部门，这种管理体制严重影响了口岸通过能力，影响货主利益，妨碍口岸的高效、畅通。所以要真正做到口岸的高效、文明，必须改革目前存在的收费名目繁多、关卡重重的做法，建立起依法把关、监管有效、方便进出、收费合理的口岸管理体制，使得口岸的整体效益、整体功能通过各职能部门的相互协调和努力来实现。
　　2) 现行管理方式职能部门中存在业务交叉和重复检验现象
　　口岸各职能部门中存在一定的业务交叉现象，尤其作为口岸检查单位中的"三检"，即商检、卫检、动植检，存在着比较明显的业务交叉和重复检验的问题。

按照《商检法》、《卫生检疫法》、《动植物检疫法》的有关规定，对于进出口商品的包装、集装箱等，"三检"都可以对上述物品实施检验或检疫。

对于具体商品，较典型的是商检对进出口食品、动物产品质量数量负有责任，卫检对进口食品卫生负有责任，动植检对动植物及产品的检疫负有责任。在实际检验中，许多商品如食用油脂、粮食、饲料、海产品既属于食品又属于动植物产品。因此，按现行规定"三检"都必须参与取样、检验收费。

"三检"的形成与独立存在，具有相当的历史原因，是我国计划经济模式下延续的管理方式，在当时管理矛盾不很突出的情况下起过一定作用，有它相对合理之处。随着对外开放的不断扩大，口岸功能的迅速发展，"三检"重复检验的问题日益突出，严重影响口岸对外形象，这与我国经济同世界接轨步伐越来越不合拍。

3）现行进出境船舶管理存在局限性

新的《检查方法》规定，除该办法第十条第二款、第十一条规定的情形或其他特殊情形外，检察机关不登轮检查。据此海关除了特殊情形下可以登轮检查外，只有在岸上办理船舶进出口岸手续。这相应给海关对进出境船舶的监管带来了一定的被动，对"特殊情形"含义的不同理解，通讯联系、信息反馈和交通工具的滞后，也为监管的及时和准确有效带来了一定的问题。

进境船舶抵达口岸后，出现过下列现象：未办妥进口手续即装卸货物；靠泊、移泊作业情况未通知海关；船舶靠泊海关非监管区，事先未得到海关批准；船舶在锚地过驳作业，未征询海关意见而擅自进行；船舶由于贸易纠纷被法院扣留，未知会海关，使海关监管处于尴尬局面等。以上种种情况，被海关发现后，船方与代理互相推诿，难以分辨责任，尤其是货物在锚地过驳作业，包括一部分敏感商品。由于转移管理重心，精简船管机构，现场海关监管人员、物力相对有限，不能真正做到监管严密。

船代、货代要求更改、补报进出口舱单的情况时有发生。舱单是海关对进出境船舶实际监管的首要依据。出口舱单还是签发出口退税报关单的凭证。近年来，进出口舱单存在着不规范、不完整、不正确、不清楚、不及时等问题，直接影响进口货物放行，妨碍出口货物退税，成为海关业务基础建设一大难点。产生这些问题有客观原因，也有主观原因。舱单问题能否有效解决，对于杜绝监管漏洞和提高通关效率，将起到十分重要的作用。

对于船用物品及船员所使用的烟、酒等税品管理也存在一定的漏洞，有待完善。由于海关对烟酒库不实行加封，不登轮核实船主申报与实物是否相符，有无擅自挪用甚至倒卖，海关难以掌握。船员未经海关许可擅自倒卖监管物品及烟酒的事时有发生。

各口岸海关之间存在联系不畅、信息滞后的问题。因此，对于突发事件应变措施少、机动性差。进出境船舶是否按原计划航行，有无中途改变航线或擅自停靠其他口岸的情况无法全面掌握，海关关封仅流于作形式监管的凭证，并且防伪程度差。新的《检查方法》在执行中，传统船舶管理模式已不再适应口岸进出口货运持续猛增和国家对外经济高速发展需要，进出境船舶管理的局限是由于客观条件和相应环境造成的，社会主义市场经济的发展，对口岸管理提出了更高更新的要求。

4）现行口岸管理设施、条件影响管理效果

港口主导型经济目前已成为世界经济的潮流。随着经济的发展，各地港口的利用和开发得到进一步拓展，但港区监管条件存在水平不一、良莠共存局面。以浙江关区为例，有的海关（舟山）海岸线漫长，口子较多，港区封闭性不好；有的海关（宁波）存在辖下同一海域锚地分为两个海关所有，船舶移锚均需通过所辖海关批准，且未配备远程监控设备，无法实施远距离查控，海关对锚地上下货物实际监控效能薄弱等情况。现代化的设备加快了装卸速度，船舶在港（锚地）停泊时间大大缩短，往往几个小时就可将货物装卸完。由于缺少必要的检查仪器、通信器材及便利的交通工具，使得职能部门在监管中缺乏准确性，为不影响船期，往往用感性了解或凭经验判断放行，碰到节假日或下班后，以及锚地过驳作业船舶的监管，常常感到力不从心，使管理流于形式。

2. 改革现行口岸管理方式的对策

1）加强职能部门横向联系，发挥口岸整体功能

逐步形成稳定、统一的业务例会或口岸信息交流制度，加强口岸各部门的工作联系，树立口岸整体意识和全局观念。明确并指定以海关或港监为牵头的口岸现场管理体系，解决具体管理中发现的矛盾和情形，从而对口岸各职能部门起到协调作用，提高对突发性事件的应变能力和控制能力。

提倡实行口岸单位联合办公制度，使业主能在联合办公大楼办理船舶联检、货物报检报验及收取规费等手续。"一条龙"服务管理模式，可以简化口岸查验检查手续，方便货主，使现行口岸设卡过滥现象大为改观，并使口岸检查单位在一起能当场解决需协商的问题，增加工作透明度，有利于廉政建设，提高工作效率。

2）强化口岸管理机构执法功能，将检验（疫）与监督管理脱离

针对目前口岸管理存在较普遍的"三检"业务交叉和重复检验现象，首先从法律上严格科学划分"三检"的业务范围，尽量避免各部门在业务上的交叉重复现象，并且改革现行口岸检查单位"自收自支"检查收费制度，改为由国家收费统一分配制，从根本上杜绝此类现象的发生。将"三检"中的行政执法功能与纯粹的检验（疫）业务分开，进一步强化海关及口岸管理机构执法、执纪作用。将商检、卫检、动植检"三检"合一，组成进出口检验检疫局，改制成"一关合三检"模式。这样将极大地方便进出货物的报检报验，并进一步增强口岸管理的严肃性。

3）引入风险管理机制，建立船舶监管新模式

将风险管理原理应用于船舶监管，就是在广泛的调查研究的基础上，进行风险分析，确定重点监管对象，实行分级管理，集中有限的人力、物力，追求最大的管理效益。拟将进出境船舶建立计算机档案，分为一、二、三、四等诸等级，根据船舶公司资信状况，船舶运输线路，船载货物品种、发货方、收货方等确定其所含风险程度，通过对重点敏感船舶的重点监控和调研，发现问题，解决问题，达到事半功倍的目的。

随着现代海关制度改革二步走战略目标的确立，口岸海关尤其应做好从传统通关职能到对进出口货物的实际查验和监控职能为主的过渡，加强对进出境物流的实际监控，逐步建立进出境物流监控体系。所以在船舶具体监管中，应建立船舶监管新模式，变船舶管理为对随船货物的管理，即将其重点转移到对船载货物的管理，以达到船管、货管一体化、连续化的目的。为此，应加强以下措施：

（1）根据海关内外勤分离原则建立港区巡视制度，在卡口审核单证同时，组建港区巡视小分队，按时对库场、堆场、储罐区进行定期巡视，尤其对堆放敏感性商品货物的场所作

重点巡视，必要时采取船边监装监卸甚至实施锚地驻船监管形式（如对于植物油成品油加工贸易进出口锚地作业）。

（2）充分利用船管岗位作为海关实际监管第一程序，接触第一手舱单资料，了解船舶及货物实际进出。加强对舱单的核销制度，努力做到核实率为100%，对超期、未报货物确定存放位置，防止擅自提货、逃避海关监管情事发生，消除货物进出监管环节漏洞。

（3）尽管登轮检查已只能作为一种特殊情况下的检查办法，对船上免税物品、船员物品使用管理亦进一步放宽，但仍应在一定情况下核实船用及烟酒等免税用品的供应使用情况，采取不定期抽查的办法进行登轮检查，重点是加强对装船货物与卸下货物的检查管理。

（4）建立海关内部船管与货管联系通报制度，加强船管、货管、调查部门的沟通、配合，形成便于内部实施的信息交流、反馈制度；加强船管参与货物查验力度，为货管征税、放行提供信息反馈。进一步提高船管工作层次，发挥船管在大通关中的龙头作用、预警作用。

（5）抓住船舶管理中的关键环节，变船舶管理为对船舶代理的管理。进出境船舶进出口岸均由代理向各检查单位办理手续。所以代理在报关时具有双重责任，一是代理自身过失引起的责任；二是因船方过失而引起的连带责任。比如经常出现的舱单差错而引起的通关延迟现象等。因此进一步完善对船舶代理的管理，明确代理报关的法律责任，是加强船舶管理的有力措施。

4）运用科技手段，提高口岸管理软硬件水准

科学技术的进步已成为当今世界进步的主要标志。传统的人力监管方式已经愈来愈与迅速发展的社会主义市场经济不相适应。口岸管理如果要取得突破性发展，必须利用科学技术，通过广泛应用先进科技手段，提高现行管理的科学性和严密性。

现行管理中，科学技术的具体应用受到了诸多限制。这种限制表现在：由于国家财政投入不足引起的港区监管设施落后，口岸管理硬件基础薄弱，通讯、交通、信息等基础建设不配套，口岸缺乏既懂业务又懂技术的管理人员等，使得长期以来科学技术在口岸管理中仅仅处于一个陪衬地位，缺乏应有的预警防范和科学决策作用。

海关总署提出以计算机技术和现代通讯、信息技术为基础的海关业务科技一体化战略，通过科学技术与海关管理的紧密结合，从根本上改变我国海关管理的整体面貌。借鉴海关系统的这一做法，各口岸管理机构应相应制定本系统科技发展规划，努力把提高管理效益寄托在科技手段的开发、引进和科学技术的广泛应用上。围绕现代海关信息化管理体系建设，发挥现代信息技术在海关工作中的基础先导作用，努力以向科技要效率、要质量为中心。目前可以采取的措施有：运用电子信息技术，推行船舶传真预报关制度，进一步提高工作效率，方便合法进出；运用计算机技术，建立计算机管理为主的船舶监管新模式，使对船舶的管理从人工经验管理走向以计算机应用为主的科学管理；在通关h883基础上，开发包括货管、调查、统计等功能在内的数据库应用系统，完善计算机功能，实现具有业务运行、决策支撑及管理督导功能的技术先进、安全可靠的信息化管理网络；加速发展"edi"通关系统工程，争取"edi"与口岸各职能部门、港务部门、代理、银行、企业的联网，实现业务科技一体化的信息资源共享监管机制；配备先进的通信工具和交通工具，提高口岸管理队伍机动性，对口岸管理人员进行系统、正规化培训，促进口岸管理与国际接轨。

10.2 报关法律法规

10.2.1 海关法

《海关法》包括九部分，即总则、进出境运输工具、进出境货物、进出境物品、关税、海关事务担保、执法监督、法律责任、附则。

1. 总则

总则可分为立法目的，监督管理机关，海关管理体制，海关权力，各地方、各部门及有关企业、单位、个人的义务，举报制度。

1）立法目的

为了维护国家的主权和利益，加强海关监督管理，促进对外经济贸易和科技文化交往，保障社会主义现代化建设，特制定本法。

2）监督管理机关

中华人民共和国海关是国家的进出关境（以下简称进出境）监督管理机关。海关依照本法和其他有关法律、行政法规，监管进出境的运输工具、货物、行李物品、邮递物品和其他物品（以下简称进出境运输工具、货物、物品），征收关税和其他税、费，查缉走私，并编制海关统计和办理其他海关业务。

3）海关管理体制

国务院设立海关总署，统一管理全国海关。国家在对外开放的口岸和海关监管业务集中的地点设立海关。海关的隶属关系，不受行政区划的限制。海关依法独立行使职权，向海关总署负责。

国家在海关总署设立专门侦查走私犯罪的公安机构，配备专职缉私警察，负责对其管辖的走私犯罪案件的侦查、拘留、执行逮捕、预审。

海关侦查走私犯罪公安机构根据国家有关规定，可以设立分支机构。各分支机构办理其管辖的走私犯罪案件，应当依法向有管辖权的人民检察院移送起诉。

国家实行联合缉私、统一处理、综合治理的缉私体制。海关负责组织、协调、管理查缉走私工作。有关规定由国务院另行制定。

4）海关的职权

（1）检查进出境运输工具，查验进出境货物、物品；对违反本法或者其他有关法律、行政法规的，可以扣留。

（2）查阅进出境人员的证件；查问违反本法或者其他有关法律、行政法规的嫌疑人，调查其违法行为。

（3）查阅、复制与进出境运输工具、货物、物品有关的合同、发票、账册、单据、记录、文件、业务函电、录音录像制品和其他资料；对其中与违反本法或者其他有关法律、行政法规的进出境运输工具、货物、物品有牵连的，可以扣留。

（4）在海关监管区和海关附近沿海沿边规定地区，检查有走私嫌疑的运输工具和有藏匿走私货物、物品嫌疑的场所，检查走私嫌疑人的身体；对有走私嫌疑的运输工具、货物、物品和走私犯罪嫌疑人，经直属海关关长或者其授权的隶属海关关长批准，可以扣留；对走私犯罪嫌疑人，扣留时间不超过二十四小时，在特殊情况下可以延长至四十八小时。

在海关监管区和海关附近沿海沿边规定地区以外，海关在调查走私案件时，对有走私嫌疑的运输工具和除公民住处以外的有藏匿走私货物、物品嫌疑的场所，经直属海关关长或者其授权的隶属海关关长批准，可以进行检查，有关当事人应当到场；当事人未到场的，在有见证人在场的情况下，可以径行检查；对其中有证据证明有走私嫌疑的运输工具、货物、物品，可以扣留。

海关附近沿海沿边规定地区的范围，由海关总署和国务院公安部门会同有关省级人民政府确定。

（5）在调查走私案件时，经直属海关关长或者其授权的隶属海关关长批准，可以查询案件涉嫌单位和涉嫌人员在金融机构、邮政企业的存款、汇款。

（6）进出境运输工具或者个人违抗海关监管逃逸的，海关可以连续追至海关监管区和海关附近沿海沿边规定地区以外，将其带回处理。

（7）海关为履行职责，可以配备武器。海关工作人员佩带和使用武器的规则，由海关总署会同国务院公安部门制定，报国务院批准。

（8）法律、行政法规规定由海关行使的其他权力。

5）各地方、各部门及有关企业、单位、个人的义务

各地方、各部门应当支持海关依法行使职权，不得非法干预海关的执法活动。进出境运输工具、货物、物品，必须通过设立海关的地点进境或者出境。在特殊情况下，需要经过未设立海关的地点临时进境或者出境的，必须经国务院或者国务院授权的机关批准，并依照本法规定办理海关手续。

进出口货物，除另有规定的外，可以由进出口货物收发货人自行办理报关纳税手续，也可以由进出口货物收发货人委托海关准予注册登记的报关企业办理报关纳税手续。

进出境物品的所有人可以自行办理报关纳税手续，也可以委托他人办理报关纳税手续。

报关企业接受进出口货物收发货人的委托，以委托人的名义办理报关手续的，应当向海关提交由委托人签署的授权委托书，遵守本法对委托人的各项规定。

报关企业接受进出口货物收发货人的委托，以自己的名义办理报关手续的，应当承担与收发货人相同的法律责任。

委托人委托报关企业办理报关手续的，应当向报关企业提供所委托报关事项的真实情况；报关企业接受委托人的委托办理报关手续的，应当对委托人所提供情况的真实性进行合理审查。

进出口货物收发货人、报关企业办理报关手续，必须依法经海关注册登记。未依法经海关注册登记，不得从事报关业务。

报关企业和报关人员不得非法代理他人报关，或者超出其业务范围进行报关活动。

海关依法执行职务，有关单位和个人应当如实回答询问，并予以配合，任何单位和个人不得阻挠。

海关执行职务受到暴力抗拒时，执行有关任务的公安机关和人民武装警察部队应当予以协助。

6）举报制度

海关建立对违反本法规定逃避海关监管行为的举报制度。

2. 进出境运输工具

（1）进出境运输工具到达或者驶离设立海关的地点时，运输工具负责人应当向海关如实申报，交验单证，并接受海关监管和检查。

停留在设立海关的地点的进出境运输工具，未经海关同意，不得擅自驶离。进出境运输工具从一个设立海关的地点驶往另一个设立海关的地点的，应当符合海关监管要求，办理海关手续，未办结海关手续的，不得改驶境外。

（2）进境运输工具在进境以后向海关申报以前，出境运输工具在办结海关手续以后出境以前，应当按照交通主管机关规定的路线行进；交通主管机关没有规定的，由海关指定。

（3）进出境船舶、火车、航空器到达和驶离时间、停留地点、停留期间更换地点以及装卸货物、物品时间，运输工具负责人或者有关交通运输部门应当事先通知海关。

（4）运输工具装卸进出境货物、物品或者上下进出境旅客，应当接受海关监管。

货物、物品装卸完毕，运输工具负责人应当向海关递交反映实际装卸情况的交接单据和记录。

上下进出境运输工具的人员携带物品的，应当向海关如实申报，并接受海关检查。

（5）海关检查进出境运输工具时，运输工具负责人应当到场，并根据海关的要求开启舱室、房间、车门；有走私嫌疑的，并应当开拆可能藏匿走私货物、物品的部位，搬移货物、物料。海关根据工作需要，可以派员随运输工具执行职务，运输工具负责人应当提供方便。

（6）进境的境外运输工具和出境的境内运输工具，未向海关办理手续并缴纳关税，不得转让或者移作他用。

（7）进出境船舶和航空器兼营境内客、货运输，应当符合海关监管要求。进出境运输工具改营境内运输，需向海关办理手续。

（8）沿海运输船舶、渔船和从事海上作业的特种船舶，未经海关同意，不得载运或者换取、买卖、转让进出境货物、物品。

（9）进出境船舶和航空器，由于不可抗力的原因，被迫在未设立海关的地点停泊、降落或者抛掷、起卸货物、物品，运输工具负责人应当立即报告附近海关。

3. 进出境货物

（1）进口货物自进境起到办结海关手续止，出口货物自向海关申报起到出境止，过境、转运和通运货物自进境起到出境止，应当接受海关监管。

（2）进口货物的收货人、出口货物的发货人应当向海关如实申报，交验进出口许可证件和有关单证。国家限制进出口的货物，没有进出口许可证件的，不予放行，具体处理办法由国务院规定。

进口货物的收货人应当自运输工具申报进境之日起十四日内，出口货物的发货人除海关特准的外应当在货物运抵海关监管区后、装货的二十四小时以前，向海关申报。进口货物的收货人超过前款规定期限向海关申报的，由海关征收滞报金。

（3）办理进出口货物的海关申报手续，应当采用纸质报关单和电子数据报关单的形式。

（4）进出境船舶和航空器兼营境内客、货运输，应当符合海关监管要求。

（5）进口货物的收货人经海关同意，可以在申报前查看货物或者提取货样。需要依法检疫的货物，应当在检疫合格后提取货样。

（6）进出口货物应当接受海关查验。海关查验货物时，进口货物的收货人、出口货物的发货人应当到场，并负责搬移货物，开拆和重封货物的包装。海关认为必要时，可以径行开验、复验或者提取货样。经收发货人申请，海关总署批准，其进出口货物可以免验。

（7）除海关特准的外，进出口货物在收发货人缴清税款或者提供担保后，由海关签印放行。

（8）进口货物的收货人自运输工具申报进境之日起超过三个月未向海关申报的，其进口货物由海关提取依法变卖处理，所得价款在扣除运输、装卸、储存等费用和税款后，尚有余款的，自货物依法变卖之日起一年内，经收货人申请，予以发还；其中属于国家对进口有限制性规定，应当提交许可证件而不能提供的，不予发还。逾期无人申请或者不予发还的，上缴国库。

确属误卸或者溢卸的进境货物，经海关审定，由原运输工具负责人或者货物的收发货人自该运输工具卸货之日起三个月内，办理退运或者进口手续；必要时，经海关批准，可以延期三个月。逾期未办手续的，由海关按前款规定处理。

前两款所列货物不宜长期保存的，海关可以根据实际情况提前处理。

收货人或者货物所有人声明放弃的进口货物，由海关提取依法变卖处理；所得价款在扣除运输、装卸、储存等费用后，上缴国库。

（9）经海关批准暂时进口或者暂时出口的货物，应当在六个月内复运出境或者复运进境；在特殊情况下，经海关同意，可以延期。

（10）经营保税货物的储存、加工、装配、展示、运输、寄售业务和经营免税商店，应当符合海关监管要求，经海关批准，并办理注册手续。

保税货物的转让、转移以及进出保税场所，应当向海关办理有关手续，接受海关监管和查验。

（11）企业从事加工贸易，应当持有关批准文件和加工贸易合同向海关备案，加工贸易制成品单位耗料量由海关按照有关规定核定。

加工贸易制成品应当在规定的期限内复出口。其中使用的进口料件，属于国家规定准予保税的，应当向海关办理核销手续；属于先征收税款的，依法向海关办理退税手续。

加工贸易保税进口料件或者制成品因故转为内销的，海关凭准予内销的批准文件，对保税的进口料件依法征税；属于国家对进口有限制性规定的，还应当向海关提交进口许可证件。

（12）经国务院批准在中华人民共和国境内设立的保税区等海关特殊监管区域，由海关按照国家有关规定实施监管。

（13）进口货物应当由收货人在货物的进境地海关办理海关手续，出口货物应当由发货人在货物的出境地海关办理海关手续。

经收发货人申请，海关同意，进口货物的收货人可以在设有海关的指运地、出口货物的发货人可以在设有海关的启运地办理海关手续。上述货物的转关运输，应当符合海关监管要求；必要时，海关可以派员押运。

经电缆、管道或者其他特殊方式输送进出境的货物，经营单位应当定期向指定的海关申报和办理海关手续。

（14）过境、转运和通运货物，运输工具负责人应当向进境地海关如实申报，并应当在规定期限内运输出境。海关认为必要时，可以查验过境、转运和通运货物。

（15）海关监管货物，未经海关许可，不得开拆、提取、交付、发运、调换、改装、抵押、质押、留置、转让、更换标记、移作他用或者进行其他处置。

海关加施的封志，任何人不得擅自开启或者损毁。人民法院判决、裁定或者有关行政执法部门决定处理海关监管货物的，应当责令当事人办结海关手续。

（16）经营海关监管货物仓储业务的企业，应当经海关注册，并按照海关规定，办理收存、交付手续。

在海关监管区外存放海关监管货物，应当经海关同意，并接受海关监管。违反前两款规定或者在保管海关监管货物期间造成海关监管货物损毁或者灭失的，除不可抗力外，对海关监管货物负有保管义务的人应当承担相应的纳税义务和法律责任。

（17）进出境集装箱的监管办法、打捞进出境货物和沉船的监管办法、边境小额贸易进出口货物的监管办法，以及本法未具体列明的其他进出境货物的监管办法，由海关总署或者由海关总署会同国务院有关部门另行制定。

（18）国家对进出境货物、物品有禁止性或者限制性规定的，海关依据法律、行政法规、国务院的规定或者国务院有关部门依据法律、行政法规的授权作出的规定实施监管。具体监管办法由海关总署制定。

（19）进出口货物的原产地按照国家有关原产地规则的规定确定。

（20）海关可以根据对外贸易经营者提出的书面申请，对拟作进口或者出口的货物预先作出商品归类等行政裁定。

进口或者出口相同货物，应当适用相同的商品归类行政裁定。海关对所作出的商品归类等行政裁定，应当予以公布。

（21）海关依照法律、行政法规的规定，对与进出境货物有关的知识产权实施保护。

需要向海关申报知识产权状况的，进出口货物收发货人及其代理人应当按照国家规定向海关如实申报有关知识产权状况，并提交合法使用有关知识产权的证明文件。

（22）自进出口货物放行之日起三年内或者在保税货物、减免税进口货物的海关监管期限内及其后的三年内，海关可以对与进出口货物直接有关的企业、单位的会计账簿、会计凭证、报关单证以及其他有关资料和有关进出口货物实施稽查。具体办法由国务院规定。

4. 进出境物品

（1）个人携带进出境的行李物品、邮寄进出境的物品，应当以自用、合理数量为限，并接受海关监管。

（2）进出境物品的所有人应当向海关如实申报，并接受海关查验。海关加施的封志，任何人不得擅自开启或者损毁。

（3）进出境邮袋的装卸、转运和过境，应当接受海关监管。邮政企业应当向海关递交邮件路单。邮政企业应当将开拆及封发国际邮袋的时间事先通知海关，海关应当按时派员到场监管查验。

（4）邮运进出境的物品，经海关查验放行后，有关经营单位方可投递或者交付。

（5）经海关登记准予暂时免税进境或者暂时免税出境的物品，应当由本人复带出境或者复带进境。

过境人员未经海关批准，不得将其所带物品留在境内。

(6) 进出境物品所有人声明放弃的物品、在海关规定期限内未办理海关手续或者无人认领的物品,以及无法投递又无法退回的进境邮递物品,由海关依照本法第三十条的规定处理。

(7) 享有外交特权和豁免的外国机构或者人员的公务用品或者自用物品进出境,依照有关法律、行政法规的规定办理。

5. 关税

(1) 准许进出口的货物、进出境物品,由海关依法征收关税。

(2) 进口货物的收货人、出口货物的发货人、进出境物品的所有人,是关税的纳税义务人。

(3) 进出口货物的完税价格,由海关以该货物的成交价格为基础审查确定。成交价格不能确定时,完税价格由海关依法估定。

进口货物的完税价格包括货物的货价,货物运抵中华人民共和国境内输入地点起卸前的运输及其相关费用、保险费;出口货物的完税价格包括货物的货价,货物运至中华人民共和国境内输出地点装载前的运输及其相关费用、保险费,但是其中包含的出口关税税额,应当予以扣除。

进出境物品的完税价格,由海关依法确定。

(4) 下列进出口货物、进出境物品,减征或者免征关税:

① 无商业价值的广告品和货样;

② 外国政府、国际组织无偿赠送的物资;

③ 在海关放行前遭受损坏或者损失的货物;

④ 规定数额以内的物品;

⑤ 法律规定减征、免征关税的其他货物、物品;

⑥ 中华人民共和国缔结或者参加的国际条约规定减征、免征关税的货物、物品。

(5) 特定地区、特定企业或者有特定用途的进出口货物,可以减征或者免征关税。特定减税或者免税的范围和办法由国务院规定。

依照前款规定减征或者免征关税进口的货物,只能用于特定地区、特定企业或者特定用途,未经海关核准并补缴关税,不得移作他用。

(6) 本法第五十六条、第五十七条第一款规定范围以外的临时减征或者免征关税,由国务院决定。

(7) 经海关批准暂时进口或者暂时出口的货物,以及特准进口的保税货物,在货物收发货人向海关缴纳相当于税款的保证金或者提供担保后,准予暂时免纳关税。

(8) 进出口货物的纳税义务人,应当自海关填发税款缴款书之日起十五日内缴纳税款;逾期缴纳的,由海关征收滞纳金。纳税义务人、担保人超过三个月仍未缴纳的,经直属海关关长或者其授权的隶属海关关长批准,海关可以采取下列强制措施:

① 书面通知其开户银行或者其他金融机构从其存款中扣缴税款;

② 将应税货物依法变卖,以变卖所得抵缴税款;

③ 扣留并依法变卖其价值相当于应纳税款的货物或者其他财产,以变卖所得抵缴税款。

海关采取强制措施时,对前款所列纳税义务人、担保人未缴纳的滞纳金同时强制执行。进出境物品的纳税义务人,应当在物品放行前缴纳税款。

（9）进出口货物的纳税义务人在规定的纳税期限内有明显的转移、藏匿其应税货物以及其他财产迹象的，海关可以责令纳税义务人提供担保；纳税义务人不能提供纳税担保的，经直属海关关长或者其授权的隶属海关关长批准，海关可以采取下列税收保全措施：

① 书面通知纳税义务人开户银行或者其他金融机构暂停支付纳税义务人相当于应纳税款的存款；

② 扣留纳税义务人价值相当于应纳税款的货物或者其他财产。纳税义务人在规定的纳税期限内缴纳税款的，海关必须立即解除税收保全措施；期限届满仍未缴纳税款的，经直属海关关长或者其授权的隶属海关关长批准，海关可以书面通知纳税义务人开户银行或者其他金融机构从其暂停支付的存款中扣缴税款，或者依法变卖所扣留的货物或者其他财产，以变卖所得抵缴税款。

采取税收保全措施不当，或者纳税义务人在规定期限内已缴纳税款，海关未立即解除税收保全措施，致使纳税义务人的合法权益受到损失的，海关应当依法承担赔偿责任。

（10）进出口货物、进出境物品放行后，海关发现少征或者漏征税款，应当自缴纳税款或者货物、物品放行之日起一年内，向纳税义务人补征。因纳税义务人违反规定而造成的少征或者漏征，海关在三年以内可以追征。

（11）海关多征的税款，海关发现后应当立即退还；纳税义务人自缴纳税款之日起一年内，可以要求海关退还。

（12）纳税义务人同海关发生纳税争议时，应当缴纳税款，并可以依法申请行政复议；对复议决定仍不服的，可以依法向人民法院提起诉讼。

（13）进口环节海关代征税的征收管理，适用关税征收管理的规定。

6. 海关事务担保

（1）在确定货物的商品归类、估价和提供有效报关单证或者办结其他海关手续前，收发货人要求放行货物的，海关应当在其提供与其依法应当履行的法律义务相适应的担保后放行。法律、行政法规规定可以免除担保的除外。法律、行政法规对履行海关义务的担保另有规定的，从其规定。国家对进出境货物、物品有限制性规定，应当提供许可证件而不能提供的，以及法律、行政法规规定不得担保的其他情形，海关不得办理担保放行。

（2）具有履行海关事务担保能力的法人、其他组织或者公民，可以成为担保人。法律规定不得为担保人的除外。

（3）担保人可以以下列财产、权利提供担保：

① 人民币、可自由兑换货币；

② 汇票、本票、支票、债券、存单；

③ 银行或者非银行金融机构的保函；

④ 海关依法认可的其他财产、权利。

（4）担保人应当在担保期限内承担担保责任。担保人履行担保责任的，不免除被担保人应当办理有关海关手续的义务。

（5）海关事务担保管理办法，由国务院规定。

7. 执法监督

（1）海关履行职责，必须遵守法律，维护国家利益，依照法定职权和法定程序严格执法，接受监督。

(2) 海关工作人员必须秉公执法，廉洁自律，忠于职守，文明服务，不得有下列行为：

① 包庇、纵容走私或者与他人串通进行走私；

② 非法限制他人人身自由，非法检查他人身体、住所或者场所，非法检查、扣留进出境运输工具、货物、物品；

③ 利用职权为自己或者他人谋取私利；

④ 索取、收受贿赂；

⑤ 泄露国家秘密、商业秘密和海关工作秘密；

⑥ 滥用职权，故意刁难，拖延监管、查验；

⑦ 购买、私分、占用没收的走私货物、物品；

⑧ 参与或者变相参与营利性经营活动；

⑨ 违反法定程序或者超越权限执行职务；

⑩ 其他违法行为。

(3) 海关应当根据依法履行职责的需要，加强队伍建设，使海关工作人员具有良好的政治、业务素质。

海关专业人员应当具有法律和相关专业知识，符合海关规定的专业岗位任职要求。海关招收工作人员应当按照国家规定，公开考试，严格考核，择优录用。海关应当有计划地对其工作人员进行政治思想、法制、海关业务培训和考核。海关工作人员必须定期接受培训和考核，经考核不合格的，不得继续上岗执行职务。

(4) 海关总署应当实行海关关长定期交流制度。

海关关长定期向上一级海关述职，如实陈述其执行职务情况。海关总署应当定期对直属海关关长进行考核，直属海关应当定期对隶属海关关长进行考核。

(5) 海关及其工作人员的行政执法活动，依法接受监察机关的监督；缉私警察进行侦查活动，依法接受人民检察院的监督。

(6) 审计机关依法对海关的财政收支进行审计监督，对海关办理的与国家财政收支有关的事项，有权进行专项审计调查。

(7) 上级海关应当对下级海关的执法活动依法进行监督。上级海关认为下级海关作出的处理或者决定不适当的，可以依法予以变更或者撤销。

(8) 海关应当依照本法和其他有关法律、行政法规的规定，建立健全内部监督制度，对其工作人员执行法律、行政法规和遵守纪律的情况，进行监督检查。

(9) 海关内部负责审单、查验、放行、稽查和调查等主要岗位的职责权限应当明确，并相互分离、相互制约。

(10) 任何单位和个人均有权对海关及其工作人员的违法、违纪行为进行控告、检举。收到控告、检举的机关有权处理的，应当依法按照职责分工及时查处。收到控告、检举的机关和负责查处的机关应当为控告人、检举人保密。

(11) 海关工作人员在调查处理违法案件时，遇有下列情形之一的，应当回避：是本案的当事人或者是当事人的近亲属；本人或者其近亲属与本案有利害关系；与本案当事人有其他关系，可能影响案件公正处理的。

8. 法律责任

(1) 违反海关法及有关法律、行政法规，逃避海关监管，偷逃应纳税款、逃避国家有关进出境的禁止性或者限制性管理，有下列情形之一的，是走私行为：

① 运输、携带、邮寄国家禁止或者限制进出境货物、物品或者依法应当缴纳税款的货物、物品进出境的；

② 未经海关许可并且未缴纳应纳税款、交验有关许可证件，擅自将保税货物、特定减免税货物以及其他海关监管货物、物品、进境的境外运输工具，在境内销售的；

③ 有逃避海关监管，构成走私的其他行为的。

有前款所列行为之一，尚不构成犯罪的，由海关没收走私货物、物品及违法所得，可以并处罚款；专门或者多次用于掩护走私的货物、物品，专门或者多次用于走私的运输工具，予以没收，藏匿走私货物、物品的特制设备，责令拆毁或者没收。

有第一款所列行为之一，构成犯罪的，依法追究刑事责任。

（2）有下列行为之一的，按走私行为论处，依照海关法第八十二条的规定处罚：

① 直接向走私人非法收购走私进口的货物、物品的；

② 在内海、领海、界河、界湖，船舶及所载人员运输、收购、贩卖国家禁止或者限制进出境的货物、物品，或者运输、收购、贩卖依法应当缴纳税款的货物，没有合法证明的。

（3）伪造、变造、买卖海关单证，与走私人通谋为走私人提供贷款、资金、账号、发票、证明、海关单证，与走私人通谋为走私人提供运输、保管、邮寄或者其他方便，构成犯罪的，依法追究刑事责任；尚不构成犯罪的，由海关没收违法所得，并处罚款。

（4）个人携带、邮寄超过合理数量的自用物品进出境，未依法向海关申报的，责令补缴关税，可以处以罚款。

（5）违反规定有下列行为之一的，可以处以罚款，有违法所得的，没收违法所得：

① 运输工具不经设立海关的地点进出境的；

② 不将进出境运输工具到达的时间、停留的地点或者更换的地点通知海关的；

③ 进出口货物、物品或者过境、转运、通运货物向海关申报不实的；

④ 不按照规定接受海关对进出境运输工具、货物、物品进行检查、查验的；

⑤ 进出境运输工具未经海关同意，擅自装卸进出境货物、物品或者上下进出境旅客的；

⑥ 在设立海关的地点停留的进出境运输工具未经海关同意，擅自驶离的；

⑦ 进出境运输工具从一个设立海关的地点驶往另一个设立海关的地点，尚未办结海关手续又未经海关批准，中途擅自改驶境外或者境内未设立海关的地点的；

⑧ 进出境运输工具，不符合海关监管要求或者未向海关办理手续，擅自兼营或者改营境内运输的；

⑨ 由于不可抗力的原因，进出境船舶和航空器被迫在未设立海关的地点停泊、降落或者在境内抛掷、起卸货物、物品，无正当理由，不向附近海关报告的；

⑩ 未经海关许可，擅自将海关监管货物开拆、提取、交付、发运、调换、改装、抵押、质押、留置、转让、更换标记、移作他用或者进行其他处置的；

此外，还包括，擅自开启或者损毁海关封志的或有关货物灭失或者有关记录不真实，不能提供正当理由的。

（6）海关准予从事有关业务的企业，违反本法有关规定的，由海关责令改正，可以给予警告，暂停其从事有关业务，直至撤销注册。

（7）未经海关注册登记和未取得报关从业资格从事报关业务的，由海关予以取缔，没收违法所得，可以并处罚款。

（8）报关企业非法代理他人报关或者超出其业务范围进行报关活动的，由海关责令改正，处以罚款；情节严重的，撤销其报关注册登记。报关人员非法代理他人报关或者超出其业务范围进行报关活动的，由海关责令改正，处以罚款。

（9）进出口货物收发货人、报关企业向海关工作人员行贿的，由海关撤销其报关注册登记，并处以罚款；构成犯罪的，依法追究刑事责任，并不得重新注册登记为报关企业。报关人员向海关工作人员行贿的，处以罚款；构成犯罪的，依法追究刑事责任。

（10）违反本法规定进出口侵犯中华人民共和国法律、行政法规保护的知识产权的货物的，由海关依法没收侵权货物，并处以罚款；构成犯罪的，依法追究刑事责任。

（11）海关依法扣留的货物、物品、运输工具，在人民法院判决或者海关处罚决定做出之前，不得处理。但是，危险品或者鲜活、易腐、易失效等不宜长期保存的货物、物品以及所有人申请先行变卖的货物、物品、运输工具，经直属海关关长或者其授权的隶属海关关长批准，可以先行依法变卖，变卖所得价款由海关保存，并通知其所有人。

人民法院判决没收或者海关决定没收的走私货物、物品、违法所得、走私运输工具、特制设备，由海关依法统一处理，所得价款和海关决定处以的罚款，全部上缴中央国库。

（12）当事人逾期不履行海关的处罚决定又不申请复议或者向人民法院提起诉讼的，作出处罚决定的海关可以将其保证金抵缴或者将其被扣留的货物、物品、运输工具依法变价抵缴，也可以申请人民法院强制执行。

（13）海关在查验进出境货物、物品时，损坏被查验的货物、物品的，应当赔偿实际损失。

（14）海关违法扣留货物、物品、运输工具，致使当事人的合法权益受到损失的，应当依法承担赔偿责任。

（15）海关工作人员有本法第七十二条所列行为之一的，依法给予行政处分；有违法所得的，依法没收违法所得；构成犯罪的，依法追究刑事责任。

（16）海关的财政收支违反法律、行政法规规定的，由审计机关以及有关部门依照法律、行政法规的规定作出处理；对直接负责的主管人员和其他直接责任人员，依法给予行政处分；构成犯罪的，依法追究刑事责任。

（17）未按照本法规定为控告人、检举人、举报人保密的，对直接负责的主管人员和其他直接责任人员，由所在单位或者有关单位依法给予行政处分。

（18）海关工作人员在调查处理违法案件时，未按照本法规定进行回避的，对直接负责的主管人员和其他直接责任人员，依法给予行政处分。

9. 附则

附则中对相关概念作了专门说明，涉及以下几方面：

直属海关，是指直接由海关总署领导，负责管理一定区域范围内的海关业务的海关；隶属海关，是指由直属海关领导，负责办理具体海关业务的海关。

进出境运输工具，是指用以载运人员、货物、物品进出境的各种船舶、车辆、航空器和驮畜。

过境、转运和通运货物，是指由境外启运、通过中国境内继续运往境外的货物。其中，通过境内陆路运输的，称过境货物；在境内设立海关的地点换装运输工具，而不通过境内陆路运输的，称转运货物；由船舶、航空器载运进境并由原装运输工具载运出境的，称通运货物。

海关监管货物，是指海关法第二十三条所列的进出口货物，过境、转运、通运货物，特定减免税货物，以及暂时进出口货物、保税货物和其他尚未办结海关手续的进出境货物。

保税货物，是指经海关批准未办理纳税手续进境，在境内储存、加工、装配后复运出境的货物。

海关监管区，是指设立海关的港口、车站、机场、国界孔道、国际邮件互换局（交换站）和其他有海关监管业务的场所，以及虽未设立海关，但是经国务院批准的进出境地点。

10.2.2　中华人民共和国刑法关于走私罪的有关规定

《海关法》中有法律责任这部分，但这部分缺少具体的刑罚措施，而中华人民共和国刑法（走私罪节选）正好弥补了这一点，所以增加这一点并不显得多余，是十分必要的。

（1）走私武器、弹药、核材料或者伪造货币的，处七年以上有期徒刑，并处罚金或者没收财产；情节较轻的，处三年以上七年以下有期徒刑，并处罚金。

走私国家禁止出口的文物、黄金、白银和其他贵重金属或者国家禁止进出口的珍贵动物及其制品的，处五年以上有期徒刑，并处罚金；情节较轻的，处五年以下有期徒刑，并处罚金。

走私国家禁止进出口的珍稀植物及其制品的，处五年以下有期徒刑，并处或者单处罚金；情节严重的，处五年以上有期徒刑，并处罚金。犯第一款、第二款罪，情节特别严重的，处无期徒刑或者死刑，并处没收财产。

单位犯本条规定之罪的，对单位判处罚金，并对其直接负责的主管人员和其他直接责任人员，依照本条各款的规定处罚。

（2）以牟利或者传播为目的，走私淫秽的影片、录像带、录音带、图片、书刊或者其他淫秽物品的，处三年以上十年以下有期徒刑，并处罚金；情节严重的，处十年以上有期徒刑或者无期徒刑，并处罚金或者没收财产；情节较轻的，处三年以下有期徒刑、拘役或者管制，并处罚金。

单位犯前款罪的，对单位判处罚金，并对其直接负责的主管人员和其他直接责任人员，依照前款的规定处罚。

（3）走私刑法第一百五十一条、第一百五十二条、第三百四十七条规定以外的货物、物品的，根据情节轻重，分别依照下列规定处罚：

① 走私货物、物品偷逃应缴税额在五十万元以上的，处十年以上有期徒刑或者无期徒刑，并处偷逃应缴税额一倍以上五倍以下罚金或者没收财产；情节特别严重的，依照本法第一百五十一条第四款的规定处罚。

② 走私货物、物品偷逃应缴税额在十五万元以上不满五十万元的，处三年以上十年以下有期徒刑，并处偷逃应缴税额一倍以上五倍以下罚金；情节特别严重的，处十年以上有期徒刑或者无期徒刑，并处偷逃应缴税额一倍以上五倍以下罚金或者没收财产。

③ 走私货物、物品偷逃应缴税额在五万元以上不满十五万元的，处三年以下有期徒刑或者拘役，并处偷逃应缴税额一倍以上五倍以下罚金。

④ 单位犯前款罪的，对单位判处罚金，并对其直接负责的主管人员和其他直接责任人员，处三年以下有期徒刑或者拘役；情节严重的，处三年以上十年以下有期徒刑；情节特别严重的，处十年以上有期徒刑。对多次走私未经处理的，按照累计走私货物、物品的偷逃应缴税额处罚。

（4）下列走私行为，根据刑法规定构成犯罪的，依照刑法第一百五十三条的规定定罪处罚：

① 未经海关许可并且未补缴应缴税额，擅自将批准进口的来料加工、来件装配、补偿贸易的原材料、零件、制成品、设备等保税货物，在境内销售牟利的；

② 未经海关许可并且未补缴应缴税额，擅自将特定减税、免税进口的货物、物品，在境内销售牟利的。

（5）下列行为，以走私罪论处：

① 直接向走私人非法收购国家禁止进口物品的，或者直接向走私人非法收购走私进口的其他货物、物品，数额较大的；

② 在内海、领海运输、收购、贩卖国家禁止进出口物品的，或者运输、收购、贩卖国家限制进出口货物、物品，数额较大，没有合法证明的；

③ 逃避海关监管将境外固体废物运输进境的。

（6）与走私罪犯通谋，为其提供贷款、资金、账号、发票、证明，或者为其提供运输、保管、邮寄或者其他方便的，以走私罪的共犯论处。

（7）武装掩护走私的，依照刑法第一百五十一条第一款、第四款的规定从重处罚。

以暴力、威胁方法抗拒缉私的，以走私罪和本法第二百七十七条规定的阻碍国家机关工作人员依法执行职务罪，依照数罪并罚的规定处罚。

10.3 检验检疫法律法规

10.3.1 国境卫生检疫法

该法包括总则、检疫、传染病监测、卫生监督、法律责任和附则六部分。

1. 总则

总则可分为立法目的、主管机构、传染病的范围，有关人员和部门的义务和紧急措施。

1）立法目的

为了防止传染病由国外传入或者由国内传出，实施国境卫生检疫，保护人体健康。

2）主管机构

在中华人民共和国国际通航的港口、机场以及陆地边境和国界江河的口岸（以下简称国境口岸），设立国境卫生检疫机关，依照本法规定实施传染病检疫、监测和卫生监督。

3）传染病的范围

传染病是指检疫传染病和监测传染病。检疫传染病，是指鼠疫、霍乱、黄热病以及国务院确定和公布的其他传染病。监测传染病，由国务院卫生行政部门确定和公布。

4）有关人员和部门的义务

入境、出境的人员、交通工具、运输设备以及可能传播检疫传染病的行李、货物、邮包等物品，都应当接受检疫，经国境卫生检疫机关许可，方准入境或者出境。

国境卫生检疫机关发现检疫传染病或者疑似检疫传染病时，除采取必要措施外，必须立即通知当地卫生行政部门，同时用最快的方法报告国务院卫生行政部门，最迟不得超过二十四小时。邮电部门对疫情报告应当优先传送。

中华人民共和国与外国之间的传染病疫情通报，由国务院卫生行政部门会同有关部门办理。

5）紧急措施

在国外或者国内有检疫传染病大流行的时候，国务院可以下令封锁有关的国境或者采取其他紧急措施。

2. 检疫

（1）入境的交通工具和人员，必须在最先到达的国境口岸的指定地点接受检疫。除引航员外，未经国境卫生检疫机关许可，任何人不准上下交通工具，不准装卸行李、货物、邮包等物品。

（2）出境的交通工具和人员，必须在最后离开的国境口岸接受检疫。

（3）来自国外的船舶、航空器因故停泊、降落在中国境内非口岸地点的时候，船舶、航空器的负责人应当立即向就近的国境卫生检疫机关或者当地卫生行政部门报告。除紧急情况外，未经国境卫生检疫机关或者当地卫生行政部门许可，任何人不准上下船舶、航空器，不准装卸行李、货物、邮包等物品。

（4）在国境口岸发现检疫传染病、疑似检疫传染病，或者有人非因意外伤害而死亡并死因不明的，国境口岸有关单位和交通工具的负责人，应当立即向国境卫生检疫机关报告，并申请临时检疫。

（5）国境卫生检疫机关依据检疫医师提供的检疫结果，对未染有检疫传染病或者已实施卫生处理的交通工具，签发入境检疫证或者出境检疫证。

（6）国境卫生检疫机关对检疫传染病染疫人必须立即将其隔离，隔离期限根据医学检查结果确定；对检疫传染病染疫嫌疑人应当将其留验，留验期限根据该传染病的潜伏期确定。

因患检疫传染病而死亡的尸体，必须就近火化。

（7）接受入境检疫的交通工具有下列情形之一的，应当实施消毒、除鼠、除虫或者其他卫生处理：

① 来自检疫传染病疫区的；

② 被检疫传染病污染的；

③ 发现有与人类健康有关的啮齿动物或者病媒昆虫的。

如果外国交通工具的负责人拒绝接受卫生处理，除有特殊情况外，准许该交通工具在国境卫生检疫机关的监督下，立即离开中华人民共和国国境。

（8）国境卫生检疫机关对来自疫区的、被检疫传染病污染的或者可能成为检疫传染病传播媒介的行李、货物、邮包等物品，应当进行卫生检查，实施消毒、除鼠、除虫或者其他卫生处理。

入境、出境的尸体、骸骨的托运人或者其代理人，必须向国境卫生检疫机关申报，经卫生检查合格后发给入境、出境许可证，方准运进或者运出。

3. 传染病监测

（1）国境卫生检疫机关对入境、出境的人员实施传染病监测，并且采取必要的预防、控制措施。

（2）国境卫生检疫机关有权要求入境、出境的人员填写健康申明卡，出示某种传染病的预防接种证书、健康证明或者其他有关证件。

（3）对患有监测传染病的人、来自国外监测传染病流行区的人或者与监测传染病人密切接触的人，国境卫生检疫机关应当区别情况，发给就诊方便卡，实施留验或者采取其他预防、控制措施，并及时通知当地卫生行政部门。各地医疗单位对持有就诊方便卡的人员，应当优先诊治。

4. 卫生监督

（1）国境卫生检疫机关根据国家规定的卫生标准，对国境口岸的卫生状况和停留在国境口岸的入境、出境的交通工具的卫生状况实施卫生监督：

① 监督和指导有关人员对啮齿动物、病媒昆虫的防除；

② 检查和检验食品、饮用水及其储存、供应、运输设施；

③ 监督从事食品、饮用水供应的从业人员的健康状况，检查其健康证明书；

④ 监督和检查垃圾、废物、污水、粪便、压舱水的处理。

（2）国境卫生检疫机关设立国境口岸卫生监督员，执行国境卫生检疫机关交给的任务。

国境口岸卫生监督员在执行任务时，有权对国境口岸和入境、出境的交通工具进行卫生监督和技术指导，对卫生状况不良和可能引起传染病传播的因素提出改进意见，协同有关部门采取必要的措施，进行卫生处理。

5. 法律责任

（1）对违反国境卫生检疫法规定，有下列行为之一的单位或者个人，国境卫生检疫机关可以根据情节轻重，给予警告或者罚款：

逃避检疫，向国境卫生检疫机关隐瞒真实情况的；入境的人员未经国境卫生检疫机关许可，擅自上下交通工具，或者装卸行李、货物、邮包等物品，不听劝阻的。

（2）当事人对国境卫生检疫机关给予的罚款决定不服的，可以在接到通知之日起十五日内，向当地人民法院起诉。逾期不起诉又不履行的，国境卫生检疫机关可以申请人民法院强制执行。

（3）违反本法规定，引起检疫传染病传播或者有引起检疫传染病传播严重危险的，依照《中华人民共和国刑法》第一百七十八条的规定追究刑事责任。

（4）国境卫生检疫机关工作人员，应当秉公执法、忠于职守，对入境、出境的交通工具和人员，及时进行检疫；违法失职的，给予行政处分，情节严重构成犯罪的，依法追究刑事责任。

6. 附则

（1）中华人民共和国缔结或者参加的有关卫生检疫的国际条约同本法有不同规定的，适用该国际条约的规定。但是，中华人民共和国声明保留的条款除外。

（2）中华人民共和国边防机关与邻国边防机关之间在边境地区的往来，居住在两国边境接壤地区的居民在边境指定地区的临时往来，双方的交通工具和人员的入境、出境检疫，依照双方协议办理，没有协议的，依照中国政府的有关规定办理。

(3) 国境卫生检疫机关实施卫生检疫，按照国家规定收取费用。

(4) 国务院卫生行政部门根据本法制定实施细则，报国务院批准后施行。

10.3.2 进出口商品检验法

该法包括总则、进口商品的检验、出口商品的检验、监督管理、法律责任和附则六部分。

1. 总则

1）主管机构

国务院设立进出口商品检验部门（以下简称国家商检部门），主管全国进出口商品检验工作。国家商检部门设在各地的进出口商品检验机构（以下简称商检机构）管理所辖地区的进出口商品检验工作。

商检机构和经国家商检部门许可的检验机构，依法对进出口商品实施检验。

2）管辖范围

进出口商品检验应当根据保护人类健康和安全、保护动物或者植物的生命和健康、保护环境、防止欺诈行为、维护国家安全的原则，由国家商检部门制定、调整必须实施检验的进出口商品目录（以下简称目录）并公布实施。

列入目录的进出口商品，由商检机构实施检验。进口商品未经检验的，不准销售、使用；前款规定的出口商品未经检验合格的，不准出口。进出口商品，其中符合国家规定的免予检验条件的，由收货人或者发货人申请，经国家商检部门审查批准，可以免予检验。

经国家商检部门许可的检验机构，可以接受对外贸易关系人或者外国检验机构的委托，办理进出口商品检验鉴定业务。

3）必须实施的进出口商品检验

它是指确定列入目录的进出口商品是否符合国家技术规范的强制性要求的合格评定活动。合格评定程序包括：抽样、检验和检查；评估、验证和合格保证；注册、认可和批准以及各项的组合。

列入目录的进出口商品，按照国家技术规范的强制性要求进行检验；尚未制定国家技术规范的强制性要求的，应当依法及时制定，未制定之前，可以参照国家商检部门指定的国外有关标准进行检验。

2. 进口商品的检验

(1) 必须经商检机构检验的进口商品的收货人或者其代理人，应当向报关地的商检机构报检。海关凭商检机构签发的货物通关证明验放。

(2) 必须经商检机构检验的进口商品的收货人或者其代理人，应当在商检机构规定的地点和期限内，接受商检机构对进口商品的检验。商检机构应当在国家商检部门统一规定的期限内检验完毕，并出具检验证单。

(3) 按照规定必须经商检机构检验的进口商品以外的进口商品的收货人，发现进口商品质量不合格或者残损短缺，需要由商检机构出证索赔的，应当向商检机构申请检验出证。

(4) 对重要的进口商品和大型的成套设备，收货人应当依据对外贸易合同约定在出口国装运前进行预检验、监造或者监装，主管部门应当加强监督；商检机构根据需要可以派出检验人员参加。

3. 出口商品的检验

（1）按照规定必须经商检机构检验的出口商品的发货人或者其代理人，应当在商检机构规定的地点和期限内，向商检机构报检。商检机构应当在国家商检部门统一规定的期限内检验完毕，并出具检验证单。

对规定必须实施检验的出口商品，海关凭商检机构签发的货物通关证明验放。

（2）经商检机构检验合格发给检验证单的出口商品，应当在商检机构规定的期限内报关出口；超过期限的，应当重新报检。

（3）为出口危险货物生产包装容器的企业，必须申请商检机构进行包装容器的性能鉴定。生产出口危险货物的企业，必须申请商检机构进行包装容器的使用鉴定。使用未经鉴定合格的包装容器的危险货物，不准出口。

（4）对装运出口易腐烂变质食品的船舱和集装箱，承运人或者装箱单位必须在装货前申请检验。未经检验合格的，不准装运。

4. 监督管理

（1）商检机构对按照规定必须经商检机构检验的进出口商品以外的进出口商品，根据国家规定实施抽查检验。

国家商检部门可以公布抽查检验结果或者向有关部门通报抽查检验情况。

（2）商检机构根据便利对外贸易的需要，可以按照国家规定对列入目录的出口商品进行出厂前的质量监督管理和检验。

（3）为进出口货物的收发货人办理报检手续的代理人应当在商检机构进行注册登记；办理报检手续时应当向商检机构提交授权委托书。

（4）国家商检部门可以按照国家有关规定，通过考核，许可符合条件的国内外检验机构承担委托的进出口商品检验鉴定业务。

（5）国家商检部门和商检机构依法对经国家商检部门许可的检验机构的进出口商品检验鉴定业务活动进行监督，可以对其检验的商品抽查检验。

（6）国家商检部门根据国家统一的认证制度，对有关的进出口商品实施认证管理。

（7）商检机构可以根据国家商检部门同外国有关机构签订的协议或者接受外国有关机构的委托进行进出口商品质量认证工作，准许在认证合格的进出口商品上使用质量认证标志。

（8）商检机构依照本法对实施许可制度的进出口商品实行验证管理，查验单证，核对证货是否相符。

（9）商检机构根据需要，对检验合格的进出口商品，可以加施商检标志或者封识。

（10）进出口商品的报检人对商检机构作出的检验结果有异议的，可以向原商检机构或者其上级商检机构以至国家商检部门申请复验，由受理复验的商检机构或者国家商检部门及时做出复验结论。

（11）当事人对商检机构、国家商检部门作出的复验结论不服或者对商检机构作出的处罚决定不服的，可以依法申请行政复议，也可以依法向人民法院提起诉讼。

（12）国家商检部门和商检机构履行职责，必须遵守法律，维护国家利益，依照法定职权和法定程序严格执法，接受监督。

国家商检部门和商检机构应当根据依法履行职责的需要，加强队伍建设，使商检工作人员具有良好的政治、业务素质。商检工作人员应当定期接受业务培训和考核，经考核合格，方可上岗执行职务。

（13）国家商检部门和商检机构应当建立健全内部监督制度，对其工作人员的执法活动进行监督检查。

商检机构内部负责受理报检、检验、出证放行等主要岗位的职责权限应当明确，并相互分离、相互制约。

（14）任何单位和个人均有权对国家商检部门、商检机构及其工作人员的违法、违纪行为进行控告、检举。收到控告、检举的机关应当依法按照职责分工及时查处，并为控告人、检举人保密。

5. 法律责任

（1）违反进出口商品检验法规定，将必须经商检机构检验的进口商品未报经检验而擅自销售或者使用的，或者将必须经商检机构检验的出口商品未报经检验合格而擅自出口的，由商检机构没收违法所得，并处货值金额百分之五以上百分之二十以下的罚款；构成犯罪的，依法追究刑事责任。

（2）违反进出口商品检验法规定，未经国家商检部门许可，擅自从事进出口商品检验鉴定业务的，由商检机构责令停止非法经营，没收违法所得，并处违法所得一倍以上三倍以下的罚款。

（3）进口或者出口属于掺杂掺假、以假充真、以次充好的商品或者以不合格进出口商品冒充合格进出口商品的，由商检机构责令停止进口或者出口，没收违法所得，并处货值金额百分之五十以上三倍以下的罚款；构成犯罪的，依法追究刑事责任。

（4）伪造、变造、买卖或者盗窃商检单证、印章、标志、封识、质量认证标志的，依法追究刑事责任；尚不够刑事处罚的，由商检机构责令改正，没收违法所得，并处货值金额等值以下的罚款。

（5）国家商检部门、商检机构的工作人员违反本法规定，泄露所知悉的商业秘密的，依法给予行政处分，有违法所得的，没收违法所得；构成犯罪的，依法追究刑事责任。

（6）国家商检部门、商检机构的工作人员滥用职权，故意刁难的，徇私舞弊，伪造检验结果的，或者玩忽职守，延误检验出证的，依法给予行政处分；构成犯罪的，依法追究刑事责任。

6. 附则

根据进出口商品检验法规定，商检机构和其他检验机构依法实施检验和办理检验鉴定业务，依照国家有关规定收取费用。

10.3.3 进出境动植物检疫法

该法包括总则，进境检疫，出境检疫，过境检疫，携带、邮寄物检疫，运输工具检疫，法律责任和附则八部分。

1. 总则

1）立法目的

防止动物传染病、寄生虫病和植物危险性病、虫、杂草以及其他有害生物（以下简称病虫害）传入、传出国境，保护农、林、牧、渔业生产和人体健康，促进对外经济贸易的发展。

2）进出境动植物的范围

进出境的动植物、动植物产品和其他检疫物，装载动植物、动植物产品和其他检疫物的装载容器、包装物，以及来自动植物疫区的运输工具，依照进出境动植物检疫法规定实施检疫。

3）主管机构

国务院设立动植物检疫机关（以下简称国家动植物检疫机关），统一管理全国进出境动植物检疫工作。国家动植物检疫机关在对外开放的口岸和进出境动植物检疫业务集中的地点设立的口岸动植物检疫机关，依照本法规定实施进出境动植物检疫。

贸易性动物产品出境的检疫机关，由国务院根据情况规定。国务院农业行政主管部门主管全国进出境动植物检疫工作。

4）口岸动植物检疫机关的职权

（1）依照规定登船、登车、登机实施检疫；

（2）进入港口、机场、车站、邮局以及检疫物的存放、加工、养殖、种植场所实施检疫，并依照规定采样；

（3）根据检疫需要，进入有关生产、仓库等场所，进行疫情监测、调查和检疫监督管理；

（4）查阅、复制、摘录与检疫物有关的运行日志、货运单、合同、发票及其他单证。

5）国家禁止进境物的范围

（1）动植物病原体（包括菌种、毒种等）、害虫及其他有害生物；

（2）动植物疫情流行的国家和地区的有关动植物、动植物产品和其他检疫物；

（3）动物尸体；

（4）土壤。

如口岸动植物检疫机关发现有前款规定的禁止进境物的，作退回或者销毁处理。因科学研究等特殊需要引进前述第一款规定的禁止进境物的，必须事先提出申请，经国家动植物检疫机关批准。

相关禁止进境物的名录，由国务院农业行政主管部门制定并公布。

6）应急措施

国外发生重大动植物疫情并可能传入中国时，国务院应当采取紧急预防措施，必要时可以下令禁止来自动植物疫区的运输工具进境或者封锁有关口岸；受动植物疫情威胁地区的地方人民政府和有关口岸动植物检疫机关，应当立即采取紧急措施，同时向上级人民政府和国家动植物检疫机关报告。邮电、运输部门对重大动植物疫情报告和送检材料应当优先传送。

7）检疫监督制度

国家动植物检疫机关和口岸动植物检疫机关对进出境动植物、动植物产品的生产、加工、存放过程，实行检疫监督制度。

口岸动植物检疫机关在港口、机场、车站、邮局执行检疫任务时，海关、交通、民航、铁路、邮电等有关部门应当配合。

2. 进境检疫

（1）输入动物、动物产品、植物种子、种苗及其他繁殖材料的，必须事先提出申请，办理检疫审批手续。

（2）通过贸易、科技合作、交换、赠送、援助等方式输入动植物、动植物产品和其他检疫物的，应当在合同或者协议中订明中国法定的检疫要求，并订明必须附有输出国家或者地区政府动植物检疫机关出具的检疫证书。

（3）货主或者其代理人应当在动植物、动植物产品和其他检疫物进境前或者进境时持输出国家或者地区的检疫证书、贸易合同等单证，向进境口岸动植物检疫机关报检。

（4）装载动物的运输工具抵达口岸时，口岸动植物检疫机关应当采取现场预防措施，对上下运输工具或者接近动物的人员、装载动物的运输工具和被污染的场地作防疫消毒处理。

（5）输入动植物、动植物产品和其他检疫物，应当在进境口岸实施检疫。未经口岸动植物检疫机关同意，不得卸离运输工具。输入动植物，需隔离检疫的，在口岸动植物检疫机关指定的隔离场所检疫。因口岸条件限制等原因，可以由国家动植物检疫机关决定将动植物、动植物产品和其他检疫物运往指定地点检疫。在运输、装卸过程中，货主或者其代理人应当采取防疫措施。指定的存放、加工和隔离饲养或者隔离种植的场所，应当符合动植物检疫和防疫的规定。

（6）输入动植物、动植物产品和其他检疫物，经检疫合格的，准予进境；海关凭口岸动植物检疫机关签发的检疫单证或者在报关单上加盖的印章验放。输入动植物、动植物产品和其他检疫物，需调离海关监管区检疫的，海关凭口岸动植物检疫机关签发的《检疫调离通知单》验放。

（7）输入动物，经检疫不合格的，由口岸动植物检疫机关签发《检疫处理通知单》，通知货主或者其代理人作隔离观察、扑杀或销毁处理。

输入动物产品和其他检疫物经检疫不合格的，由口岸动植物检疫机关签发《检疫处理通知单》，通知货主或者其代理人作除害、退回或者销毁处理。经除害处理合格的，准予进境。

输入植物、植物产品和其他检疫物，经检疫发现有植物危险性病、虫、杂草的，由口岸动植物检疫机关签发《检疫处理通知单》，通知货主或者其代理人作除害、退回或者销毁处理。经除害处理合格的，准予进境。

（8）进出境动植物检疫法所规定的动物传染病、寄生虫病的名录和植物危险性病、虫、杂草的名录，由国务院农业行政主管部门制定并公布。

（9）输入动植物、动植物产品和其他检疫物，经检疫发现有在规定的名录之外，对农、林、牧、渔业有严重危害的其他病虫害的，由口岸动植物检疫机关依照国务院农业行政主管部门的规定，通知货主或者其代理人作除害、退回或者销毁处理。经除害处理合格的，准予进境。

3. 出境检疫

（1）货主或者其代理人在动植物、动植物产品和其他检疫物出境前，向口岸动植物检疫机关报检。出境前需经隔离检疫的动物，在口岸动植物检疫机关指定的隔离场所检疫。

（2）输出动植物、动植物产品和其他检疫物，由口岸动植物检疫机关实施检疫，经检疫合格或者经除害处理合格的，准予出境；海关凭口岸动植物检疫机关签发的检疫证书或者在报关单上加盖的印章验放。检疫不合格又无有效方法作除害处理的，不准出境。

（3）经检疫合格的动植物、动植物产品和其他检疫物，有下列情形之一的，货主或者其代理人应当重新报检：

① 更改输入国家或者地区，更改后的输入国家或者地区又有不同检疫要求的；

② 改换包装或者原未拼装后来拼装的；

③ 超过检疫规定有效期限的。

4. 过境检疫

（1）要求运输动物过境的，必须事先征得中国国家动植物检疫机关同意，并按照指定的口岸和路线过境。装载过境动物的运输工具、装载容器、饲料和铺垫材料，必须符合中国动植物检疫的规定。

（2）运输动植物、动植物产品和其他检疫物过境的，由承运人或者押运人持货运单和输出国家或者地区政府动植物检疫机关出具的检疫证书，在进境时向口岸动植物检疫机关报检，出境口岸不再检疫。

（3）过境的动物经检疫合格的，准予过境；发现有进出境动植物检疫法第十八条规定的名录所列的动物传染病、寄生虫病的，全群动物不准过境。

过境动物的饲料受病虫害污染的，作除害，不准过境或者销毁处理。过境的动物的尸体、排泄物、铺垫材料及其他废弃物，必须按照动植物检疫机关的规定处理，不得擅自抛弃。

（4）对过境植物、动植物产品和其他检疫物，口岸动植物检疫机关检查运输工具或者包装，经检疫合格的，准予过境；发现有进出境动植物检疫法第十八条规定的名录所列的病虫害的，作除害处理或者不准过境。

（5）动植物、动植物产品和其他检疫物过境期间，未经动植物检疫机关批准，不得开拆包装或者卸离运输工具。

5. 携带、邮寄物检疫

（1）携带、邮寄植物种子、种苗及其他繁殖材料进境的，必须事先提出申请，办理检疫审批手续。

（2）禁止携带、邮寄进境的动植物、动植物产品和其他检疫物的名录，由国务院农业行政主管部门制定并公布。携带、邮寄前款规定的名录所列的动植物、动植物产品和其他检疫物进境的，作退回或者销毁处理。

（3）携带规定的名录以外的动植物、动植物产品和其他检疫物进境的，在进境时向海关申报并接受口岸动植物检疫机关检疫。携带动物进境的，必须持有输出国家或者地区的检疫证书等证件。

（4）邮寄规定的名录以外的动植物、动植物产品和其他检疫物进境的，由口岸动植物检疫机关在国际邮件互换局实施检疫，必要时可以取回口岸动植物检疫机关检疫；未经检疫不得运递。

（5）邮寄进境的动植物、动植物产品和其他检疫物，经检疫或者除害处理合格后放行；经检疫不合格又无有效方法作除害处理的，作退回或者销毁处理，并签发《检疫处理通知单》。

（6）携带、邮寄出境的动植物、动植物产品和其他检疫物，物主有检疫要求的，由口岸动植物检疫机关实施检疫。

6. 运输工具检疫

（1）来自动植物疫区的船舶、飞机、火车抵达口岸时，由口岸动植物检疫机关实施检疫。发现有规定的名录所列的病虫害的，作不准带离运输工具、除害、封存或者销毁处理。

（2）进境的车辆，由口岸动植物检疫机关作防疫消毒处理。

（3）进出境运输工具上的泔水、动植物性废弃物，依照口岸动植物检疫机关的规定处理，不得擅自抛弃。

（4）装载出境的动植物、动植物产品和其他检疫物的运输工具，应当符合动植物检疫和防疫的规定。

（5）进境供拆船用的废旧船舶，由口岸动植物检疫机关实施检疫，发现有规定的名录所列的病虫害的，作除害处理。

7. 法律责任

（1）有下列行为之一的，由口岸动植物检疫机关处以罚款：

① 未报检或者未依法办理检疫审批手续的；

② 未经口岸动植物检疫机关许可擅自将进境动植物、动植物产品或者其他检疫物卸离运输工具或者运离的；

③ 擅自调离或者处理在口岸动植物检疫机关指定的隔离场所中隔离检疫的动植物的。

（2）报检的动植物、动植物产品或者其他检疫物与实际不符的，由口岸动植物检疫机关处以罚款；已取得检疫单证的，予以吊销。

（3）违反规定，擅自开拆过境动植物、动植物产品或者其他检疫物的包装的，擅自将过境动植物、动植物产品或者其他检疫物卸离运输工具的，擅自抛弃过境动物的尸体、排泄物、铺垫材料或者其他废弃物的，由动植物检疫机关处以罚款。

（4）违反本法规定，引起重大动植物疫情的，比照刑法第一百七十八条的规定追究刑事责任。

（5）伪造、变造检疫单证、印章、标志、封识，依照刑法第一百六十七条的规定追究刑事责任。

（6）当事人对动植物检疫机关的处罚决定不服的，可以在接到处罚通知之日起十五日内向作出处罚决定的机关的上一级机关申请复议；当事人也可以在接到处罚通知之日起十五日内直接向人民法院起诉。复议机关应当在接到复议申请之日起六十日内作出复议决定。当事人对复议决定不服的，可以在接到复议决定之日起十五日内向人民法院起诉。复议机关逾期不作出复议决定的，当事人可以在复议期满之日起十五日内向人民法院起诉。

当事人逾期不申请复议也不向人民法院起诉、又不履行处罚决定的，作出处罚决定的机关可以申请人民法院强制执行。

（7）动植物检疫机关检疫人员滥用职权，徇私舞弊，伪造检疫结果，或者玩忽职守，延误检疫出证，构成犯罪的，依法追究刑事责任；不构成犯罪的，给予行政处分。

8. 附则

附则中对相关概念做了专门解释：

"动物"是指饲养、野生的活动物,如畜、禽、兽、蛇、龟、鱼、虾、蟹、贝、蚕、蜂等;

"动物产品"是指来源于动物未经加工或者虽经加工但仍有可能传播疫病的产品,如生皮张、毛类、肉类、脏器、油脂、动物水产品、奶制品、蛋类、血液、精液、胚胎、骨、蹄、角等;

"植物"是指栽培植物、野生植物及其种子、种苗及其他繁殖材料等;

"植物产品"是指来源于植物未经加工或者虽经加工但仍有可能传播病虫害的产品,如粮食、豆、棉花、油、麻、烟草、籽仁、干果、鲜果、蔬菜、生药材、木材、饲料等;

"其他检疫物"是指动物疫苗、血清、诊断液、动植物性废弃物等。

此外,附则对相关国际条约的适用也作了说明:中华人民共和国缔结或者参加的有关动植物检疫的国际条约与本法有不同规定的,适用该国际条约的规定。但是,中华人民共和国声明保留的条款除外。

本章小结

口岸是指供人员、货物和交通工具出入国境的港口、机场、车站、通道等。口岸分为一类口岸和二类口岸。国务院《地方口岸管理机构职责范围暂行规定》规定了地方口岸管理委员会、口岸办公室的职责范围(12条)。《国务院关于口岸开放的若干规定》规定口岸报批程序、报批开放口岸应附具的资料、对外开放前的验收、临时进出我国非开放区域的审批权限、口岸开放应有计划地进行并按隶属关系分别列入国家或地方口岸开放计划、开放口岸检查检验设施建设资金来源。口岸管理条例(以山东为例)分五部分,即总则、口岸的开放与关闭、口岸的检查检验、口岸的集疏运、争议的处理及罚则。口岸管理方式亟待改革,本章对现行口岸管理方式的问题及局限、改革现行口岸管理方式对策作了分析。

《海关法》包括九部分,即总则、进出境运输工具、进出境货物、进出境物品、关税、海关事务担保、执法监督、法律责任、附则。中华人民共和国刑法(走私罪节选)分为7条。

国境卫生检疫法包括总则、检疫、传染病监测、卫生监督、法律责任和附则六部分。进出口商品检验法包括总则、进口商品的检验、出口商品的检验、监督管理、法律责任和附则六部分。进出境动植物检疫法包括总则,进境检疫,出境检疫,过境检疫,携带、邮寄物检疫,运输工具检疫,法律责任和附则八部分。

本章涉及的主要法律法规:

1. 《中华人民共和国对外贸易法》;
2. 《中华人民共和国进出口商品检验法》;
3. 《中华人民共和国海关法》;
4. 《中华人民共和国货物进出口管理条例》;
5. 《中华人民共和国海关进出口货物征税管理办法》;
7. 《中华人民共和国进出口关税条例》;
8. 《中华人民共和国海关稽查条例》;
9. 《中华人民共和国海关行政处罚实施条例》;

10. 《中华人民共和国知识产权海关保护条例》;
11. 《中华人民共和国技术进出口管理条例》;
12. 《中华人民共和国进出口关税条例》;
13. 《国务院关于口岸开放的若干规定》。

附录：相关法律文书及流程示例

1. 口岸正式对外开放申报审批程序（福建）

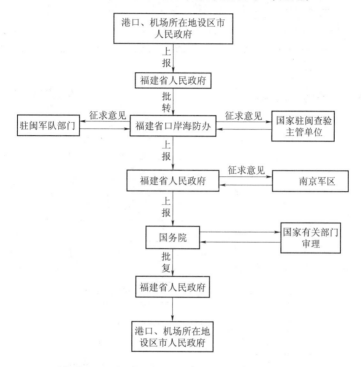

2. 二类港口口岸建设项目申报审批程序流程（广东）

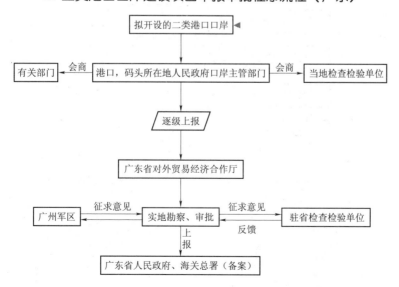

3. 出口报关流程图

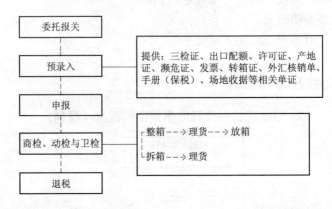

4. 入境货物检验检疫流程图

5. 入境动物检疫流程图

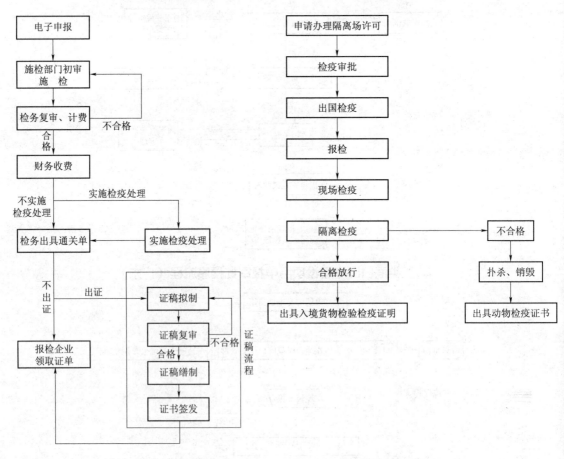

6. 进口货物报关单样本

JG01

中华人民共和国海关进口货物报关单

预录入编号：　　　　　　　　　　　海关编号：

进口口岸		备案号		进口日期		申报日期	
经营单位			运输方式	运输工具名称		提送单号	
收货单位			贸易方式	征免性质		征税比例	
许可证号		起运国（地区）		装货港		境内目的地	
批准文号		成交方式		运费	保费		杂费
合同协议号		件数		包装种类	毛重（公斤）		净重（公斤）
集装箱号		随附单据			用途		
标记喷码及备注							
项号	商品编号	商品名称、规格型号	数量及单位	原产国（地区）	单价	总价	申制 征免
税费征收情况							
录入员	录入单位	兹声明以上申报无讹并承担法律责任			海关审单批注及放行日期（签章）		
					审单　　　　审阶		
报关员							
					征税　　　　统计		
单位地址			申报单位（签章）				
					查验　　　　放行		
邮编　　　电话			填制日期				

7. 出口货物报关单样本

JG02

中华人民共和国海关出口货物报关单

预录入编号：　　　　　　　　　　海关编号：

出口口岸		备案号		出口日期		申报日期	
经营单位		运输方式		运输工具名称		提送单号	
发货单位		贸易方式		征免性质		结汇方式	
许可证号		运抵国（地区）		提货港		境内货源地	
批准文号		成交方式		运费		保费	杂费
合同协议号		件数		包装种类		毛重（公斤）	净重（公斤）
集装箱号		随附单据				生产厂家	
标记喷码及备注							

项号	商品编号	商品名称、规格型号	数量及单位	最终目的国（地区）	单价	总价	申制	征免

税费征收情况

录入员　　录入单位	兹声明以上申报无讹并承担法律责任	海关审单批注及放行日期（签章）
		审单　　　　审阶
报关员		
		征税　　　　统计
单位地址	申报单位（签章）	
		查验　　　　放行
邮编　　电话	填制日期	

▶ 案例分析

上海公安局邀请境外一无线电设备生产厂商到上海展览馆展出其价值100万美元的无线

电设备,并委托上海某展览报关公司 C 办理一切手续。上海展出后又决定把其中价值 40 万美元的设备运到杭州展出。设备从杭州返回后,上海公安局决定购买其中的 20 万美元设备。境外厂商为了感谢上海公安局,赠送了 5 万美元的设备给上海公安部门。其余设备退出境外。

问题:
作为 C 公司的报关员应当办理哪些手续?

山东出入境检验检疫局 21 日公布了山东口岸 2013 年十大检出案例,包括中子超标、夹带医疗废弃物、瘦肉精和以燃料油名义进口废油等。

1. 韩国大花蕙兰携带洋葱腐烂病菌。

2013 年 2 月 5 日,山东出入境检验检疫局从一批进口共计 5 000 株、货值 1.25 万美元的韩国大花蕙兰中,截获检疫性有害生物洋葱腐烂病菌。该疫情为我国口岸首次截获。

2. 土耳其籍集装箱检出中子超标。

2013 年 4 月 19 日,山东出入境检验检疫局在对一批来自土耳其装载旧成套设备的集装箱实施核与辐射监测过程中,从其中 1 个集装箱中检出中子超标。这是我国口岸首次检出中子超标。

3. 26 吨加拿大冻猪蹄含瘦肉精。

2013 年 6 月 11 日,山东出入境检验检疫局在对一批 1 862 箱、重 26.07 吨、货值 4.91 万美元的加拿大冻猪蹄抽样检测发现,莱克多巴胺药物的残留值为 1.15 μg/kg,超出 0.5 μg/kg 的检测限值。这是山东口岸近年来首次从进口肉类产品中大批量检出"瘦肉精"药残超标。

4. 检出 3.99 万吨以燃料油名义进口的马来西亚废油。

2013 年 6 月 22 日,山东出入境检验检疫局对一批来自马来西亚的 3.99 万吨、2 563.99 万美元燃料油进行检验后发现,该批燃料油不是正常的燃料油,为成分复杂的回收油,属国家禁止进口的固体废物,这是目前截获的全国进口数量最大、货值最高的废油。

5. 机场检出两例登革热病人。

2013 年 7 月 16 日,山东出入境检验检疫局发现一名孟加拉国籍入境旅客通过入境通道红外体温监测仪时报警,该局立即对该旅客及一起入境的 3 名同事进行流行病学调查和医学排查,并进行有针对性的传染病快速检测。经实验室检测确认该旅客和另一名同事患有登革热。

6. 查获严重以水充货造假欺诈行为。

2013 年 8 月 11 日,山东出入境检验检疫局在对一艘来自美国的巴哈马籍货轮装载的进口铜精矿进行水尺计重时,发现该船承运人私自将 3 个舱的压载水排出致使货物重量虚增,造成前后 500 吨的巨大差距,以试图隐藏货物实际短重 163 吨、短重率达 16.3‰、短重货值达 26.6 万美元的事实。此次查获以水充货、伪造检验鉴定现场的欺诈行为并进行行政处罚为全国首例。

7. 西班牙饲料含一级致癌物。

2013 年 9 月 6 日,山东出入境检验检疫局从一批重 23 吨,货值 11 040 欧元,来自西班牙的矿物源性饲料添加剂中检出二噁英和二噁英类多氯联苯,其含量为 2.46 ng/kg,远超出我国 1 ng/kg 的规定判定标准。这是我国口岸首次从该国矿物源性饲料添加剂中检出二噁英和二噁英类多氯联苯超标。

8. 检出进口餐厨具重金属严重超标。

2013年9月16日，山东出入境检验检疫局在对一批来自韩国共计1 650个、5 907美元的"凯亲艾特"牌铝制炒锅进行检验后发现，蒸发残渣（4%乙酸）为275.5 mg/L，铬溶出量为0.095 mg/L，严重超出《食品容器内壁聚四氟乙烯涂料卫生标准》的限量要求（蒸发残渣（4%乙酸）≤60 mg/L、铬≤0.01 mg/L）。

9. 检出来自美国进口废物原料夹带医疗废物。

2013年10月14日，山东出入境检验检疫局成功截获一批来自美国夹带医疗废物的废物原料。该批货物报检重量39 027 kg，货值27 591.61美元。在实施检验查验过程中，发现货物中夹带残留废弃注射液的塑料袋、医用塑胶手套以及食物残留，卫生环保状况差，不符合我国《进口可用作原料的固体废物的固体废物环境保护控制标准》要求，存在严重环保质量问题。

10. 全国口岸首次截获三齿双棘长蠹。

2013年11月19日，山东出入境检验检疫局在对一批来自赞比亚的集装箱载奥氏黄檀原木和特氏古夷苏木板材实施现场检疫时，发现大量木质碎屑并截获数头活体小蠹虫，经鉴定为检疫性有害生物三齿双棘长蠹。这是全国口岸首次截获此种检疫性有害生物。

练习题

一、名词解释题

口岸　一类口岸　二类口岸　直属海关　进出境运输工具　保税货物　海关监管区　检疫传染病　监测传染病

二、填空题

1. 口岸分为_____、_____。

2. 《海关法》包括九部分，即总则、_____、_____、_____、关税、_____、执法监督、_____、_____。

3. 国境卫生检疫法包括_____、_____、_____、_____和_____六部分。

三、问答题

1. 地方口岸管理委员会、口岸办公室的职责范围有哪些？

2. 论述现行口岸管理方式的问题、局限以及改革现行口岸管理方式的对策。

3. 海关法分哪些部分？

4. 国境卫生检疫法、进出口商品检验法、进出境动植物检疫法的主管机构分别是什么部门？

第 11 章

物流中的保险法律法规

> **知识目标**
>
> 重点掌握保险的概念及特征、保险法的基本原则、海上运输保险概述、陆上货物运输保险条款、航空货物运输保险一般条款。掌握保险的分类、海上运输货物保险种类、陆上运输货物保险介绍、国内航空货物运输保险的具体条款,了解保险法的发展历程、海商法(海上保险合同)、陆上货物运输保险合同(国际、国内)。
>
> **技能目标**
>
> 能够辨识基本的保险票据;熟悉物流保险中的保险流程和索赔流程;掌握海上运输保险保障的相应损失。

■【导入案例】

有一份 CIF 合同,卖方甲投保了一切险,自法国内陆仓库起,直到美国纽约的买方仓库为止。合同中规定,投保金额是"按发票金额点值另加 10%"。卖方甲在货物装船后,已凭提单、保险单、发票、品质检验证书等单证向买方银行收取了货款。后来,货物在运到纽约港前遇险而全部损失。当卖方凭保险单要求保值的 10% 部分归自己时遭到保险公司的拒绝。

问题:卖方甲有无权利要求保险公司发票总值 10% 的这部分金额归自己?为什么?

提示:

1. 在国际货物运输保险中,投保加成是一种习惯做法。保险公司允许投保人按发票总值加成投保,习惯上是加成 10%,当然,加成多少应由投保人与保险公司协商约定,不限于 10%。在国际商会的《国际贸易术语解释通则》中,关于 CIF 卖方的责任有如下规定"自费向信誉卓著的保险人或保险公司投保有关货物运送中的海洋险,并取得保险单,这项保险,应投保平安险,保险金额包括 CIF 价另加百分之十……"

2. 在 CIF 合同中,虽然由卖方向保险公司投保,负责支付保险费并领取保险单,但在卖方提供符合合同规定的单据(包括提单、保险单、发单等)换取买方支付货款时,这些单据包括保险单已合法、有效地转让给买方。买方作为保险单的合法受让人和持有人,也就享有根据保险单所产生的全部利益,包括超出发票总值的保险价值的各项权益都应属买方享有。

因此，在本案中，保险公司有权拒绝向卖方赔付任何金额，也有义务向买方赔付包括加成在内的全部保险金额。

11.1 保险法律基本知识

11.1.1 保险的概念及特征

保险法所称的保险，是指投保人根据合同约定，向保险人支付保险费，保险人对于合同约定的可能发生的事故因其发生所造成的财产损失承担赔偿保险金责任，或者当被保险人死亡、伤残、疾病或者达到合同约定的年龄期限时承担给付保险金责任的商业保险行为。保险的实质不是保证危险不发生、不遭受损失，而是对危险发生后遭受的损失予以经济补偿。其最大的功能在于将个人与生活中因遭遇各种人身危险、财产危险及对他人之责任危险所产生之损失，分摊消化于共同团体。保险具有减少社会问题、维持社会安定、促进经济繁荣之作用。

1. 保险的特征

1）保险是一种经济保障制度

保险是为维护社会的安定，通过运用多数社会成员的集合力量，根据合理的计算，共同建立保险基金，用于补偿少数社会成员因特定危险事故或因特定人身事件发生而造成的经济损失，是"集众人之力救助少数人灾难"的经济保障制度，其基本原理是聚合风险，分散损失。

2）保险是一种具有经济补偿性质的法律制度

保险是一种双务有偿的合同关系。保险是一种因合同而产生的债权债务关系。这种债权债务关系是基于保险法律规范和保险事实而产生的保险法律关系，其实质是当事人互为约定承担给付义务，即投保人承担给付保险费的义务，保险人承担赔偿或给付保险金的责任。在保险法律关系中，保险人的责任与一般民事赔偿责任的区别在于，投保人所遭受的损失是由不可抗力等危险事故造成的，保险人承担的保险赔偿责任和给付责任是基于保险合同设定的一种义务，具有对损失进行经济补偿的性质；而一般民事损害赔偿责任是当事人的侵权行为或违约行为所导致的法律后果。

3）保险以特定的危险为对象

危险的存在是构成保险的一个要件，无危险则无保险。作为保险对象的危险必须具备如下特征：

（1）危险发生与否具有不确定性。不可能发生或者肯定要发生的危险，不能构成保险危险。

（2）危险发生的时间不能确定。

（3）危险所导致的后果不能确定。

（4）危险的发生对于投保人或者被保险人来说，必须为非故意的。

另外，危险的种类、范围、性质亦需明确。

11.1.2 保险的分类

保险按照不同的划分标准，可作多种分类。

1. 按照保险设立是否以营利为目的划分

可分为社会保险和商业保险。社会保险是指国家基于社会保障政策的需要，不以营利为目的而举办的一种福利保险。社会保险属法定保险，一般由社会保障立法予以规范，其费用主要来源于国家财政资金或企事业单位资金和经费。商业保险是指社会保险以外的普通保险，它以营利为目的，其资金主要来源于投保人交纳的保险费，一般受保险法规范。我国《保险法》规定的保险，以商业保险为限。

2. 按照保险标的划分

可分为财产保险和人身保险。财产保险是以物质财产或财产性利益为保险标的，以实物的毁损和利益的灭失为保险事故的各种保险。包括家庭财产保险、企业财产保险、机动车辆保险、责任保险、信用保险和海上保险等。人身保险是以人的生命或健康为保险标的，以人的生理意外事故作为保险事故的保险。人身保险又可分为人身意外伤害保险、健康保险和人寿保险等。

3. 按照保险责任发生的效力依据划分

可分为自愿保险和强制保险。自愿保险是投保人与保险人双方平等协商，自愿签订保险合同而产生的一种保险。这种保险责任发生的效力依据是保险合同，投保人享有投保或不投保的自由，保险人则可决定是否承保。强制保险又称法定保险，是指国家法律、法规直接规定必须进行的保险。其保险标的多与人民生命、健康和国家重大经济利益有关。

4. 按照保险人是否转移保险责任划分

可分为原保险和再保险。原保险又称第一次保险，是指保险人在保险责任范围内直接由自己对被保险人负赔偿责任的保险。再保险又称分保或第二次保险，是原保险人为减轻或避免所负风险把责任的一部分或全部转移给其他保险人的保险。再保险的目的主要是分散风险、扩大承保能力、稳定经营。

5. 按照保险人的人数划分

可分为单保险和复保险。单保险是投保人对于同一保险标的、同一保险利益、同一保险事故与一个保险人订立保险合同的行为。复保险，或称重复保险，是投保人对于同一保险标的、同一保险利益、同一保险事故与数个保险人分别订立数个保险合同的行为。

此外，按照保险是否具有涉外因素，保险可分为国内保险和涉外保险；按照保险标的的价值，保险可分为定值保险和不定值保险；按照所保对象与被保险人的利害关系，保险可分为积极保险和消极保险；按照保险利益存在的时间，保险可分为现在保险、追溯保险和未来保险。

11.1.3 保险法的发展历程

保险立法经过了从私法到公法的发展过程。20 世纪 30 年代以来，鉴于现代社会经济生活的深刻变化，国家干预主义逐渐取代自由放任主义，这对立法产生的影响是公法、私法出现了相互融合，这一客观存在使保险法逐步丧失传统商法的特点，具有经济法的特质。其一，保险是风险集散的特有制度，是风险主体间的互助协作，具有社会性、公益性，其中安全性是第一属性，营利性是第二属性，可见保险是以社会为本位的。其二，保险合同权责的依据主要不是保险合同法，而是国家对保险关系主体权责直接的法律界定，体现了国家干预和国家意志。其三，保险关系包括保险监督管理关系和保险合同关系，体现了经济法的纵横统一。

保险法最早可追溯到公元前罗马法中关于共同海损的规定，而现代意义上的保险法则形成于十四世纪以后的海上保险法。目前，世界上存在以德国保险法为代表的德国法系、以法国保险法为代表的法国法系和以英美等国为代表的英美保险法系。保险法的立法体例可分为以下三种类型：① 制定单行保险法律，如英国、美国、丹麦、瑞士、德国、中国、泰国等；② 在民法典中规定，如意大利、前苏联及东欧国家等，将保险法作为民法典的一章；③ 将保险法列入商法典中，如法国、西班牙、荷兰、日本、比利时等。

旧中国在清末和北洋政府时期曾进行过保险立法活动，但均未公布实行。国民党政府时期的保险立法活动包括1929年12月30日公布的《保险法》，1935年7月5日公布的《保险业法》，1935年5月10日公布的《简易人寿保险法》等。

1949年10月，新中国刚成立就设立了保险业的管理机关中国人民保险公司。建国初期，登记复业的华商保险公司有63家，外商保险公司41家，中央人民政府政务院为此颁发了一系列保险行政法规，对各种保险业务予以规范。1958年以后，保险业陷入停顿状态。1980年中国人民保险公司恢复办理保险业务。1993年以后，保险业改革步伐加快，中国人民保险公司完成了财产险、人寿险和再保险业务的分离工作，改组设立了中国人民保险（集团）公司（含中保财产保险公司、中保人寿保险公司和中保再保险公司三家子公司），其他保险公司、中外合资保险公司、外资保险公司分公司亦大量出现。

与保险业的恢复、发展相适应，我国的保险立法也得到了发展。1981年12月31日发布的《中华人民共和国经济合同法》，将保险合同作为经济合同的一种加以规定。1983年9月1日国务院颁布《财产保险合同条例》，对《经济合同法》中关于保险合同规定进一步具体化。1985年3月3日国务院颁布的《保险企业管理暂行条例》对保险企业的设立，保险公司的权利和义务、偿付能力，保险基金及再保险业务等作了规定。1992年公布的《中华人民共和国海商法》则就海上保险作了特别规定。

1995年6月30日第八届全国人大常委会第十四次会议通过了我国第一部完备的保险基本法——《中华人民共和国保险法》（以下简称《保险法》），该法自1995年10月1日起施行。1996年2月2日、1996年7月15日、1998年2月16日和1998年9月11日中国人民银行先后发布了《保险代理人管理暂行规定》、《保险管理暂行规定》、《保险经纪人管理规定（试行）》和《保险业监管指标》等，对保险业及其业务开展作了具体的规定。1998年11月18日中国保险监督管理委员会（简称中国保监会）成立，中国保监会是全国商业保险的主管部门，根据国务院授权履行行政管理职能，依法统一监督管理全国保险市场。保监会成立后，制定了一系列保险方面的规章，2001年11月16日、2002年3月15日、2002年9月17日、2003年3月24日保监会先后制定公布了《保险经纪公司管理规定》、《保险兼业代理管理暂行办法》、《保险公估机构管理规定》、《关于修改〈保险公司管理规定〉有关条文的决定》、《保险公司偿付能力额度及监管指标管理规定》、《再保险公司设立规定》。2001年12月5日国务院通过了《中华人民共和国外资保险公司管理条例》。2002年10月28日第九届全国人大常委会第三十次会议对《保险法》进行了修改。修改后的《保险法》于2003年1月1日起施行。修改后的《保险法》在指导思想上贯穿了履行我国加入世贸组织的承诺、加强对被保险人利益的保护、强化保险监管、支持保险业的改革和发展、促进保险业同国际接轨的精神。

按照《保险法》的规定，海上保险适用海商法的有关规定，海商法未作规定的，适用保险法的有关规定。国家支持发展为农业生产服务的保险事业,农业保险由法律、行政法规另行规定。

11.1.4 保险法的基本原则

1. 合法原则

我国保险法第四条规定,"从事保险活动必须遵守法律、行政法规,尊重社会公德,遵循自愿原则。"作为保险法的一项基本原则它是指保险活动的内容必须合法,保险活动的形式必须合法,保险活动应遵守法律、法规。

2. 自愿原则

是指商业保险活动的开展是出于参加者的自愿,除法律、行政法规规定必须保险的以外,保险公司和其他单位不得强制他人订立保险合同。这是由保险行为的性质决定的,也是市场经济运作的基本原则。从事保险活动,必须尊重保险活动各方当事人的自由意志。

3. 最大诚信原则

最大诚信原则是诚实信用原则的功能和作用在保险法中的体现。《保险法》第五条规定,"保险活动当事人行使权利、履行义务应当遵循诚实信用原则"。我国保险业正处于一个关键的转折时期,诚信服务对保险业发展至关重要,各保险公司必须树立诚信意识、开展诚信服务和公平竞争,促进保险业健康发展。

4. 公平竞争原则

保险法第八条规定,"保险公司开展业务,应当遵循公平竞争的原则,不得从事不正当竞争。"这是保险业健康发展的必然要求。保险领域的竞争有利于降低保险费率、改善保险公司的管理,但是没有节制的费率战竞争会导致保险人准备金不足或丧失清偿能力。另一方面,也要防止出现不合理的限制竞争行为,特别是价格固定。保险领域的反垄断也是一个值得关注的问题。在美国,保险业基本上属于反垄断法的适用除外领域。但是在其他国家,保险业一般要受反垄断法的调整。维护公平竞争是政府监管部门及保险行业协会的共同责任。我国《保险公司管理规定》对保险公司的业务竞争作了具体规定。

此外,有学者认为还有保险专营原则、境内投保原则、近因原则、损失补偿原则。

11.2 海上货物运输保险法律法规

11.2.1 海上运输保险概述

1. 海上保险的概念

海上保险是保险人和被保险人通过协商,对船舶、货物及其他海上标的所可能遭遇的风险进行约定,被保险人在交纳约定的保险费后,保险人承诺一旦上述风险在约定的时间内发生并对被保险人造成损失,保险人将按约定给予被保险人经济补偿的商务活动。海上保险属于财产保险的范畴,是对由于海上自然灾害和意外事故给人们造成的财产损失给予经济补偿的一项法律制度。

海上保险与一般财产保险的不同主要在于:① 海上保险的标的通常与海上航行有关,如船舶和船上的货物等;② 海上保险承保的风险除了一般陆上也存在的风险(如雷电,恶劣气候，火灾，爆炸等）之外，还有大量的海上所特有的风险（如触礁，搁浅，海水进舱等）；③ 海上保险一般属于国际商务活动，因为通常情况下，或者海上保险的当事人属于不同的国家，或者保险事故发生在异国他乡，总之大多牵涉到国际关系。由于上述原因，我国的保险公司一般均把海上保险业务归属在国际业务部，有的将海上保险称为水险。

2. 海上保险的原则

海上保险原则是指在海上保险活动中当事人应当遵循的行为准则。海上保险活动作为一种独立的经济活动类型，基于自身的特点和适用范围，逐步在长期的发展过程中形成了一系列基本原则。根据国际惯例，这些基本原则可归纳为：损失补偿原则、可保利益原则、近因原则、最大诚信原则和代位求偿原则。

1）损失补偿原则

损失补偿原则是指被保险人在保险合同约定的保险事故发生之后，保险人对其遭受的实际损失应当进行充分的补偿。其具体内容有：

（1）保险赔偿金额应当公平合理，充分补偿，协商一致。所谓公平合理，充分补偿，就是说保险人在保险事故发生后的具体赔偿数额应当有利于保险人和被保险人的双方利益。一方面，要充分补偿被保险人的实际损失，达到保险保障的目的。另一方面，不能使赔偿数额超过实际损失，使被保险人获取额外收益而损害保险人的合法权益。至于协商一致，则是说海上保险合同的保险金额作为保险赔偿的最高限额，应由保险人和被保险人根据保险标的的实际价值，协商确定。而赔偿数额的计算方法也须双方协商一致才予适用。

（2）保险金额是计算赔偿数额的依据，一般不允许超值保险。

（3）防止道德危险的发生。海上保险合同是对被保险人的保险保障措施，并非其牟利的手段，所以要防止道德危险的发生。

（4）保险人的赔偿责任依法律和海上保险合同予以限制。

2）可保利益原则

可保利益原则是指只有对保险标的具有可保利益的投保人与保险人签订的海上保险合同才有法律效力，保险人才承担保险责任。其具体内容表现在：

（1）可保利益是海上保险合同生效的依据。

（2）可保利益是保险人履行保险责任的前提。可保利益原则为大多数国家的海商法和保险法所确认，并将其作为海上保险合同成立的法定条件，当事人不得协商变更。

3）近因原则

近因原则是为了明确事故与损失之间的因果关系，认定保险责任而专门设立的一项基本原则。它的含义是指保险人对于承保范围内的保险事故作为直接的、最接近的原因所引起的损失，承担保险责任，而对于承保范围以外的原因造成的损失，不负赔偿责任。

近因原则为海上保险人所重视的根源在于它对于海上保险具有普遍的意义。由于海上运输的复杂多变，风险四布，导致从事海上运输的船舶或货物遭受损失的原因往往不是一个。而保险人出于其商业利益的需要，不可以将这些致损原因全部承保。于是，海上保险人根据海上事故的性质、发生概率及其与损害后果的关系，予以分类研究，设立不同的海上保险险种、险别，确立各自所承保的危险范围。当损失发生后，保险人从致损原因与损害后果之间的因果关系入手，认定直接造成损失或最接近损失后果的原因是否属于其承保范围，进而判断是否承担赔偿责任。由此可见，近因原则是确认保险人之保险责任的主要依据。

虽然，近因原则在海上保险中广泛适用，但是，如何认定其致损的近因尚无统一标准，具体的论证方法多种多样，主要的有三种：一种是最近时间论，它将各种致损原因按发生的时间顺序进行排列，以最后一个作为近因；二是最后条件论，它区别于前一方法，是将致损所不可缺少的各个原因列出，以最后一个作为近因；三是直接作用论，即将对于致损具有最直接最重要作用的原因作为近因，这一方法为大多数人所认可。

按照直接作用论来认定海上损失的近因时，应当把握两个条件，一是致损原因与损失后果之间因果关系的客观性，二是海上保险合同约定的承保危险范围。如果有两个以上致损原因的，因其对损失所起的作用一般不会完全一样，则需要判定它们对于损失后果所起作用的大小。若致损的各个原因都属于保险责任范围内的，则无需判断其作用大小，保险人必然要承担赔偿责任。若致损的各个原因，有的属于保险责任之内的，有的是不属于保险责任内的风险，则应当判断其作用的主次之别。对于致损的最直接、作用最大的原因在保险责任之内构成近因，保险人应当承担保险责任。反之，最直接、作用最大的原因为非保险责任的，保险人少承担甚至不承担保险责任。

4）最大诚信原则

最大诚信原则是指签订保险合同的各方当事人必须最大限度地按照诚实与信用精神协商签约，海上保险合同当事人应当做到：

（1）告知，也称"披露"，通常指的是被保险人在签订保险合同时，应该将其知道的或推定应该知道的有关保险标的的重要情况如实向保险人进行说明。因为，如实告知是保险人判断是否承保和确定保险费率的重要依据。

（2）申报，也称"陈述"。申报不同于告知，具体是指在磋谈签约过程中，被保险人对于保险人提出的问题，进行的如实答复。由于申报内容也关系到保险人承保与否，涉及海上保险合同的真实有效，故成为最大诚信原则的另一基本内容。

（3）保证。保证是被保险人向保险人作出的履行某种特定义务的承诺。在海上保险合同中，表现为明示保证和默示保证两类。明示保证主要有开航保证、船舶状态保证、船员人数保证、护航保证、国籍保证、中立性保证、部分不投保保证等。而默示保证则主要包括船舶适航保证、船舶不改变航程和不绕航的保证、船货合法性保证等。

由于保险人无法直接控制被保险船舶和货物的运动，只有在保险事故发生时才能了解事故发生的始末和保险标的的受损原因和受损状况，因此，为了保护保险人的合法权益，防止海上保险中的不道德行为，各国法律确认了保证这一法律手段作为最大诚信原则的组成部分。我国海商法和海上保险实务对此均加以运用。

必须指出，基于海上保险合同的平等性，最大诚信原则同样适用于保险人。我国《保险法》第十六条第一款规定："订立保险合同，保险人应当向投保人说明保险合同的条款内容，并可以就保险标的或者被保险人的有关情况提出询问，投保人应当如实告之。"这表明，保险人在签订海上保险合同前，应将保险合同的内容和办理保险的有关事项，如实告知被保险人及其代理人，特别是对海上保险合同中一些容易引起误解的条款做详细解释。

5）代位求偿原则

有时保险标的所遭受的保险事故是由第三人的行为引起的，被保险人当然有权利向肇事者就其侵权行为所致损失进行索赔。由于海事诉讼往往牵涉到许多方面，诉讼过程旷日持久，保险人为便利被保险人，就按照保险合同的约定先行赔付，同时取得被保险人在标的物上的相关权利，代被保险人向第三人进行索赔，这就是在国际海上保险业中普遍盛行的代位求偿原则。我国《海商法》第二百五十二条第一款规定："保险标的发生保险责任范围内的损失是由第三人造成的，被保险人向第三人要求赔偿的权利，自保险人支付赔偿之日起，相应转移给保险人。"这就确立了我国海上保险业务中的代位求偿原则，符合国际上通行的做法。保险人的代位求偿权是由被保险人处传来的，应严格局限于被保险人原有的对第三人的权利，不能由于代位求偿而得到被保险人本没有的权利。如同属被保险人的两艘船相撞，即使全部责任应由另一艘船承担，保险人也无权起诉另一船。

只有被保险人最了解自己对于保险标的的所有权利，也掌握其拥有这些权利的最充分的证据。为保证代位求偿的真正实现，我国《海商法》第二百五十二条第二款规定："被保险人应当向保险人提供必要的文件和其所需要知道的情况，并尽力协助保险人向第三人追偿。"

为确保代位求偿原则的顺利执行，我国《海商法》就代位求偿过程中可能出现的几种情况作了如下规定：

（1）有时由于某种情势的需要，被保险人主动放弃了对第三人的一些权利，从而造成保险人在一些权利上无法代位求偿，为此，我国《海商法》第二百五十三条规定："被保险人未经保险人同意放弃向第三人要求赔偿的权利，或者由于过失致使保险人不能行使追偿权利的，保险人可以相应扣减保险赔偿。"

（2）有时保险人在办理代位求偿时发现第三人已经赔付给被保险人部分损失，则保险人依照我国《海商法》第二百五十四条第一款的规定"保险人支付保险赔偿时，可以从应支付的赔偿额中相应扣减被保险人已经从第三人取得的赔偿"处理。

（3）如果保险人在取得代位求偿权后向第三人索赔时，获得了高于保险人赔付给被保险人的保险赔偿的赔偿时，保险人不可以将这些赔偿金全部划归自己。我国《海商法》第二百五十四条第二款规定："保险人从第三人取得的赔偿，超过其支付的保险赔偿的，超过部分应当退还给被保险人。"因为代位求偿只是代位，保险人不可以此获得额外利益。

（4）按照代位求偿的规定，在委付或实际全损的情况下，保险人在按照保险合同赔付了被保险人之后，就取得了对保险标的的全部权利和义务。但有时，保险标的已经完全没有价值甚至还在继续扩大其对第三人的责任。如果此时保险人承担其保险标的的全部权利义务，则保险人将承担更大的损失。为保护保险人的利益，我国《海商法》第二百五十五条规定："发生保险事故后，保险人有权放弃对保险标的的权利，全额支付合同约定的保险赔偿，以解除对保险标的的义务。保险人行使前款规定的权利，应当自收到被保险人有关赔偿损失的通知之日起的七日内通知被保险人；被保险人在收到通知前，为避免或者减少损失而支付的必要的合理费用，仍然应当由保险人偿还。"

（5）在代位求偿制度中，保险人对于保险标的的权利的获得是以支付保险赔偿为前提的。只要保险人不宣布放弃对保险标的的权利，则在保险人支付保险赔偿后，保险标的的权利和义务就转移给保险人。转移权利义务的多少由保险金额与保险价值的比例决定。对此我国《海商法》第二百五十六条规定："除本法第二百五十五条的规定外，保险标的发生全损，保险人支付全部保险金额的，取得对保险标的的全部权利；但是，在不足额保险的情况下，保险人按照保险金额与保险价值的比例取得对保险标的的部分权利。"

3. 相关程序及术语的解释

海上保险从保险人的角度看，一般至少经过以下程序：① 了解被保险人的分类、特征及资信;② 了解保险市场的动态;③ 策划保险险种;④ 向投保人介绍险种;⑤ 接受投保人投保;⑥ 与投保人商定保险合同内容;⑦ 签订保险合同;⑧ 接受保费;⑨ 出险则进入理赔程序;⑩ 到期或其他合同规定或法律法规规定的事件出现,合同自然解除。

1) 投保

所谓投保就是从投保人角度看待的投保人与保险人达成保险合同的过程。一般包括以下步骤:① 了解保险市场的概况;② 了解具体保险人的资信和相关的险种;③ 选择险种;④ 与保险人商谈合同条款;⑤ 签订保险合同;⑥ 交纳保费。

2) 订立保险合同

订立保险合同就是投保人和保险人就合同内容和条款进行磋商,最终达成一致,订立保险合同的过程。一般包括以下步骤:① 了解保险市场的概况;② 保险人和投保人相互了解对方的资信;③ 介绍和选择险种;④ 商谈具体的合同条款;⑤ 签订保险合同。保险合同订立的时间有时不是保险合同上所记载的时间,而是交纳保费的时间。

3) 交纳保险费

交纳保险费就是投保人根据保险合同的规定,按期如数交纳保险费。一般交纳保险费有一次付清、分期付款、现金支付、票据支付、汇付和托收等方式。

4) 分保险

保险金额与保险费之间存在巨大的差距,保险人有时无法单独承担一些价值巨大的保险标的的保险风险。为了能够实现这一类危险的分摊,人们采取分保险的方法,就是将一个保险标的的不同风险分散给多个保险人,或者把一类风险按保险金额分散到多个保险人。如果没有募集到足够的保险人分摊保险金额,则保险合同就不能成立。在这种情况下,投保人是一个或多个,而保险人则一定是多数。投保人要分别支付给每一个保险人保险费,或者委托其中一个保险人代为转交给其他保险人。在分保险的过程中,当事人之间只有一份保险合同。

5) 再保险

再保险是保险人为了减轻自身直接承保的危险,将其已经承保的保险风险的一部或者大部,依照合同的规定,转移给其他保险人或保险集团,并支付再保险费的做法。在此种情况下,原投保人与再保险人之间没有合同关系,而只与保险人(又称为再保险投保人)有原保险合同关系,保险人与再保险人之间有再保险合同关系,所以一般存在两份以上的保险合同。投保人只需交给保险人保险费就算履行了合同义务,此时保险人无论是否再保险成功都必须对全部保险风险承担责任。

6) 出险通知

出险通知是当保险标的发生危险事故造成损失时,被保险人及时发给保险人的要求赔偿的书面文件。这份通知书应当清楚地载明出险的标的物,保单概况,出险的时间、地点和性质,可能的出险原因和经过,大概损失的情况和要求保险人到出险现场调查的邀请信。保险人接到出险通知后,应立即派人前往出险现场,或者船舶出险后的第一到达港查看损失情况,办理勘验手续,以便为日后的理赔提供第一手的基础资料。被保险人不能及时提交保险人出险通知,并由此造成保险人无法确定真实损失情况的,保险人可以拒绝赔偿被保险人。

7) 部分海损

部分海损就是保险标的在海上遭遇保险事故后所造成的不属于实际全损和推定全损的

损失。

8）全部海损

全部海损就是保险标的在遭受保险事故以后，被保险人对于保险标的的可保利益全部毁损的情况。法律上可以分为实际全损和推定全损两大类。

9）实际全损

实际全损是被保险人对于保险标的的可保利益发生全部毁损的情况，与推定全损相对应。其构成条件是：① 保险标的发生保险事故后灭失。② 保险标的发生保险事故后受到严重损坏完全失去原有形体、效用。③ 保险标的发生保险事故后不能再归被保险人所拥有。④ 船舶在合理时间内未从被获知最后消息的地点抵达目的地，除合同另有约定外，满两个月后仍没有获知其消息的，为船舶失踪。船舶失踪视为实际全损。

10）推定全损

推定全损是海上保险所特有的制度，分两种情况：① 船舶发生保险事故后，认为实际全损已经不可避免，或者为避免发生实际全损所需支付的费用超过保险价值的，为推定全损。② 货物发生保险事故后，认为实际全损已经不可避免，或者为避免发生实际全损所需支付的费用与继续将货物运抵目的地的费用之和超过保险价值的，为推定全损。

11）委付

委付是指海上保险事故发生后，保险标的物的损失符合推定全损的构成要件时，被保险人请求将该标的物的全部权利和义务转移给被保险人，从而获得全部赔偿的制度。委付制度与推定全损制度紧密相连。如果说我国《海商法》第二百四十六条规定的条件是推定全损成立的必要条件，则委付是推定全损成立的充分条件。因为如果保险人不接受委付，推定全损就没有意义，保险人仍将按部分损失理赔。我国《海商法》第二百四十九条规定："保险标的发生推定全损，被保险人要求保险人按照全部损失赔偿的，应当向保险人委付保险标的。保险人可以接受委付，也可以不接受委付。但是应当在合理的时间内将接受委付或者不接受委付的决定通知被保险人。委付不得附带任何条件。委付一经保险人接受，不得撤回。"

《海商法》第二百五十条规定："保险人接受委付的，被保险人对委付财产的全部权利和义务转移给保险人。"

12）理赔

理赔是指保险人依据海上保险合同或有关法律法规的规定，受理被保险人提出的海上保险赔偿请求，进行查勘、定损、理算和实行赔偿的业务活动，是保险法律制度中十分重要的一环，是保险人履行其义务的主要形式。为了使被保险人尽快获得经济补偿，保险人应积极主动地作好理赔工作。理赔必须遵循以海上保险合同为依据、遵守国际惯例和有关国际公约、及时和合理作出赔偿的原则。海上保险的理赔一般是从接受出险通知开始，经过查勘、检验或委托检验、核实案情、理算赔偿金额和支付赔偿六个阶段。根据我国《海商法》规定，"保险事故发生后，保险人向被保险人支付保险赔偿前，可以要求被保险人提供与确认保险事故性质和损失程度有关的证明和资料。"

11.2.2 海上运输货物保险种类

根据中国人民保险公司《海洋运输货物保险条款》的规定，我国海洋运输货物保险的险别分为基本险和附加险两大类。

基本险主要承保海上风险所造成的货物损失，可以独立投保。基本险包括：平安险、水渍险、一切险三种。附加险主要承保由于外来原因所造成的损失，不能独立投保。

1. 平安险（单独海损不赔）

其责任风险包括：

（1）货物在运输过程中由于恶劣气候、雷电、海啸、地震、洪水等自然灾害，造成的全部损失或推定全损。

（2）由于运输工具遭受搁浅、触礁、沉没、互撞以及火灾（承运人负责赔偿的除外）、爆炸等意外事故所造成的货物全部或部分损失。

（3）在运输工具已经发生意外事故的情况下，货物在此前后，因海上恶劣气候、雷电等自然灾害造成的部分损失。

（4）在装卸或转运时，货物落海造成全部或部分损失。

（5）共同海损的牺牲、分摊和救助费用。

（6）运输工具遭遇海难的，在避难港由于卸货引起的损失，以及在中途港、避难港由于卸货、存货以及运送货物所产生的特别费用。

（7）对在承保范围内的受损货物进行施救的费用。

2. 水渍险（单独海损包括在内）

其责任范围除包括上述平安险的各项责任外，还负责被保险货物由于恶劣气候、雷电、海啸、地震、洪水等自然灾害所造成的部分损失。

3. 一切险

一切险的责任范围，除了平安险和水渍险的责任外，还包括被保险货物在运输途中，由于外来原因所造成的全部和部分损失。所谓外来原因，是指包括一般附加险所承保的责任，如盗窃、提货不着、淡水雨淋、破碎、渗漏等。所以一切险实际上就是平安险、水渍险和一般附加险的总和，但不包括特殊附加险。

4. 附加险

附加险可分为一般附加险和特殊附加险两种。

一般附加险种类很多，诸如盗窃、提货不着、淡水雨淋、短量、沾污、渗漏、破碎、串味、受潮受热、钩损、包装破裂、锈损等。

特殊附加险，不包括在一切险的范围内，主要有战争险、罢工险、交货不到险、舱面货物险、拒收险等。战争险是海洋运输保险中常见的特殊附加险，其责任范围包括由于战争、敌对行为或武装冲突，以及由此引起的拘留、扣押、没收或封锁所造成的损失，或者各种常规武器所造成的损失，以及由于上述原因所引起的共同海损牺牲、分摊和救助费用。

11.2.3 海商法（海上保险合同）

1. 一般规定

（1）海上保险合同，是指保险人按照约定，对被保险人遭受保险事故造成保险标的的损失和产生的责任负责赔偿，而由被保险人支付保险费的合同。

前款所称保险事故，是指保险人与被保险人约定的任何海上事故，包括与海上航行有关的发生于内河或者陆上的事故。

（2）海上保险合同的内容，主要包括下列各项：保险人名称；被保险人名称；保险标的；保险价值；保险金额；保险责任和除外责任；保险期间；保险费。

（3）下列各项可以作为保险标的：船舶；货物；船舶营运收入，包括运费、租金、旅客票款；货物预期利润；船员工资和其他报酬；对第三人的责任；由于发生保险事故可能受到损失的其他财产和产生的责任、费用。

保险人可以将对前款保险标的的保险进行再保险。除合同另有约定外，原被保险人不得享有再保险的利益。

（4）保险标的的保险价值由保险人与被保险人约定。

保险金额由保险人与被保险人约定。保险金额不得超过保险价值；超过保险价值的，超过部分无效。保险人与被保险人未约定保险价值的，保险价值依照下列规定计算：

① 船舶的保险价值，是保险责任开始时船舶的价值，包括船壳、机器、设备的价值，以及船上燃料、物料、索具、给养、淡水的价值和保险费的总和；

② 货物的保险价值，是保险责任开始时货物在起运地的发票价格或者非贸易商品在起运地的实际价值以及运费和保险费的总和；

③ 运费的保险价值，是保险责任开始时承运人应收运费总额和保险费的总和；

④ 其他保险标的的保险价值，是保险责任开始时保险标的的实际价值和保险费的总和。

2. 合同的订立、解除和转让

（1）被保险人提出保险要求，经保险人同意承保，并就海上保险合同的条款达成协议后，合同成立。保险人应当及时向被保险人签发保险单或者其他保险单证，并在保险单或者其他单证中载明当事人双方约定的合同内容。

（2）合同订立前，被保险人应当将其知道的或者在通常业务中应当知道的有关影响保险人据以确定保险费率或者确定是否同意承担的重要情况，如实告知保险人。

保险人知道或者在通常业务中应当知道的情况，保险人没有询问的，被保险人无需告知。

（3）由于被保险人的故意，未将本法第二百二十二条第一款规定的重要情况如实告知保险人的，保险人有权解除合同，并不退还保险费。合同解除前发生保险事故造成损失的，保险人不负赔偿责任。

不是由于被保险人的故意，未将本法第二百二十二条第一款规定的重要情况如实告知保险人的，保险人有权解除合同或者要求相应增加保险费。保险人解除合同的，对于合同解除前发生保险事故造成的损失，保险人应当负赔偿责任；但是，未告知或者错误告知的重要情况对保险事故的发生有影响的除外。

（4）订立合同时，被保险人已经知道或者应当知道保险标的已经因发生保险事故而遭受损失的，保险人不负赔偿责任，但是有权收取保险费；保险人已经知道或者应当知道保险标的已经不可能因发生保险事故而遭受损失的，被保险人有权收回已经支付的保险单。

（5）被保险人对同一保险标的就同一保险事故向几个保险人重复订立合同，而使该保险标的的保险金额总和超过保险标的的价值的，除合同另有约定外，被保险人可以向任何保险人提出赔偿请求。被保险人获得的赔偿金额总和不得超过保险标的的受损价值。各保险人按照其承保的保险金额同保险金额总和的比例承担赔偿责任，任何一个保险人支付的赔偿金额超过其应当承担的赔偿责任的，有权向未按照其应当承担赔偿责任支付赔偿金额的保险人追偿。

（6）保险责任开始前，被保险人可以要求解除合同，但是应当向保险人支付手续费，保险人应当退还保险费。

（7）除合同另有约定外，保险责任开始后，被保险人和保险人均不得解除合同。

根据合同约定在保险责任开始后可以解除合同的，被保险人要求解除合同，保险人有权收取自保险责任开始之日起至合同解除之日止的保险费，剩余部分予以退还；保险人要求解除合同，应当将自合同解除之日起至保险期间届满之日止的保险费退还被保险人。

（8）虽有本法第二百二十七条规定，但对于货物运输和船舶的航次保险，保险责任开始后，被保险人不得要求解除合同。

（9）海上货物运输保险合同可以由被保险人背书或者以其他方式转让，合同的权利、义务随之转移。合同转让时尚未支付保险费的，被保险人和合同受让人负连带支付责任。

（10）因船舶转让而转让船舶保险合同的，应当取得保险人同意。未经保险人同意，船舶保险合同从船舶转让时起解除；船舶转让发生在航次之中的，船舶保险合同至航次终了时解除。

合同解除后，保险人应当将自合同解除之日起至保险期间届满之日止的保险费退还被保险人。

（11）被保险人在一定期间分批装运或者接收货物的，可以与保险人订立预约保险合同。预约保险合同应当由保险人签发预约保险单证加以确认。

（12）应被保险人要求，保险人应当对依据预约保险合同分批装运的货物分别签发保险单证。

保险人分别签发的保险单证的内容与预约保险单证的内容不一致的，以分别签发的保险单证为准。

（13）被保险人知道经预约保险合同保险的货物已经装运或者到达的情况时，应当立即通知保险人。通知的内容包括装运货物的船名、航线、货物价值和保险金额。

3. 被保险人的义务

（1）除合同另有约定外，被保险人应当在合同订立后立即支付保险费；被保险人支付保险费前，保险人可以拒绝签发保险单证。

（2）被保险人违反合同约定的保证条款时，应当立即书面通知保险人。保险人收到通知后，可以解除合同，也可以要求修改承保条件、增加保险费。

（3）一旦保险事故发生，被保险人应当立即通知保险人，并采取必要的合理措施，防止或者减少损失。被保险人收到保险人发出的有关采取防止或者减少损失的合理措施的特别通知的，应当按照保险人通知的要求处理。

对于被保险人违反前款规定所造成的扩大的损失，保险人不负赔偿责任。

4. 保险人的责任

（1）发生保险事故造成损失后，保险人应当及时向被保险人支付保险赔偿。

（2）保险人赔偿保险事故造成的损失，以保险金额为限。保险金额低于保险价值的，在保险标的发生部分损失时，保险人按照保险金额与保险价值的比例负赔偿责任。

（3）保险标的在保险期间发生几次保险事故所造成的损失，即使损失金额的总和超过保险金额，保险人也应当赔偿。但是，对发生部分损失后未经修复又发生全部损失的，保险人按照全部损失赔偿。

（4）被保险人为防止或者减少根据合同可以得到赔偿的损失而支出的必要的合理费用，为确定保险事故的性质、程度而支出的检验、估价的合理费用，以及为执行保险人的特别通知而支出的费用，应当由保险人在保险标的损失赔偿之外另行支付。

保险人对前款规定的费用的支付，以相当于保险金额的数额为限。

保险金额低于保险价值的，除合同另有约定外，保险人应当按照保险金额与保险价值的比例，支付本条规定的费用。

（5）保险金额低于共同海损分摊价值的，保险人按照保险金额同分摊价值的比例赔偿共同海损分摊。

（6）对于被保险人故意造成的损失，保险人不负赔偿责任。

（7）除合同另有约定外，因下列原因之一造成货物损失的，保险人不负赔偿责任：

① 航行迟延、交货迟延或者行市变化；

② 货物的自然损耗、本身的缺陷和自然特性；

③ 包装不当。

（8）除合同另有约定外，因下列原因之一造成保险船舶损失的，保险人不负赔偿责任：

① 船舶开航时不适航，但是在船舶定期保险中被保险人不知道的除外；

② 船舶自然磨损或者锈蚀。

5. 保险标的的损失和委付

（1）保险标的发生保险事故后灭失，或者受到严重损坏完全失去原有形体、效用，或者不能再归保险人所拥有的，为实际全损。

（2）船舶发生保险事故后，认为实际全损已经不可避免，或者为避免发生实际全损所需支付的费用超过保险价值的，为推定全损。

货物发生保险事故后，认为实际全损已经不可避免，或者为避免发生实际全损所需支付的费用与继续将货物运抵目的地的费用之和超过保险价值的，为推定全损。

（3）不属于实际全损和推定全损的损失，为部分损失。

（4）船舶在合理时间内未从被获知最后消息的地点抵达目的地，除合同另有约定外，满两个月后仍没有获知其消息的，为船舶失踪。船舶失踪视为实际全损。

（5）保险标的发生推定全损，被保险人要求保险人按照全部损失赔偿的，应当向保险人委付保险标的。保险人可以接受委付，也可以不接受委付，但是应当在合理的时间内将接受委付或者不接受委付的决定通知被保险人。

委付不得附带任何条件。委付一经保险人接受，不得撤回。

（6）保险人接受委付的，被保险人对委付财产的全部权利和义务转移给保险人。

6. 保险赔偿的支付

（1）保险事故发生后，保险人向被保险人支付保险赔偿前，可以要求被保险人提供与确认保险事故性质和损失程度有关的证明和资料。

（2）保险标的发生保险责任范围内的损失是由第三人造成的，被保险人向第三人要求赔偿的权利，自保险人支付赔偿之日起，相应转移给保险人。

被保险人应当向保险人提供必要的文件和其所需要知道的情况，并尽力协助保险人向第三人追偿。

（3）被保险人未经保险人同意放弃向第三人要求赔偿的权利，或者由于过失致使保险人不能行使追偿权利的，保险人可以相应扣减保险赔偿。

（4）保险人支付保险赔偿时，可以从应支付的赔偿额中相应扣减被保险人已经从第三人取得的赔偿。

保险人从第三人取得的赔偿，超过其支付的保险赔偿的，超过部分应当退还给被保险人。

（5）发生保险事故后，保险人有权放弃对保险标的的权利，全额支付合同约定的保险赔偿，以解除对保险标的的义务。

保险人行使前款规定的权利，应当自收到被保险人有关赔偿损失的通知之日起的七日内通知被保险人；被保险人在收到通知前，为避免或者减少损失而支付的必要的合理费用，仍然应当由保险人偿还。

（6）除本法第二百五十五条的规定外，保险标的发生全损，保险人支付全部保险金额的，取得对保险标的的全部权利；但是，在不足额保险的情况下，保险人按照保险金额与保险价值的比例取得对保险标的的部分权利。

11.3 陆上货物运输保险法律法规

11.3.1 陆上运输货物保险

陆上运输货物保险是货物运输保险的一种，分为陆运险和陆运一切险两种。

1. 陆运险的责任范围

被保险货物在运输途中遭受暴风、雷电、地震、洪水等自然灾害，或由于陆上运输工具（主要是指火车、汽车）遭受碰撞、倾覆或出轨。如在驳运过程，包括驳运工具搁浅、触礁、沉没或由于遭受隧道坍塌、崖崩或火灾、爆炸等意外事故所造成的全部损失或部分损失。保险公司对陆运险的承保范围大至相当于海运险中的"水渍险"。

2. 陆运一切险的责任范围

除包括上述陆运险的责任外，保险公司对被保险货物在运输途中由于外来原因造成的短少、短量、偷窃、渗漏、碰损、破碎、钩损、雨淋、生锈、受潮、霉、串味、沾污等全部或部分损失，也负赔偿责任。

3. 陆上运输货物保险的除外责任

（1）被保险人的故意行为或过失所造成的损失。

（2）属于发货人所负责任或被保险货物的自然消耗所引起的损失。

（3）由于战争、工人罢工或运输延迟所造成的损失。

保险责任的起讫期限与海洋运输货物保险的仓至仓条款基本相同，是从被保险货物运离保险单所载明的启运地发货人的仓库或储存处所开始运输时生效。包括正常陆运和有关水上驳运在内，直至该项货物送交保险单所载明的目的地收货人仓库或储存处所，或被保险人用作分配、分派或非正常运输的其他储存处所为止。但如未运抵上述仓库或储存处所，则以被保险货物到达最后卸载的车站后，保险责任以60天为限。不过，在陆上运输货物保险中，被保险货物保陆运险和陆运一切险外，经过协商还可以加保陆上运输货物保险的附加险，如陆运战争险等。陆运战争险与海运战争险，由于运输工具有其本身的特点，具体责任有一些差别，但就战争险的共同负责范围来说，基本上是一致的，即对直接由于战争、类似战争行为以及武装冲突所导致的责任人，对货物由于捕获、扣留、禁制和扣押等行为引起的损失应负责赔偿。

11.3.2 陆上货物运输保险合同（国际、国内）

1. 陆上货物运输保险合同的概念

陆上货物运输保险合同是指保险人与投保人之间达成的，以陆上运输过程中的货物作为保险标的，由保险人对于被保险货物因自然灾害或意外事故造成的损失承担赔偿责任的协议。

陆上货物运输保险合同，按其适用范围分为国内陆上货物运输保险合同和国际陆上货物运输保险合同。其中，国内陆上货物运输保险合同适用于国内贸易所涉及的货物在国内陆路上，用汽车、火车、非机动车辆进行的运输活动。在我国，将其进一步分为国内铁路货物运输保险合同和国内公路货物运输保险合同。而国际陆上货物运输保险合同则适用于国际贸易的进出口货物及其他涉外经济活动的物品，在跨越国界的陆路上进行的运输活动。在我国，国际陆上货物运输保险合同习惯上称其为陆上货物运输保险合同，而且，限于使用火车、汽车进行的运输活动，使用其他陆上运输工具的货物运输活动则不予承保。

2. 陆上货物运输保险合同的保险责任

1）国内陆上货物运输保险合同的保险责任

我国的国内陆上货物运输保险合同分为基本险和综合险两个险别。其保险责任范围是不一样的。

（1）基本险的保险责任有：

① 火灾、爆炸、雷电、冰雹、暴风、暴雨、洪水、地震、海啸、地陷、崖崩、滑坡、泥石流所造成的损失；

② 因运输工具发生火灾、爆炸、碰撞所造成的损失；

③ 利用火车、汽车、大车、板车运输时，因车辆倾覆、出轨、隧道坍塌或人力、畜力的失足所造成的损失；

④ 在装货、卸货或转载时发生意外事故所造成的损失；

⑤ 在发生上述灾害、事故时，因纷乱而造成货物的散失以及因施救或保护货物所支付的直接、合理的费用。

（2）综合险的保险责任，除了包含上述基本险的保险责任以外，还包括了破碎渗漏造成的货损、包装破裂造成的货损、偷盗和整件提货不着的损失、雨淋湿损等保险责任。此外，根据中国人民保险公司1990年5月1日新颁行的《国内水路、陆路运输货物保险条款》的规定，还包括了因铁路承运人的责任，致使被保险货物灭失、短少、污染、变质、损坏的损失。

国内陆上货物运输保险合同的保险责任，按"仓至仓条款"确定起讫期限。

2）国际陆上货物运输保险合同的保险责任

适用于国际陆上货物运输的陆上货物运输保险合同，分为陆运险和陆运一切险两个险别。

（1）保险人在陆运险中的保险责任有：① 因被保险货物在运输途中遭受暴风、雷电、洪水、地震等自然灾害或由于运输工具遭受碰撞、倾覆、出轨或在驳运过程中因驳运工具遭受搁浅、触礁、沉没、碰撞，或由于遭受隧道坍塌、崖崩或失火、爆炸等意外事故造成的全部或部分损失。② 被保险人对遭受承保责任内危险的货物采取抢救，防止或减少货损的措施而支付的合理费用，但以不超过该批被救货物的保险金额为限。

（2）陆运一切险的保险责任除包括上述陆运险的保险责任以外，还负责被保险货物在运输过程中由于外来原因所致的全部或部分损失。

陆上货物运输保险合同的保险责任，按"仓至仓条款"确定起讫期限。

3. 陆上货物运输保险合同的除外责任

1）国内陆上货物运输保险合同的除外责任

① 战争和军事行动；

② 核事故或核爆炸；

③ 被保险货物本身的缺陷或自然损耗，以及由于包装不善造成的损失；

④ 被保险人的故意行为或过失所造成的损失；

⑤ 全程公路货物运输的盗窃和整件提货不着的损失；

⑥ 其他不属于保险责任范围内的损失；

2）陆上货物运输保险合同的除外责任

（1）被保险人的故意行为或过失所造成的损失；

（2）属于发货人责任所引起的损失；

（3）在保险责任开始前，被保险货物已存在的品质不良或数量短差所造成的损失；

（4）被保险货物的自然损耗、本质缺陷、特性以及市价跌落、运输延迟所引起的损失或费用；

（5）陆上运输货物的战争险条款和罢工险条款规定的保险责任范围和除外责任。

11.3.3 陆上货物运输保险条款

1. 责任范围

陆上货物运输保险分为陆运险和陆运一切险二种。被保险货物遭受损失时，本保险按保险单上订明承保险别的条款规定，负赔偿责任。

1）陆运险

（1）被保险货物在运输途中遭受暴风、雷电、洪水、地震自然灾害，或由于运输工具遭受碰撞、倾覆、出轨，或在驳运过程中因驳运工具遭受搁浅、触礁、沉没、碰撞，或由于遭受隧道坍塌、崖崩或失火，爆炸意外事故所造成的全部或部分损失。

（2）被保险人对遭受承保责任内危险的货物采取抢救，防止或减少货损的措施而支付的合理费用，但以不超过该批被救货物的保险金额为限。

2）陆运一切险

除包括上列陆运险的责任外，本保险还负责被保险货物在运输途中由于外来原因所致的全部或部分损失。

2. 除外责任

（1）被保险人的故意行为或过失所造成的损失；

(2) 属于发货人责任所引起的损失;
(3) 在保险责任开始前,被保险货物已存在的品质不良或数量短差所造成的损失;
(4) 被保险货物的自然损耗、本质缺陷、特性以及市价跌落、运输延迟所引起的损失或费用;
(5) 陆上运输货物战争险条款和货物运输罢工险条款规定的责任范围和除外责任。

3. 责任起讫

陆上货物运输保险负"仓至仓"责任,自被保险货物运离保险单所载明的起运地仓库或储存处所开始运输时生效,包括正常运输过程中的陆上和与其有关的水上驳运在内,直至该项货物运达保险单所载目的地收货人的最后仓库或储存处所或被保险人用作分配、分派的其他储存处所为止。如未运抵上述仓库或储存处所,则以被保险货物运抵最后卸载的车站满六十天为止。

4. 被保险人的义务

被保险人应按照以下规定的应尽义务办理有关事项。如因未履行规定的义务而影响保险人利益时,保险人对有关损失有权拒绝赔偿。

(1) 当被保险货物运抵保险单所载目的地以后,被保险人应及时提货,当发现被保险货物遭受任何损失,应立即向保险单上所载明的检验、理赔代理人申请检验。如发现被保险货物整件短少或有明显残损痕迹,应即向承运人、受托人或有关当局索取货损货差证明。如果货损货差是由于承运人、受托人或其他有关方面的责任所造成,应以书面方式向他们提出索赔,必要时还需取得延长时效的认证。

(2) 对遭受承保责任内危险的货物,应迅速采取合理的抢救措施,防止或减少货物损失。

(3) 在向保险人索赔时,必须提供下列单证:保险单正本、提单、发票、装箱单、磅码单、货损货差证明、检验报告及索赔清单。如涉及第三者责任还须提供向责任方追偿的有关函电及其他必要单证或文件。

5. 索赔期限

陆上货物运输保险索赔时效,从被保险货物在最后目的地车站全部卸离车辆后计算,最多不超过两年。

11.4 航空货物运输保险法律法规

11.4.1 航空货物运输保险一般条款

1. 责任范围

航空货物运输保险分为航空运输险和航空运输一切险二种。被保险货物遭受损失时,按保险单上订明承保险别的条款负赔偿责任。

1) 航空运输险

(1) 被保险货物在运输途中遭受雷电、火灾、爆炸或由于飞机遭受恶劣气候或其他危难事故而被抛弃,或由于飞机遭受碰撞、倾覆、坠落或失踪意外事故所造成的全部或部分损失。

(2) 被保险人对遭受承保责任内危险的货物采取抢救,防止或减少货损的措施而支付的合理费用,但以不超过该批被救货物的保险金额为限。

2）航空运输一切险

除包括上列航空运输险的责任外，航空货物运输保险还负责货物由于外来原因所致的全部或部分损失。外来原因包括：偷窃、提货不着、洪水、雨淋、短量、混杂、沾污、渗漏、碰损、碰碎、串味、受潮受热、钩损、包装破碎、锈损。

2. 除外责任

（1）被保险人的故意行为或过失所造成的损失。

（2）属于发货人责任所引起的损失。

（3）保险责任开始前，被保险货物已存在的品质不良或数量短差所造成的损失。

（4）被保险货物的自然损耗、本质缺陷、特性以及市价跌落、运输延迟所引起的损失或费用。

（5）航空公司运输货物战争险条款和货物运输罢工条款规定的责任范围和除外责任。

3. 责任起讫

（1）航空货物运输保险负"仓至仓"责任，自被保险货物运离保险单所载明的起运地仓库或储存处所开始运输时生效，包括正常运输过程中的运输工具在内，直至该项货物运达保险单所载明目的地收货人的最后仓库或储存处所或被保险人用作分配、分派或非正常运输的其他储存处所为止。如未运抵上述仓库或储存处所，则以被保险货物在最后卸载地卸离飞机后满三十天为止。如在上述三十天内被保险的货物需转运到非保险单所载明的目的地时，则以该项货物开始转运时终止。

（2）由于被保险人无法控制的运输延迟、绕道、被迫卸货、重行装载、转载或承运人运用运输契约赋予的权限所作的任何航行上的变更或终止运输契约，致使被保险货物运到非保险单所载目的地时，在被保险人及时将获知的情况通知保险人，并在必要时加缴保险费的情况下，本保险继续有效。保险责任按下述规定终止：

① 被保险货物如在非保险单所载目的地出售，保险责任至交货时为止。但不论任何情况，均以被保险的货物在卸载地卸离飞机后满三十天为止。

② 被保险货物在三十天期限内继续运往保险单所载原目的地或其他目的地时，保险责任仍按上述规定终止。

4. 被保险人的义务

被保险人应按照以下规定的应尽义务办理有关事项，如因未履行规定的义务而影响保险人利益时，保险人对有关损失有权拒绝赔偿。

（1）当被保险货物运抵保险单所载目的地以后，被保险人应及时提货。当发现被保险货物遭受任何损失，应立即向保险单上所载明的检验、理赔代理人申请检验，如发现被保险货物整件短少或有明显残损痕迹，应立即向承运人、受托人或有关当局索取货损货差证明。如果货损货差是由于承运人、受托人或其他有关方面的责任所造成，应以书面方式向他们提出索赔，必要时还需取得延长时效的认证。

（2）对遭受承保责任内危险的货物，应迅速采取合理的抢救措施，防止或减少货物损失。

（3）在向保险人索赔时，必须提供下列单证：保险单正本、提单、发票、装箱单、磅码单、货损货差证明、检验报告及索赔清单。如涉及第三者责任还须提供向责任方追偿的有关函电及其他必要单证或文件。

5. 索赔期限

航空货物运输保险索赔时效，从被保险货物在最后卸载地卸离飞机后起计算，最多不超过两年。

11.4.2　国内航空货物运输保险的具体条款

1. 总则

凡是向民航部门（以下简称承运人）托运货物的单位和个人均可作为被保险人，依照本条款规定，将其空运货物（鲜、活物品和动物除外）向保险人（以下简称保险人）投保本保险。

2. 责任范围

（1）保险货物在保险期限内无论是在运输或存放过程中，由于下列原因造成的损失，保险人负赔偿责任：

① 由于飞机遭受碰撞、倾覆、坠落、失踪（在三个月以上）、在危难中发生卸载以及遭遇恶劣气候或其他危难事故发生抛弃行为所造成的损失；

② 保险货物本身因遭受火灾、爆炸、雷电、冰雹、暴风暴雨、洪水、海啸、地震、地陷、崖崩所造成的损失；

③ 保险货物因受震动、碰撞或压力而造成破碎、弯曲、凹瘪、折断、开裂等损伤以及由此引起包装破裂而造成的散失；

④ 凡属液体半流体或者需要用液体保藏的保险货物，在运输途中因受震动碰撞或压力致使所装容器（包括封口）损坏发生渗漏而造成的损失，或用液体保藏的货物因液体渗漏而致保藏货物腐烂的损失；

⑤ 保险货物因遭受偷盗或者提货不着的损失；

⑥ 在装货、卸货时和地面运输过程中，因遭受不可抗力的意外事故及雨淋所造成保险货物的损失。

（2）在发生责任范围内的灾害事故时，因施救或保护保险货物而支付的合理费用，保险人也负赔偿责任，但最高以不超过保险金额为限。

3. 除外责任

保险货物在保险期限内无论是在运输或存放过程中，由于下列原因造成的损失，保险人不负赔偿责任：

战争或军事行动；由于保险货物本身的缺陷或自然损耗，以及由于包装不善或属于托运人不遵守货物运输规则所造成的损失；托运人或被保险人的故意行为或过失；其他不属于保险责任范围内的损失。

4. 责任起讫

（1）航空货物运输保险责任自保险货物经承运人收讫并签发航空货运单注明保险时起，至空运目的地收货人当地的第一个仓库或储存处所时终止。但保险货物空运至目的地后，如果收货人未及时提货，则保险责任的终止期最多以承运人向收货人发出到货通知以后的十五天为限。

（2）飞机在飞行途中，因机件损坏或发生其他故障被迫降落，以及因货物严重积压所保货物需用其他运输工具运往原目的地时，保险人仍继续负责，但应办理批改手续。如果所保货物在被迫降落的地点出售或分配，保险责任的终止期以承运人向收货人发出通知以后的十五天为限。

5. 保险金额

空运货物的保险金额可按货物价格或货价加运杂费、保险费确定。在保险有效期内，被保险人需要调整保险金额，应当向保险人申请办理批改。

6. 被保险人义务

（1）被保险人在保险人签出保险单的同时，必须按照保险人制订的费率规章，一次缴清应付的保险费。

（2）凡是应当包装的货物，其包装应符合政府有关部门规定的标准，并遵守政府有关部门对安全运输所订的各种规章制度。必要时还应当接受并协助保险人对保险货物进行防损查验工作。

（3）保险货物如果发生保险责任范围内的灾害事故时，被保险人应当迅速采取合理的抢救措施，防止或减少货物损失。

（4）被保险人如果不履行上述各条规定的义务，保险人有权从通知之日起，终止保险责任或拒绝赔偿或剔除扩大损失的部分。

7. 货损检验及赔偿处理

（1）保险货物运抵保险凭证所载明的目的地后，如果发现保险货物受损，应当及时向保险人在当地的所属机构申请检验，最迟不得超过十天，否则保险人不予受理。如果当地无保险人所属机构，则由被保险人或收货人会同承运人共同检验，并由承运人出具证明加盖公章，向起运地保险人索赔。

（2）被保险人向保险人申请赔偿时，必须提供下列单证：

航空货运单、保险单或保险凭证、发票、装箱单、货物运输事故签证、索赔清单、救护保险货物所支出合理费用的单据及保险人认为有必要的其他证明文件，保险人在接到上述申请和单证后，根据保险责任范围，核定应否赔偿。

（3）保险货物发生保险责任范围内的损失，保险人在保险金额限度内按实际损失计算赔偿，但如果被保险人投保不足，保险金额低于货物价值时，保险人应按保险金额与货物价值的比例计算赔偿。

（4）保险货物发生保险责任范围内的损失，如果根据法律规定或者有关约定，应当由承运人或其他第三者负责赔偿一部分或全部，则保险人不再赔偿或只赔偿其不足部分，如被保险人提出要求，保险人可按本条款规定先予赔偿，保险人在赔偿的同时即获得被保险人向责任方追偿的权利，被保险人应积极协助保险人共同向责任方追偿。

（5）保险货物遭受损失以后的残余部分，应当充分利用，经双方协商，作价折归被保险人，并在赔款中扣除。

（6）被保险人自其知道保险事故发生之日起二年内不向保险人提出索赔的，即作为自愿放弃权利。

（7）被保险人与保险人就保险事宜发生争议时，应协商解决，协商不成，可以向仲裁机构申请仲裁或向人民法院提起诉讼。

本章小结

保险的特征，即保险是一种经济保障制度，是一种具有经济补偿性质的法律制度，是一种双务有偿的合同关系，保险以特定的危险为对象。保险可分为社会保险和商业保险；财产保险和人身保险；自愿保险和强制保险；原保险和再保险；单保险和复保险。保险立法经过了从私法到公法的发展过程。我国保险法的基本原则有合法原则、自愿原则、最大诚信原则、公平竞争原则。

海上保险的原则有损失补偿原则、可保利益原则、近因原则、最大诚信原则、代位求偿原则。我国海洋运输货物保险的险别分为基本险和附加险两大类。基本险包括平安险、水渍险、一切险三种。附加险可分为一般附加险和特殊附加险两种。海商法（海上保险合同）由一般规定，合同的订立、解除和转让，被保险人的义务，保险人的责任，保险标的的损失和委付及保险赔偿的支付六部分组成。

陆上运输货物保险是货物运输保险的一种，分为陆运险和陆运一切险两种。陆上货物运输保险合同的保险责任分为国内陆上货物运输保险合同的保险责任和国际陆上货物运输合同的保险责任。陆上货物运输保险条款包括责任范围、除外责任、责任起讫、被保险人的义务、索赔期限。

航空保险分为航空运输险和航空运输一切险两种。国内航空货物运输保险的具体条款分为总则、责任范围、除外责任、责任起讫、保险金额、被保险人义务、货损检验及赔偿处理。

本章涉及的主要法律法规：

1. 《中华人民共和国民法通则》；
2. 《中华人民共和国合同法》；
3. 《中华人民共和国保险法》；
4. 《中华人民共和国邮政法》；
5. 《中华人民共和国海商法》；
7. 《中华人民共和国民用航空法》；
8. 《中华人民共和国铁路法》；
9. 《中华人民共和国公路法》；
10. 《中华人民共和国道路运输条例》；
11. 《国内水路运输管理条例》；
12. 《航空运输条例》。

附录：相关法律文书及流程示例

1. 海洋货物运输保险单范本

××财产保险有限公司
THE ×× insurance (property) company of China. Ltd

发票号码　　　　　　　　　　　　　　　　　保险单号次
Invoice No. SH－25757　　　　　　　　　　Policy No. PIC20017814

海洋货物运输保险单
MARINE CARGO TRANSPORTATION INSURANCE POLITY

被保险人：
Insured：

THE ×× 财产保险有限公司（以下简称本公司）根据被保险人的要求，及其所缴付约定的保险费，按照本保险单承担险别和背面所载条款与下列特别条款承保下列货物运输保险，特签发本保险单。

This policy of insurance witnesses that the ×× insurance (property) company of China, Ltd. (hereinafter called "The Company"), at the request of the insured and in consideration of the agreed premium paid by the insured undertakes to insure the undermentioned goods in transporting subject to the conditions of the Policy as per the Clauses printy overleaf and other special clauses attached hereon.

保险货物项目 Discription of Goods	包装 Packing	单位 Unit	数量 Quantity	保险金额 Amount Insured
LADIES GARMENTS	600CTNS			USD60 555.00

承保险别　　　　　　　　　　　　　　　　　　　货物标记
Condition　　　　　　　　　　　　　　　　　　　Marks of Goods
OVERING THE INSTTUTE CARGO CLAUSES (A),　　　ITOCHU
HE INXTTUTE WAR CLAUSES. INSURANCE　　　　　OSAKA
CLAIMS TO BE PAYANLE IN JAPAN　　　　　　　　NO. 1 – 600
IN THE CURRENCY OF THE DEAFTS.

总保险金额：US DOLLARS SIXTY THOUS AND FIVE HUNDRED AND FIFTY FIVE ONLY
Total Amount insured：_____

保费　As agrranged　　　　　载运输工具　DIEK335 V.007　　开航日期　MAY 15, 2003
Premium _____ Per conveyance S. S _____ Sig. on or abt _____
起运港　　　GUANGZHOU　　　　　目的港　　　OSAKA
From _____ To _____

所保货物，如发生本保险单项下可能引起索赔的情形，应立即通知本公司下述代理人查勘。如有索赔，应向本公司提交保险单正本（本保险单共有 2 份正本）及有关文件。如一份正本已用于索赔，其余正本则自动失效。

In the event of loss or damage which may result in a claim under this Policy, immediate notice must be given to the company agent as mentioned hereunder. Claims, if any, one of the Orignnal Policy which has been insured in 2 Original(s) together with the relevant documents shall be surrendered to the company. If one of the Original Policy has been accomplished, the others to be void.

　　　　　　　　　　　　　　　××财产保险有限公司
　　　　　　　　　　　　THE ×× INSURANC (PROPERTY) COMPANY OF CHINA

赔款偿付地点
Claim payable at
日期　　　　　　　　　　　　　　在
Date　　　　　　　　　　　　　　at

地址：
Address：
保险单背书：

（签名）

2. 保险中介服务发票样本

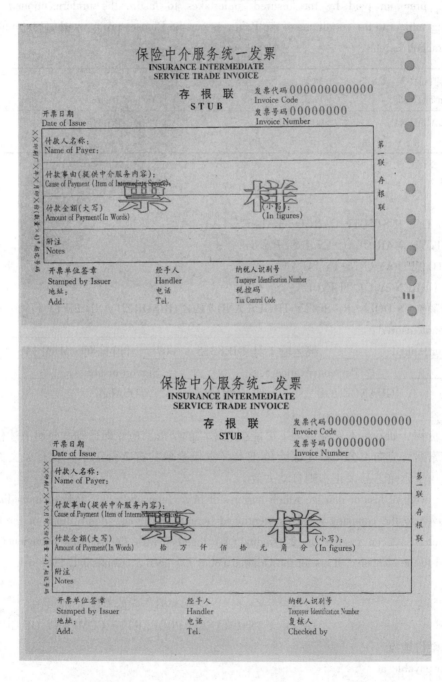

3. 货运保险流程

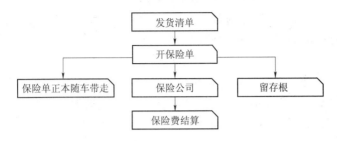

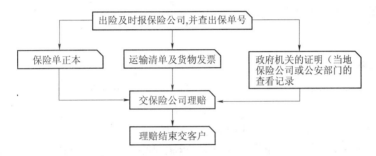

4. 国内货物运输保险索赔流程

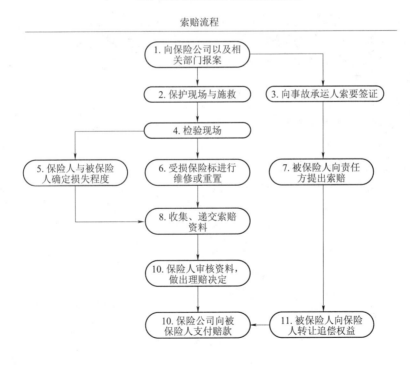

案例分析

1. 某货轮从天津港驶往新加坡，在航行途中船舶货舱起火，大火蔓延到船舱。船长为了船、货的安全，下令往舱内灌水，火很快被扑灭。但由于主机受损，无法继续航行，于是船长雇用拖轮将船拖回新港修理，修好后重新驶往新加坡。

这次造成的损失共有：① 1 000 箱货被火烧毁；② 600 箱货被水浇湿；③ 主机和部分甲板被烧坏；④ 托运费用；⑤ 额外增加的燃料和船上人员的工资。

问题：从损失的性质看，上述 5 项各属于何类损失？为什么？

2. 某公司出口一批货物，装船后及时向中国人民保险公司投保水渍险。在货由包头装火车运往上海途中遇到山洪，致使部分货物受损，该出口公司据此向保险公司索赔遭拒绝。

问题：保险公司拒赔有无道理？说明理由。

练习题

一、名词解释题

保险　商业保险　财产保险　海上保险　海上保险合同　陆上货物运输保险合同

二、填空题

1. 按照保险设立是否以营利为目的划分，保险可分为_____和_____。按照保险标的划分，保险可分为_____和_____。按照保险责任发生的效力依据划分，保险可分为_____和_____。按照保险人是否转移保险责任划分，保险可分为_____和_____。按照保险人的人数划分，保险可分为_____和_____。

2. 我国海洋运输货物保险的险别分为_____和_____两大类。

3. 陆上运输货物保险是货物运输保险的一种，分为_____和_____两种。

三、问答题

1. 保险的特征是什么？
2. 保险法的基本原则有哪些？
3. 海上保险的原则有哪些？
4. 简述我国海洋运输货物保险的具体分类。
5. 论述国内航空货物运输保险的具体条款。

参考文献

[1] 周艳军. 物流法律法规知识 [M]. 北京：中国物资出版社, 2006.
[2] 胡美芬, 郏丙贵. 物流法规教程 [M]. 北京：电子工业出版社, 2006.
[3] 于定勇, 郭红亮. 现代物流法律制度 [M]. 广州：暨南大学出版社, 2003.
[4] 李玉峰. 物流法律理论与实务 [M]. 北京：电子工业出版社, 2006.
[5] 胡兴成. 物流法律与法规 [M]. 北京：高等教育出版社, 2006.
[6] 王传丽. 国际贸易法 [M]. 北京：法律出版社, 1998.
[7] 王利明. 合同法要义与案例析解 [M]. 北京：中国人民大学出版社, 2001.
[8] 赵阳. 物流法律法规 [M]. 北京：机械工业出版社, 2006.
[9] 张长青, 郑翔. 运输合同法 [M]. 北京：清华大学出版社、北京交通大学出版社, 2005.
[10] 中国国际货运代理协会. 国际海上货运代理理论与实务 [M]. 北京：中国商务出版社, 2005.
[11] 杨占林. 国际物流海运操作实务 [M]. 北京：中国商务出版社, 2004.
[12] 张瑜. 物流法规 [M]. 北京：对外经济贸易大学出版社, 2004.
[13] 王庆功. 物流运输实务 [M]. 北京：中国物资出版社, 2003.
[14] 骆温平. 第三方物流——理论、操作与案例 [M]. 上海：上海社会科学院出版社, 2001.